中国滨海金融协同创新中心系列蓝皮书

天津金融发展报告 2013

主编 王爱俭 杜 强

中国金融出版社

责任编辑：张　超　张晓哲
责任校对：张志文
责任印制：陈晓川

图书在版编目（CIP）数据

天津金融发展报告 2013（Tianjin Jinrong Fazhan Baogao 2013）/王爱俭，杜强主编．—北京：中国金融出版社，2014.1
ISBN 978-7-5049-7437-2

Ⅰ．①天…　Ⅱ．①王…②杜…　Ⅲ．①地方金融事业—经济发展—研究报告—天津市—2013　Ⅳ．①F832.721

中国版本图书馆 CIP 数据核字（2014）第 043303 号

出版发行　中国金融出版社
社址　北京市丰台区益泽路 2 号
市场开发部　（010）63266347，63805472，63439533（传真）
网上书店　http://www.chinafph.com　（010）63286832，63365686（传真）
读者服务部　（010）66070833，62568380
邮编　100071
经销　新华书店
印刷　北京松源印刷有限公司
尺寸　185 毫米×260 毫米
印张　18
字数　398 千
版次　2014 年 1 月第 1 版
印次　2014 年 1 月第 1 次印刷
定价　46.00 元
ISBN 978-7-5049-7437-2/F.6997
如出现印装错误本社负责调换　联系电话（010）63263947
编辑部邮箱：jiaocaiyibu@126.com

学术指导委员会

编　委　会

主　　编： 王爱俭　杜　强

副 主 编： 林文浩　刘通午　李向前　马亚明　田鸿恩

参编人员：（按姓氏笔画排序）

王璟怡　邓黎桥　刘　瑒　刘安琪　刘晓依

孙　刚　杜　强　李宗圆　李素梅　杨　帆

杨红员　杨志华　张霄卿　林　远　林章悦

郑　铭　孟　昊　孟　洁　赵欣颜　徐文琪

郭　强　鲍兰兰

推进金融改革创新基地建设

崔津渡[①]

近年来，天津金融业深入贯彻落实科学发展观，以加快推进滨海新区开发开放为首要任务，全面加快金融改革创新，取得了显著成效，金融业在服务经济社会发展中发挥了积极作用。新时期，要深入贯彻落实党的十八大精神，以邓小平理论、“三个代表”重要思想、科学发展观为指导，以服务实体经济为宗旨，按照科学审慎和风险可控的原则，全面推进天津的金融改革创新，加快建设与北方经济中心和天津滨海新区开发开放相适应的现代金融服务体系和金融改革创新基地，为实现中央对天津定位要求作出更大贡献。

一、天津金融业改革发展取得了明显成效

近年来，天津以建设与我国北方经济中心相适应的现代金融服务体系和全国金融改革创新基地为目标，积极探索，不断完善金融机构体系、市场体系，加快推进金融改革发展步伐，加强金融基础设施和金融生态环境建设，金融业在服务经济社会发展中取得了重大发展。

（一）金融组织体系更加完善，金融业务成倍增长

随着滨海新区开发开放步伐加快和天津经济持续平稳健康发展，天津成为金融业发展高地，众多金融机构在天津设立全国性、区域性总部或分支机构，金融机构的种类和数量不断增加。截至2012年末，全市共有银行、信托公司、财务公司和金融租赁公司76家，证券公司和证券营业部、投资咨询公司和资信评价公司、基金公司、期货公司和期货营业部139家，保险公司和专业中介机构148家，分别比2006年末增加26家、30家和50家，基本形成了以银行、证券、保险、信托、基金、期货、财务公司和金融租赁公司为主体的多元化金融机构体系。到2012年底，全市银行业本外币存款余额20 294亿元，比2006年末增长近2倍，年均增长19.9%，高出全国平均水平2.3个百分点；贷款余额18 397亿元，增长2.4倍，年均增长22.6%，高出全国平均水平4.8个百分点。2012年天津证券市场交易额13 897亿元，比2006年增长2.5倍；保费收入238亿元，比2006年增长1.3倍。

---

① 崔津渡，天津市委常委、常务副市长，本文系作者发表在《中国金融》2013年第9期的文章。

（二）金融改革创新取得重大突破，多项工作走在了全国前列

近年来，天津注重发挥金融改革创新先行先试的政策优势，在金融市场建设、外汇管理体制改革等方面进行了积极探索，多项工作走在了全国前列。

一是外汇管理体制改革取得新突破。中新生态城外商投资企业资本金结汇改革试点取得阶段性成果，东疆保税港区纳入资本金结汇改革试点范围，探索开展了外商投资小额贷款公司资本金结汇改革。个人本外币兑换特许业务试点稳步推进，已有3家特许机构开展本外币兑换特许业务，渤海通汇公司成为首家具备在全国范围内经营个人本外币兑换特许业务的机构。研究制定了多项制度推动跨境人民币业务开展，跨境人民币业务取得明显成效，积极争取在天津东疆港区开展跨境人民币业务，并取得了政策上的突破。

二是加快建设多层次资本市场。在全国率先建立了排放权交易市场和股权交易所，设立了渤海商品交易所、铁合金交易所、贵金属交易所、金融资产交易所和矿业权交易所等资本市场，初步形成了重要产品的市场竞价交易体系。交易产品涵盖产权、物权、股权、知识产权和不良金融资产等交易品种，简化了中间环节，提高了市场效率，为探索我国大宗商品话语权和定价权的实现方式提供了有益的借鉴。

三是租赁业、基金产业快速发展。截至2012年末，全市融资租赁法人机构已达116家，注册资本金565亿元，合同余额近3 000亿元，融资租赁业务约占全国同类业务的四分之一，成为滨海新区继银行信贷之后的第二大融资方式。以渤海产业投资基金和船舶产业投资基金为代表的创业风险投资基金、股权投资基金、物权投资基金和对冲基金等私募基金企业已经形成了完整的私募基金产业链，银行托管基金1 388亿元。

（三）金融生态环境不断改善，金融业保持稳健运行

一是信用体系建设稳步推进。企业征信系统和个人征信系统信用信息覆盖范围进一步拓宽。中小企业和农村信用体系建设取得明显成效。信用信息使用频率大幅提升。中小企业信用体系试验区建设全面推进，为试验区内企业融资提供了支持。建立银行重点客户信贷信息监测系统，实现了对银行重点客户贷款“借、用、管、还”的动态监测。

二是金融发展的政策法律环境不断优化。政府及有关部门研究出台了多项鼓励金融机构发展的政策措施，制定了综合配套改革试验总体方案和金融业总体发展规划，推动金融改革创新走上了科学发展的轨道。

三是金融管理体制不断完善。各金融监管机构建立起了稳定的信息交流与共享机制，在防止和协同解决金融监管中的盲点、防范和化解交叉性金融业务风险等方面进行了有益的尝试与探索。金融监管机构与地方有关部门加强工作联系，建立了金融稳定工作协调机制和反洗钱工作协调机制，及时查处金融违规行为，确保了全市金融秩序稳定。

（四）质量效益不断提升，服务经济社会发展能力显著增强

截至2012年末，全市银行业金融机构总资产额达到3.5万亿元，比2006年末增长3.3倍，不良贷款率为0.6%，比2006年末下降4.9个百分点，利润总额由2006年的87.6亿元

增加到 2012 年的 521.5 亿元。保险公司资产总额 880.7 亿元，比 2006 年末增长 1.9 倍。金融业对经济增长的贡献进一步增强，2012 年金融业增加值占 GDP 的比重为 7.4%，占第三产业的比重为 15.9%，分别比 2006 年提高了 3.3 个和 5.5 个百分点。

二、新时期天津金融业发展的主要任务

新时期，天津要进一步改善金融发展环境，加快建设具有行业领先水平和国际竞争力的多元化金融机构体系、国内外投资者共同参与具有国际影响力的金融市场体系、与经济发展相适应的金融产品创新体系，健全金融功能，完善金融布局，使金融业由基础产业逐步转化为先导产业。

（一）认真贯彻稳健的货币政策，优化信贷结构，促进经济持续健康发展

继续加强宏观审慎管理，增强执行政策的前瞻性、针对性和灵活性，引导信贷投放和社会融资规模平稳适度增长。进一步优化信贷结构，科学合理地安排信贷投放的力度、节奏和重点，加大对实体经济的支持力度，支持楼宇经济发展，支持新农村建设，支持就业、扶贫和助学等民生工程。开展小微企业和科技型中小企业金融服务创新，确保重点项目信贷的可持续，加大对中小户型商品房和保障房建设的信贷支持，严格控制高耗能、高排放和产能过剩行业贷款。加大对天津经济发展和滨海新区开发开放的宣传力度，大力推介天津大项目、好项目，积极争取政策和信贷资源支持，打造金融资源集聚区。加快发展银行间债券市场，支持中小企业利用债券市场融资，推广市场创新产品，做好银行间市场保障房定向票据试点工作。

（二）积极推进金融改革创新，提升金融服务经济社会发展的能力

一是积极推进外汇改革试点。继续推进货物贸易外汇管理改革，进一步扩大外商投资企业资本金意愿结售汇试点范围，深化外资股权投资基金外汇改革和外商投资小额贷款公司资本金结汇改革试点。积极探索北方航运中心、离岸金融中心外汇管理政策，鼓励离岸金融业务机构开展离岸业务创新，简化流程、提高效率，扩大离岸业务规模，增强离岸金融服务和辐射能力。稳步推进个人本外币兑换特许业务发展，引导特许机构健全内部管理，创新业务品种，积极运用行商模式开展个人本外币兑换特许业务。积极争取扩大融资租赁业短期外债指标规模，探索利用外汇储备等方式增加融资租赁公司资金来源。

二是加快保险产品和服务模式创新。鼓励产险公司与银行和租赁公司合作，开发航空、海运、物流和新建项目、新建企业以及小微企业保险产品和服务模式，创造新的保险市场空间。鼓励保险公司参与城市交通管理，扩大政策性农业保险覆盖领域和医疗责任保险覆盖范围，研究推行火灾公众责任保险等险种。完善全民意外伤害保险制度、大病医疗统筹制度和大病救助制度，提高保险服务水平。

三是加快建设产业金融体系。加快发展科技金融、农村金融、航运金融、矿业金融、消费金融和商贸金融，支持地区经济转型发展；发展直接融资，推动股权投资基金、物权投资基金和对冲基金体系建设；发展现货直接交易市场，组织生产资料入场交易和物流直达配

送；发展场外交易市场，为非上市公司股权报价转让服务。

（三）进一步完善现代金融体系，促进金融业持续快速健康发展

大力发展以传统金融为基础、现代金融为骨干的多元化金融服务体系。支持现有金融机构健全法人治理结构，明确市场定位，依法合规经营，实现可持续发展。加快发起设立中国金融租赁公司、华安资产管理公司、台湾工业银行天津分行等已批筹的金融机构，积极争取设立村镇银行、汽车金融公司、金融租赁公司、财务公司等新的金融机构。制定深化租赁业改革创新方案，着力解决租赁产业发展中的深层次问题，进一步增强租赁产业聚集度。制定全面推进保理业发展方案，支持商业保理和银行保理业务发展，建立银行保理支持商业保理的贸易融资体系。制定离岸金融业务发展方案，争取有资质的银行和符合条件的企业开展离岸金融业务，争取符合总部条件的企业设立资金池集中管理企业境内外资金。加快于家堡金融区建设，支持金融机构设立滨海新区分行和分公司，吸引国内外知名企业设立滨海新区总部机构，逐步形成机构集中、人才聚集、资源集约和系统集成效应。

（四）加快完善多层次资本市场体系，进一步丰富市场功能

积极支持新建股份制公司和企业股份制改造，切实提升公司治理水平和持续盈利能力。密切关注发行上市政策信息，有针对性地开展政策业务培训，支持符合条件的公司上市。主动对接上海证券交易所和深圳证券交易所，引导上市公司通过增发、配股和发行公司债券等方式拓展再融资渠道，引导小微企业通过中小企业私募债等方式解决融资难问题，引导风险公司和经营困难公司通过并购重组创造发展条件，引导控股股东和实际控制人整合重组有关资源实现整体上市。以天津津联集团和渤海国资公司为基础，建设香港红筹股上市公司与内地A股上市公司联动机制，打造支持企业集团上市发展平台。支持符合条件的企业在全国中小企业股份转让系统和天津股权交易所挂牌，探索加强合作共同建设多层次场外交易市场的路径。

（五）着力加强金融生态环境建设，进一步提升环境软实力

一是加快建设社会信用体系。加紧出台加强社会信用管理和建设社会信用体系的意见，将诚实守信纳入日常监管范围，支持征信机构、评级机构和登记机构发展，建立依法征信、意愿评级和登记公示体系，奠定诚实守信和依法经营的社会基础。制定中小企业征信数据库管理办法，建立中小企业社会信用评级体系，提高企业诚实守信和依法经营水平，降低中介机构和金融机构尽职调查成本，改善企业发展外部环境。制定动产权属登记管理办法，建立公开和规范的动产权属登记制度，以明晰动产权属，保护合法权益，促进动产融资，维护交易安全。

二是进一步完善金融监管机制。进一步健全完善风险应急机制和协调机制，提高风险预警和防范处置能力，坚决守住不发生系统性和区域性风险的底线，为地区经济持续健康发展创造良好的金融环境。建立非现场实时监管制度，针对不同行业确定监管重点，定期开展现场检查，提高监管的针对性和时效性。全面加强行业监管，既要支持业务发

展，又要坚决防范风险，依法打击金融违法犯罪行为。明确地方政府金融监管职能和监管范围，完善金融监管机构、地方政府部门与公安司法部门之间的执法协作机制，加强部门合作，建设综合监管体系。

三是全面加强经济金融法制环境建设。结合国际金融业发展趋势和我国金融业发展需求，全面开展经济金融法律教育培训，普及经济金融法律知识。加强经济金融法制建设，自觉贯彻国家法律和政策制度，深入开展遵纪守法、诚实守信宣传教育，严厉打击非法集资和非法经营活动，切实维护市场秩序和社会稳定。积极推行标准合同文本和规范契约文书，支持当事人采用仲裁方式解决争议和纠纷，推动天津国际经济金融仲裁中心、天津海事仲裁中心和海损理算中心发展，打造并推进金融法制化载体。

目　　录

第一篇　天津金融发展廓清

第二篇 天津金融发展分析

第一篇

天津金融发展廓清

第一章　2012年天津金融改革创新和2013年展望

加快金融改革创新是天津贯彻落实中央战略部署和党的十八大精神的重要举措。天津市委、市政府紧紧抓住天津滨海新区综合配套改革试验的历史机遇，坚持以邓小平理论、“三个代表”重要思想、科学发展观为指导，努力实现中国梦，以新思路开拓新领域，以新举措探索新路径，以新模式铸就新优势，加快推动天津金融改革创新，将金融业发展作为实现天津国际港口城市、北方经济中心和生态城市定位，及推动天津滨海新区综合配套改革试验的重要措施，不断加快在金融市场、金融机构、金融创新、金融人才、金融国际化等领域的先行先试，为深化体制机制改革，健全金融服务功能，促进天津社会经济平稳较快增长和“自下而上”推动中国金融改革创新，作出了积极显著的贡献。

一、“十二五”时期天津金融业发展定位

“十二五”时期是天津在新的历史起点上实现新的更大发展的关键时期，是加快推进金融改革创新发展的关键时期。为全面贯彻落实党中央、国务院的决策部署，实现天津城市定位和滨海新区功能定位，将天津滨海新区建成中国经济增长第三极，按照科学审慎、风险可控原则，搞好金融改革创新，推动金融业全面、快速、持续发展，在总结“十一五”时期天津金融改革创新工作的基础上，明确并深刻阐释了“十二五”时期天津金融业发展的定位目标。

（一）天津金融改革创新取得重大成果

市委、市政府高度重视金融改革创新工作，把金融改革创新作为天津滨海新区综合配套改革试验的首要任务。在国家有关部门的支持和指导下，坚持科学审慎和风险可控原则，在金融企业、金融业务、金融市场、金融开放等方面先行先试，在体制机制方面改革创新。多次召开全市金融工作会议，部署金融改革创新工作，明确指导思想、基本原则、发展目标和主要任务，相继制定实施15类60余个文件，营造良好的商务环境和政策环境，有力地促进了金融改革创新和金融业发展。在“十一五”期间，天津已经初步建立起以传统金融为基础、以现代金融为主干的多元化金融机构服务体系，创业风险投资基金、股权投资基金、物权投资基金和对冲基金等私募基金服务体系，科技金融、农村金融、消费金融、航运金融和

商贸金融等产业金融服务体系，权益类场外交易市场和商品类现货要素市场等交易所市场体系，以外汇管理体制改革、跨境贸易人民币结算等为特色的外汇改革创新体系，以及以政策规划引领、商务环境营造、金融集聚区开发建设等为支撑的金融发展环境体系。

（二）天津金融业发展定位的内涵阐释

2012 年，天津出台《天津金融改革创新“十二五”规划》（以下简称《规划》）、《天津市第三批金融改革创新重点工作计划》等指导性文件，确立了天津金融业“建立符合实体经济需求和金融发展趋势的现代金融服务体系，符合国家战略定位和先行先试要求的金融改革创新基地，符合绿色城市理念和集中集约集聚要求的金融服务区”的定位目标，明确了加快金融改革创新的施力方向、实施路径和具体任务，为在一些重点领域和关键节点争取新的突破性进展创造了条件。根据《规划》，天津银行业存款余额由 2010 年的 16 499 亿元增加到 2015 年的 3.4 万亿元，贷款余额由 13 774 亿元增加到 2.6 万亿元，银行卡刷卡消费额由 2 414 亿元增加到 4 000 亿元，租赁合同余额由 1 453 亿元增加到 4 600 亿元，保险业保费收入由 186 亿元增加到 450 亿元，银行业（金融业）总资产由 2.3 万亿元增加到 5 万亿元。金融业增加值由 2010 年的 561 亿元增加到 2015 年的 1 800 亿元，占规划地区生产总值 16 000 亿元的 11.2%，占实际地区生产总值 2 万亿元的 9%。金融业成为天津经济社会持续发展的支柱产业，成为发挥北方经济中心服务作用和滨海新区先行先试示范作用的重要产业，成为转变发展方式、优化经济结构、实现科学发展的重要力量。

（三）实现金融业发展定位的核心任务

天津牢牢把握实现国际港口城市、北方经济中心和生态城市战略定位的历史契机，认真贯彻落实党中央、国务院关于滨海新区开发开放战略的决策部署和全国金融工作会议、天津市党代会精神，全面推进金融改革创新，坚持金融服务实体经济的本质要求，坚持市场配置金融资源的改革导向，坚持创新和监管相协调的发展理念，坚持防范化解风险的永恒主题，加快建立符合天津金融改革创新发展需要的考核激励机制、法律保障机制、人才支撑机制、市场运行机制和风险防控机制。重点在以下领域实现突破：第一，做大做强传统金融业，加快发展现代金融业；第二，建立健全产业金融发展体系，推动产业优化升级；第三，加快交易市场建设，推动区域资源高效流转；第四，深化投融资体制改革，拓宽企业融资渠道；第五，搞好外汇改革试点，参与金融国际化进程；第六，完善地方金融管理体制，维护金融安全稳定；第七，加快金融集聚区建设，形成集中集聚集约效应；第八，优化金融发展环境，夯实金融业发展基础。逐步在天津建立起门类齐全的金融机构体系、结构合理的金融市场体系、创新高效的金融服务体系、功能完善的金融基础设施体系、规范严格的金融风险防范体系和公平安全的金融生态环境体系上实现突破，积极争取建立区域性的私募股权基金管理中心、融资租赁产业集聚中心、现货要素市场中心、保理业务中心、资本市场中心、人民币结算中心和标志性金融服务区，实现天津金融业的率先示范发展。

二、2012 年天津加快实现金融业发展定位

2012 年，天津金融业认真贯彻落实稳健的货币政策，突出更好地服务实体经济这一重点，把稳增长放在更加重要的位置，着力稳定和增加存款，不断拓展金融服务的广度和深度，进一步构建和谐良好的金融发展环境，有力地支持了天津经济平稳较快发展。2012 年天津社会融资规模为 4 440 亿元，同比多增 1 306 亿元，同比增长 41.7%。2012 年末，天津本外币各项存款余额达到 20 293.8 亿元，这是继 2009 年 1 月存款余额首次突破 1 万亿元后的又一跨越；2012 年末，本外币各项贷款余额 18 396.8 亿元，同比增长 15.5%，贷款比年初新增 2 466.3 亿元，同比多增 303.3 亿元，符合国家宏观调控要求。银行业金融机构总资产为 3.5 万亿元，同比增长 24%；不良贷款余额为 125 亿元，不良贷款率为 0.61%，继续保持“不良双降”的态势。银行业机构实现营业收入 904 亿元，净利润 456 亿元，分别增长 20.9% 和 21.9%。保险业金融机构实现保费收入 238 亿元，同比增长 12.5%，保险密度和保险深度分别达到 1 685.3 元/人和 1.8%；证券公司总资产达到 116 亿元，同比增长 8%。2012 年，天津金融业增加值达到 959 亿元，同比增长 25.1%，占天津地区生产总值比重达 7.4%，金融业对天津经济增长的贡献率达 15.2%。

由金融业发展水平及趋势看，2006 年天津金融业增加值为 179.4 亿元，2012 年金融业增加值达到 959 亿元，增幅超过 413%，6 年复合增长速度达 31.3%，是天津 GDP 平均增速的 1.58 倍。金融业增加值占天津 GDP 的比重，由 2006 年的 4.3% 提升至 2012 年的 7.4%，提升 3.1 个百分点，反映出天津金融业作为现代经济核心的地位日益突出。

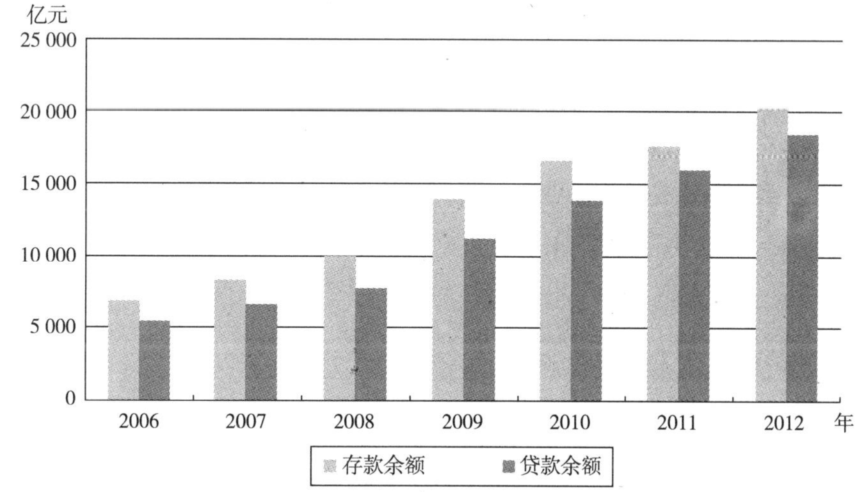

资料来源：历年天津统计年鉴。

图 1-1 2006—2012 年天津本外币存款和贷款规模变化情况

（一）现代金融服务体系日益健全

多年来，天津始终坚持将完善现代金融服务体系和增强金融服务功能相结合，坚持将现

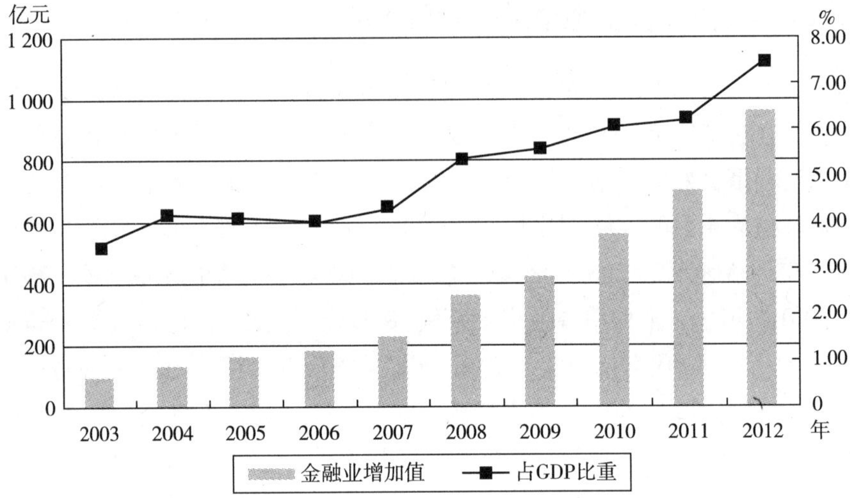

资料来源：历年天津统计年鉴。

图1－2 2003—2012年天津金融业增加值及占GDP比重变化情况

代金融服务建设和转变经济发展方式相结合，初步建立了以传统金融为主体，以现代金融为补充的较为健全的现代金融服务体系。2012年末，天津分行（分公司）以上持牌金融机构超过160家，包括银行业机构90家，保险业机构53家，证券期货业机构12家，其中地方金融法人机构达到40家。首先，从银行业机构看，2012年，民生银行在天津成立北方资金交易中心；天保财务公司开业；渤海银行石家庄分行开业，累计设立14家分行，完成在全国重点区域的布局；西青国开村镇银行、静海新华村镇银行相继开业，华明村镇银行、北辰村镇银行完成改制重组；台湾工业银行在津设立代表处，成为我市首家台资独资金融机构。2012年末，天津市共有中外资银行业金融机构76家，其中，在51家中资银行业金融机构中，法人机构18家，二级以上分行33家；在25家外资银行业金融机构中，法人机构3家，二级以上分行22家。其次，从保险业机构看，2012年，华夏人寿总公司迁入天津，紫金财险、泰康养老先后设立分支机构；光大永明人寿保险公司获准进行股权变更和增资，发展能力显著增强。2012年末，天津保险市场共有总、分公司53家，专业中介机构95家，兼业代理机构3 000余家，基本形成了种类齐全、布局合理的保险机构体系。再次，从证券业机构看，2012年末，天津市共有法人证券公司1家，证券分公司2家，证券营业部105家；证券投资咨询公司2家，资信评价公司1家；基金管理公司1家；期货公司6家，期货营业部21家；上市公司38家；天津市开展融资融券业务的证券营业部有85家，为期货公司提供中间介绍业务的营业部有43家，累计开户1 193户。最后，从创新型金融机构看，中国金融租赁公司、信唐货币经纪公司落户天津，天津创投之家开业运营，成为国内首批中小企业综合金融平台，使区域的金融业态不断丰富。

（二）金融改革创新基地持续推进

天津始终坚持将金融改革创新和服务实体经济相结合，坚持将金融改革创新和防范金融风险相结合，在产业金融、私募基金、创新型市场和外汇改革等重点领域实现突破，多项工作处在全国领先地位。首先，在产业金融方面，积极推动科技金融、航运金融、商贸金融、消费金融、农业金融等重点领域发展。2012 年末，天津共有融资租赁法人机构达 116 家，注册资本金 565 亿元，合同余额超过 3 000 亿元，约占全国的四分之一，共完成 306 架飞机和 318 艘船舶租赁业务，飞机和船舶租赁资产超过 900 亿元，融资租赁已经成为天津滨海新区第二大融资方式；天津成为商业保理试点城市，注册设立商业保理机构超过 50 家，注册资本超过 17 亿元。其次，在私募基金方面，集聚覆盖企业生命周期的创业风险投资基金、股权投资基金、产业投资基金、物权投资资金和对冲基金，使天津成为国内私募基金较为聚集的地区。2012 年末，在天津 17 家商业银行托管的股权投资基金共 328 家，注册资本 1 462. 5亿元，实收资本 964. 2 亿元，已投资金额 909. 2 亿元，托管账户余额 48. 3 亿元。天津共有 60 家基金企业和管理机构在国家发展改革委备案，备案家数和资金规模位居全国前列。再次，在创新型市场方面，天津制定《天津市各类交易场所监督管理暂行办法》，促进各类交易场所规范有序发展。2012 年，天津 10 家创新型交易市场总成交额 3. 9 万亿元，实现利润 5. 7 亿元。成功举办第六届中国企业国际融资洽谈会，前六届融洽会累计为参会基金及企业提供 1 045 亿元的融资需求，达成融资意向近 1. 5 万项。最后，在外汇改革方面，积极推动外汇管理体制改革、跨境贸易人民币结算为特色的改革创新。2012 年，天津获准开展外商投资小额贷款公司外汇资本金改革试点，东疆保税港区纳入资本金结汇改革试点范围。个人本外币兑换特许业务试点稳步推进，天津渤海通汇货币兑换有限公司获得全国首家个人本外币特许兑换资质。至此，天津已有 3 家特许机构开展本外币兑换特许业务。同时，2012 年，天津市共办理跨境人民币结算 633 亿元，同比增长 47. 0%，高于全国 6 个百分点。跨境人民币结算业务涉及的地域不断扩大，已经覆盖中国香港、德国、新加坡、英国、美国等 68 个国家和地区。

（三）金融服务区的建设成果显著

天津始终坚持将金融集聚服务区建设和金融生态环境营造相结合，坚持将新兴低碳金融区建设和生态城市建设要求相结合，通过规划政策引导、营商环境改善、生态环境优化实现金融资本、人才、技术、信息的聚集，为建成符合绿色城市理念和集中集约集聚要求的金融服务区打下坚实基础。第一，加快于家堡金融区建设发展。截至 2012 年末，于家堡金融区起步区开工的 15 栋楼宇中的 8 栋主体竣工，其余按进度推进，道路管网等基础设施同步展开。英国洛希尔集团中国总部等 502 家机构落户于家堡金融区，注册资本金约 880 亿元，比 2011 年增加近 200 家机构，注册资本金增加 180 亿元。第二，金融对外交流合作取得明显成效。成功举办第二届于家堡论坛、第三届中国金融租赁高峰论坛等高端会议。第三，推动社会信用体系建设。截至 2012 年底，全国企业征信系统共收录天津市 21. 4 万户企业及其他经济组织的基本信息和信用信息，全国个人征信系统收录天津市 930 万自然人的基本信息和信用信息。2012 年，企业征信系统和个人征信系统日均查询量 10 390 多次，全市金融机构通过查询信用信息拒绝信贷申请 3 779 笔（不含信用卡），涉及金额 155 亿元。第四，加强金融人才环境建设。2012 年，天津市大力推进金融人才“十二五”规划各项任务的落实，人才资本优先积累、人才投入优先保证机制不断健全完善，构建起“引才、育才、聚才、用才”的工作体系。积极推进“千人计划”引进、高层次人才认定及“131”创新型人才培养工程，树立国际视野，加快培育和引进各类高端金融人才。同时，深化干部人事制度改革，市场配置、公开选拔、定点招聘中高级管理人员，进一步完善高管人员正常退出和中层管理人员竞争上岗机制，促进优秀人才脱颖而出。推动金融企业博士后科研工作站建设。第五，维护金融安全稳定。全面加强政府投融资平台整合治理，建立落实资金借用管还机制，未发生贷款拖欠问题，充分发挥金融稳定协调、打击非法集资等六个专项工作机制作用，有效维护了金融安全稳定。

三、2013 年天津市金融业发展前景展望

2013 年是全面贯彻落实党的十八大精神的开局之年，是实施“十二五”规划后承前启后的关键一年，是十八届三中全会胜利召开的一年，天津金融业将按照十八大关于全面深化改革的战略部署，结合全市金融工作会议要求，坚持稳中求进的工作总基调，贯彻落实积极的财政政策和稳健的货币政策，围绕主题主线，以提高经济增长质量与效益为中心，进一步深化金融改革开放，进一步强化金融创新驱动，牢牢把握扩大内需这一战略基础，立足全局，突出重点，求真务实，确保工作扎实开展，推动全市金融业实现新的更大的发展。

（一）提升金融业服务实体经济能力

第一，稳步扩大天津社会融资规模。以不断增加社会融资总量为首要任务，积极扩大信贷资金规模，不断拓宽企业直接融资渠道，推广应用保险、融资租赁、商业保理等融资工具，努力实现新增贷款规模增长高于上年、贷款增速高于全国平均增速和社会融资总量增幅高于上年的工作目标。第二，不断提升金融服务实体经济水平。充分发挥金融资源的综合集成优势，加大金融对大项目、小巨人、楼宇经济等全市经济社会发展重点领域的支持，加快构建完善产业金融发展体系，切实改进对三农、小微企业、保障性住房、城镇化建设、绿色环保等融资薄弱环节的金融服务，加快推进村镇银行在涉农区县的全覆盖，努力实现企业发展资金来源多样化、金融服务综合化、企业资产轻量化和融资服务便利化，推动产业结构优化升级和经济发展方式转变。第三，突出对高新技术产业、战略性新兴产业的金融支持。充分利用天津科技实力雄厚、智力资源丰富的优势，以科技金融和低碳金融为抓手，突出加强对科技体制创新、科技园区建设、科技企业培育等方面的金融支持，引导金融资本和社会资本向新技术、新产业积聚，着力提升新兴产业融资在融资总量中的比重，支持战略性新兴产业发展。

（二）以金融改革创新激活市场活力

第一，不断提高金融业的发展质量。积极转变金融业发展方式，将推动金融业发展的立足点转到提高质量和效益上来，着力激发各类金融市场主体发展活力，着力增强金融创新驱动发展新动力，着力构建现代金融产业发展新体系，着力培育金融开放新优势。第二，不断

加大对重点领域和关键环节的金融改革创新力度。围绕天津金融业定位目标，加快组织实施金融改革创新重点工作，加快建设门类齐全、结构合理、功能完善、规范发展的现代金融服务体系和金融改革创新基地，着力打造国内股权基金服务、融资租赁业发展、资金交易结算、金融要素市场建设的高地，努力形成良好的金融资源聚集效应。第三，积极推动国家租赁创新试点试验区建设。以建设政策制度完善，融资交易功能便利，租赁专业服务齐全，租赁专门人才聚集，具有国际先进水平的租赁业发展中心和租赁产业聚集地为目标，继续深化租赁改革创新试点，完善租赁结构，拓宽业务领域，丰富融资渠道，优化资产质量，增强我市租赁企业的国际竞争力，积极引导租赁企业、租赁基金、租赁保理、租赁交易、租赁中介服务、租赁人才等要素集聚，实现租赁业新的突破。第四，积极开展金融产品创新。鼓励金融机构发挥各自优势，积极开展中小企业集合债券、集合票据、集合信托等金融产品创新，支持保险机构开展小额贷款保证保险、信用保险和产品研发保险，探索商业保险参与小微企业融资再担保机制，不断满足各类实体经济的金融需求。第五，积极推动金融国际化发展。依托于家堡金融区、东疆保税港区、天津未来科技城、中新天津生态城四个对外开放平台，积极推动离岸金融市场、涉外融资租赁、外汇管理改革、国际金融保险、跨境人民币业务的发展，构筑天津金融对外开放新优势。

（三）加快传统金融业转型升级发展

第一，积极推进银行业转型发展。以稳步实施新资本管理办法为契机，推动银行业机构管理水平全面提升，引导银行业机构适应利率市场化改革要求，加强风险管理，加快转型发展。督促法人银行继续以丰补歉，增提拨备和资本，完善资本补充机制，增强资本管理能力。进一步推进政策性银行、储蓄银行、资产管理公司三类机构改革。第二，积极推进保险业务完善。推动政策性农业保险发展，逐步扩大医责险覆盖范围，开展适合小微企业需求的保险产品和服务模式创新，推动实施大病保险制度。进一步提升产险服务水平，鼓励法人保险公司开展店面直销业务，扩大服务区域和范围。进一步完善消费者权益保护机制，提升天津市保险业服务水平。第三，积极扩大证券业经营机构数量及规模。2013 年，全市证券经营机构将紧紧抓住新三板、中小企业私募债、融资融券等新业务的推出契机，进一步扩大证券经营机构数量及规模，增强整体竞争实力，提升创新发展和服务实体经济能力，有效防范和化解市场各种风险，推动全市证券市场发展再上新台阶。第四，加快多层次资本市场建设发展。积极支持新建股份制公司和企业股份制改造，切实提升公司治理水平和持续盈利能力。密切关注发行上市政策信息，有针对性地开展政策业务培训，支持符合条件的公司上市。主动对接上交所和深交所，引导上市公司通过增发、配股和发行公司债券等方式拓展再融资渠道，引导小微企业通过中小企业私募债等方式解决融资难问题，引导风险公司和经营困难公司通过并购重组创造发展条件，引导控股股东和实际控制人整合重组有关资源实现整体上市。支持符合条件的企业在全国中小企业股份转让系统和天津股权交易所挂牌，探索加强合作共同建设多层次场外交易市场的路径。

（四）维护金融体系稳定与安全运行

今后几年是本市实现城市定位的关键时期，天津将坚持市场化、国际化、法制化发展导向，坚持金融创新与防范金融风险并重的理念，坚持协调各方、形成合力的工作方法，维护天津金融体系稳定安全运行。第一，坚持金融改革发展和金融风险防范并举，全面加强对金融风险的预测、分析和处置，坚决守住不发生系统性和区域性风险的底线。积极探索建设地方金融监管体系，加强对重点领域和薄弱环节的监督管理。严格落实金融稳定和风险防范工作机制，确保金融稳定安全。第二，协调好地方政府、相关金融管理部门、市场中介组织等参与方之间的相互关系，约定好各参与方应履行的责任和义务，通过有效的职能整合和沟通协调实现整体工作推进。全面加强风险管理，严格控制各类风险，构建风险防范、预警及违约事件处置预案。第三，加强金融风险监测分析，加强金融市场运行的日常监测和金融机构的风险监测，提高对金融风险的预警判断能力。健全金融风险监测分析系统，加强对跨市场、跨机构、跨境金融风险传递的风险监测和分析研究，对欧美主权债务危机动态及其对经济金融发展的影响以及金融市场、金融机构风险进行定期监测分析。第四，在宏观审慎监管和微观审慎监管之间搭建一道桥梁，构建公平、安全、竞争、开放的金融服务环境。

第二章　2012年金融业支持天津率先示范发展

2012年，天津金融业积极贯彻落实市委、市政府“调结构、惠民生、上水平”活动的决策部署，深入开展金融“服务实体经济、服务民计民生”活动，着力为大型优质项目、科技型小巨人、楼宇经济发展、生态城市建设、“三区”联动发展和惠济民计民生，提供了优质高效便捷的金融服务。以金融深化发展拓宽服务领域，以金融改革创新注入新的活力，充分发挥了金融业作为战略导向产业的功能和作用。

一、金融业支持大型优质项目建设发展

2012年以来，天津凭借着日臻完善的产业集群效应以及良好的投资环境，在全球经济下行、欧美部分制造业“回迁”及跨国公司投资能力下降的大环境下，仍然吸引了德国大众汽车变速器工厂、陶氏化学等一个又一个世界500强企业将项目相继投放到渤海之滨。2008年至2012年的5年间，天津市累计实际利用外资554亿美元，引进内资8 483亿元，在津世界500强企业152家，国内500强企业201家。融资租赁、产业基金、财务公司等多种新兴金融业态有力地支持了天津大型优质项目和企业集团的发展。

（一）项目贷款保障重点项目运行

近年来，天津金融业坚持金融服务实体经济的本质要求，全力推进大型优势项目建设，信贷总量增长适度，为重点项目提供有力资金支持。2012年，天津信贷总量保持适度增长，本外币贷款新增2 466.3亿元，同比多增303.3亿元，贷款增速与全国贷款平均增速基本持平。全年累计发放项目贷款1 901.6亿元，其中用于在建续建项目1 466.3亿元，占全部项目贷款的77.1%，重点项目和重点企业的资金状况保持合理充裕水平，企业资金链得到较好维护。截至2012年末，天津银团贷款项目185个，比年初增加46个，贷款合同余额3 142亿元，比年初增加493亿元，贷款余额1 967亿元，有效支持了大型优质项目建设。

（二）租赁业促进现代制造业发展

天津是目前我国最大的融资租赁聚集地和示范区，融资租赁业务已涵盖飞机产业、船舶产业、战略新兴产业等多个领域。2012年，天津注册设立融资租赁法人机构达到116家，注册资本金565亿元，融资租赁合同余额超过3 000亿元，继续保持行业领先地位。首先，单机单船项目公司在天津东疆保税港区快速聚集。截至2012年底，东疆保税港区共注册单

机公司232家，单船公司76家，共完成127架飞机和36艘船舶的租赁业务，飞机和船舶租赁资产累计68.7亿美元。其次，融资租赁相关配套政策取得新突破。2012年7月26日，财政部、海关总署、国家税务总局联合下发《关于在天津东疆保税港区试行融资租赁货物出口退税政策的通知》，对在天津东疆保税港区注册的融资租赁项目子公司，试行增值税、消费税出口退税政策。2012年10月18日，民生金融租赁公司成功获得我国首笔海洋工程结构物出口退税款8 194万元。最后，融资租赁行业“营改增”试点工作稳步推进，为天津融资租赁业的发展营造了良好的税收政策环境，也为全国融资租赁业税收配套政策的改革积累相关经验。

（三）产业基金支持优势产业发展

目前，天津正依托城市功能区和工业园区，围绕八大优势产业加快建设航空航天、石油化工、装备制造、电子信息等八大具有国际国内产业竞争力和影响力的产业基地。天津通过设立产业基金，有效扩宽了优势产业的直接融资渠道。例如，注册资本金2亿元的渤海产业投资基金，开创了我国产业投资基金的先例，形成了直接投融资的新渠道；总募集额达到200亿元的国内第一只航空产业基金，为滨海新区航空重大项目带来新的直接融资渠道；燕山飞机租赁基金，实现天津融资租赁、私募基金这两大优势叠加；船舶产业投资基金已经投资了60余艘国内外船舶，船舶总载重吨级超过500万吨。物联网产业基金、生物医药产业基金等各类专业产业基金为现代制造业和现代服务业提供了资金保障。与此同时，通过设立天津股权交易所、滨海柜台交易市场等创新型交易市场，拓宽了产业基金的退出渠道，有效促进资源合理配置。

（四）财务公司服务大型企业集团

天津港财务有限公司和天保财务有限公司各自拥有一家代表性的企业集团财务公司，这些财务公司大大提升了集团资金使用效率。作为服务大型企业集团的非银行金融机构，财务公司主要为集团内部成员单位提供资金集中管理、资金结算、资金融通等金融服务。以天津港财务有限公司为例，截至2012年末，该公司各项存款余额为人民币85.67亿元，截至2012年12月末为31家成员单位办理115笔贷款业务，金额达50.07亿元，信贷业务未出现过一笔不良贷款。2012年公司实现信贷业务收入3.86亿元，较上年同期增加了46.13%，实现信贷收入大幅增长。以天保财务有限公司为例，截至2012年末吸收成员单位存款余额为11.65亿元，公司开业以来累计对成员单位发放自营贷款16.4亿元，其中短期贷款10.4亿元，中长期贷款6亿元，同时办理成员单位之间委托贷款12亿元。贷款以对经营情况优良的核心成员单位发放的信用贷款为主，对个别企业发放了抵押贷款。财务公司大大提升了集团公司的资金使用效率，提升集团公司综合实力和市场竞争力。

二、金融业服务科技型中小企业的发展

近年来，天津从发挥财政资金倍增效应、创新产品及服务和基础性机制建设等多方面探索出解决科技型中小企业融资难题的道路。截至2012年末，全市经认定的科技型企业已达

3.4 万家，科技小巨人企业 1 700 余家。全市金融支持科技型企业贷款余额为 1 396 亿元，增长 87.9%，高于各项贷款增速 72.4 个百分点，涉及企业 3 169 户，增长 62.4%。2008 年至 2012 年的 5 年间，天津专利申请 14 万件、授权 5.9 万件，全社会研发经费支出占生产总值比重由 2.3% 提高到 2.7%，综合科技进步水平位居全国前列。

（一）财政带动信贷资金倍增效应

天津积极发挥财政资金带动信贷资金投入的倍增效应。自 2009 年开始，天津市开展了科技计划项目与商业贷款结合打包贷款的发放工作。对列入天津市科技型企业创新资金的项目企业，在给予财政资金支持的同时，由企业提出需求，签约的打包贷款合作银行根据企业融资需要，对其发放无须抵押担保的贷款。在这一模式下，平均每个项目可以获得 1 年期 40 万元商业贷款。据监测，截至 2012 年末，通过这种模式共落实了 508 家科技型企业的 2.04 亿元打包贷款和 16.9 亿元商业贷款，贷款不良率始终保持为零。与此同时，天津有关部门积极改进奖励办法，进一步发挥财政资金的拉动倍增作用。自 2012 年起，改进了各类融资机构向小微企业提供融资服务的财政奖励政策。政策规定从 2012 年起 3 年内，各类融资机构向全市小微企业发放的本外币贷款（含票据贴现）由财政按照当年年末余额比上年末增加部分给予奖励。奖励标准较之前实施的小企业贷款奖励标准提高了 1 倍，达到每增加 1 亿元奖励 30 万元。

（二）深化科技金融产品服务创新

近年来，天津积极深化科技金融产品和服务创新。根据科技型企业特点，打造特色抵质押贷款业务，各有关部门联合制定了符合科技型企业特点的专利权、商标权、股权质押贷款管理办法，拓宽企业抵质押资产类型。截至 2012 年末，贷款余额已达 739 亿元，是 2010 年末的 4.6 倍，当年增长 113.6%，继续保持高速增长。与此同时，探索新的银企信息沟通机制，积极化解信息不对称矛盾。将科技计划项目论证与项目融资路演相结合，邀请银行、担保、保险等金融机构参与科技计划项目论证会，使成长期、壮大期的科技企业可以直接面对各类金融机构，提出自己的融资需求，并且直接听取技术专家、管理专家和财务、投资专家对申报项目的评价，改变了以往单一项目评审或是单一项目推介形式。到 2012 年末，通过这种形式共为 18 家路演科技型企业融资 2.3 亿元。

（三）加强科技企业金融配套服务

加强科技型中小企业金融配套制度建设。在全市金融机构范围内建立了科技型企业金融统计制度，按季度统计汇总全市金融机构对科技型企业的分类报表，对金融支持科技型企业的动态进行全面监测。2011 年以来，选取天津滨海高新技术产业开发区开展了中小企业信用体系试验区建设。定期对试验区有融资需求的企业和项目进行筛选，向试点银行进行发布推荐，目前，已发布了五批 281 家优质企业名单。截至 2012 年末，8 家试点银行累计为滨海高新区科技型企业提供信贷资金 26.6 亿元，涉及企业 123 家，其中信用贷款 13.9 亿元。不断完善信贷政策导向效果评估制度，连续多年将科技型企业贷款指标纳入评估内容。同时，紧密结合对金融机构的综合评价工作，及时将信贷政策导向效果评估结果作为综合评价意见的重要组成部分，通过将评估结果抄送其上级行和在全市同业通报等措施鼓励先进、督促后进。

（四）积极设立科技金融专营机构

积极设立科技金融专营机构和“金融超市”，创新科技金融服务机制。2012 年，天津银行业科技金融专营机构达 161 家，同比增加 122 家。支持 22 家商业银行在全市 16 个区县成立“金融超市”，每周定期与科技型中小企业举办见面会，政府还提供贷款贴息，企业可以获得最高 5 000 万元的融资支持。“金融超市”有力地支持了天津科技型中小企业的发展。

表 2－1　2012 年天津金融支持科技型中小企业发展

项目	2012 年	2011 年	增速
科技型中小企业专营机构数（个）	161	39	312.8%
科技型中小企业贷款户数（户）	4 000	1 600	150.0%
科技型中小企业贷款余额（亿元）	1 318	919	43.4%
科技型中小企业贷款占比	7.2%	5.8%	提高 1.4%

资料来源：历年天津金融运行报告。

三、金融业服务小微、“三农”和民计民生

长期以来，天津市委、市政府不断增强工作的科学性、前瞻性、主动性，注重顶层设计；坚持规划引领，多干打基础、利长远、惠民生的事情。2012 年，天津金融业进一步强化了对于小微企业、“三农”等金融服务薄弱环节的支持力度，使民生事业取得新的发展。截至 2012 年末，全市社会从业人员 803.14 万人，比上年末增加 39.98 万人。其中，城镇从业人员 621.29 万人，乡村从业人员 181.85 万人。全年新增就业 47.3 万人，增长 0.4%，年末城镇登记失业率控制在 3.6%。2012 年，天津城市居民人均可支配收入 29 626 元，增长 10.1%，农村居民人均可支配收入 13 571 元，增长 14.1%。

（一）提升金融服务民计民生水平

近年来，天津持续加大金融服务民计民生力度，积极贯彻落实金融业支持就业、创业、医疗、教育、保障性住房、文化产业等发展战略，有效地保障了本市民计民生领域的资金供给。2012 年，天津获准发行总规模为 20 亿元的全国首单保障房类资产支持票据；获得太平洋资产管理公司总规模为 100 亿元的天津公共租赁房债权投资计划。2012 年，支持小城镇建设成果显著，小城镇建设贷款余额 485 亿元，增加 157 亿元，增长 48%。2012 年，全市保障房贷款余额 303 亿元，比 2012 年初增加 48 亿元，增速明显高于全部房地产贷款。

（二）加大金融服务小微企业力度

2012 年，天津进一步加大金融服务小微企业力度。积极开展适合小微企业需求的金融产品和信贷模式创新，搭建融资对接平台，多渠道解决小微企业融资难问题。截至 2012 年

末，全市银行业金融机构小微企业贷款余额 2 499 亿元，比年初增加 543 亿元，增速 27.8%，比全国平均增速高 9.5 个百分点，在直辖市中名列前茅。小微企业贷款增速比全部贷款增速高出 12.4 个百分点，小微企业贷款增量比上年同期多增 78 亿元，完成“两个不低于”的监管目标。全市小微企业贷款户数 1.25 万户，比年初增加 2 816 户，增速 29.1%。小微企业贷款投向更趋合理，主要集中于天津经济社会发展、人民生活需求紧密相关的行业。此外，贷款质量保持相对稳定，全市小微企业不良贷款比年初减少 1.54 亿元，小微企业不良贷款率比上年同期下降 0.16 个百分点。全市中资银行在各类产业聚集区设立小微企业专营机构 247 家，新增 117 家，专营机构向小微企业发放贷款余额 1 206 亿元，比年初增加 379 亿元。2012 年设立小额贷款公司 127 家，注册资本金超过 130 亿元，累计发放贷款 387 亿元，融资担保机构达到 130 家，注册资本金达到 127 亿元，在保余额达到 450 亿元。

表 2－2　2012 年天津金融支持小微企业发展

项目	2012 年	2011 年	增速
小微企业专营机构数（个）	247	130	90.0%
小微企业贷款户数（户）	12 500	9 684	29.1%
小微企业贷款余额（亿元）	2 499	1 956	27.8%
小微企业贷款占比	13.6%	12.3%	提高 1.3%

资料来源：历年天津金融运行报告。

（三）改善“三农”领域金融服务效果

2012 年，天津积极改善“三农”领域金融服务成效，加快发展农村金融，加大涉农信贷投放，积极探索支持现代农业发展的新型投融资模式和农业全产业链金融服务模式。2012 年，涉农贷款余额 1 732 亿元，增加 417 亿元，增长 31.7%。天津农商行新设立农业贷款公司 4 家，服务农村能力进一步增强。2012 年新设金融服务站 595 家，基本实现了对千人以上村庄的金融服务全覆盖。政策性农业保险为天津农业生产和农民人身及家庭财产提供风险保障总额近 70 亿元，同比增长 20%。截至 2012 年末，依托涉农金融机构建立了 32 万户农户电子信用档案，评定信用户 16.8 万户，对已建立信用档案的农户累计发放贷款 485 亿元。

四、金融业服务生态城市与美丽天津

近年来，天津坚持社会经济发展和生态宜居城市建设并举，将美丽天津建设作为实现天津城市定位的必然要求。把生态文明建设放在更加突出位置，不断提升人居环境质量。大力实施生态市建设行动计划，继续推进清水工程、绿化工程、净化工程。主要河流水系全部实现水清岸绿，城镇污水集中处理率达到 95% 以上。大规模植树造林，建设一批郊野公园，建成天津动物园，全面提升外环线绿化带，建成区绿化覆盖率提高到 36%。在推进美丽天津和生态城市建设过程中，天津不仅探索了集约型、节约型、生态型的发展新模式，而且积极发挥金融业的独特功能，使金融创新服务在推动绿色产业、探索绿色机制、塑造低碳新区等多个领域发挥了重要作用。

（一）绿色信贷支持绿色产业发展

积极开展绿色信贷业务，支持绿色产业发展。2012 年，天津累计退出“两高一剩”行业及落后产能项目 127 户，退出贷款 162 亿元。38 家银行开展绿色信贷业务，支持节能减排企业 493 户，贷款余额 1 247 亿元，同比增长 65%，不良率为 0.04%。然后，成立了全国第一家排放权交易所，为最大限度地减少废物排放，降低经济发展的环境代价探索了新的机制。目前，该交易所为温室气体、主要污染物和能效产品提供安全高效的电子竞价和交易平台，为合同能源管理（EPC）项目及节能服务公司提供推介、融资、咨询等综合服务，为清洁发展机制（CDM）项目以及区域、行业、项目的低碳解决方案提供咨询服务。

（二）创新生态城建设投融资体制

近年来，天津积极借鉴国际先进生态城市的建设理念和成功经验，确立了“人与人、人与经济、人与环境和谐共存”和“能实行、能复制、能推广”的核心理念，不断创新投融资体制，使中新天津生态城发展步伐不断加快。目前，中新天津生态城累计完成固定资产投资 400 亿元，8 平方公里起步区基本建成，一批重要公共服务设施加快建设或投入使用，初步形成以文化创意、科技研发、节能环保、现代服务等为显著特色的产业聚集态势，中新天津生态城正在成为国家绿色发展的示范区。截至 2012 年 7 月末，中新天津生态城共有 13 家企业累计通过意愿结汇 1.88 亿美元，结汇所得人民币累计对外支付 1.35 亿美元。与此同时，中新天津生态城认真借鉴新加坡等先进国家和地区的成功经验，结合选址区域的实际，围绕生态环境健康、社会和谐进步、经济蓬勃高效和区域协调融合四个方面，率先制定了中新天津生态城指标体系，确定了 22 项控制性指标和 4 项引导性指标。指标体系的确立为生态城的规划建设提供了依据。

（三）加快于家堡低碳示范镇建设

于家堡金融区是亚太经合组织全球首个低碳示范城镇和世界上第一个低碳中心商务区（CBD）。于家堡在国家能源局、天津市、滨海新区等有关部门的支持下，按照绿色城市理念和集中集聚集约要求，实践全方位、全领域、全过程的低碳、绿色、循环建设发展方式，为全球新兴低碳 CBD 的开发建设、运营管理探索践行。环境优美、生态宜居的办公环境，低碳环保、亲近自然的生活方式，是于家堡金融区的低碳标志。截至 2012 年末，于家堡金融区起步区开工的 15 栋楼宇中的 8 栋主体竣工，其余按进度推进，道路管网等基础设施同步展开，累计注册企业 502 家，注册资本金约 880 亿元。

五、金融业服务于天津涉外经济发展

天津是中国北方的门户城市，将逐步建成国际港口城市、中国北方国际航运中心和国际物流中心。航运金融、离岸金融、外汇改革等一系列国际金融保险业务创新，有力推动了天津涉外经济的发展。对外贸易规模不断扩大，出口结构进一步优化，培育一批国家级出口基地，形成一批外贸公共服务平台。2012 年，天津口岸进出口总值突破 2 000 亿美元。2012

年，天津外贸进出口总额1 156.23亿美元，增长11.8%。其中，进口673.09亿美元，增长14.3%，出口483.14亿美元，增长8.6%。2012年，天津新批外商投资企业632家，合同外资额185.85亿美元，增长10.4%，实际直接利用外资150.16亿美元，增长15.0%。其中，制造业实际直接利用外资76.23亿美元，增长33.7%，服务业实际直接利用外资72.16亿美元，与上年基本持平。

（一）航运金融为自贸区建设提速

首先，航运金融试点加快自贸区形成步伐。2011年5月，国务院正式批复《天津北方国际航运中心核心功能区建设方案》（国函〔2011〕51号），其中明确：条件成熟时进行建立自由贸易港区的改革探索。以东疆保税港区为核心载体，推进北方国际航运中心核心功能区建设，创新国际船舶登记制度，开展航运金融业务和租赁业务试点。在航运金融试点中，"允许已经开展离岸银行业务的商业银行在东疆保税港区设立机构，积极开展离岸银行业务；允许在东疆保税港区注册、有离岸业务需求的企业开设离岸账户，简化离岸账户审批流程，进一步推进外汇管理便利化措施试点"。在租赁业务试点中，"准予金融租赁公司在东疆保税港区设立项目子公司（如单机公司、单船公司等）；鼓励租赁企业在东疆保税港区开展飞机租赁业务创新，根据飞机租赁业务发展需要，统筹安排飞机引进指标，按规定纳入国家批量采购计划，优先安排利用外债指标规模；对国内租赁公司或租赁公司设立的项目子公司，经国家有关部门批准从境外购买空载重量在25吨以上并租赁给国内航空公司使用的飞机，均按4%征收进口环节增值税；对在天津东疆港区注册的融资租赁企业，或金融租赁公司在东疆保税港区设立的项目子公司满足条件的融资租赁出口货物，实行出口退税政策；融资租赁出口货物包括通过天津境内口岸报关出口的融资租赁货物，以及融资租赁的海洋工程结构物等视同出口货物"。这些体制机制的率先改革使天津的东疆保税港区同国内其他保税区、保税港区、出口加工区等海关特殊监管区相比，具备独特的航运金融功能优势，将十分有益于本地区开展离岸金融、融资租赁等金融创新活动，加快了天津发展自由贸易港区的步伐。

（二）保理业务不断拓宽服务领域

近年来，天津不断拓宽保理业务服务范围。天津是我国商业保理试点城市，也是国内最早登记注册商业保理机构的地区之一。截至2012年末，天津注册设立商业保理的机构超过50家，注册资本超过17亿元。目前，天津保理服务领域在不断拓宽，从传统的国际贸易领域逐步扩展至物流、航道、医疗、环保、工程建筑、服务业等领域，甚至购买机票的票款和大学学费也纳入保理服务范畴。同时，天津市利用境外关联机构拓展国际保理业务，为符合条件的境内出口企业提供融资，缩短企业回款周期。此外，通过有效结合其他融资方式，创新保理服务形式。例如，引入保理业务后，天津市的融资租赁企业可以立即获得保理款，经营风险有所降低。保理公司与银行合作分别提供担保与融资，这种创新的业务方式将商业信用与银行信用结合起来，不仅降低了银行贷款风险，而且延长保理公司的付款时间，改善保理公司现金流管理。

（三）外汇管理改革加速项目落地

天津是我国深化外汇管理体制改革的试点地区，东疆保税港区和中新天津生态城在意愿结汇方面走在全国前列。2012 年，东疆保税港区、中新生态城等新建功能区成为吸引外资热点，实际利用外资额分别比 2011 年增长 50.2% 和 44.8%，高于开发区实际利用外资额同比增长 15.0%，保税区同比增长 15.2%，高新区同比增长 40.7% 的增速，在天津市主要的功能区中处于领先地位。借助外汇管理改革优势，天津各功能区的招商引资工作开展顺利，中新生态城、东疆保税港区在资本金意愿结汇方面积累的经验，为在风险可控条件下进一步扩展试点范围创造了条件。

第三章　2012 年天津经济金融运行状况分析

近年来，天津坚持以科学发展为主题，以加快转变经济发展方式为主线，以调整优化经济结构为主攻方向，狠抓大项目、小巨人、楼宇经济等重点工作，大力发展实体经济，保持了良好发展势头，经济总量跨上万亿台阶，发展的质量效益水平明显提升。滨海新区综合配套改革成效显著，先后实施两个“三年行动计划”，重点领域和关键环节改革实现新突破。完成金融改革创新两批 40 项重点工作，股权基金、融资租赁、创新型交易市场快速发展，“融洽会”影响不断扩大。截至 2012 年末，天津金融机构数量比 2006 年增长 4.8 倍，存贷款余额分别比 2006 年增长 1.5 倍和 1.8 倍。未来，天津将牢牢把握构建我国北方改革开放先行区、实现天津城市定位的历史机遇，逐步建成功能完善、规范发展的现代金融服务体系和金融改革创新基地，形成股权基金、融资租赁、资金结算、要素市场四个中心，建成于家堡金融服务区。

一、2012 年天津经济金融运行环境

2012 年，天津认真落实国家宏观调控政策措施，有效应对国际金融危机和欧洲主权债务危机的冲击，统筹推进滨海新区、中心城区、郊区县三个层面协调发展，使全市社会经济发展取得显著成就，开创了率先示范发展的新局面。

（一）全球经济在曲折中复苏

2012 年以来，世界经济继续处在深度转型调整期。美国经济温和复苏，财政整顿进展缓慢，欧债危机形势得到缓解，但对实体经济的影响日益加深。受外需萎缩和国内消费需求不足影响，日本经济下滑。大部分新兴经济体增长势头放缓，并面临跨境资本流动波动加剧和通胀压力上行的挑战。2012 年国际金融市场波动较大。全球资本随经济形势变化在主要发达经济体和新兴市场间配置流动，主要国际货币间汇率宽幅震荡。全球主要股市呈震荡上行态势。国际原油价格先跌后升，黄金价格高位震荡。2012 年主要发达经济体均加大了宽松货币政策力度。受外部经济不确定性增加、自身经济普遍放缓影响，多数新兴经济体货币政策也趋于宽松。从全球经济看，虽存在诸多不确定因素，但总体看全球经济有可能继续缓慢复苏，美国已经历一段持续的去杠杆进程，对经济的负面拖累逐步减弱，欧洲央行的流动性支持计划也对稳定市场起到了积极作用，从而形成一个总体较为疲弱但相对稳定的外部

环境。

（二）中国经济金融稳中有进

2012 年，我国宏观经济运行缓中企稳，经济社会发展稳中有进，推动内需增长的积极因素增多。全年实现国内生产总值（GDP）51.9 万亿元，按可比价格计算，同比增长 7.8%，增速比上年低 1.5 个百分点。全年 CPI 上涨 2.6%，比上年低 2.8 个百分点，贸易顺差为 2 311 亿美元。在货币政策方面，央行继续实施稳健的货币政策，两次下调存款准备金率各 0.5 个百分点，灵活开展公开市场双向操作，两次下调存贷款基准利率，发挥差别准备金动态调整机制的逆周期调节作用，促进货币信贷合理适度增长。利率市场化改革迈出较大步伐，金融机构人民币存款利率浮动区间的上限调整为基准利率的 1.1 倍、贷款利率浮动区间的下限调整为基准利率的 0.7 倍。继续完善人民币汇率形成机制，银行间即期外汇市场人民币兑美元交易价浮动幅度由千分之五扩大至百分之一。人民币跨境使用进一步扩大。金融企业改革继续稳步推进，金融市场在创新和规范中加快发展。

（三）天津市社会经济快速发展

2012 年，全市生产总值 12 885 亿元，是 2007 年的 2.5 倍，年均增长 16.1%，人均生产总值 1.48 万美元；地方财政收入 1 760 亿元，是 2007 年的 3.3 倍，年均增长 26.7%；全社会固定资产投资 8 871 亿元，年均增长 34%；社会消费品零售总额 3 921 亿元，年均增长 19.6%；外贸进出口总额 1 156 亿美元，年均增长 10.1%；城乡居民收入年均分别增长 12.6% 和 12.1%，价格总水平保持基本稳定；万元生产总值能耗累计下降 21%，节能减排完成国家下达的目标任务。举全市之力加快推进滨海新区开发开放，功能区建设全面展开，高端产业加快聚集，自主创新能力不断提升，龙头带动作用和服务辐射功能明显增强。坚持把结构调整作为转变经济发展方式的关键环节，狠抓大项目、好项目建设，不断增强自主创新能力，高端化、高质化、高新化产业体系逐步形成。对外开放水平明显提高，累计实际利用外资 554 亿美元，引进内资 8 483 亿元，在津世界 500 强企业 152 家，国内 500 强企业 201 家。对外贸易规模不断扩大，出口结构进一步优化，培育一批国家级出口基地，形成一批外贸公共服务平台。"走出去"步伐加快，境外投资增长 17 倍。城乡居民收入持续增长。新增就业 218 万人，应届高校毕业生就业率超过 90%，三类困难企业近 60 万职工得到妥善安置。四次提高最低工资标准，拓宽农民增收渠道，城乡居民收入保持两位数增长。与此同时，努力提高城市服务管理水平，行政审批制度改革成效明显，审批效率提高 80% 以上，全面建成三级行政服务中心。

二、2012 年天津经济运行状况分析

2012 年，面对复杂严峻的国内外经济环境，本市人民在天津市委、市政府的坚强领导下，深入贯彻落实科学发展观，坚持稳中求进的工作总基调，深入开展"调结构、惠民生、上水平"活动，积极推进转型发展，努力克服国内外市场需求不足的困难，全市经济保持平稳较快增长，各项社会事业协调发展。

（一）经济平稳较快增长

初步核算，如图3－1所示，2012年全年实现生产总值（GDP）12 885.18亿元，按可比价格计算，比上年增长13.8%，增速在全国名列前茅。分三次产业看，第一产业增加值171.54亿元，增长3.0%；第二产业增加值6 663.68亿元，增长15.2%；第三产业增加值6 049.96亿元，增长12.4%。三次产业结构为1.3∶51.7∶47.0（见图3－2）。

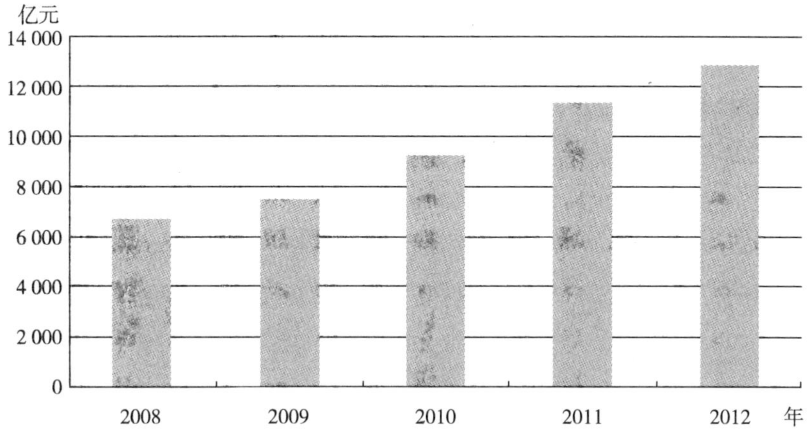

资料来源：天津市统计局官方网站。

图3－1　2008—2012年天津市GDP

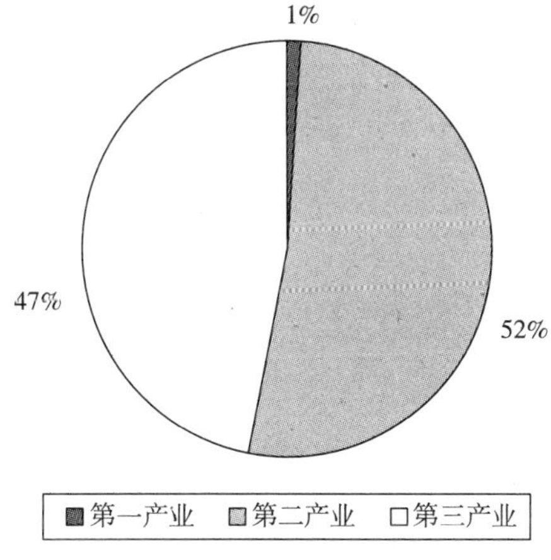

资料来源：天津市统计局官方网站。

图3－2　2012年天津市三次产业结构

投资需求增长较快，2012年全年全社会固定资产投资8 871.31亿元，同比增长18.1%。其中，民间投资4 105.48亿元，同比增长32.8%，占全社会投资总额的46.3%，占比比上年提高2.3个百分点。消费市场交易活跃，全年社会消费品零售总额3 921.43亿元，同比增长15.5%。外贸进出口规模继续扩大，全年外贸进出口总额1 156.23亿美元，同比增长11.8%。其中，出口483.14亿美元，同比增长8.6%；进口673.09亿美元，同比增长

14.3%，高于出口增速5.7个百分点。全年天津市新批外资项目632个，合同外资金额185.9亿美元，同比增长10.4%，实际利用外资金额150.2亿美元，同比增长15.0%。

（二）大型优质项目落地

2012年，天津大项目、好项目助推经济持续发展，起到良好的带动作用。高水平现代制造业和研发转化基地初步形成。全市主要经济指标保持全国前列，南港工业区、临港经济区建港造陆200平方公里，空港经济区、滨海高新区加快开发。百万吨乙烯、千万吨炼油、空客A320总装线、中航直升机总装基地等项目建成投产，大推力火箭、300万吨造修船、长城汽车等项目加快推进，形成了航空航天、石油化工、电子信息、装备制造、新能源新材料等一批高端产业基地，如图3－3所示。2012年，天津建成了国际生物医药联合研究院、中科院工业生物技术研究所等一批重大科技创新、研发转化平台。国家循环经济试点项目北疆电厂一期工程竣工投产，海水淡化能力达到日产31.6万吨。中心商务区、滨海旅游区建设加快。中新天津生态城8平方公里起步区基本建成，示范效应显现。

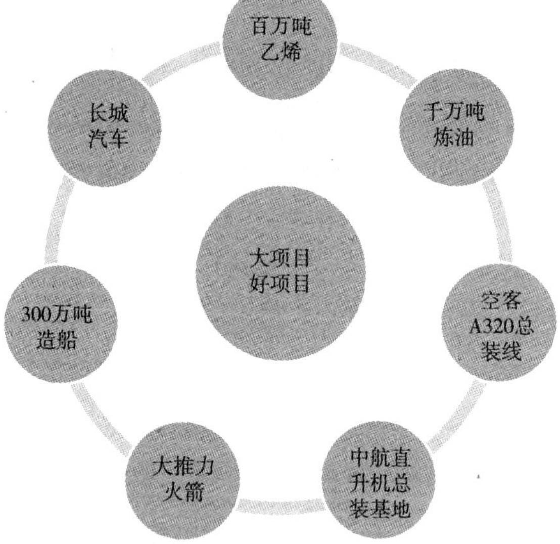

图3－3 天津市大型优质项目

（三）滨海新区创新引领

天津举全市之力加快推进滨海新区开发开放，功能区建设全面展开，高端产业加快聚集，自主创新能力不断提升，龙头带动作用和服务辐射功能明显增强，如图3－4所示。

滨海新区经济较快增长。2012年全年滨海新区生产总值7 205.17亿元，增长20.1%；一般预算收入731.80亿元，增长22.9%；规模以上工业总产值14 416.75亿元，增长15.8%；全社会固定资产投资4 453.30亿元，增长20.3%；社会消费品零售总额1 015.36亿元，增长15.6%；外贸进出口总额812.38亿美元，增长14.2%，其中出口308.64亿美元，增长11.6%。中际装备、钜宝电子、西子电梯等71个工业重大项目建成，长城汽车二

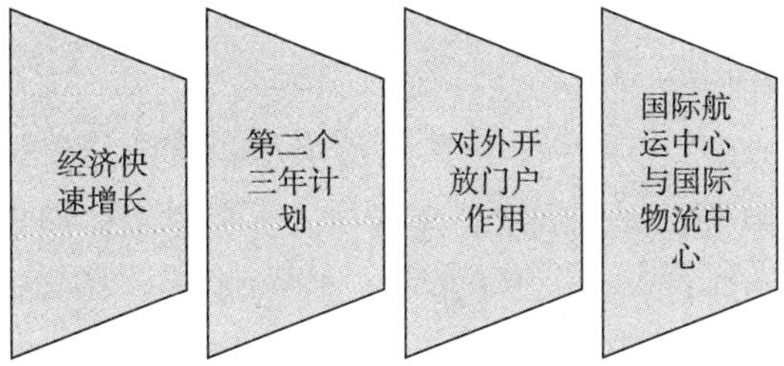

图3-4 天津滨海新区开发开放

期、大众变速箱、久益环球采矿机械、联合利华等项目开工建设。

全面实施综合配套改革第二个三年计划。探索实施用地预审、征转用地报批、农民自行开发耕地等改革措施，扩大用地指标“增减挂钩”试点，完善土地集中交易制度，加大闲置土地处置力度，保证重大项目用地需求。天津股权交易所挂牌企业215家，总市值超过200亿元。滨海高新区被批准为全国非上市公司场外交易市场首批扩容试点。融资租赁由飞机、船舶拓展到动车组、地铁车辆等领域。意愿结汇和离岸金融在东疆保税港区和中新天津生态城实现了双向拓展。航运物流企业免征营业税、融资租赁货物出口退税等政策试点实现突破，转口贸易快速发展。

对外开放门户作用得到发挥。开发区、保税区竞相发展，港口和保税功能不断向腹地延伸，建成内陆“无水港”23个。“大通关”体系基本形成，国际贸易与航运服务中心功能继续完善，通关效率明显提高。口岸进出口总值突破2 000亿美元。

国际航运中心和国际物流中心功能进一步提升。天津港航道达到30万吨级，货物吞吐量4.77亿吨，居世界第四位，集装箱吞吐量1 230万标准箱。东疆港岛30平方公里全部成陆，保税港区整体封关运作，南港港区开港试通航。滨海国际机场新航站楼和第二跑道投入使用，二期工程全面展开，旅客和货邮吞吐量较快增长。京津高速公路、天津大道、海滨大道等竣工通车，津保铁路、于家堡铁路中心站等加快建设，港口集疏运体系不断完善。

（四）城乡一体化在提升

天津坚持城乡一体化发展战略，大力推动示范工业园区、农业产业园区、农村居住社区“三区”联动发展，探索出一条具有自身特色的城乡统筹发展新路。农村城镇化加快推进；运用宅基地换房办法建设43个示范小城镇，45万农民迁入新居；实施“三改一化”改革，打造“四金”农民，实现了安居乐业有保障；改制设立华明、北辰等村镇银行。累计创建文明生态村1 023个；全市城镇化率达到81%；农村工业化和农业现代化加快发展；整合建设31个示范工业园区，一大批高水平项目落户，成为新的经济增长点；建成21个现代农业示范园区、155个养殖示范园区，设施农业累计达到60万亩，保障了市民“菜篮子”；粮食生产连年丰收；农业标准化体系不断完善，科技兴农效果明显，90%以上的农户进入产业化体系；中心城区服务功能进一步增强；楼宇经济蓬勃发展，海河两岸综合开发改造成效显著，建成一批总部聚集区、特色街区、创意产业园区，都市型经济发展加快，公共服务水平明显提升，繁荣繁华程度不断提高。

（五）社会保障力度加大

居民收入持续增长。2012 年出台了一系列增加居民收入的政策措施，最低工资标准由每月 1 160 元提高到 1 310 元，继续调增企业退休人员养老金，加快推行部分事业单位绩效工资改革，城市居民人均可支配收入 29 626 元，比上年增长 10. 1%；农村居民人均可支配收入 13 571 元，增长 14. 1%。

居民消费支出稳步增长。2012 年全年城市居民人均消费性支出 20 024 元，增长 8. 7%。服务性消费快于实物消费，人均商品性消费支出 14 724 元，增长 7. 2%；人均服务性消费支出 5 300 元，增长 13. 2%，快于商品性消费 6. 0 个百分点。城市居民恩格尔系数为 36. 7%。2012 年末每百户城市居民家庭拥有家用汽车 24. 9 辆，比上年末增加 4. 6 辆；电脑 98. 9 台，增加 3. 3 台；移动电话 225 部，增加 8 部。

社会保障覆盖面继续扩大。如表 3－1 所示，在全国率先建立起城乡一体化的居民基本养老、医疗保险制度和意外伤害附加保险制度，实现了从城镇到农村、从职工到居民的全覆盖。截至 2012 年末，参加城乡居民医疗保险 502. 23 万人。保障性住房建设加快推进，全年全市保障性住房开工 10. 5 万套，新增租房补贴家庭 1 万户，累计发放 9. 5 万户。

表 3－1　2012 年天津市各类社会保险参保人数　单位：万人，%

指标	参保人数	比上年增长
城镇职工基本医疗保险	479. 07	1. 0
城乡居民医疗保险	502. 23	0. 8
城镇职工基本养老保险	490. 26	6. 9
城乡居民养老保险	102. 55	4. 6
城镇职工失业保险	268. 69	3. 8
城镇职工工伤保险	330. 06	3. 0
城镇职工生育保险	242. 70	3. 5

资料来源：天津市统计局官方网站。

社会福利与救助不断完善。截至 2012 年末，城乡低保对象 26. 79 万人，其中城市 16. 64 万人，农村 10. 15 万人，城乡低保特困标准分别提高至每人每月 520 元和 320 元；农村五保供养人数达到 1. 28 万人；全年发放物价补贴 1. 4 亿元；率先在全国实行居家养老护理补贴，惠及 4 万余人；全年新增养老机构床位 4 853 张，总量达 38 490 张；新建老年日间照料服务中心（站）106 个，总量达 800 个。2012 年末全市各类福利院有床位 3. 45 万张，增长 5. 0%；在院收养 2. 22 万人，增长 7. 4%；城镇残疾人新增就业 2 564 人。

三、2012 年天津金融运行状况分析

2012 全年天津市金融业增加值 959. 03 亿元，比上年增长 25. 1%。存贷款平稳增长。截至 2012 年末，全市金融机构（含外资）本外币各项贷款余额 18 396. 81 亿元，增长 15. 5%。

当年新增贷款2 466.30亿元，多增303.33亿元。其中，新增短期贷款950.39亿元，新增中长期贷款787.36亿元，新增融资租赁395.39亿元，新增票据融资306.48亿元。年末全市各项存款余额20 293.79亿元，增长15.4%，当年新增存款2 725.60亿元，多增1 631.23亿元。其中，新增单位存款1 649.55亿元，新增个人存款998.69亿元。证券市场运行平稳。年末全市境内上市公司38家，其中当年新增上市1家，在新三板挂牌企业达到6家。全年各类证券交易额10 743.11亿元，比上年下降15.7%。其中，股票交易额7 751.69亿元，下降30.0%；债券交易额90.76亿元，增长2.6倍；基金交易额171.11亿元，下降9.8%。年末证券账户开户284.18万户，增长1.6%。全年期货市场成交量4 256.74万手，增长24.7%；成交额46 351.12亿元，增长11.5%。保险市场稳步发展。年末全市共有保险总公司5家，分公司48家，各类保险支公司、营业部和营销服务部538家，保险专业中介机构95家。全年保费收入238.16亿元，增长12.5%。其中，财产险收入90.79亿元，增长20.9%；人身险收入147.37亿元，增长7.9%。全年赔款给付81.02亿元，增长22.4%。其中，财产险赔付44.74亿元，增长26.0%；人身险赔付36.28亿元，增长18.3%。

（一）银行系统运行状况

2012年末，天津市银行业金融机构资产总额3.5万亿元，同比增长24.9%，增速较上年提高7.5个百分点；负债总额3.4万亿元，同比增长25.1%，增速较上年提高8.3个百分点；累计实现营业收入达903.5亿元，同比增长20.9%；累计实现净利润456.0亿元，同比增长21.9%。银行业金融机构不断强化服务功能建设，资产规模较快增长，构建了功能健全、服务高效、竞争有序、效益良好、安全稳健的现代银行业体系，服务实体经济的能力进一步增强。

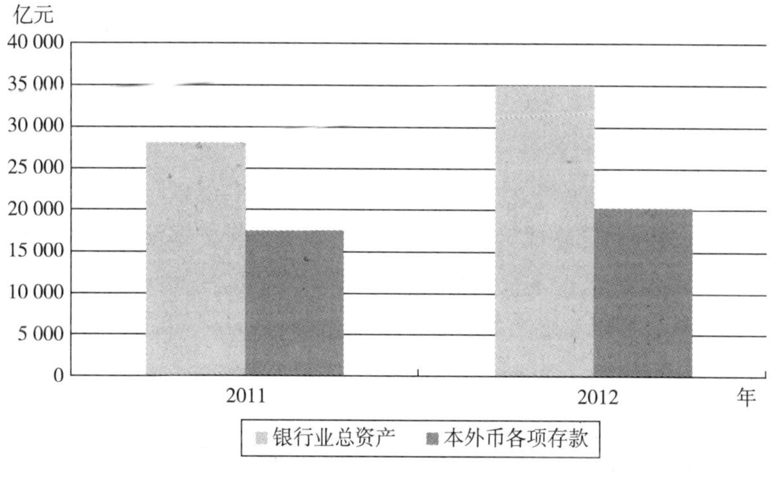

资料来源：天津市统计局官方网站。

图3-5　2011—2012年天津市银行业总资产与本外币各项存款

1. 存款形势明显好转，增速稳步回升

本外币各项存款余额超过2万亿元大关，截至2012年末，达到20 293.8亿元，比2006

年末增长近2倍，年均增长19.9%，高出全国平均水平2.3个百分点，这是继2009年1月存款余额首次突破1万亿元后的又一跨越。存款增加较多，同比多增1 631.2亿元，全年新增存款是上年的2.5倍，新增存款比新增贷款多259.3亿元，改变了2011年新增存款低于新增贷款的局面。2012年末存款增速达到15.4%，比上年末和2012年上半年分别上升8.7个和2.7个百分点。分项目看，个人存款保持较快增长，增加额及增速均高于上年；单位存款增长趋稳，新增1 649.6亿元，同比多增1 288.4亿元，同比增长15.8%，比上年末提高了13.3个百分点，扭转了增长缓慢的局面。

2. 贷款平稳适度增长，信贷结构更趋合理

全市信贷运行符合国家宏观调控要求，截至2012年末，本外币各项贷款余额18 396.8亿元，同比增长15.5%，低于上年0.2个百分点，贷款比年初新增2 466.3亿元，同比多增303.3亿元。分机构看，除外资银行贷款同比少增外，其他类型机构贷款均同比多增；全国性中小型银行新增贷款占比比上年上升较多，其他类型机构占比下降。分项目看，短期贷款增速回落8.0个百分点，但仍保持较快增长；中长期贷款平稳增长，增速同比提高0.1个百分点，但低于短期贷款增速14.7个百分点；票据融资快速增长，年末增速达到59.1%，同比上升44.0个百分点。房地产贷款增幅放缓，截至2012年末，天津市房地产贷款余额为3 066.8亿元（不含政策性住房贷款），同比增长7.4%，涨幅较上年同期下降8.6个百分点。其中，房地产开发贷款涨幅较上年同期下降12.6个百分点；个人住房贷款涨幅较上年同期下降4.3个百分点。全市金融支持科技型企业贷款余额为1 396亿元，增长87.9%，高于各项贷款增速72.4个百分点；涉及企业3 169户，增长62.4%。全市中小微企业贷款余额达到7 347.1亿元，比年初增加1 093.8亿元，增加额占全部企业贷款增加额的61.5%。保障性住房开发贷款稳步增长，比年初增加92.4亿元，增速高于房地产贷款平均增速1.9个百分点。外币贷款多增较多，增速大幅回升。截至2012末，外币贷款余额159.9亿美元，比年初增加51.5亿美元，同比多增43.3亿美元，增速达到47.6%，比上年上升39.3个百分点。主要是境内短期贸易融资和中长期单位经营贷款多增较多，增速分别达到93.5%和182.2%。

2012年，天津市银行业金融机构不良贷款余额和不良贷款率继续实现低位“双降”。截至年末，天津市银行业金融机构不良贷款余额125.11亿元，比年初减少15.78亿元；不良贷款率为0.6%，比年初下降0.2个百分点。天津市银行业金融机构贷款损失准备金余额为409.14亿元，同比增长10.8%；贷款损失准备充足率为295.6%，同比上升1.7个百分点；拨备覆盖率为327.0%，同比上升65.0个百分点。

3. 政府融资平台贷款质量良好，表外融资大幅增加

截至2012年末，天津市政府融资平台贷款余额5 783.54亿元，比年初增加329.13亿元，占全市银行业金融机构各项贷款余额的31.4%，同比下降2.8个百分点。天津市银行业金融机构表外融资1 302亿元，比上年多671亿元。从结构上看，委托贷款全年增加312亿元，未贴现银行承兑汇票增加467亿元，信托贷款一改上年下降37亿元的势头，全年大

幅增加523亿元。

4. 贷款利率先升后降

全年贷款加权平均利率为6.89%，比上年小幅微升0.04个百分点。全年四个季度全市金融机构人民币贷款利率水平呈先升后降走势，第二季度利率水平最高，第四季度利率水平最低。全部贷款中，执行上浮利率的贷款占比增加。民间借贷利率总体水平略有上升，全市民间借贷利率水平比上年上升0.56个百分点。

5. 大型银行改革持续深化，法人银行可持续发展能力增强

大型银行天津市分行进一步深化内部管理。积极推进机构调整，不断优化网点结构；深入落实内部控制要求，按照操作风险变化趋势，细化运行管理专业制度建设；逐步提高基层机构精细化管理，增强对基层机构的管控。法人银行继续深化机构改革，专业化运营程度进一步提高，竞争能力不断增强。法人银行资本充足水平保持稳定，资产质量良好，流动性总体较为充足，盈利水平持续提升。

6. 跨境人民币业务保持较快增长

全市银行全年累计办理跨境人民币结算金额632.6亿元，同比增长46.8%。共有1 006家企业办理跨境人民币业务，同比增长1倍多，结算量主要集中在批发业、物流业、金属矿产销售、棕榈油类加工、生产和租赁业五个主要行业的部分重点企业。

（二）保险系统运行状况

2012年天津市保险业继续保持良好的发展势头，保险保障覆盖面不断扩大，服务社会和经济作用持续加强，较好地发挥了经济补偿和社会风险管理功能。年末全市共有保险总公司5家，分公司48家，各类保险支公司、营业部和营销服务部538家，保险专业中介机构95家。全年保费收入238.16亿元，增长12.5%。其中，财产险收入90.79亿元，增长20.9%；人身险收入147.37亿元，增长7.9%。全年赔款给付81.02亿元，增长22.4%。其中，财产险赔付44.74亿元，增长26.0%；人身险赔付36.28亿元，增长18.3%。

表3-2 2012年天津市保费收入额与赔款给付额 单位：亿元

项目	财产险	人身险	保险总计
收入	90.79	147.37	238.16
赔付	44.74	36.28	81.02

资料来源：天津市统计局官方网站。

1. 经营主体稳步增加，资产规模持续扩大

2012年，华夏人寿总公司迁入天津，紫金财险、泰康养老先后设立分支机构。截至年末，天津市保险市场共有总、分公司53家，专业中介机构95家，兼业代理机构3 000余家，基本形成了种类齐全、布局合理的保险市场体系。截至年末，天津市保险公司总资产为880.72亿元，比年初增长19.6%。其中，财产险公司资产总额为58.37亿元，比年初增长13.4%；人身险公司资产总额822.35亿元，比年初增长20.0%。

2. 保费收入稳步增长，产品结构不断优化

如表 3 - 2 所示，2012 年，天津市保险业共实现保费收入 238.16 亿元，同比增长 12.5%。其中，财产保险业务实现保费收入 90.79 亿元，同比增长 20.9%；人身保险业务实现保费 147.37 亿元，同比增长 7.9%。人身保险中，寿险业务实现保费收入 126.98 亿元，同比增长 7.1%；健康险和意外险分别实现保费收入 14.81 亿元和 5.58 亿元，增幅分别为 15.4% 和 7.7%。

3. 赔款给付支出持续增加，财产险公司赔付效率持续提高

2012 年，天津市保险业赔付支出 81.02 亿元，同比增长 22.4%。其中，财产险赔付支出 44.74 亿元，同比增长 26.0%；人身险赔付支出 36.28 亿元，同比增长 18.3%。人身险赔付支出中的满期给付为 18.53 亿元，与上年基本持平。年末，天津市财产险公司应付赔款 0.93 亿元，同比下降 46.9%；结案率为 83.8%，同比上升 1.3 个百分点。其中，车险业务结案率 84.6%，同比上升 1.2 个百分点。业务结构小幅调整。全年车险业务占财产险保费收入的比例为 71.5%，同比下降 3.4 个百分点，特殊风险保险、工程保险和保证保险比例同比分别上升 1.2 个、1.2 个和 0.6 个百分点。

4. 保险保障覆盖面扩大，承担风险责任和服务社会的能力提升

2012 年，天津市保险业新增承保保单 696.06 万件，同比增长 34.6%；新增保险金额 46 556.89亿元，同比增长 9.0%。其中，财产险公司新增保险金额 37 744.65 亿元，同比增长 8.3%；人身险公司新增保险金额 8 812.24 亿元，同比增长 12.2%。

保险业保障功能凸显，在解决医患纠纷、弥补经济损失、提高社会保障水平以及加强社会管理等方面发挥了积极作用。全市保险业积极推进政策性农业保险，为约 40 万农户提供了 73 亿元的风险保障，累计支付赔款 5 900 万元；引入医疗责任保险机制解决医患纠纷，全市所有二级以上医院均投保医疗责任险，提供风险保障 1.07 亿元；探索保险资金支持保障性住房建设，募集保险资金投资于天津市公租房建设。太保集团将通过“太平洋——天津公共租赁住房债权投资计划”募集 100 亿元保险资金投资于天津市公租房建设，年末首期 50 亿元资金已募集到位。社会保障覆盖面继续扩大，在全国率先建立起城乡一体化的居民基本养老、医疗保险制度和意外伤害附加保险制度，实现了从城镇到农村、从职工到居民的全覆盖。截至 2012 年末，参加城乡居民医疗保险 502.23 万人。保障性住房建设加快推进，全年全市保障性住房开工 10.5 万套，新增租房补贴家庭 1 万户，累计发放 9.5 万户。稳步发展政策性农业保险，天津市财政局、天津市农委和天津保监局印发了《关于修订政策性农业农村保险保费财政补贴政策的通知》，将 7 个政策性农业保险险种的保费补贴比例由 70% 提高至 80%。

5. 寿险产品向传统业务回归，专项领域保险取得新进展

2012 年，普通寿险和分红险分别实现保费收入 13.29 亿元和 111.44 亿元，同比分别增长 4.6% 和 7.4%，占全市寿险业务的比重分别为 10.5% 和 87.8%；投资连结保险实现保费收入 0.14 亿元，同比下降 12.9%。人身险业务期限结构持续优化，续期业务发展较快，全

年续期业务规模83.57亿元，同比增长23.7%，占比达到57.4%。

（三）证券期货运行状况

2012年，天津市证券期货市场创新发展不断推进，法人证券公司盈利水平成倍提高，法人基金公司和法人期货公司业务稳步发展，上市公司融资规模不断扩大，股改工作基本完成。年末全市境内上市公司38家，其中当年新增上市1家，在新三板挂牌企业达到6家。全年各类证券交易额10 743.11亿元，比上年下降15.7%。其中，股票交易额7 751.69亿元，下降30.0%；债券交易额90.76亿元，增长2.6倍；基金交易额171.11亿元，下降9.8%。年末证券账户开户284.18万户，增长1.6%。全年期货市场成交量4 256.74万手，增长24.7%，成交额46 351.12亿元，增长11.5%。全市累计实现债权性直接融资666.5亿元，同比增长112.2%，包括资产支持票据20亿元，短期融资券131亿元，中期票据144.5亿元，非公开定向债务融资工具225亿元，企业债券75亿元，公司债券20亿元，金融债券46亿元，中小企业私募债4亿元，中小企业集合票据1亿元，有效地满足了企业融资需求。

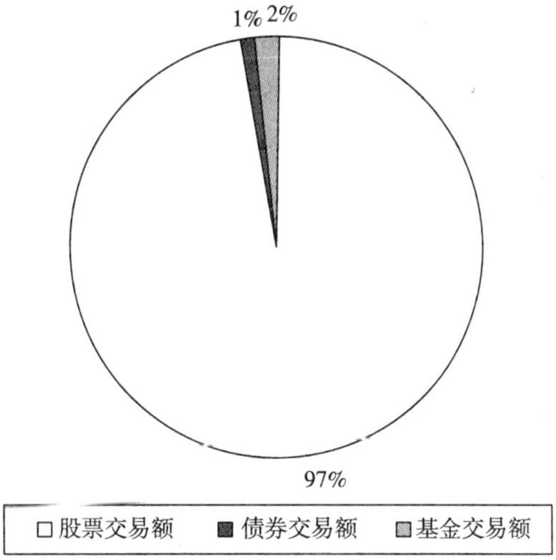

资料来源：《2012年天津金融运行报告》。

图3－6　2012年天津市证券行业交易额分布

1. 法人证券公司业务范围拓宽

2012年，渤海证券不断扩大业务范围，逐步进行产品创新，积极抓好多层次市场建设，稳步推进分支机构新设工作。截至年末，资产总额116.16亿元，比年初增加8.6亿元；净资本34.32亿元，比年初增加5.02亿元；自营业务余额28.08亿元，比年初减少9.9亿元。受投资收益和公允价值变动收益大幅增加的影响，全年公司实现盈利1.84亿元，为上年同期的6.73倍。

2. 法人基金公司业务稳步发展

截至2012年末，天弘基金资产总额1.93亿元，比年初增加0.43亿元；负债总额0.84

亿元，比年初增加0.37亿元。本年度该公司旗下新成立3只基金，其中发起式基金和安康养老基金均为行业首只，年末该公司管理的基金总数达到10只，基金总份额120.73亿份，基金净值99.5亿元。

3. 法人期货公司业务规模扩大

截至2012年末，天津市6家法人期货公司资产总额23.75亿元，比年初增加3.29亿元；负债总额17.73亿元，其中，客户保证金余额17.38亿元，比年初增加3.02亿元。全年代理交易量2 455.9万手，代理交易额2.38万亿元，手续费收入9 679.66万元，同比分别增长22.4%、5.8%和12.3%。年末，天津市有4家期货公司和21家营业部具有金融期货业务资格。

4. 上市公司股改工作基本完成

截至2012年末，天津市有境内上市公司38家，上市公司总股本411.47亿股，总市值2 802.71亿元，其中流通市值2 500.53亿元。2012年，天津市有1家公司实现首发上市、4家公司（5家次）完成再融资和重大资产重组，境内融资额57.38亿元，同比增长78.0%。SST天海股权分置改革方案获得股东大会审核通过，正式进入实施阶段。天津市上市公司将全部完成股改工作。截至2012年末，天津市共有法人证券公司1家，证券分公司2家，证券营业部105家；证券投资咨询公司2家，资信评级公司1家；基金管理公司1家；期货公司6家，期货营业部21家；上市公司38家。法人证券公司不断扩大业务范围，先后取得融资融券、债券质押式回购试点和约定购回业务资格；积极参与新三板和中小企业私募债试点，研究参与区域性股权交易市场，做好多层次市场建设。

（四）融资租赁运行状况

2008年3月13日，国务院批准《天津滨海新区综合配套改革试验总体方案》，要求以建设东疆保税港区为重点，加快建设北方国际航运中心和国际物流中心，推进国际化市场体系建设，条件成熟时进行建立自由贸易港区的改革探索。

2011年5月10日，国务院下发《国务院关于天津北方国际航运中心核心功能区建设方案的批复》，5月19日，国家发展改革委下发《国家发展改革委关于印发天津北方国际航运中心核心功能区建设方案的通知》，同意以天津东疆保税港区为核心载体，开展国际船舶登记制度、国际航运税收、航运金融业务和租赁业务四个方面的政策创新试点。在这其中，融资租赁是一个重要的金融产业。

天津市全面贯彻落实国务院批复精神，加快推进融资租赁业务创新发展，取得了非常显著的效果。经过几年的发展，截至目前，融资租赁产业已经成为天津市重要的金融产业之一，并且在全国范围内处于领先地位，这对于天津打造北方国际航运中心具有重要意义。

截至2012年底，天津共有融资租赁法人机构116家，注册资本金565亿元，融资租赁合同余额超过3 000亿元，约占全国的四分之一，共完成306架飞机和318艘船舶租赁业务，飞机和船舶租赁业务资产超过900亿元（见图3－7）。

首先，单机单船项目公司快速聚集。如表3－3所示，截至2012年底，东疆保税港区共

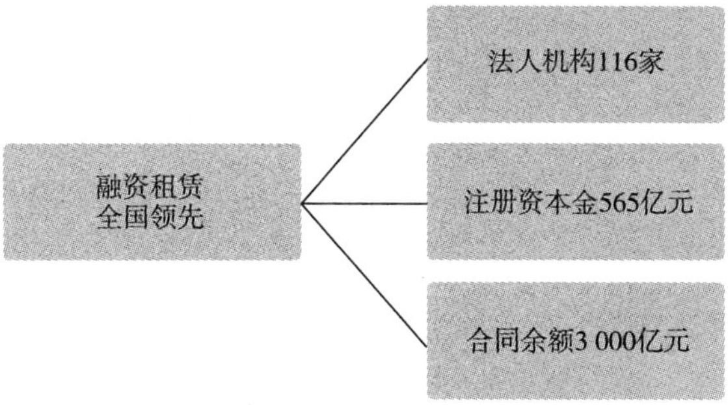

资料来源：《2012 年天津金融运行报告》。

图 3－7　天津融资租赁业务发展状况

注册单机公司 232 家，单船公司 76 家，共完成 127 架飞机和 36 艘船舶的租赁业务，飞机和船舶租赁资产累计 68.7 亿美元。2011 年和 2012 年工银租赁先后两次与德国签署了 90 架 A320 系列飞机订购协议，是金融租赁公司首次进入我国政府采购计划，直接向外国飞机制造商批量订购飞机。

表 3－3　天津东疆保税港区单机单船公司发展状况

公司类型	公司数目	业务情况
单机公司	232	127 架飞机租赁
单船公司	76	36 艘船舶租赁

资料来源：天津市金融服务办公室。

其次，融资租赁相关配套政策取得新突破。2012 年 7 月 26 日，财政部、海关总署、国家税务总局联合下发《关于在天津东疆保税港区试行融资租赁货物出口退税政策的通知》，对在天津东疆保税港区注册的融资租赁项目子公司，试行增值税、消费税出口退税政策。2012 年 10 月 18 日，民生金融租赁公司成功获得我国首笔海洋工程结构物出口退税款 8 194 万元。

最后，融资租赁行业“营改增”试点工作稳步推进。通过深入研究，推动解决融资租赁“营改增”试点中存在的问题，为天津市融资租赁业的发展营造了良好的税收政策环境，也为全国融资租赁业税收配套政策的改革积累相关经验。

（五）小额贷款运行状况

2012 年，天津市围绕金融改革创新的话题，以“科学审慎，风险可控”为原则，以“构建普惠制金融服务体系”和“服务实体经济、服务民计民生”为重点，以“宽准入、严监管，不断提升金融机构社会化市场化服务能力和水平”为目标，积极推动小额贷款公司和融资性担保机构的发展。

截至 2012 年，天津市已经批准开业的小额贷款公司有 127 家，注册资本金累计达到 131.7 亿元。2012 年批准筹建小额贷款公司 58 家，注册资本金 49.3 亿元，开业 55 家，注册资本金49.7亿元，增资9家，增资数额12.5亿元。

全市已经开业机构累计发放各类贷款387亿元，涉及客户1.5万户，2万笔，单笔额度达189万元。贷款余额113亿元，服务客户1.4万户。其中，个人20%，企业80%；第一产业4.9%，第二产业28%，第三产业66.4%；信用贷款26.3%，保证贷款44.7%，抵押贷款22.3%，质押贷款6.4%；加权平均利率18.1%。详见图3－8所示。

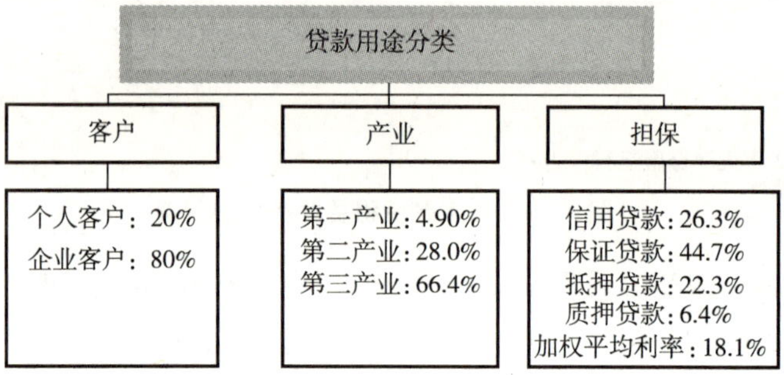

资料来源：《2012年天津金融运行报告》。

图3－8 天津小额贷款业务发展

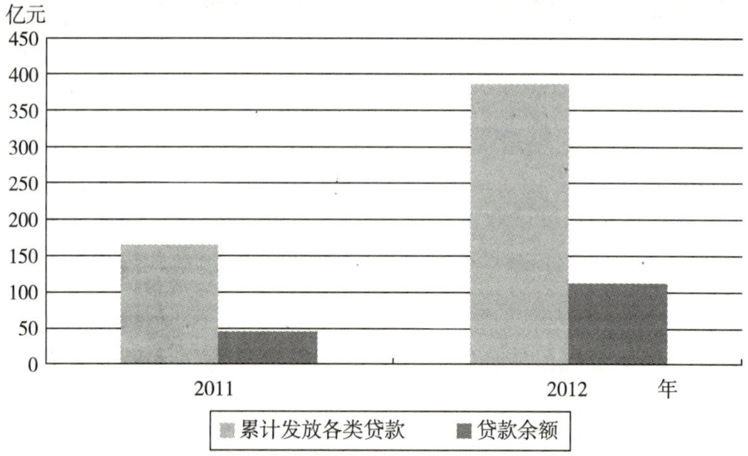

资料来源：《2012年天津金融运行报告》。

图3－9 2012年天津市银行业累计发放贷款额与贷款余额

（六）融资担保运行状况

2012年，天津市认真贯彻落实国务院和融资性担保业务监管部际联席会议工作部署，严格执行《融资性担保公司管理暂行办法》（银监会令2010年第3号）、《天津市融资性担保公司管理暂行办法》（津政办发〔2010〕35号）相关要求，强化日常监管，引导机构合规经营，防范风险。截至2012年底，天津市融资担保机构达到130家，注册资本金124亿元。其中，公司制机构114家（含4家分支机构），事业法人机构16家，从业人员1 532人。机构资产总额152.4亿元，负债总额34.9亿元，资产负债率23%。2012年新批准设立机构 12 家，新增注册资本 8.2 亿元，批准 7 家机构增资，增资额 3 亿元。

截至 2012 年底，各机构累计实现营业收入 5.4 亿元，累计实现利润 1.2 亿元，与 43 家银行机构开展融资担保业务合作，为企业发放融资性担保贷款 527 亿元，其中，96.5% 用于支持中小企业发展。期末在保余额 407 亿元，资金放大倍数 3.1 倍，服务企业超过 1 万家。

第二篇

天津金融发展分析

第四章　2012 年天津金融机构发展

2012 年，天津市金融业认真贯彻落实稳健的货币政策，突出更好地服务实体经济这一重点，把稳增长放在更加重要的位置，着力稳定和增加存款，不断拓展金融服务的广度和深度，进一步构建和谐良好的金融发展环境，有力地支持了天津经济平稳较快发展。金融业按照“总量适度、节奏合理、结构优化、定向支持、防范风险”的总体工作要求，认真贯彻落实稳健的货币政策，保持平稳运行，银行业金融机构综合实力不断提升，证券市场创新步伐加快，保险业金融机构经营水平稳步提高。2012 年天津市服务业主要行业保持较快增长，金融业实现增加值 959. 03 亿元，同比增长 36. 60%。

一、2012 年天津金融机构数量发展

2012 年天津市坚持以科学发展观为主题，以加快转变经济发展方式为主线，以调整优化经济结构为主攻方向，认真落实国家宏观调控政策措施，统筹推进滨海新区、中心城区、郊区县三个层面协调发展，狠抓大项目、小巨人、楼宇经济等重点工作，大力发展实体经济，经济发展的质量效益水平明显提升。2006—2011 年，全市金融机构由 95 家增加到 844 家，金融从业人员由 8. 07 万人增加到 12. 54 万人均达到历史最高。全市生产总值完成 12 885亿元，比上年增长 13. 8%，增速位居全国前列，人均生产总值 1. 48 万美元。2012 年天津市金融业进一步坚持稳健的货币政策，着力稳定和增加存款，不断拓展金融服务的广度和深度，构建和谐良好的金融机构，使全市金融业继续保持平稳健康发展态势。同时，金融机构发展规模、质量和效益也进一步提升。

（一）2012 年天津银行类机构数量发展

如表 4 -1 所示，2012 年末，天津拥有银行类金融机构 2 687 个，从业人数达到 57 017 人。其中，天津市共有大型商业银行金融机构 1 148 家，占银行类金融机构总数的 42. 7%，从业人数达到 27 138 人，达到银行类金融机构从业人员总数的 47. 6%，可见，大型商业银行机构数和从业人员数仍占总数的半壁江山；股份制商业银行机构数 291 家，从业人员 9 955人，但资产总额达到 10 463. 5 亿元，与大型商业银行资产总额所差无几，预计 2015 年将超过大型商业银行资产总额；中外资银行业金融机构共 76 家，中资银行业金融机构 51 家，其中法人机构 18 家，二级以上分行 33 家，外资银行业金融机构 25 家，其中法人机构 3

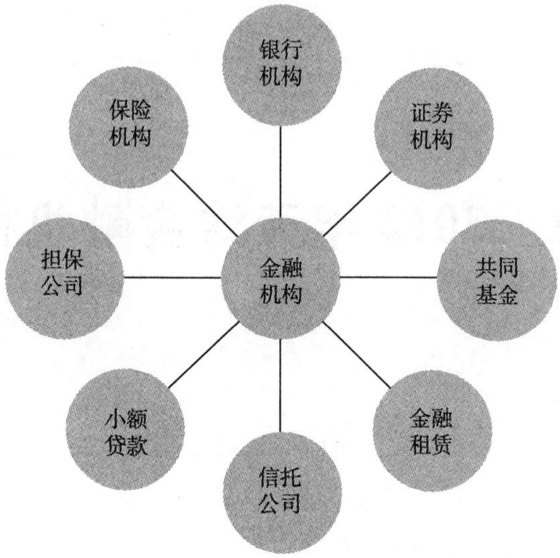

图 4-1 天津市主要金融机构的类型

家，二级以上分行 22 家；财务公司 3 家，从业人员达到 91 人；信托公司 2 家，从业人员达到 257 人；新型农村金融机构 7 家，从业人员 391 人；小型农村金融机构 588 家，从业人数达到 7 570 人。

表 4-1　2012 年天津市银行业金融机构情况

机构类别	营业网点			法人机构数（家）
	机构数（家）	从业人数（人）	资产总额（亿元）	
一、大型商业银行	1 148	27 138	10 407. 4	0
二、国家开发银行及政策性银行	13	459	2 344. 8	0
三、股份制商业银行	291	9 955	10 463. 5	1
四、城市商业银行	274	6 391	4 641. 5	1
五、小型农村金融机构	588	7 570	2 707. 2	2
六、财务公司	3	91	153. 8	3
七、信托公司	2	257	47. 4	2
八、邮政储蓄银行	415	2 396	791. 3	0
九、外资银行	24	1 956	901. 1	3
十、新型农村金融机构	7	391	102. 2	7
十一、其他	3	413	2 554. 6	3
合计	2 687	57 017	35 114. 8	22

资料来源：中国人民银行天津分行。

（二）2012 年天津证券类机构数量发展

截至 2012 年末，天津市共有法人证券公司 1 家，证券分公司 2 家，证券营业部 105 家；证券投资咨询公司 2 家，资信评级公司 1 家；基金管理公司 1 家；期货公司 6 家，期货营业部 21 家；上市公司 38 家。全市证券公司总资产 116.2 亿元，同比增长 8%，托管市值 609.6 亿元，2012 年实现净利润 1.9 亿元，同比增长近 6 倍。2012 年期货代理交易额 22 693.2亿元，同比增长 19.1%；代理交易量 2 343.2 万手，同比增长 16.9%；累计设立期货交割仓库 26 家，继续保持国内前列。

全市累计实现债权性直接融资 666.5 亿元，同比增长 112.2%，包括资产支持票据 20 亿元，短期融资券 131 亿元，中期票据 144.5 亿元，非公开定向债务融资工具 225 亿元，企业债券 75 亿元，公司债券 20 亿元，金融债券 46 亿元，中小企业私募债 4 亿元，中小企业集合票据 1 亿元，有效地满足了企业融资需求。

天津膜天膜科技股份有限公司在深圳证券交易所创业板上市，募集资金 4.9 亿元。4 家上市公司实现再融资 40.1 亿元。2 家企业通过证监会审批等待发行，7 家企业在新三板实现挂牌，8 家天津企业在天津股权交易所挂牌交易。截至 2012 年末，我市共有 56 家上市公司的 61 只股票在境内外资本市场上市交易，其中沪深两市共 38 家上市公司的 39 只股票上市交易，上市后备资源库企业近 500 家。

表 4－2　　2012 年全市上市企业情况　　单位：家

项目	上市公司数量	上市股票数量
2012 年新增	1	1
沪深两市	38	39
境内外资本市场	56	61

资料来源：《2012 年天津金融白皮书》。

（三）2012 年天津保险类机构数量发展

2012 年天津保险类金融机构经营主体稳步增加。2012 年，华夏人寿总公司迁入天津，紫金财险、泰康养老先后设立分支机构。截至 2012 年末，天津市保险市场共有总、分公司 53 家，专业中介机构 95 家，兼业代理机构 3 000 余家，基本形成了种类齐全、布局合理的保险市场体系。天津市保险公司总资产为 880.72 亿元，比年初增长 19.6%。其中，财产险公司资产总额为 58.37 亿元，比年初增长 13.4%；人身险公司资产总额 822.35 亿元，比年初增长 20.0%。全市共实现保费收入 238.2 亿元，增长 12.5%。其中，财产保险保费收入 90.8 亿元，增长 20.9%，人身保险保费收入 147.4 亿元，增长 7.9%。

2012 年，全市保险公司累计赔付 81 亿元，同比增长 22.4%。其中，财产保险累计赔付 44.7 亿元，增长 26%，人身保险累计赔付 36.3 亿元，增长 18.3%。

表 4－3　　2012 年全市保险业发展情况　　单位：亿元

项目	财产保险	人身保险	合计
总资产	58.4	822.3	880.7
保费收入	90.8	147.4	238.2
赔款给付	44.7	36.3	81

资料来源：《2012 年天津金融白皮书》。

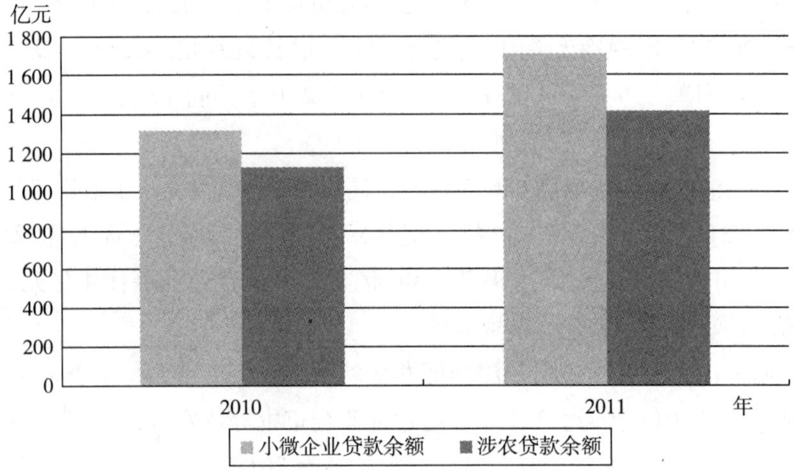

资料来源：《2012 年天津统计年鉴》。

图 4－2 全市保险业发展情况

（四）2012 年天津新型机构的数量发展

截至 2012 年末，全市共有融资租赁法人机构 116 家，注册资本金 565 亿元，合同余额超过 3 000 亿元，累计完成 306 架飞机和 318 艘船舶租赁业务，飞机和船舶租赁资产超过 900 亿元，继续保持行业领先地位。天津成为商业保理试点城市，累计设立商业保理公司 50 家，注册资本超过 17 亿元。天津渤海通汇货币兑换有限公司获准成为国内首家全国性特许业务机构。全市累计批准筹建小额贷款公司 154 家，开业运营 127 家，注册资本金 132 亿元，累计发放各类贷款 387 亿元，服务客户 1.4 万户，贷款余额 113 亿元。融资担保机构达到 130 家，注册资本金 126.5 亿元，在保余额 450 亿元，资金放大倍数 3.7 倍；与 43 家银行机构开展融资担保业务合作，为企业发放融资性担保贷款 527 亿元，其中 96.5% 用于支持中小企业发展。10 家创新型交易市场成交总额 3.9 万亿元，实现净利润 5.7 亿元。

二、2012 年天津金融机构业务发展

（一）2012 年天津银行类机构业务发展

2012 年末，天津市银行业金融机构资产总额 3.5 万亿元，同比增长 24.9%，增速较上年提高 7.5 个百分点；负债总额 3.4 万亿元，同比增长 25.1%，增速较上年提高 8.3 个百分点；不良贷款余额 125 亿元，不良贷款率 0.61%，继续保持双降态势。全市银行业金融机构本外币各项存款余额突破 2 万亿元，达到 20 294 亿元，增长 15.4%，高于全国平均增速 1.3 个百分点，全年新增存款 2 726 亿元，比上年多增 1 631.2 亿元。各项贷款余额 18 397 亿元，增长 15.5%，全年新增贷款 2 466 亿元，比上年多增 303 亿元。银行业金融机构不断强化服务功能建设，资产规模较快增长，构建了功能健全、服务高效、竞争有序、效益良好、安全稳健的现代银行业体系，服务实体经济的能力进一步增强。

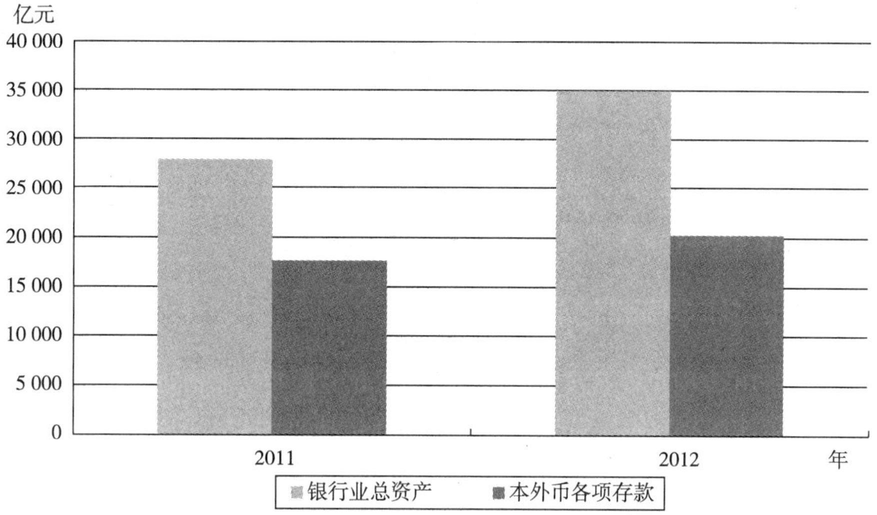

资料来源：《2012 年天津金融白皮书》。

图 4－3　全市银行类金融机构业务发展状况

截至 2012 年末，银行业金融机构累计实现营业收入达 903.5 亿元，同比增长 20.9%，累计实现净利润 456.0 亿元，同比增长 21.9%，增速均较上年回落。不良贷款继续低位“双降”，截至 2012 年末，不良贷款余额 125.1 亿元，同比减少 15.8 亿元，不贷款率 0.6%，同比下降 0.2 个百分点。

信贷投放更趋科学，支持地方重大项目建设。截至 2012 年底，全市银团贷款项目 185 个，比 2011 年初增加 46 个，贷款合同总金额 3 142 亿元，比 2012 年初增加 493 亿元，贷款余额 1 967 亿元。小微企业和涉农贷款均实现了“两个不低于”的监管目标。2012 年，全市小微企业贷款余额 2 499 亿元，增长 27.8%；涉农贷款余额 1 732 亿元，增加 417 亿元，增长 31.7%。支持小城镇建设成果显著。小城镇建设贷款余额 485 亿元，增加 157 亿元，增长 48%。全市保障房贷款余额 303 亿元，比年初增加 48 亿元，增速明显高于全部房地产贷款。全年累计退出“两高一剩”行业及落后产能项目 127 户，退出贷款 162 亿元。38 家银行开展绿色信贷业务，支持节能减排企业 493 户，贷款余额 1 247 亿元，同比增长 65%，不良率为 0.04%。

1. 存款形势明显好转，增速稳步回升

2012 年天津市银行类金融机构本外币各项存款余额超过 2 万亿元大关，截至 2012 年末，达到 20 293.8 亿元，这是继 2009 年 1 月存款余额首次突破 1 万亿元后的又一跨越。存款增加较多，同比多增 1 631.2 亿元，全年新增存款是上年的 2.5 倍，新增存款比新增贷款多 259.3 亿元，改变了 2011 年新增存款低于新增贷款的局面。年末存款增速达到 15.4%，比上年末和 2012 年上半年分别上升 8.7 个和 2.7 个百分点。分项目看，个人存款保持较快增长，增加额及增速均高于上年；单位存款增长趋稳，新增 1 649.6 亿元，同比多增 1 288.4 亿元，同比增长 15.8%，比上年末提高了 13.3 个百分点，扭转了增长缓慢的局面。

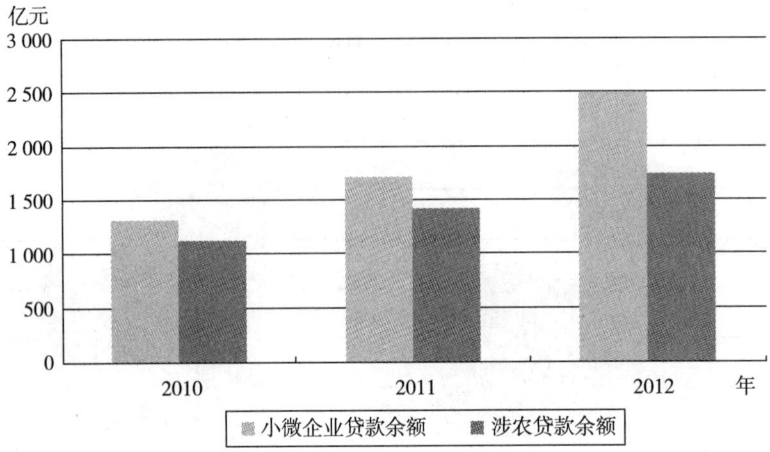

资料来源：中国人民银行天津分行。

图4－4 2010—2012年小微企业和涉农贷款增长情况

2. 大型银行改革持续深化，法人银行可持续发展能力增强

截至2012年末，天津金融机构法人机构数达到22个，大型银行天津市分行进一步深化内部管理。积极推进机构调整，不断优化网点结构；深入落实内部控制要求，按照操作风险变化趋势，细化运行管理专业制度建设；逐步提高基层机构精细化管理，增强对基层机构的管控。法人银行继续深化机构改革，专业化运营程度进一步提高，竞争能力不断增强。法人银行资本充足水平保持稳定，资产质量良好，流动性总体较为充足，盈利水平持续提升。

3. 盈利水平和风险抵御能力继续增强

2012年，全市银行业金融机构实现利润485亿元，增长24%，资产利润率1.5%，高于全国平均水平0.2个百分点。不良贷款余额125亿元，比年初减少15.8亿元，不良贷款率0.6%，比年初下降0.2个百分点，继续实现低位“双降”。全辖拨备覆盖率达到327%，比上年末提高65个百分点。渤海银行、天津银行、天津农村商业银行、天津滨海农村商业银行、中德住房储蓄银行、韩国外换银行、韩国企业银行等7家主要法人银行资本充足率均在11.1%以上。

4. 政府融资平台贷款风险有效化解

截至2012年底，天津144户平台贷款余额4 540.4亿元，占各项贷款的24.7%，比年初下降2.6个百分点，累计偿还本息1 334亿元，无贷款拖欠及逾期，辖内政府融资平台贷款不良率为零。房地产贷款风险可控，截至2012年底，房地产贷款余额3 794亿元，低于全部贷款增速11.1个百分点；不良贷款12亿元，不良率0.3%，分别比年初下降5.7亿元和0.2个百分点。银担合作贷款余额474亿元；不良贷款率0.5%。案件防控成效明显，实现辖区零案件。流动性指标符合监管要求，目前辖内主要法人银行流动性比率均在45%之上。

（二）2012年天津证券类机构业务发展

1. 证券公司业务不断扩大

法人证券公司不断扩大业务范围。先后取得融资融券、债券质押式回购试点和约定购回业务资格。积极参与新三板和中小企业私募债试点，研究参与区域性股权交易市场，做好多层次市场建设。天津市最具代表性的渤海证券，截至2012年末，其资产总额达116.16亿元，比年初增加8.6亿元；净资本34.32亿元，比年初增加5.02亿元；自营业务余额28.08亿元，比年初减少9.9亿元。受投资收益和公允价值变动收益大幅增加的影响，全年公司实现盈利1.84亿元，为上年同期的6.73倍。

2. 期货公司运营平稳

2012年，期货公司全年代理交易量2 455.9万手，代理交易额2.4万亿元，手续费收入9 679.7万元，同比分别增长22.4%、5.8%和12.3%。截至2012年末，全市共有4家公司和21家营业部具有金融期货业务资格。

3. 公司股改工作基本完成

截至2012年末，天津市有境内上市公司38家，上市公司总股本411.47亿股，总市值2 802.71亿元，其中流通市值2 500.53亿元。全市有1家公司实现首发上市、4家公司（5家次）完成再融资和重大资产重组，境内累计融资额57.4亿元。SST天海股权分置改革方案获得股东大会审核通过，正式进入实施阶段，全市上市公司即将全部完成股改工作。

表4-4　2012年天津市证券业基本情况表　单位：家，亿元

项目	数量
总部设在辖内的证券公司数	1
总部设在辖内的基金公司数	1
总部设在辖内的期货公司数	6
年末国内上市公司数	38
当年国内股票（A股）筹资	37.4
当年发行H股筹资	0
当年国内债券筹资	612.5
短期融资券筹资额	131.0
中期票据筹资额	144.5

资料来源：天津证监局、中国人民银行天津分行。

（三）2012年天津保险类机构业务发展

1. 保险业经营主体增加，资产规模扩大

2012年天津市保险业经营主体稳步增加，资产规模持续扩大。全市保险市场共有总、分公司53家，基本形成了种类齐全、布局合理的保险市场体系。截至2012年末，天津市保险公司总资产为880.7亿元，同比增长19.6%。保险市场保费收入稳步增长，产品结构不断优化。2012年全市保险业共实现保费收入238.2亿元，同比增长12.5%。其中，人身险

市场对银行代理渠道的依赖程度逐步降低。全年银行代理渠道实现保费收入41亿元，占保费收入的比例为28.2%，同比下降2.8个百分点。财产险业务结构小幅调整。全年车险业务占财产险保费收入的比例为71.5%，同比下降3.4个百分点，特殊风险保险、工程保险和保证保险比例同比分别上升1.2个、1.2个和0.6个百分点。

2. 保险业保障覆盖面不断扩大

2012年天津市保险业保障覆盖面不断扩大。承担风险责任和服务社会的能力提升。全年保险业累计新增承保保单696.1万件，同比增长34.6%。全年累计赔付81亿元，同比增长22.4%，保险业保障功能凸显，在解决医患纠纷、弥补经济损失、提高社会保障水平以及加强社会管理等方面发挥了积极作用。全市保险业积极推进政策性农业保险，为约40万农户提供了73亿元的风险保障，累计支付赔款5 900万元；引入医疗责任保险机制解决医患纠纷，全市所有二级以上医院均投保医疗责任险，提供风险保障1.07亿元；探索保险资金支持保障性住房建设，募集保险资金投资于天津市公租房建设。

3. 专项领域保险取得新进展

一是引入医疗责任保险机制解决医患纠纷。2012年，天津市所有二级以上医院投保医责险，提供风险保障1.07亿元。二是探索保险资金支持保障性住房建设。太保集团将通过“太平洋——天津公共租赁住房债权投资计划”募集100亿元保险资金投资于天津市公租房建设，年末首期50亿元资金已募集到位。三是稳步发展政策性农业保险。天津市财政局、天津市农委和天津保监局印发了《关于修订政策性农业农村保险保费财政补贴政策的通知》，将7个政策性农业保险险种的保费补贴比例由70%提高至80%。全市积极推进政策性农业保险，为约40万户农民提供了73亿元的风险保障，累计支付赔款5 900万元。

表4－5　　2012年天津市保险业基本情况表

项目	数量
总部设在辖内的保险公司数（家）	5
其中：财产险经营主体（家）	2
人身险经营主体（家）	3
保险公司分支机构（家）	53
其中：财产险公司分支机构（家）	24
人身险公司分支机构（家）	29
保费收入（中外资，亿元）	238.2
其中：财产险保费收入（中外资，亿元）	90.8
人身险保费收入（中外资，亿元）	147.4
各类赔款给付（中外资，亿元）	81.0
保险密度（元/人）	1 685.3
保险深度（%）	1.8

资料来源：天津保监局。

（四）2012年天津金融租赁业务发展

在我国金融租赁发展进程中，天津走出了一条又好又快的路径。随着天津滨海新区综合配套改革试验和金融创新的推进，天津市融资租赁业快速发展，在全国处于领先地位。天津滨海新区已经成为中国最大的融资租赁聚集区。

1. 金融租赁企业和行业规模扩大

从企业数量看，截至2012年6月底，总部在津的各类融资租赁公司达到80家，比年初的60家增加20家，约占全国融资租赁企业总数350家的23%。天津渤海租赁成为融资租赁业第一家上市公司。从行业实力看，截至2012年6月底，天津各类融资租赁公司注册资金共约500亿元，约占全国1 500亿元的1/3。从业务总量看，据中国租赁联盟统计，截至2012年6月底，天津市融资租赁合同余额约为3 000亿元人民币，比上年初2 300亿元增加约700亿元，增长30.4%，业务总量占全国业务总量12 800亿元的23.4%。

2. 单机单船项目公司快速聚集

如表4－6所示，截至2012年底，东疆保税港区共注册单机公司232家，单船公司76家，共完成127架飞机和36艘船舶的租赁业务，飞机和船舶租赁资产累计68.7亿美元。2011年和2012年工银租赁先后两次与德国签署了90架A320系列飞机订购协议，是金融租赁公司首次进入我国政府采购计划，直接向国外飞机制造商批量订购飞机。

表4－6　　东疆保税港区单机单船公司发展情况

公司类型	家数	业务情况
单机公司	232	完成127架飞机和36艘船舶的租赁业务，飞机和船舶租赁资产累计达到68.7亿美元
单船公司	76	

资料来源：《2012年天津统计年鉴》。

3. 配套政策为融资租赁业务护航

为支持天津发展，国务院批复了《关于天津北方国际航运中心核心功能区建设方案》，鼓励天津东疆保税港区推进租赁业务、航运离岸金融业务。商务部、银监会、国税总局等国家管理部门对天津滨海新区开发开放高度重视，先后批准天津市8家内资企业开展融资租赁业务试点。借助国家各部委的政策支持，天津市把融资租赁业作为金融改革创新的主要内容之一，列为天津市重要的金融主导产业来打造。

4. 创新融资租赁业务模式

单一项目融资租赁是国际上的新型租赁模式，东疆保税港区提出了施行方案，得到了银监会的支持。截至2012年6月底，东疆港累计注册单一项目租赁公司达到256家，比上年底的174家增加82家，其中，单机公司195家，单船公司36家，累计完成飞机租赁74架、船舶租赁26艘。目前东疆港单一项目租赁公司约占全国的90%。楼宇经济是天津市重点发展的新型行业，津南区咸水沽镇与渤海租赁合作，利用售后回租和转租相结合的方式，成功地做了一单3亿元的楼宇租赁业务，解决了镇政府资金困难问题，为地区经济发展起到促进作用。

表 4－7　　2012 年天津市融资租赁业务发展概况　　单位：亿元人民币，%

项目	2012 年底业务总量	2011 年底业务总量	2012 年比上年增加	2012 年比上年增长	2012 年业务量所占全国比重
金融租赁	1 900	1 400	500	35.7	12.6
内资租赁	1 150	700	450	64.3	7.7
外资租赁	550	200	350	175.0	3.7
总计	3 600	2 300	1 300	56.5	24.0

资料来源：天津市租赁行业协会。

（五）2012 年天津信托机构业务发展

目前，公司总部在天津的信托公司有两家，分别是北方国际信托股份有限公司和天津信托有限责任公司。这两家信托公司在天津信托业金融机构极具代表性。2012 年天津信托业快速发展，随着中央实施积极的财政政策和稳健的货币政策，我国的宏观经济继续保持稳定增长，但资金供给总体偏紧，主流金融机构资金供不应求，特别是民营企业、中小企业、处在受限行业的企业、地方一般性国企，其资金需求难以从主流金融机构得到充分满足，这就为天津信托业的发展提供了较大的可持续性动力。

1. 信托业盈利状况创新高

天津信托有限责任公司 2012 年固有资产经营的主要业务品种包括自营贷款、融资租赁、自营证券投资、自营金融股权投资、财务顾问业务等。公司信托业务主要品种包括集合资金信托、单一资金信托、财产权信托等。2012 年末，公司管理的资产总规模为 710.44 亿元，其中固有资产 22.04 亿元，占资产总规模的 3.1%，信托资产 688.4 亿元，占管理资产总规模的 96.9%。2012 年天津信托有限责任公司实现净利润 24 860.16 万元，比上年增长 19.65%。北方国际信托股份有限公司 2012 年实现净利润 43 272.23 万元，比上年增长 37.91%。

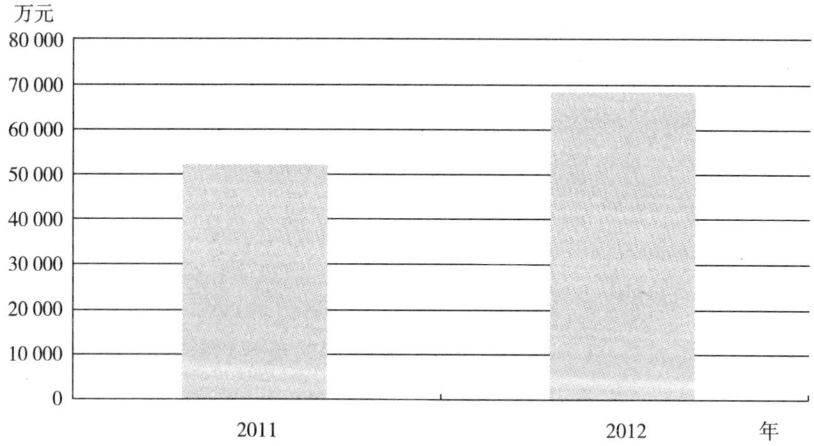

资料来源：《2012 年天津金融白皮书》。

图 4－5　天津信托与北方国际信托两家公司净利润和

2. 风险抵御能力增强

为防范风险，保障公司稳健运行，天津各信托公司把对委托人负责作为内控文化建设的重要内容，全体员工均树立了内控优先的风险防范理念；形成了较为完善的内部控制组织架构和岗位职责，部门设置科学、分工合理、职责明确；打造出了由业务经营管理部、风险管理部、稽核部组成的内部管理体系，充分发挥了各环节的管理控制作用。同时，公司还通过后续教育培训，不断提高内控人员的职业操守和专业能力。

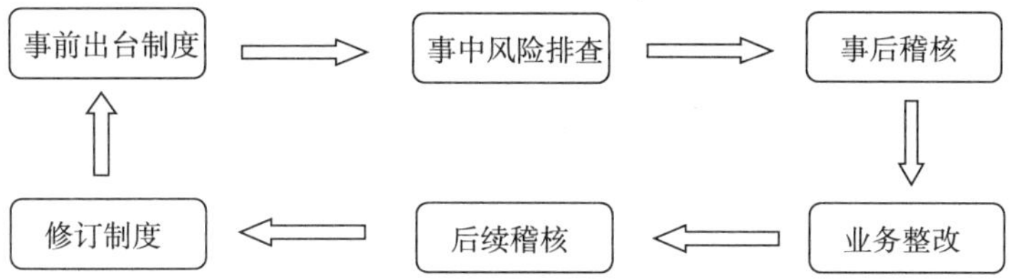

图 4-6 天津信托业风险防范图

3. 经营范围不断扩大

2012 年天津信托有限责任公司和北方信托有限责任公司的经营范围不断扩大。截至 2012 年末，两家公司的主要经营范围有资金信托、动产信托、不动产信托、有价证券信托、其他财产或财产权信托；作为投资基金或者基金管理公司的发起人从事投资基金业务、经营企业资产的重组、购并及项目融资、公司理财、财务顾问等业务；受托经营国务院有关部门批准的证券承销业务；办理居间、咨询、资信调查等业务；代保管及保管箱业务；以存放同业、拆放同业、贷款、租赁、投资方式运用固有财产；以固有财产为他人提供担保；从事同业拆借；法律法规规定或中国银行业监督管理委员会批准的其他业务。

（六）2012 年天津小贷机构业务发展

2012 年，天津市围绕金融改革创新，以“科学审慎、风险可控”为原则，以“构建普惠制金融服务体系”和“服务实体经济、服务民计民生”为重点，以“宽准入、严监管，不断提升机构社会化市场化服务能力和水平”为目标，积极推动小额贷款公司和融资性担保机构的发展。截至 2012 年底，全市已批准开业小额贷款公司 127 家，注册本金合计 131.7 亿元。2012 年批筹小额贷款公司 58 家，注册资本金 49.3 亿元，开业 55 家，注册资本金 49.7 亿元，增资 9 家，共增资 12.5 亿元。

全市已开业机构累计发放各类贷款 387 亿元，涉及客户 1.5 万户，2 万笔。单笔额度 189 万元。贷款余额 113 亿元，服务客户 1.4 万户。其中，个人 20%，企业 80%；第一产业 4.9%，第二产业 28%，第三产业 66.4%；信用贷款 26.3%，保证贷款 44.7%，抵押贷款 22.3%，质押贷款 6.4%；加权平均利率 18.1%。

（七）2012 年天津担保公司业务发展

2012 年，天津市认真贯彻落实国务院和融资性担保业务监管部际联席会议工作部署，严格执行《融资性担保公司管理暂行办法》、《天津市融资性担保公司管理暂行办法》相关

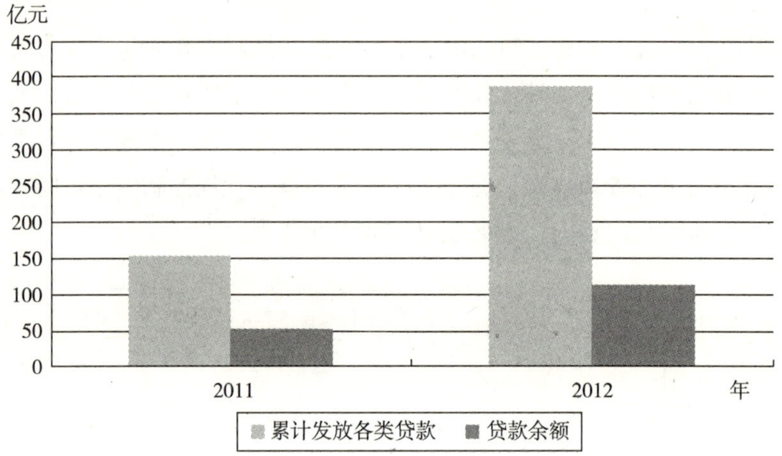

图 4-7 小额贷款公司业务开展情况

要求，强化日常监管，引导机构合规经营，防范风险。截至 2012 年底，我市融资担保机构达到 130 家，注册资本金 124 亿元。其中，公司制机构 114 家，事业法人机构 16 家，从业人员 1 532 人。机构资产总额 152.4 亿元，负债总额 34.9 亿元，资产负债率 23%。2012 年新批设机构 12 家，新增注册资本 8.2 亿元，批准 7 家机构增资，增资额 3 亿元。

截至 2012 年底，各机构累计实现营业收入 5.4 亿元，利润 1.2 亿元，与 43 家银行机构开展融资担保业务合作，为企业发放融资性担保贷款 527 亿元，其中 96.5% 用于支持中小企业发展。期末在保余额 407 亿元，资金放大倍数 3.1 倍，服务企业超过 1 万家。

三、天津金融机构发展前景展望

在过去的一年，天津金融机构发展取得了明显的成绩，实现了全面健康快速可持续发展。但我们也应清醒地认识到天津金融业发展仍存在不小的差距，主要表现为：一是金融资源集中集约集聚程度不够，金融业整体规模较小，金融资源的配比结构不够均衡合理；二是金融的引领示范辐射带动作用发挥不够，缺少面向全国的金融市场，新型机构均处于成长初期，体系化、产业化仍需相对较长的培育过程；三是小微金融机构亟待发展，小型金融机构的出现在一定程度上解决了小微企业融资难题，解决了农村经营资金不足的难题，是现有金融机构的有效补充；四是金融机构人才缺口较大，天津急需吸引全国各地高技术、高素质金融人才，短期内可以通过外部人才引进解决，但从长远发展来看，只有加快本地自有人才的培养，才能从根本上解决这一难题。在今后工作中，需要进一步加大工作力度，推动天津金融机构实现新的更大发展。

2013 年是全面贯彻落实党的十八大精神的开局之年，是实施“十二五”规划承前启后的关键一年。我们将按照党的十八大的各项战略部署，结合全市金融工作会议要求，坚持稳中求进的工作总基调，贯彻落实积极财政政策和稳健的货币政策，围绕主题主线，以提高经济增长质量与效益为中心，进一步深化金融改革开放，进一步强化金融创新驱动，牢牢把握扩大内需这一战略基础，立足全局，突出重点，求真务实，确保工作扎实开局，推动全市金融业实现新的更大的发展。

（一）银行类金融机构发展前景展望

1. 加大对银行业金融监管的深化力度

对银行机构的风险监管是人民银行监管工作的重点，也是提高监管有效性的难点。中央银行在风险监管过程中，以什么样的权责结构和方式，来处理和安排监管者与监管对象之间的关系，达到防范和化解风险的目的，是当前经济和金融领域中的一个关键问题。新时期下，天津金融业的金融监管会逐渐明确银行风险监管目标。一方面要采取断然措施妥善化解已经出现的风险和处理已面临支付困难的银行机构，最大限度减少震荡，维护银行业整体安全与稳定；另一方面必须利用先进的技术手段和充分的信息披露，正确分析和判断金融创新趋势及其风险领域，建立起风险的早期识别和预警系统，及时采取有效的防范和控制措施，防止风险的积累、扩大和突然爆发。

2. 加大对银行业务创新发展

在竞争压力增加的同时，银行业的利差收益正在缩小。同时由于银行的中间业务收入依然没有成为其收入的主要来源，因此，未来银行创新服务、加大中间收入水平、提高服务意识将是银行业未来发展的关键。其创新主要表现在以下几个方面。首先，服务创新。服务创新主要是提高银行员工的服务意识，提高员工的工作效率，进而提高客户对银行的满意度，提高客户黏性。服务创新和通过创新服务渠道、创新服务形式等多渠道进行。其次，产品创新。产品创新主要表现在授信产品创新方面、供应链方面、产业集群方面、集合客户营销方面进行产品创新，以尽量低的成本进行较大的授信规模，以获取规模收益。同时对于特色行业和重点客户，要创新产品，以提高产品的针对性和特色性。最后，中间业务创新。目前银行业中间业务服务还主要表现在理财产品销售、咨询顾问费用、手续费等收益方面，而未来能够提供咨询服务的企业越来越多，银行竞争将使得手续费收入逐渐降低，这将逼迫银行进行中间业务创新，提供综合性的多样化的服务，其核心是通过金融业同业的合作，更好地服务客户，提高中间业务收入水平。

3. 充分发挥地方法人银行创新作用

目前，除天津银行、渤海银行、天津农商银行、滨海农村商业银行外，其他股份制银行和国有银行总部均不在天津。由于这些金融机构的市场选择面更宽，并且在新区设立的机构级别也不高，改革创新动力不足，而地方法人银行由于总部在天津，始终植根于天津，另外机构分布广泛，市场反应快，决策链条短，对支持地方经济的积极性和热情度较高，所以它们改革创新的行动力更强。政府应加大对这些金融机构的扶持，加强合作的紧密度，为他们提供更多机会，本地银行更应该成为金融创新的中坚力量。同时，提升天津法人金融机构的核心竞争力对于推动滨海新区经济发展也具有更直接的效应。此外，滨海新区银行业可以尝试以科技型中小企业为突破口，设立科技支行，实行专门的客户准入标准、信贷审批机制、风险控制政策、业务协同政策和专项拨备政策，发展成为滨海新区科技型企业服务的金融机构。

4. 加快银行业总部在天津的聚集

加快天津金融信息腹地建设，吸引更多的信息源入住，以此带动产业链延展，进而实现金融服务及平台的局部优化。目前，天津金融体系主要以银行为主，银行业务又以传统的存贷款为主。全国 12 家股份制商业银行中仅有 1 家总部在天津，北京和上海分别是 4 家和 2 家；总部设在天津的证券公司、期货公司、基金公司数量仅是北京和上海的 1/5 和 1/8；总部设在天津的金融机构数量较少，且规模相对较小，难以形成区域金融合作的平台。

因此，短期内应重点实现金融产业在市区和滨海新区间的合理分布，借鉴人民银行在上海成立总部的经验，鼓励商业性金融机构在天津市成立级别更高且具有一定独立性的操作中心，加快金融业务和产品创新步伐。吸引更多的跨国公司和金融机构总部入驻，争取将总部不在天津的商业银行的一些业务（如信用卡中心、公司业务中心、人民币资金运作中心等）移入天津，大力发展总部金融，形成总部聚集效应，这不仅可以提升金融机构研发和决策能力，而且可以通过“总部——分支机构”的功能链条，辐射带动分支机构所在区域发展，发挥天津在区域经济金融合作中的作用。第五届中国总部经济论坛发布的“全国 35 个主要城市总部经济发展能力评价报告”显示，天津位列第七，与北京、上海、广州、深圳差距较大。天津可通过先行实施金融总部规划，创造更加有利于实业发展的金融环境，带动实体经济总部向天津聚集，以提升总部经济发展能力，使天津成为华北地区乃至全国的金融信息腹地。中长期应着力打造能够为创新型企业提供融资功能和企业价值变动评估功能的多层次直接融资市场体系，从而使成功的创新型企业可以在该市场上实现创业价值和个人价值的制度化激励相容，最终使天津实体经济获得内生性、持久不断的发展活力。

5. 加大对中小企业的信贷倾斜

截至 2012 年末，天津市中小企业达到 193 000 多家。为实现中小企业可持续发展，金融机构要完善对中小企业的信贷倾斜政策，确保中小企业信贷增速高于贷款平均增速，逐步提高中小企业贷款占比，要充分结合中小企业经营特点，加大对中小企业服务力度，将中小企业信贷业务作为主要增长点，针对中小企业客户群体的各类现实需求和成长特点，建立一套有别于大客户、大项目的独立运作体系，形成融资快捷方便的专业化经营体系，使中小企业融资在当地真正做起来，实现可持续发展。要出台一系列政策和制度，引导和鼓励银行根据区域市场特点将中小企业金融服务从一般性公司业务中分离出来，建立专门服务中小企业的经营管理机构。在此基础上，将中小企业经营重心下沉到各二级分行以及下级机构，逐步搭建起“二级管理，三级营销”的中小企业金融业务运营模式，为中小企业金融业务提供有力的支持服务平台，增强金融机构经营能力。

银行业仍需进一步转变服务方式，不断提高服务中小企业水平。一是金融机构要按照中小企业特点设计审贷流程和定价机制，优化信贷业务流程，简化信贷办理手续，提升对中小企业的金融服务水平。二是创新抵押担保模式，在抵押物品的选择上要广，不仅仅限于土地和房产，可以扩大至成品、半成品、应收账款甚至专利技术、企业产权、林权、商标使用权等，尝试依托担保公司担保的方式。三是积极创新信贷产品，结合中小企业资金需求“短、频、快”的特点，积极创新适合中小企业的信贷产品，继续创新中小企业流动资金贷款还款方式，缓解中小型企业还款压力。四是加快商业承兑票据的推广和使用，拓宽中小企业融资渠道。

6. 有效防范金融风险

在确保在建续建项目合理融资需求的同时，严格控制平台贷款总量，严防到期风险，优化贷款结构，加强全口径监管。严防开发商及个人违约风险，坚持执行差别化房贷政策，加强名单制管理和压力测试。区别对待产能过剩行业贷款，在保障银行债券安全的前提下，稳步实施信贷退出淘汰类企业，支持信贷调整和依法核销，推进转移和整合类企业债务重组和多渠道融资。加强不良贷款余额和比例“双控”管理，推动商业银行加大坏账核销力度。严格规范理财产品的设计、销售和投向管理，建立健全同业代付业务的银行风险管理体系，强化银证、银基、银信等各类跨行业合作业务监管，控制承兑汇票业务增速。重点严管影子银行、民间融资和非法集资等风险向银行体系传染渗透，严格落实银监会“三个禁止”的工作要求，严厉打击非法集资和融资担保，持续开展金融投资者教育，增强对影子银行机构和业务的监管有效性。

（二）证券类金融机构发展前景展望

1. 增大资产证券化的试点范围

资产证券化是一个成熟金融市场的重要品种，也是国际金融市场中最重要的金融创新之一。资产证券化可以为庞大的基础设施领域提供一种新的融资渠道，有助于缓解滨海新区企业的融资负担。随着天津高速发展，飞机需求的急速增长使其面临巨大的融资需求。飞机租赁可以采用资产证券化这种新的融资方式，满足通用航空飞机的融资需求。滨海新区可以利用自身的优惠政策，在东疆保税港区设立租赁债权证券化的机构，以保证资产证券化试点的快速发展。

2. 证券市场服务应更加专业化

专业化是和市场化一脉相承的，是证券行业未来实现差异化竞争的主要途径。随着行业市场化的趋势进一步加强，证券公司将步入专业化的轨道。证券公司的专业化将主要体现在专业化服务能力和专业化人才两个方面。国内证券公司的专业化服务能力主要体现在两个方面：一方面的能力是基于证券公司所掌握的专业知识和市场资源，对市场上的各种证券和自身创造的证券产品进行市场化定价，帮助客户去投资、去理财、去管理风险，实现财富的增长；另一方面，也是基于证券公司所掌握的专业知识和市场资源，根据客户需求创造各种金融产品，帮助客户实现以资本为纽带的资产重组、兼并收购、私募融资等交易，帮助满足客户财富管理的需求，为客户提供全方位的综合金融服务。整个证券行业的专业化需要全方位的配套政策，包括证券从业人员的专业化管理，包括证券发行、上市、交易等规则的完善，包括全市场投资理念的健康成熟，也需要上市公司、监管部门、机构投资者和行业协会、媒体、中介服务机构等相关参与主体的共同努力。整个行业的专业化能力将体现在中国资本市场的总体融资效率，体现在投资的回报率，体现在实体经济从资本市场中所获得的资源和其他帮助。整个行业的专业化能力需要证券公司能有所担当，不断加强投资者教育，推动机构投资者、上市公司的专业精神培养，发扬创新精神，创新推动市场的发展。

3. 大力完善多层次的资本市场体系

以国务院2008年通过的《天津滨海新区综合配套改革试验总体方案》为依据，鼓励天津工商企业通过非上市公司股权交易中心实现资产重组，优化资源配置，规范公司治理结构，提高企业经营绩效，使更多的企业能够在主板市场和二板市场上市融资。同时，应大力培育和引进国内外券商、企业信用评级机构、审计师事务所、会计师事务所等中介机构，为非上市公司股权交易和上市融资提供金融服务。另外，应充分利用先行先试的金融改革优惠政策，积极争取在天津设立功能完备的三板市场，不仅服务于天津这一“北方经济中心”的建设，辐射“三北”地区，而且对上海和深圳金融市场发挥协调和补充的作用。

（三）保险类金融机构发展前景展望

1. 加强银保产品的宣传

加强宣传，这对于银行保险的进一步发展有着重大的意义。银行保险方式产生的目的就是要实现保险产品的大范围和大规模的销售，如果公众对其不了解，那么银行保险就成了高成本的单一销售，也就失去了其存在的意义。宣传方式要突破目前银行柜台的简单的传单式宣传模式，要充分利用报刊、电视、大型广告牌、社区信息栏等多种大众媒介进行更为广泛的、大规模的宣传，使得银行保险的概念深入人心，突出银行和保险公司的合作优势，强调银行保险的社会功能，从而在广大市民中形成“买保险，到银行”的观念。

2. 深化密切银保合作关系

应积极倡导银行和保险公司的深度合作，促使银行和保险公司实现强强联手，进行股份的渗透融合，这种机制可以在最大程度上调动双方，尤其是银行的积极性。同时，由于双方签订了更为深入的合作协议，也可以进一步促进“一对一”代理模式的实现，即一家银行只代理或主要代理销售一家保险公司的产品，而一家保险公司的产品也主要通过一家银行进行销售，这样就能够实现规模效益、品牌效益、利润效益。而且股权上的渗透还可以有效地约束银行的行为，控制节节攀升的代理费率，这对于保护保险公司的利益以及整个银保市场的做大做强都是非常有意义的。

3. 从“多对多”发展到深层次的合作

目前比较行之有效的方法就是完善现存的“多对多”模式，建立更为深入的银行和保险公司的关系。银行和保险公司应该对对方的企业文化、盈利水平、产品创新能力、客户服务能力、银行保险的经验等方面进行充分考察和筛选。在双方的合作中，应该本着互惠互利和双赢的理念，加强彼此在深度和广度上的合作，拓展合作领域和业务范围，增强企业的盈利水平，使双方在合作中都能享受到利益。银行方面可以适当地降低代理费用，将部分利润让与保险公司共享。同时银行在与多家公司保持业务关系的同时，也应该重点与一家或两家公司保持合作的策略，并在产品开发、营销渠道、投资理财等方面互相进行融合、渗透，为客户提供更为多元化、多层次的综合性金融服务。这样一方面既可以延伸双方的服务领域、提升各自的核心竞争力，同时也有利于双方进一步向着“一对一”的模式发展。

4. 积极开发新的保险险种

目前天津的银保市场以短期分红险为主，产品单一，保险公司要想占有更高的市场份额，就应该努力开发新的险种，而不是一味地提高代理费率，用差异的产品实现销售量的增长。保险公司应该在充分科学的市场调查基础上，与银行联合推出适合当前地区和人群特点的新产品，把金融服务功能和保险保障功能有机地结合起来，增强银保产品的竞争力。

5. 加强银保专业人员的培养

由于银行保险的专业性很强，险种的开发、产品的销售和售后服务都需要一大批专门人才。对于保险公司来说，应该借鉴一些成功企业的经验，并结合当地银行保险发展的实际情况，培养出自己的银保专家，为客户提供高质量的咨询服务。而对于银行而言，应加强对员工相关业务的培训，使客户在银行柜台也能享受到专业化的服务。

6. 保险业应对经济发展拓展更大的保障空间

保险监管部门应强化监管措施，规范银行保险业务，进一步完善银保专员管理制度；转变监管思路，将监管重心转移到保险公司的偿付能力上；采取公平保险业竞争环境，规范保险业的经营秩序，对经营数据不真实、销售误导、理赔难等问题应加大惩罚力度。保险公司应自律经营行为，加强内控制度建设，不断提高风险防范和控制能力；以商业医疗保险和补充养老保险为突破口，增加险种范围，形成新的业务增长点，继续拓展在汽车保险和其他保险领域的业务空间，保持产险在近年来的强劲增长势头。要通过不断地创新，加强银行保险业务的吸引力和便利性，从而有利于利用银行和保险公司两方的客户群，扩大其销售水平和盈利能力，实现银行保险业务更好的发展。

（四）民营金融机构的发展前景展望

党的十八大报告作出了“加快发展民营金融机构”的重大决策和部署，天津市要按照党的十八大报告提出的“毫不动摇鼓励、支持、引导非公有制经济发展，保证各种所有制经济依法平等使用生产要素、公平参与市场竞争、同等受到法律保护”的要求，大力促进民营金融机构快速稳健发展。2012 年天津民营经济预计实现税收 840 亿元，实现增加值 5 170亿元。民营经济增长值超过了 5 100 亿元，是 2007 年的 4 倍。在当前国际国内形势下，天津市加快发展民营金融机构不仅十分重要，而且非常紧迫。民营金融机构的加快发展可以进一步丰富和完善金融组织体系的内在结构，强化金融市场竞争，提高金融资源配置的效率，促使金融组织、金融市场的结构发生革命性的变化，进而极大地缩小金融组织结构与经济结构的不对称、不匹配程度，使金融体系对经济和社会的适应性、辐射面和渗透力更趋强化，金融的功能得到更加有效地释放。

1. 大力发展城市社区银行

随着天津市市场经济体制改革的深入，中小企业融资难的问题成为制约天津市乃至全国经济快速发展的一个突出性问题。而解决中小企业融资难问题的重要途径之一就是广泛设立为中小企业提供资金融通的中小企业商业银行，其中，社区中小银行就是最基本的形式之一。我们要积极筹建民营金融机构，就必须充分利用滨海新区综合配套改革试验和金融改革创新的优势，筹建“自筹资金、自主经营、自负盈亏、灵活经营”的民营金融机构。大力发展与民营中小企业相匹配的中小金融机构，着力培育各种区域性金融机构，包括民营资本自担风险的民营银行，在借鉴村镇银行模式的基础上，大力发展城市社区银行。

第一，政府需对社区银行给予政策扶持。天津市政府需在金融和财税政策上对社区银行予以政策扶持。首先，可借鉴国外优秀社区银行发展经验，并结合天津发展实际需求，从营业税、所得税、允许分行金融成本等方面给社区银行一定的优惠政策；其次，还可以在存款准备金、资本充足率等方面给予一定的政策优惠；最后，政府需给予资金的融通帮助，法律上和行政上对社区银行进行规范和管理，在社区银行发生资金流动性困难时提供资金扶持，在社区银行壮大后，政府应及时退出。

第二，社区银行需明确市场定位策略。不同于大型银行主要面向大型公司，资金运用常从一个地区吸收存款转移到另外一个投入产出比例较高的地区，社区银行主要服务于当地家庭、中小企业和农户，从而推动当地经济的发展。截至 2012 年末，天津市共有中小企业 190 000 家，其中，科技型中小企业超过 3 万家，中小企业仍面临融资难的困境。社区银行在信贷审批时，应更好地理解中小企业在经营中可能遇到的问题，利用对借款人情况比较熟悉的优势，为客户提供全面的个性化服务，在服务收费方面提供优惠，以满足社区居民和中小企业的需求为目标。

第三，社区银行需设立多元化结构。在全国探索社区银行发展结构的背景下，天津应设立多元化社区银行结构。探索分支机构模式，由一个代表社区的当地实体在社区范围内集资，以此集资款向银行购买分支行，社区拥有经营该分支行的权利，并被允许经营母行所拥有的一切业务，履行母行的一切功能。探索代理模式，即由企业组织代表银行或信用社提供金融代理业务。探索电子银行模式，学习余额宝等优秀经验，将网络、社区、企业有机地结合。

2. 进一步完善民营金融机构发展的法律体系

进一步完善法律体系，为小微金融机构提供了良好的金融生态环境。加强舆论宣传引导，扩大小微民营金融机构的社会影响，提高公信力和社会认可度，大力培育良好的小微民营金融机构生态环境，为小微民营金融机构生存、发展创造优良的外部环境。明确小贷公司作为小微金融机构的身份，放开数量限制，进一步放开在社区、村镇设点布局以及开展中间业务的限制。进一步降低小微民营金融机构准入门槛，鼓励支持民营金融机构设立或参与发起设立社区银行、村镇银行。减免小微民营金融机构两税，使其享受与银行办小贷机构同等税率，逐步提高小微民营金融机构贷款资金比例上限。允许小微民营金融机构按规定跨区域设立分支机构、开展跨区业务。探索小微民营金融机构发行中小企业私募债券。研究制定小微民营金融机构退出的具体标准、程序、债权债务清偿原则等，规范金融机构市场退出程序，加强行政退出与司法破产之间的有效衔接。选择行政接管、重组、并购、撤销、关闭清算等多种市场退出方式，以尽可能小的社会震动和处置成本、尽可能少的公共资源，最大限度地保护存款人、债权人和纳税人的利益。

3. 健全民间金融机构体系，促进其协调发展

截至2012年底，全市已批准开业小额贷款公司127家，注册资金合计131.7亿元。融资担保机构130家，注册资本金124亿元。未来5年，我市至少还要建设100家小额贷款公司，50家融资担保公司，80家各类金融外包和中介机构。与外资和国有金融机构相比，民营金融机构是最具活力，最具发展潜力，也最急需发展的。因此，在抓好民营金融机构存量增量的基础上，要积极鼓励和引导民营资本投资建立融资租赁公司、财务公司、汽车金融公司和贷款公司，填补我市空白，完善民营金融机构体系。同时，针对民营金融机构覆盖面不够的情况，要积极出台政策鼓励民营金融机构向天津市十六个区县设立分支机构或投资新设民营金融机构，特别要引导民营金融机构服务“三农”，服务偏远区县。

4. 大力创新民营金融机构金融产品与服务

大力发展创新民营金融机构的产品与服务，需以友好的态度和最简洁的方式向农民、小微企业提供金融产品，打造无须担保抵押的“少、短、快”资金融通渠道。积极发展科技贷款、小额担保贷款、经营权质押贷款、股权质押贷款、知识产权质押贷款、林权抵押贷款、海域使用权抵押贷款等支农支小信贷业务。积极探索试点排污权抵押贷款、农房抵押贷款、土地承包经营权抵押贷款、农业设施及农业机械抵押贷款。支持银行与保险机构加强合作，开展小额贷款保证保险和信用保险，探索商业保险参与小微企业融资再担保机制。支持银行与融资性担保公司加强合作，创新小微企业金融产品，建立风险分担机制。发展面向小微企业和“三农”的融资租赁业务。鼓励开展金融服务外包等新兴经营业务。组建小微企业融资综合服务中心，集聚银行、担保、会计、法律、评估、咨询、协会等机构，提供信用调查、资产评估、法律咨询等服务。鼓励发展商业保理机构，稳妥发展民营第三方支付机构，支持小微民营融资性担保公司发展。允许小微金融机构为小微企业提供投资、担保、咨询等增值服务，并建立基于小微民营金融机构的质量、风险、运营评估体系。鼓励发展小额再贷款金融公司。

5. 不断完善监管体系，防范经营风险

目前国家尚未确定民营金融机构的监管主体，只是由人民银行监测，事实上存在监管“盲区”。因此，发展民营金融机构的一项重要任务，就是加强对其业务规范性的指导，促使其不断健全风险防范机制，并有针对性地开展监管工作和强化监管力度。民营金融机构自身必须建立起完善的公司治理结构和规范的业务流程，公司治理结构和机制必须与其业务规模和经营决策相适应。同时，要不断完善金融监管措施，针对不同类型的民营金融机构，建立个性化、差异化的监管指引，对不同风险程度的金融机构采取有区别的监管措施，明确监管的重点领域、环节和对象，防止出现民营金融机构的监管空白，保证民营金融机构的稳健运行。

第五章　2012年天津金融市场发展

2012年，天津市经济继续保持良好的发展势头，经济结构不断调整优化，市场主体数量显著增长，发展活力进一步提升。面对复杂的国内外经济金融形势，天津市金融业认真贯彻落实稳健的货币政策，突出更好地服务实体经济这一重点，把稳增长放在更加重要的位置，着力稳定和增加存款，不断拓展金融服务的广度和深度，进一步构建和谐良好的金融发展环境，全年金融业在对关键环节和重点领域保持资金有效供给的同时，对经济发展薄弱环节的支持力度继续加大，金融对全市经济的贡献度进一步提升，金融市场呈稳健运行的态势。

2012年，天津市大力加强金融市场体系建设，完善市场机制。在巩固加强传统金融市场的基础上，充分利用滨海新区金融改革创新“先行先试”的政策优势，着力发展创新金融市场，已基本形成能够服务经济社会发展各个领域，全方位、多层次的金融市场体系。

一、2012年天津金融市场整体发展

（一）天津金融市场规模扩张

2012年，天津市金融市场呈现总体健康发展态势。天津金融市场交易总量（沪深两市交易总额）为13 897.5亿元，较2011年减少12.44%；社会融资规模达到4 440.0亿元，较2011年增长39.49%；天津金融业增加值达到959.0亿元，较2011年增加26.77%；金融业增加值占GDP的比重为7.4%，较2011年增长0.7个百分点。

2012年，天津市信贷运行符合国家宏观调控要求，信贷投放符合政策导向，房地产贷款增幅放缓，中小微企业贷款增加较多。截至2012年末，本外币各项贷款余额18 396.8亿元，同比增长15.5%，低于上年0.2个百分点，贷款比年初新增2 466.4亿元，同比多增303.3亿元。全年贷款加权平均利率为6.89%，比上年小幅微升0.04个百分点，民间借贷利率总体水平略有上升。本外币各项存款余额超过2万亿元大关，截至2012年末，达到20 293.8亿元，这是继2009年1月存款余额首次超过1万亿元后的新突破。存款增加较多，同比多增1 631.2亿元，全年新增存款是上年的2.5倍，新增存款比新增贷款多259.3亿元，改变了2011年新增存款低于新增贷款的局面。

（二）天津金融市场协调发展

2012 年，天津股票市场交易量（交易所）为 1.380 792 92 亿元，较 2011 年增长 40.07%；股票市场融资额高达 37.4 亿元，较 2011 年增长 16.15%；境内上市公司数（含 A、B 股）为 38 个，与 2011 年相比，增加了 1 个。2012 年天津债券市场交易量（交易所）为 5.04 亿元，较 2011 年增加 51.85%，占当年国内债券筹资额的比例为 0.82%，与 2011 年相比，降低了 0.2 个百分点。2012 年天津保险市场的保险深度为 1.8%，较 2011 年降低 0.1 个百分点；保险密度为 1 685.3 元/人，较 2011 年增加 122.1 元；保费收入 238 亿元。2012 年天津货币市场交易额为 49 962.6 亿元，较 2011 年增长 10.64%；期货市场交易额为 47 387.0亿元，较 2011 年增长 13.98%；基金市场交易额为 237.8 亿元，较 2011 年增长 17.66%；外汇市场交易额为 85.0 亿美元，较 2011 年增长 15.02%；黄金市场交易额为 117.6 亿元，较 2011 年减少 2.4%。

从融资结构看，2012 年，天津市直接融资规模加速扩大，直接融资品种进一步拓宽。全市债券发行额为 612.5 亿元，股票融资 37.4 亿元。直接融资与间接融资的比例约为 1:3.8。

表 5－1　　2001—2012 年天津市非金融部门融资结构表　　单位：亿元人民币，%

年份	融资量	比重		
		贷款	债券（含可转债）	股票
2001	313.6	89.5	0.0	10.5
2002	397.2	96.3	0.0	3.7
2003	924.4	99.5	0.0	0.5
2004	524.5	94.3	2.3	3.4
2005	648.9	100.0	0.0	0.0
2006	862.3	90.5	8.2	1.3
2007	1 621.5	66.9	5.9	27.2
2008	1 391.1	90.0	3.9	6.1
2009	3 744.4	92.5	6.1	1.4
2010	3 037.3	86.4	11.3	2.3
2011	2 518.2	85.9	12.8	1.3
2012	3 116.2	79.1	19.7	1.2

资料来源：天津证监局、中国人民银行天津分行。

二、2012 年天津金融各子市场发展

就天津金融市场的结构来看，各个子市场的发展速度和景气状况不尽相同。2012 年，票据市场、债券市场、股票市场发展势头较快；基金市场、外汇市场、期货市场、货币市场较上年有一定程度的提升；保险市场发展稳健；黄金市场发展速度趋缓。

（一）2012 年股票市场发展

天津市历来重视股票市场发展，将推动企业上市和多层次资本市场建设作为建设天津现代金融体系的关键点之一。2012 年，天津股票市场交易量、融资额和境内上市公司数量有所上升。2012 年，天津股票市场交易量为 1. 380 亿元，股票市场融资额为 37. 4 亿元，境内上市公司数达 38 家，比 2011 年增加 1 家。

2012 年，天津股票市场的交易规模和融资能力有不同程度提升。其中，天津股票市场交易量比 2011 年上升了 40. 1%；股票市场融资额比 2011 年上涨了 16%；上市公司股改工作基本完成。2012 年，全市有 1 家公司实现首发上市、4 家公司（5 家次）完成再融资和重大资产重组。SST 天海股权分置改革方案获得股东大会审核通过，正式进入实施阶段，全市上市公司即将全部完成股改工作。

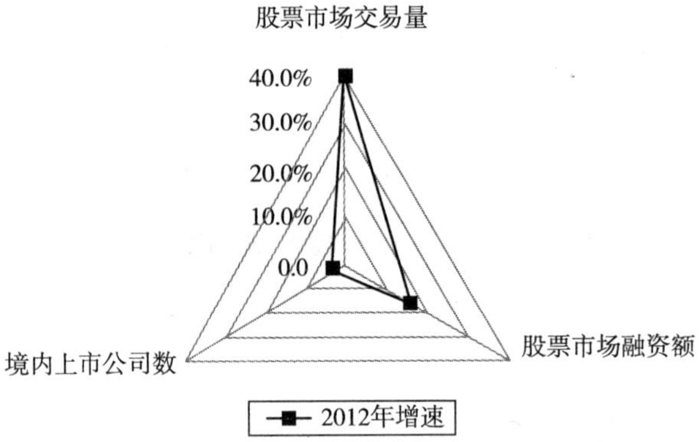

资料来源：天津证监局。

图 5－1 2012 年股票市场交易规模和融资能力增速

（二）2012 年债券市场发展

2012 年天津债券市场交投活跃，交易规模有一定程度增长，交易所交易量达到 5. 039 亿元，尽管增速比 2011 年有所回落，但是依然保持了快速增长的趋势。全市累计实现债权性直接融资 666. 5 亿元，同比增长 112. 2%，包括资产支持票据 20 亿元，短期融资券 131 亿元，中期票据 144. 5 亿元，非公开定向债务融资工具 225 亿元，企业债券 75 亿元，公司债券 20 亿元，金融债券 46 亿元，中小企业私募债 4 亿元，中小企业集合票据 1 亿元，有效满足了企业融资需求。

2012 年，天津企业通过银行间债券市场直接融资额达到 531. 5 亿元，是 2011 年的 2. 3 倍，银行间债券市场运行十分平稳，主要表现为以下几点。

第一，交易量有所下降。全市银行间债券市场成员现券买卖成交金额为 8 180. 2 亿元，同比下降 34. 9%，较 2010 年相比下降 65. 1%。其中，现券买入量为 3 879. 6 亿元，同比下降 36%；现券卖出量为 4 300. 7 亿元，同比下降 33. 9%；现券净卖出 421. 1 亿元，同比减少 22. 2 亿元。

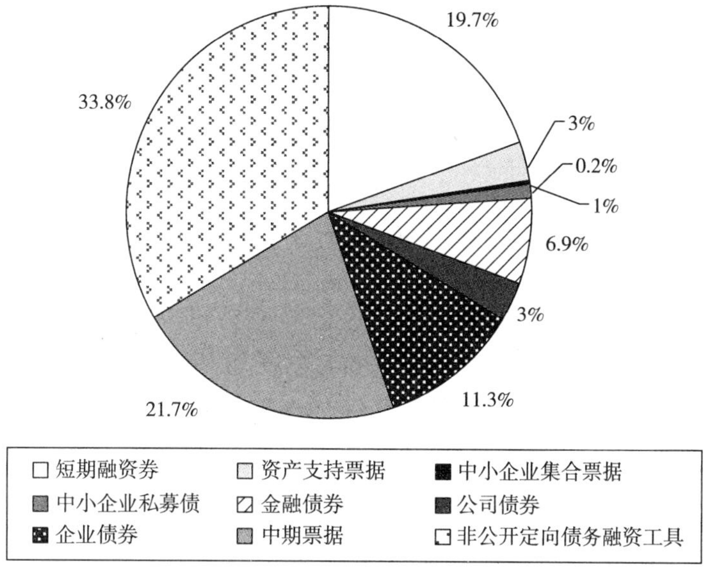

资料来源：《2012 年天津金融白皮书》。

图 5－2　2012 年天津市债权性直接融资发展情况

第二，市场收益率整体攀升。2012 年，天津市银行间债券市场成员现券买入收益率为 5.543 4%，现券卖出收益率为 5.3727%，同比分别提高 0.9561 个和 0.8259 个百分点。从交易券种看，政策性金融债、企业债和中期票据仍是现券市场的主要交易券种，市场占比达 80.5%。

第三，结算代理业务呈下降态势。天津市具有结算代理资格的金融机构仅有天津银行一家。近年来，受部分客户转为乙类自营账户或重组改革等因素的影响，该行债券结算代理业务规模出现下降，年末还有 46 家机构与该行建立了债券结算代理关系，全年完成代理结算量 36.47 亿元，同比减少 258.40 亿元。

（三）2012 年保险市场发展

2012 年，天津市保险市场继续保持良好发展势头，保险保障覆盖面不断扩大，服务社会和经济的作用持续加强，较好地发挥了经济补偿和社会风险管理的功能。

表 5－2　　2012 年天津市保险业基本情况表

项目	数量
总部设在辖内的保险公司数（家）	5
其中：财产险经营主体（家）	2
人身险经营主体（家）	3
保险公司分支机构（家）	53
其中：财产险公司分支机构（家）	24
人身险公司分支机构（家）	29
保费收入（中外资，亿元）	238.2

续表

项目	数量
其中：财产险保费收入（中外资，亿元）	90.8
人身险保费收入（中外资，亿元）	147.4
各类赔款给付（中外资，亿元）	81.0
保险密度（元/人）	1 685.3
保险深度（%）	1.8

资料来源：天津保监局。

第一，经营主体稳步增加。2012 年，华夏人寿总公司迁入天津，紫金财险、泰康养老先后设立分支机构。截至年末，天津市保险市场共有总、分公司 53 家，专业中介机构 95 家，兼业代理机构 3 000 余家，基本形成了种类齐全、布局合理的保险市场体系。截至年末，天津市保险公司总资产为 880.72 亿元，比年初增长 19.6%。其中，财产险公司资产总额为 58.37 亿元，比年初增长 13.4%；人身险公司资产总额 822.35 亿元，比年初增长 20.0%。

第二，保费收入稳步增长。2012 年，天津市保险业共实现保费收入 238.16 亿元，同比增长 12.5%。其中，财产保险业务实现保费收入 90.79 亿元，同比增长 20.9%；人身保险业务实现保费 147.37 亿元，同比增长 7.9%。人身保险中，寿险业务实现保费收入 126.98 亿元，同比增长 7.1%；健康险和意外险分别实现保费收入 14.81 亿元和 5.58 亿元，增幅分别为 15.4% 和 7.7%。人身险市场对银行代理渠道的依赖程度逐步降低，全年银行代理渠道实现保费收入 41 亿元，占保费收入的比例为 28.2%，同比下降 2.8 个百分点。财产险业务结构小幅调整，全年车险业务占财产险保费收入的比例为 71.5%，同比下降 3.4 个百分点；特殊风险保险、工程保险和保证保险比例同比分别上升 1.2 个、1.2 个和 0.6 个百分点。

第三，赔付给付支出持续增加。2012 年，天津市保险业赔付支出 81.02 亿元，同比增长 22.4%。其中，财产险赔付支出 44.74 亿元，同比增长 26.0%；人身险赔付支出 36.28 亿元，同比增长 18.3%。人身险赔付支出中的满期给付为 18.53 亿元，与上年基本持平。

第四，保险保障覆盖面扩大。2012 年天津市保险业新增承保保单 696.06 万件，同比增长 34.6%；新增保险金额 46 556.89 亿元，同比增长 9.0%。其中，财产险公司新增保险金额 37 744.65 亿元，同比增长 8.3%；人身险公司新增保险金额 8 812.24 亿元，同比增长 12.2%。全年累计赔付 81 亿元，同比增长 22.4%，保险业保障功能凸显。

（四）2012 年货币市场发展

2012 年，天津市货币市场交易额显著提升，达到 49.963 亿元，继续保持了市场活跃。

第一，同业拆借交易总体平稳。全市银行间同业拆借市场共完成信用拆借 2 134 笔，累计拆借金额 9 421.5 亿元，与上年基本持平。其中，拆入金额为 6 205.4 亿元，同比下降 22%；拆出金额为 3 216.1 亿元，是上年的 1.9 倍；净融入资金 2 989.3 亿元，同比下降 52.5%。交易期限以短期为主，隔夜和七天拆借作为同业拆借市场的主要交易品种，占全部拆借成交金额的 88.3%，与上年基本持平。

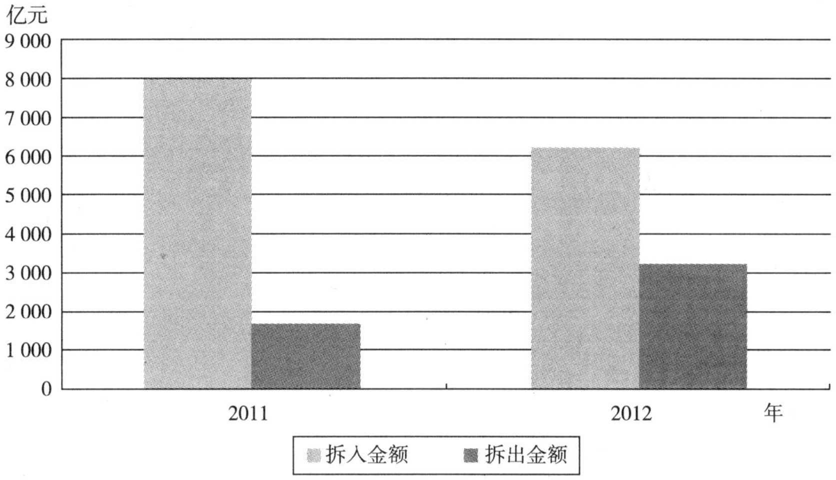

资料来源：《2012 年天津金融白皮书》。

图 5－3　2012 年天津市银行业同业拆借情况

第二，债券回购交易继续增长。全市债券市场累计成交额达到 40 541. 1 亿元，同比增长 14. 1%。其中，质押式回购累计成交额为 40 407. 7 亿元，同比增长 14%，占全部债券回购交易的 99. 7%。买断式回购在整体债券回购交易中占比较小，但累计成交额已达到 133. 4 亿元，是上年的 1. 6 倍。在质押式回购交易中，期限在 7 天以内的投资品种是主要交易对象，全年交易金额达到 38 453. 8 亿元，占全部质押式回购交易量的 94. 9%。

表 5－3　　2012 年天津市债券回购交易情况　　单位：亿元,%

	累计成交额	占比
质押式回购	40 407. 7	99. 7
买断式回购	133. 4	0. 3
合计	40 541. 1	100

资料来源：《2012 年天津金融白皮书》。

第三，市场利率有所回落。受市场融资供求变化的影响，2012 年全年天津市银行间市场同业拆借利率总体上呈逐渐回落的态势。同业拆借拆入加权平均利率为 3. 1289%，同比下降 0. 2585 个百分点；同业拆借拆出加权平均利率为 2. 7616%，同比下降 0. 6943 个百分点。

第四，市场集中度依然较高。2012 年末，天津市同业拆借市场共有成员机构 18 家，主要有天津城市信用社、天津农村信用合作社、天津农商银行、天津滨海农村商业银行、天津银行、渤海银行、天津渤海集团财务有限责任公司、天津港财务有限公司、天津信托有限责任公司、渤海国际信托有限公司等机构。从资金拆解量分布看，依然集中于天津银行和渤海银行两家规模较大的法人金融机构。2012 全年，两家机构合计拆借资金 7 945 亿元，占全市拆借总量的 84. 3%。天津农商银行和滨海农商银行也以资深同业拆借成员的身份，在银行间同业拆借市场中交易活跃。

（五）2012年证券期货发展

截至2012年底，天津市证券公司总资产116.2亿元，同比增长8%，托管市值609.6亿元，2012年实现净利润1.9亿元，同比增长近6倍。全市共有法人证券公司1家，证券分公司2家，证券营业部105家，证券投资咨询公司2家，资信评级公司1家；期货公司6家，期货营业部21家，基金管理公司1家。法人证券公司不断扩大业务范围，先后取得融资融券、债券质押式回购试点和约定购回业务资格。积极参与新三板和中小企业私募债试点，研究参与区域性股权交易市场，做好多层次市场建设。全市开展融资融券业务的证券营业部有85家，累计开户6 377户，收入4 998.37万元，为期货公司提供中间介绍业务的营业部有43家，累计开户1 193户。截至2012年末，天津市期货公司总体运营平稳，全年代理交易量2 455.9万手，代理交易额2.4万亿元，手续费收入9 679.7万元，同比分别增长22.4%、5.8%和12.3%。累计设立期货交割仓库26家，继续保持国内前列。

表5－4　　2012年天津市证券业基本情况表　　单位：家，亿元

项目	数量
总部设在辖内的证券公司户	1
总部设在辖内的基金公司数	1
总部设在辖内的期货公司数	6
年末国内上市公司数	38
当年国内股票（A股）筹资	37.4
当年发行H股筹资	0.0
当年国内债券筹资	612.5
其中：短期融资券筹资额	131.0
中期票据筹资额	144.5

资料来源：天津证监局、中国人民银行天津分行。

（六）2012年基金市场发展

截至2012年底，在天津市17家商业银行托管的股权投资基金共328家，注册（认缴）资本1 462.5亿元，实收（实缴）资本964.2亿元，已投资金额909.2亿元，托管账户余额48.3亿元（见表5－5）。截至2012年底，天津市共有60家基金企业和管理机构在国家发展改革委备案，备案家数和资金规模均位居全国前列；160家基金企业和管理机构在天津市股权基金备案办公室备案。

表5－5　　2012年天津市银行托管的股权投资基金发展情况　　单位：家，亿元

家数	328
注册（认缴）资本	1 462.5
实收（实缴）资本	964.2
已投资金额	909.2
托管账户余额	48.3

资料来源：《2012年天津金融白皮书》。

（七）2012 年票据市场发展

2012 年，天津市票据市场继续保持快速发展势头。全市金融机构银行承兑汇票余额为 3 835.6亿元，同比增长 37.4%，全年累计发生额为 8 163.1 亿元，同比增长 35%；票据贴现余额为666 亿元，同比增长 64.5%，全年累计发生额为 4 159.8 亿元，同比增长 54.7%。

从利率水平看，市场利率有相对较大的变化幅度。12 月，3—6 个月银行承兑汇票加权平均利率为 5.7%，较 1 月下降了 2.85 个百分点。

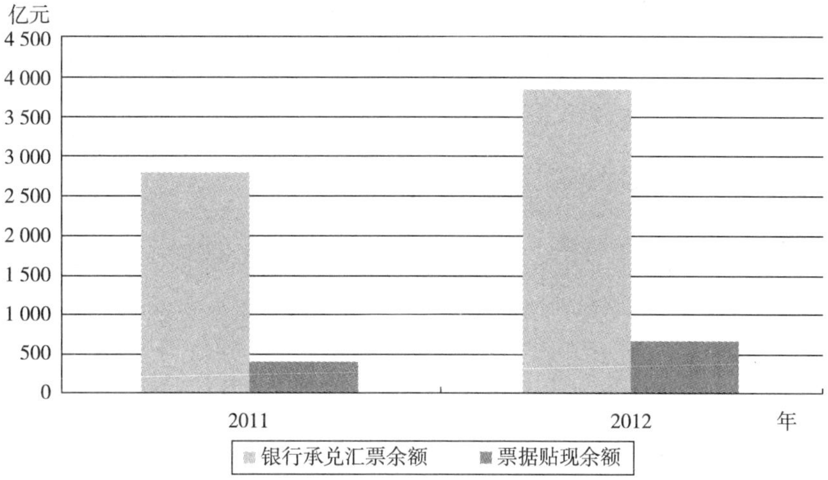

资料来源：《2012 年天津金融白皮书》。

图 5－4　2012 年天津市票据市场交易情况

表 5－6　2012 年天津市金融机构票据贴现和转贴现利率表　单位:%

季度	贴现		转贴现	
	银行承兑汇票	商业承兑汇票	票据买断	票据回购
1	7.35	7.01	6.47	4.72
2	5.39	5.33	5.53	4.56
3	5.39	5.69	5.28	4.50
4	5.71	5.99	5.00	4.79

资料来源：中国人民银行天津分行。

（八）2012 年外汇市场发展

2012 年，天津市结售汇规模持续增长，结售汇逆差有所扩大。全年结售汇总额 854.3 亿美元，同比增长 17.2%，结售汇逆差 119.9 亿美元，同比扩大 71.0%。分项目看，经常项目与资本项目呈现“双逆差”格局。其中，货物贸易逆差 80.7 亿美元，同比扩大 53.6%，资本项目逆差 8.5 亿美元，逆转了上年顺差的局面。

2012 年，天津市银行间外汇市场成交量稳步上升，共成交 4 825 笔，同比增长 9.5%。其中，买入成交 1 990 笔，同比增长 3%，卖出成交 2 835 笔，同比增长 14.6%。全市银行间外汇市场交易总量为85亿美元，同比增长14.9%。其中，人民币外汇即期成交额同比增长8.5%，人民币外汇掉期成交额同比增长3 005.8%，人民币远期市场成交额同比下降31.4%。外币买卖市场交易略有减少，全年成交额同比下降6.5%。

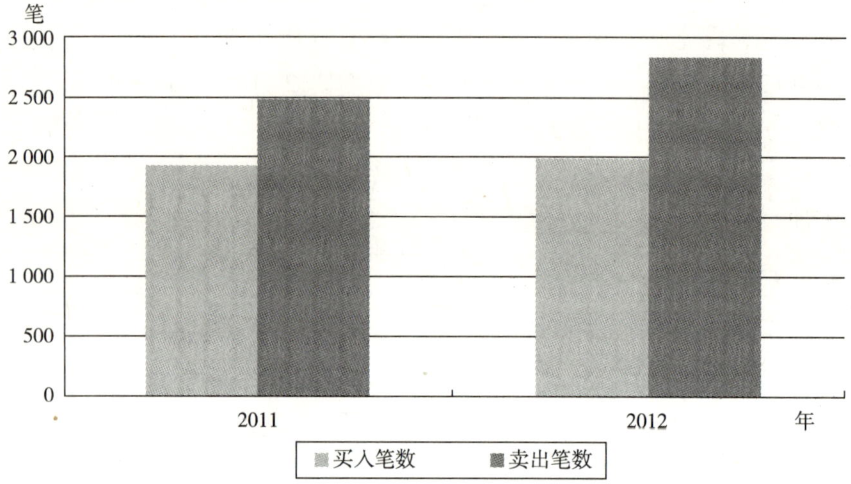

资料来源：《2012年天津金融白皮书》。

图5-5 2012年天津市外汇市场交易情况

三、未来天津金融市场重点发展领域

虽然2012年天津金融市场保持着健康平稳的运行态势，有力地支持着实体经济的发展，同时也在扩大市场规模、优化市场结构、金融创新和制度建设方面有了新的突破，但无异于全国其他的金融市场，天津市金融市场的发展也存在着一些相似的问题。例如金融市场缺乏活力，市场参与主体种类不全，竞争力不强，市场规模与参与度有限；缺乏大型交易平台，市场层次仍不够完善；金融市场的产品与主题多样化发展不足等问题。

因此，在未来的新时期，天津要进一步改善金融发展环境，加快建设具有行业领先水平和国际竞争力的多元化金融机构体系、国内外投资者共同参与具有国际影响力的金融市场体系、与经济发展相适应的金融产品创新体系，健全金融功能，完善金融布局，使金融业由基础产业逐步转化为先导产业。

（一）加快交易市场建设，推动区域资源高效流转

其一是发展现货专业市场。如天津渤海商品交易所、天津贵金属交易所以及于2012年新成立的天津汇港农产品交易市场等现货要素市场要以发展现货贸易和服务实体经济为市场定位，健全交易所市场服务体系，完善运作机制，增加现货交易品种，提高交割比例，扩大交易量，提供现货融资。引进和设立新型要素市场交易结构，建立竞价交易市场体系，形成市场竞价交易价格，满足国内现货贸易需求，积极拓展海外市场，建立中国大宗生产资料的话语权和定价权。强化交易所风险管控机制，推动交易所健康发展。鼓励交易所增资扩股、兼并重组和差异化竞争，做优做强交易所市场主体，扩大交易所业务规模和辐射范围，形成

与期货市场和期货价格相匹配的现货市场和现货价格体系。

其二是发展场外交易市场。加强交易所风险管理，支持交易所加快发展。出台天津市交易所管理办法，实现持续发展和依法运营。支持各交易所增加上市挂牌企业数量、扩大企业融资规模，特别是培育壮大滨海新区上市公司板块，实施“十二五”企业上市规划，完善拟上市企业资源库。引导和鼓励航空航天、石油化工、电子信息、装备制造、金融服务等优势产业在境内外资本市场主板上市融资，支持和培育科技型中小企业、战略性新兴产业在创业板、中小企业板上市融资。完善场外交易市场监管体系和市场服务体系，建设非上市公众公司股份报价转让机制，建立向场内交易市场提供资源的升板机制。

（二）推进各子市场建设，促进市场整体协调发展

第一，大力发展同业拆借市场。充分利用资金拆借网络，进一步扩大市场容量，增加交易主体，加大天津市金融机构对冀、晋、蒙地区的融资辐射功能。所谓“同业拆借”，不仅指各行拆借因同城票据交换出现的头寸多余和不足，以及商业银行向中央银行的再贷款，还包括各金融机构对超额储备之外的暂可用的闲置资金的相互调剂。为充分发挥货币市场的效能，建议天津考虑组建“有形拆借市场”，而不是现在的“融资中心”和国有银行组建的行业性“资金市场”。这个拆借可广泛吸收本市和外埠银行以及非银行金融机构入市，对富余头寸进行灵活调剂。这样就可以最大限度地盘活现有资金存量，使拆借资金周转迟缓的被动局面逐步进入良性循环，最终使银行和企业共同走出资金短缺的困境。

第二，积极发展区域性票据市场。增加市场交易品种，逐步提高票据融资的比重。同时，天津票据清算中心的票据业务种类要进一步扩大，其业务辐射范围要扩大到人民银行天津分行所辖的津、冀、晋、蒙四省（市、区）全境以及北京市。特别是，票据承兑贴现市场的灵活发展，对促进企业进入市场，发展市场经济大有好处。银行承兑票据最能体现市场经济是信用经济的特征，是银行以销定贷的最佳模式。尤其是银行承兑汇票能背书转让，只利用银行信誉，而不是银行信贷资金，就可以了解购销双方之间的债权债务关系，是防止和清理“三角债”的有效手段。企业能否顺利进入贴现市场，也是检验银企双方是否适应市场经济的一个重要标志。因此，建议天津进一步拓展银行票据融资市场，积极创造条件，着力推行“贴现放款”业务，利用票据的发展，为企业提供融资便利。

第三，继续发展外汇市场。创新交易品种，规范交易行为，大幅度增加天津市外汇资金流量。利用我市开放优势和地理区位优势，吸引众多的离岸金融业务在天津交易，从而提高对外开放水平，全面推动离岸金融市场的建设。离岸金融市场的建立和发展是天津金融业国际化道路的必然选择。这不仅可以带动天津经济的发展，还可以加大对天津周边甚至渤海经济圈的辐射效应，从而进一步提高北方的经济发展水平。这也是吸引国外优秀金融人才，提高金融创新水平的有效途径。因此，建议天津一方面加强与其他成熟的离岸金融中心的交流与合作，吸取它们的成功经验，提高金融中心的规范化和国际化水平，提高自身的管理水平，深化经常项目下外汇管理改革，进行资本项目下人民币可兑换试点。另一方面也要加强离岸金融中心业务的监管，完善内部治理结构，提高各金融机构抵御风险的能力；实行内外

资平等待遇，从而吸引更多外资进入；加大对离岸公司投资企业和资本流动的监管力度，尤其特别注意同时在海外上市的公司，避免出现真空监管，防范境外转嫁风险。

（三）建设多层次资本市场，不断丰富市场的功能

第一，大力发展资本市场交易所。充分发挥交易所功能，积极开展产权、股权、物权和知识产权等交易，筹建产权交易集团，如积极支持天津股权交易所、滨海国际股权交易所、矿业权交易所等金融市场的发展。探索开展银行债权及衍生品和企业债转让市场建设办法，建设信托产品、股权投资基金、产业投资基金等报价转让机制，逐步建立与上海、深圳证券交易所市场信息共享与转板机制，研究建立和完善柜台交易市场监管体系和市场服务体系。设立天津滨海柜台交易市场，先期开展信贷资产挂牌交易，积极争取获批成为全国性柜台交易市场。

第二，重点发展排放权交易所。按照国家节能减排要求，建立以市场化手段进行减排激励和排放约束机制，研究定量化、指标化和标准化的交易产品，建立排放权指标初始分配的管理体制，形成我国运用市场机制加强环境保护的示范模式。要探索适合天津经济发展阶段的交易机制，在完善场内排放权交易市场的基础上，还要激活场外交易市场，加快排放权交易工具的创新步伐，设立排放权交易的跟踪监督部门，逐步形成立体化的组织服务体系，逐步完善多层次的排放权交易政策支持体系。

（四）完善现代金融市场布局，促进金融市场发展

滨海新区的发展被列为国家发展规划，天津应充分利用这前所未有的发展契机，逐步建立起区域性乃至全国性的金融市场。

首先，增加交易场所，放松和规范市场管理。目前，我国资本市场的层次还有待丰富，科技板的二板市场发展尚不完善。因此，天津可以利用先行先试的机遇，积极参与三板市场，申请建立四板市场，增加交易平台，完善天津市金融市场层次。由于金融深化是金融市场发展的主要途径，因此，放松和规范市场管理也是发展金融市场的有效手段。建议天津可以考虑申请发行企业债的政策倾斜，放松和规范市场管理，增强金融市场的吸引力等。

其次，成立和改造新的金融机构，增加市场参与主体。针对天津市金融机构总部不多的现状，可根据需求申请改组和成立一批新的金融机构，增加市场参与主体，并引进战略投资者，增强市场竞争力，提高市场活力。例如，对中介机构的培育。从我国及天津市整体情况来看，货币经纪公司等中介机构尤为缺乏，因而需要重点发展。再比如，对现有机构的培育。其中对于短期融资券发行的主承销商资格的申请意义重大，天津市目前除天津市商业银行、渤海银行具备主承销资格外，还应培育新的金融机构的主承销商资格。

最后，增加交易品种，拓展市场的广度和深度。目前，资产证券化、资产收益转付证券、产业基金、信托基金等金融创新正在陆续推出，建议充分利用国务院关于“金融创新项目在天津市先行先试”这一政策，一方面可以为国家的金融创新积累经验，另一方面，可以优先丰富天津市金融市场的产品种类，拓展市场的深度和广度。例如，根据天津的特点，承担基础设施建设的大企业集团，以高速公路、港口、机场等以投资收益为支持，可以发行收益权证券；经济适用房计划利国利民，可以考虑开展经济适用房投资信托基金试点等。

第六章　2012 年天津金融产品发展

金融产品升级创新，是天津建设北方经济中心和支撑天津经济社会发展的金融综合服务体系的本质要求，也是天津作为中国金融创新改革基地成果的体现。2012 年，在天津市政府的领导之下，天津市坚持把完善金融服务体系和完善经济服务相结合，坚持把金融改革与服务经济社会相结合，坚持把金融改革创新与金融风险防范与金融服务功能相结合，在金融产品升级创新方面取得了重大的突破。随着天津金融市场的发展，金融业已经表现出去中介化的趋势。这一方面支持了天津本地经济的繁荣和本地产业的发展，促进资本向天津经济集聚；另一方面，也给投资者提供了多样化投资手段，满足市场的投资需求。

一、2012 年天津金融产品创新状况

（一）2012 年银行产品创新

1. 信贷市场产品发展创新

2012 年天津市信贷投放领域符合政策导向。服务业和制造业等重点领域信贷增加较多。批发和零售业、制造业以及水利环境和公共设施管理业贷款位于行业新增贷款的前 3 名，共新增贷款 1 162. 9 亿元，占全部行业新增贷款的 53. 8%。中小微企业贷款增加较多，全市中小微企业贷款余额达到 7 347. 1 亿元，比年初增加 1 093. 8 亿元，增加额占全部企业贷款增加额的 61. 5%。保障性住房开发贷款稳步增长，比年初增加 92. 4 亿元，增速较房地产贷款平均增速高出 1. 9%。天津市 2012 年信贷产品创新体现在对于科技型企业和小微企业的支持上。

首先，在支持科技型企业方面，天津市银行根据科技型企业的特点，打造特色抵押贷款业务。科技型企业主要资产集中在各类无形资产上，因此企业在使用知识产权进行抵押贷款的时候，由于银行企业间存在信息不对称，虽然银行和企业间都有迫切的合作需求，但难免会出现贷款时间过长、程序过于复杂等一系列问题，降低了企业贷款的积极性。2012 年，在天津市政府的领导下，天津市搭建起“企业——金融机构——区县”的投融资服务平台，形成了“需求征集、对接服务、业务引导、政策引领”的工作模式，各银行积极制定了新的符合科技型企业特点的无形资产质押贷款管理办法，拓宽企业抵质押资产类型。2012 年全年天津市共有 67 家企业申请专利贷款，企业贷款积极性大为提高。截至 2012 年末，天津

市有专利质押贷款需求的企业达到了303家，是2009年43家的7倍，天津市对科技型中小企业的贷款余额已达739亿元，其中专利质押贷款突破了9亿元，同比增长100%。对于成长期科技企业，天津银行等20多家银行与市科委联合推广科技“小巨人”贷款，即通过市、区两级科技项目认证的科技型中小企业，可申请贴息贷款，商业银行在自主审批基础上，可给予为期两年，金额不超过1 000万元的贴息贷款，市财政按当期基准利率予以贴息。

其次，在扶持小微企业方面，天津市针对小微企业的创新型贷款产品种类在2012年迅速增加。天津市农业银行“简式贷”能为中小企业提供程序简便的快速信贷。小企业简式快速信贷业务是指依据客户所提供的有效抵（质）押物价值或保证人的担保能力，直接进行客户授信和办理各类贷款、贸易融资、票据承兑、贴现、保函、信用证等表内外融资业务的信贷产品。主要满足小企业客户生产经营过程中的周转性、季节性、临时性流动资金需要。其产品特点为：（1）融资额度灵活，融资额度可根据小企业的资金需求以及担保情况灵活确定，最高可达3 000万元；（2）担保方式多样，小企业可采用国有土地使用权、房地产、存单、国债、银行票据全额抵（质）押或优质大中型法人客户和担保公司担保；（3）业务流程便捷，该产品采用快捷的符合小企业特点的客户评级方式，评级、授信和用信同时审批，手续简便、放款迅速。大连银行天津分行等多家银行与天津市科委合作推广“免抵押免担保小额信用贷款”。为解决中小企业因为缺乏实物资产进行抵押、质押担保的问题，天津银行推出了面对持有大量应收账款且具有流动资金需求企业开发了应收账款质押贷款。该产品授信期限最长为一年，授信金融是根据企业资信状况、经营状况、发展预期以及用于质押的应收账款票面实有金融综合确定，具有手续简单、方便迅速的特点，能够为缺乏流动性的中小企业迅速补充经营所需要的资金。

表6-1　2012年天津市专利质押贷款区域分布表　单位：家，万元

区县名称	企业数	金额
东丽区	9	20 200
滨海新区	39	46 845
西青区	5	9 000
津南区	2	7 000
静海县	3	1 835
宝坻区	2	1 500
南开区	2	1 500
宁河县	2	1 000
河东区	1	1 000
北辰区	1	300
红桥区	1	200
合计	67	90 380

资料来源：天津市知识产权局，http：//www. tjipo. gov. cn/。

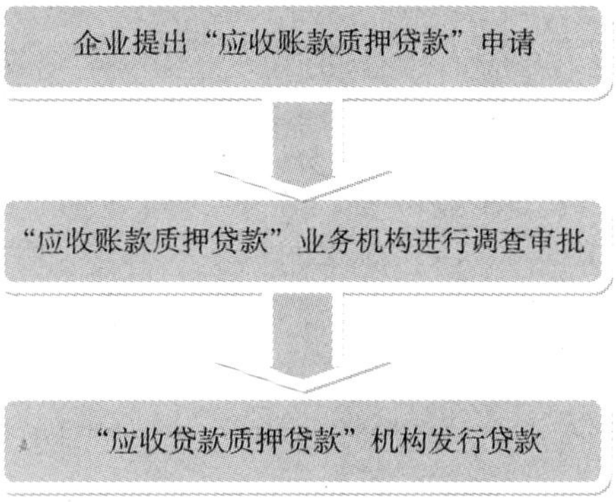

图 6-1 天津银行中小企业应收账款质押贷款业务流程图

2012 年天津市银行业在天津市政府的领导下，围绕着小微企业、科技型中小企业的融资难问题做了大量的工作，开发了专利权质押贷款、小企业简式贷款、免担保抵押小额信用贷款和应收账款质押贷款等一系列专门针对小微企业和科技型中小企业的银行信贷创新工具，引导资金进入实体经济真正需要的领域，为天津市实现产业结构调整升级提供了足够的资金“弹药”。

2. 理财产品发展创新

2012 年，面对国内经济增长放缓，中国人民银行分别于 2012 年 6 月 8 日和 2012 年 7 月 6 日接连下调存贷款基准利率。在储蓄存款利率下降，居民财产性收益降低的背景下，2012 年天津两大本地法人商业银行——天津银行与渤海银行，在津共计发售 195 款理财产品，收益普遍高于相同期限的银行定期存款，为居民提供了更多的投资选择。

表 6-2　　2012 年 7 月 6 日后存款基准利率　　单位:%

期限	存款基准利率
活期存款	0. 35
三个月整存整取	2. 60
半年期整存整取	2. 80
一年期整存整取	3. 00
二年期整存整取	3. 75
三年期整存整取	4. 25
五年期整存整取	4. 75

资料来源：中国人民银行货币政策司，http：//www. pbc. gov. cn/。

2012 年天津银行发行的理财产品分为四档：添富计划、汇富计划、聚富计划和创富计划，每期发售都分为两档，分别是 5 万元至 20 万元和 20 万元以上。在产品期限方面，期限在一个月到半年的共计 33 款，期限在半年以上一年以内的共计 17 款，期限在一年以上的共计 9 款；在收益率方面，平均收益率高于二年期整存整取利率低于三年期整存整取利率的理财产品共有 8 款，平均收益率高于三年期整存整取利率低于五年期整存整取利率的产品共有

37 款，平均收益率高于五年期整存整取利率的共有 22 款。其中收益率最低的是 2012 年 8 月 15 日发行的汇富计划 20 期，其中 5 万元至 20 万元一档的年化收益率为 3.8%，20 万元以上一档的年化收益率为 3.9%；收益率最高的是 2012 年 6 月 5 日发行的创富 6 期，5 万元至 20 万元一档年化收益率为 5.35%，20 万元以上一档的年化收益率为 5.45%。2012 年天津银行在津发售的理财产品见附表 1。

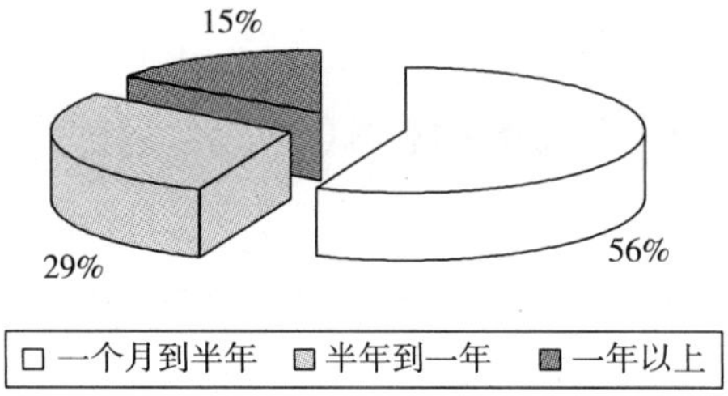

资料来源：天津银行网站，http://www.bank-of-tianjin.com.cn/。

图 6-2 天津银行 2012 年在津发售理财产品期限分布图

2012 年全年渤海银行在天津发售的理财产品共计 136 款。期限方面，2012 年发行产品都是一年以下的短期产品，期限在一个月及以下的产品共计 38 款，期限在一个月到半年的产品共计 93 款，期限在半年到一年的产品共计 5 款；收益率方面，收益率高于一年期整存整取小于二年期整存整取的产品共计 13 款，收益率高于二年期整存整取低于三年期整存整取的共有 49 款，收益率高于三年期整存整取低于五年期整存整取的共有 38 款，收益率高于五年期整存整取的理财产品共有 36 款，其中收益率最高的是 2012 年第 3 期渤盛 3 号理财产品 2012F03，其年化收益率达到 6.8%。渤海银行在津发售理财产品具体情况见附表 2。

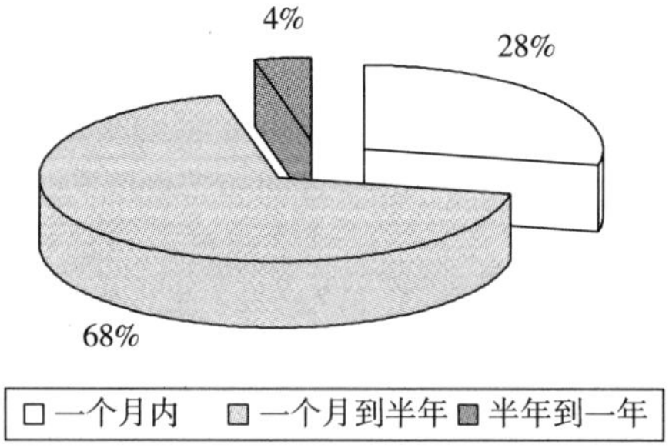

资料来源：新浪网。

图 6-3 渤海银行 2012 年在津发售银行理财产品期限分布图

从总体来看，2012 年天津银行和渤海银行在津发售的理财产品无论是从期限结构上还是在收益率上，都要优于同期的居民定期储蓄存款。天津银行业在理财产品方面的升级创新，为居民投资理财提供了更多的选择。

3. 银行卡产品发展创新

2012 年天津市银行卡推广顺利，银行卡发卡量持续扩大，截至 2012 年末，天津市累计发卡7 625万张，比年初增长13.0%，全年POS机清算金额3 802.78亿元，同比增长23.4%，银行卡持卡消费交易（剔除房地产和大宗商品交易后）占全市社会消费品零售总额的比重达48.9%。与此同时，金融IC卡应用范围拓宽，天津市已开展金融IC卡在公共交通和公用事业缴费行业领域的全面应用，滨海新区公交系统受理环境改造已完成，并逐步向市内各区过渡。

2012年天津推出了有突出特色银行卡升级创新产品。2012年天津市“医达通”、“津通卡”和“社保卡”等银行卡的相关配套受理设施更加完善，银行卡便民利民效果进一步显现。在交通领域，中国工商银行天津市分行、中国银联天津分公司与天津市公安局交通管理局三方共同合作开发的“津通卡——牡丹交通卡”是在天津发行的第一张真正意义上的金融IC卡。“津通卡”在IC卡芯片中植入了交通管理应用区和金融应用区，交通管理应用区用来记录驾驶员信息，金融应用区则是包含现金贷记和现金功能。在医疗服务领域，中国银行天津市分行发行的“中银医达通”开拓了金融IC卡在公共服务领域进行应用的新思路。患者可以使用“医达通”通过中国银行业务系统和医院诊疗系统、社保中心系统的互联，实现网上签约、自助查询、挂号缴费等功能，为天津市民看病就医提供了极大的便利性。在一卡通服务领域，天津市一卡通公司与中国银联天津分公司签订全面战略合作协议，全面开放天津市市政公共服务领域跨行受理PBOC2.0标准金融IC卡。这一举动标志着天津市推出金融IC卡在公共服务领域取得了突破性的进展。

2012年天津市商业银行和交通、医保、社保等社会服务体系合作，推出相关领域的银行卡产品，方便了人民群众生活，同时也为这些领域的社会服务管理提供了获取统计数据方面的便捷。银行卡产品创新效应进一步显现，便民作用得到进一步的发挥。

（二）2012年保险产品创新

1. 创新保障房建投资渠道

天津市政府创新保障性住房融资渠道，指导天津市国土房管局、天津保监局等多个部门通力协作，引入保险资金用于天津市公租房建设。2012年9月，“太平洋——天津公共租赁住房债权投资计划”获得中国保监会审批通过，由太平洋保险集团旗下太平洋资产管理公司作为受托人，国家开发银行作为担保人及独立监督人，太平洋保险集团将募集100亿元保险资金投资于天津市“十二五”期间规划的公租房建设。2012年末首期50亿元的资金已经募集到位。这是截至2012年底全国单笔额度最大的保险资金支持保障性住房建设项目，也是天津市首次引入保险资金用于保障房的建设。

2. 助力中小企业发展

2012年，天津市保险公司根据中小企业特点，为其制定“中小企业综合保险”、“中小企业信用保险E计划”和“小微企业信保易”等便利化、低成本的新型保险产品。2012年，天津市保险公司累计为29家科技型中小企业提供高新技术企业财产险和关键研发设备保险、高新技术企业产品责任保险等风险保障123.43亿元，同时通过保险产品支持科技型中小企业为提供资金高达20亿元人民币。针对创新科技企业方面，天津保监局积极引导天津市保险机构推出高新技术企业财产险、关键研发设备保险、产品责任险、出口信用保险和小额贷款保证保险等，拓宽科技保险业务领域，不断提高保险服务科技型中小企业的能力。

在创新保险融资服务模式方面，针对中小企业“融资难”问题，天津保险机构开展信用保险项下的国内贸易融资，帮助科技型中小企业在得到安全保障的同时，在无担保抵押、不占用银行授信的情况下即可获得融资，缓解了中小企业资金紧张问题。同时天津市保险机构采取专管专营、独立审核的运营机制，在一定额度内，为享受财政专项资金资助的投保企业提供贷款保证支持，帮助其从银行获得融资贷款。

3. 加大渔业保险力度

2012 年 9 月 3 日，天津市财政局和天津市水产局联合印发《关于开展海洋渔业互助保险试行财政补贴的通知》（以下简称《通知》），正式将海洋渔业互助险纳入天津市的财政补贴范围。根据《通知》规定，自 2012 年 9 月 1 日起，天津市海洋渔业互助保险正式享受财政补贴。受补贴保险险种为渔船综合险和渔民人身安全险，保费补贴的比例均为 50%。随着《通知》的发布，天津市海洋渔业政策性保险正式启动，渔业互助保险将纳入财政补贴的范围。截至 2012 年末，已有 2 000 多渔民和 599 多艘渔船入保。

天津市对渔业保险的补贴和海洋渔业政策性保险的推出，将切实提高天津海洋渔业的风险保障水平，对于天津市渔业互保事业和渔业自身的发展都会起到切实有力的推动作用。

（三）2012 年基金产品创新

2012 年天津市唯一一家基金管理公司天弘基金推出了四只基金，其中天弘债券发起式基金是国内首只上报、首只获批、首只发行的债券发起式基金。2012 年全年天弘基金创下了两个“全国第一”。

表 6－3　2012 年天弘基金发行基金　　单位：亿份

名称	种类	成立时间	规模
天弘债券发起式 A	开放式基金	2012. 08. 10	1. 92
天弘债券发起式 B	开放式基金	2012. 08. 10	3. 22
天弘安康养老混合	开放式基金	2012. 11. 28	1. 97
天弘现金管家货币 A	货币型基金	2012. 06. 20	1. 35

资料来源：天弘基金管理有限公司，http：//www. thfund. com. cn/。

天弘债券发起式基金是国内第一只发起式债券基金。发起式基金在国外被称为“种子基金”，指的是基金管理人以及基金公司高管作为基金发起人认购基金的一定数额发起设立的基金。在基金运营方面，天弘基金管理公司运用自身固有资金认购基金份额 1 000 万作为发起资金，且持有期限不低于三年，以提升投资者对于该基金的信心和认同。在投资领域方面，该基金投资于具有良好流动性的金融工具，包括股票、债券、权证等，该基金对债券等固定收益类证券的投资比例不低于基金资产的 80%，持有现金或到期日在一年以内的政府债券的比例不低于基金净资产的 5%，对股票等权益类资产的投资比例不超过基金资产的 20%。在投资管理方面，该基金分为两类，两类份额的费用结构不同，在投资者认购、申购基金时收取认购、申购费用的，称为 A 类基金份额；不收取认购、申购，而是从本类基金资产中计提销售服务费的，称为 B 类基金份额。

天弘安康养老基金是我国第一只公募养老基金。与其他基金追求收益不同，该基金选择五年定期储蓄为比较基准，追求绝对收益。该基金为混合型股票基金，依照养老金注重安全、兼顾适度收益的原则，采取保本投资策略进行投资管理，投资对象是具有良好流动性的金融工具，包括股票、权证、债券等固定收益类金融工具以及中国证监会允许基金投资的其他金融工具。本基金股票投资占基金资产的比例为 0～30%，其中，投资于精选的价值型股票的比例不低于股票投资部分的 80%，权证投资占基金资产净值的比例为 0～3%；债券等固定收益类金融工具投资占基金资产的比例不低于 70%，其中，现金及到期日在一年以内的政府债券不低于基金资产净值的 5%。相较于社会现有的例如养老保险、银行存款等理财产品，该基金还具有灵活便利的特点。作为一款开放式基金产品，持有人可自由进出，流动性不影响收益，不存在诸如断交保费、定期储蓄存款利率变成活期利率的风险。

（四）2012 年证券产品创新

2012 年天津市企业直接融资规模加速扩大，方式进一步拓宽。2012 年天津市企业发行各种债券累计金额 739.4 亿元。其中企业债券 75 亿元，公司债券 20 亿元，境外发债 62.9 亿元，中小企业集合票据 1 亿元，资产支持票据 20 亿元，短期融资券 131 亿元，中期票据 144.5 亿元，非公开定向债务融资工具 225 亿元，金融债券 46 亿元，中小企业私募债接近 4 亿元。

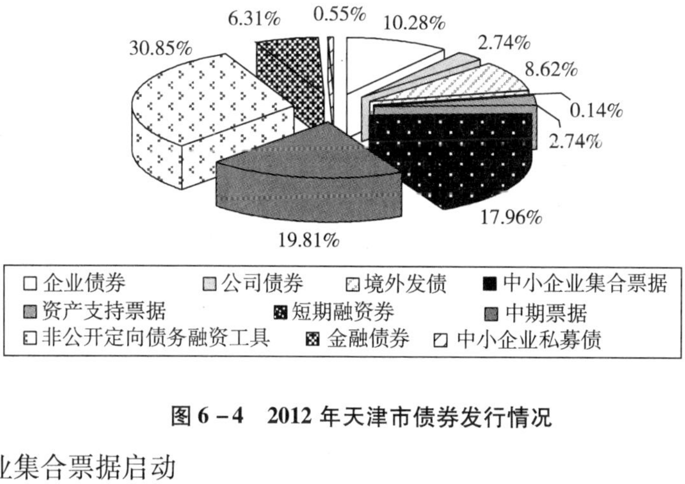

图 6－4　2012 年天津市债券发行情况

1. 中小企业集合票据启动

经过一年多的筹划准备，2012 年 2 月天津市首单中小企业集合票据——“天津滨海高新技术中小企业集合票据”成功发行。中小企业集合票据指的是 2 个（含）以上、10 个（含）以下具有法人资格的企业，在银行间债券市场以统一产品设计、统一券种冠名、统一信用增级、统一发行注册方式共同发行的，约定在一定期限还本付息的债务融资工具。该集合票据集中为 5 家高新技术型中小企业提供 1 亿元的资金支持，证券期限为 3 年，票面利率为 8.68%，每年支付一次利息。本期集合票据的五位联合发行人各自募集金额为：天大天九 3 000 万元，亚安科技 2 000 万元，津荣天宇 2 000 万元，天地伟业 2 000 万元，海泰数码 1 000 万元。

对于中小企业来说，集合票据是一种新的融资途径，也是发行票据的唯一途径。一方面，单一发行票据的企业外部评级至少要在 A 级以上，而中小企业一般无法达到这样的评级；另一方面，发行票据至少要在 5 000 万元以上，但这个面值又不能超过企业净资产的 40%，也就是说企业净资产要达到 1.25 亿元以上。因此对中小企业来说，采取发行集合票据是其得到票据融资的唯一途径。此外，通过多个中小企业打包发行票据，可以有效降低企业融资成本，提高偿还能力和信用水平，提高发行成功率。天津市在中小企业集合票据方面上的创新，将本地中小企业推向公开市场，对于中小企业利用直接债务工具进行融资、规范企业运营与管理、推进企业进一步成长等方面有着积极的助推作用。

2. 保障房融资方式创新

2012 年 8 月天津市房信集团发行第一只资产支持票据，这也是全国第一只保障房类的资产支持产品。资产支持票据是指非金融企业在银行间市场发行的，由基础资产所产生的现金流作为还款支持的，约定在一定期限内还本付息的债务融资工具。资产支持票据以资产的未来盈利能力作为还本付息的依据，实现了资产本身偿付能力和发行主体信用水平的分离。房信集团发行的该资产支持票据共募集资金 20 亿元，由中信证券和中信银行联席承销，所募集资金全部用于天津市的保障房建设。该票据拥有双重还款来源，第一还款来源是基础资产经营产生的现金流，当基础资产产生的现金流不足以支付票据的本息时，房信集团将使用自有资金补足差额部分。

采用资产支持票据作为保障房融资途径是一种新的突破。资产支持票据实质是发行人利用基础资产未来的经营现金流提前折现获取资金，这种融资方式提高了资金的使用效率，充实了发行人的流动资本。应用到保障房建设方面，能够分担地方政府的财政负担，为地方政府建设民生工程提供新的融资渠道。债券市场能够将包括私募基金、机构投资者在内的社会资金和民间资本集中起来，进入铁路、市政、电信、医疗和教育等公共服务领域，为天津的发展增添后劲。对于投资者而言，资产支持票据的出现为投资者提供了更多的选择，尽管资产支持票据还是有着风险不确定的劣势，但是其资金用途相对灵活，仍被市场所看好。

（五）2012 年信托产品创新

2012 年末，天津共有 2 家法人信托公司，即北方信托和天津信托。2012 年北方信托共计发行 33 只集合信托产品，规模共计 34.628 亿元，平均期限为 1.89 年，平均年化收益率为 9.6%。2012 年天津信托共计发行 127 只集合信托产品，规模为 221.9372 亿元，平均期限为 1.37 年，年化收益率为 9.07%。在投资领域方面，北方信托有 4 只集合信托产品，共计 4 亿元人民币投向金融领域，5 只集合信托产品，共计 5.2 亿元人民币投向房地产领域，20 只集合信托产品，共计 22.9280 亿元人民币投向基础产业领域，4 只集合信托产品，共计 2.5 亿元人民币投向工商企业领域。天津信托有 23 只集合信托产品共计 44.9262 亿元人民币投放到金融领域，6 只集合信托产品共计 21.46 亿元人民币投放到房地产领域，34 只集合信托产品共计80.139亿元投放到基础产业领域，60只集合信托产品共计67.312亿元投放到工商企业领域，4只产品共计8.1亿元投放到其他领域。

2012年北方信托和天津信托所发行的理财产品中，从投资领域上来看，投资于基础产业的占到44%，投资工商企业的占到41%，投资房地产的占6%，投资金融市场的占6%，其他占到3%；从收益类型上来看，浮动型收益只占3%，固定型收益占97%；在投资方式上，权益投资占到56%，信托贷款占到35%，股权投资占6%，组合运用占到3%。2012年全国发售的信托产品情况分布见图6－5、图6－6和图6－7。

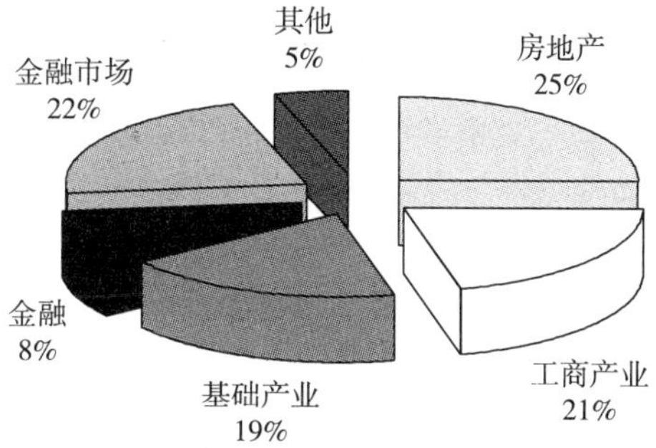

资料来源：用益信托网，http：//www.yanglee.com/。

图6－5 2012年全国发售信托产品投资领域分布

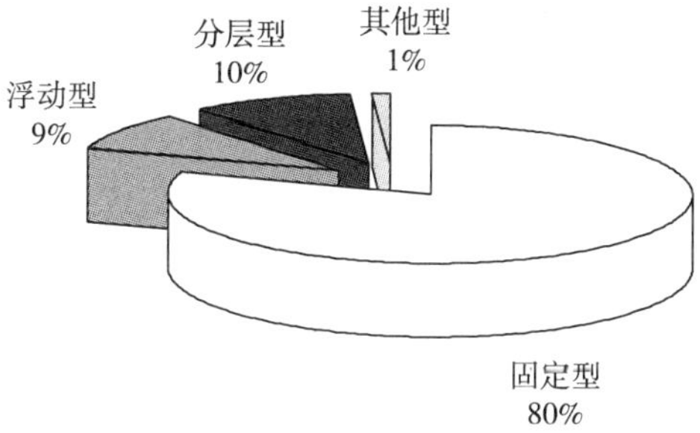

资料来源：用益信托网，http：//www.yanglee.com/。

图6－6 2012年全国发售信托产品收益类型分布

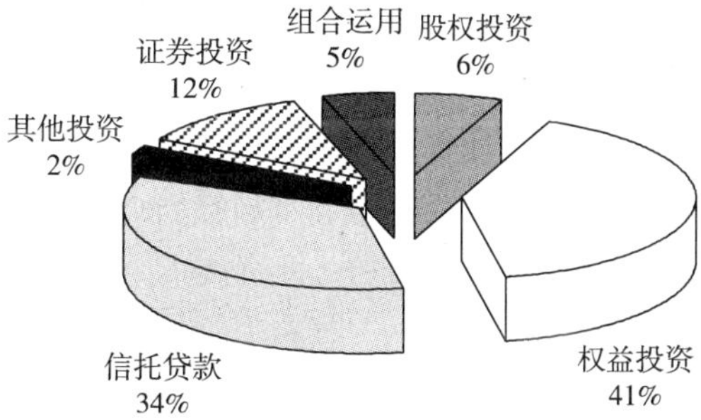

资料来源：用益信托网，http：//www.yanglee.com/。

图6－7 2012年全国发售信托产品投资类型分布

二、天津金融产品创新的改进空间

（一）银行理财产品同质化严重

2012 年国内银行间资金充裕，并分别在 6 月和 7 月接连下调金融机构人民存款基准利率。与此同时，2012 年股票市场低迷，投资股票收益率低。在此背景下，商业银行开始发行大量预期收益高于存款基准利率的理财产品，以此进行高息揽储，通过声明高收益来增加销售量。但是目前在天津市销售的理财产品同质化现象严重，产品大多是投资于股票、期指、贵金属、股指的组合，没有针对客户的需求进行个性化设计，同质化现象比较严重，缺乏能够顺应市场变化调整收益的产品。此外，理财产品的同质化会促进商业银行推出预期收益更高的产品，为追求高预期收益银行会基于对一些风险大、流动性低资产的投资发行理财产品，一旦到期资产不能顺利变现，就会给银行带来严重的流动性风险，不利于银行的正常经营。

（二）信托产品种类单一

与全国平均水平相比，天津信托业投资领域集中，收益类型种类少，投资类型多样化程度低：天津信托业投资领域多集中于工商企业和基础产业，共占 85%，而全国信托业投资于工商企业和基础产业的信托产品只占 40%，天津信托业与全国平均水平相比相对保守，投资领域分散化程度不强；收益类型上，天津信托产品只有固定型和浮动型，且浮动型只有 3%，仅占总体很小的一部分，和全国固定型占 80%、浮动型占 9%、分层性占 10%、其他型占 1% 相比，天津信托产品收益类型过于单一，固定型比例所占过高，不能满足投资者多样化的投资需求；在投资方式上，天津信托业权益投资和信托贷款所占比例过高，二者总和高达 91%，而全国平均水平只有 75%。天津信托业产品单一的现状说明了天津信托业发展和国内同业比较相对滞后。

（三）直接融资占比还有提升空间

2012 年天津市非金融部门融资共计 3 116.2 亿元，其中债券全年发行额为 612.5 亿元，股票融资为 37.4 亿元，直接融资与间接融资的比例约为 1:3.8。尽管在 2001 年以来贷款占天津市非金融部门融资额的比例一直在下降，但是在 2012 年占到全年融资额的 79.1%。说明现在企业外部融资还是依赖于间接融资，直接融资对企业发展的支持力度还有待提高。企业依赖间接融资说明天津市金融市场还处于发展初级阶段，直接融资体系还不够发达。一些处于发展初创阶段、拥有良好发展前景的企业，如科技型中小企业和小微企业，由于其财务绝对规模和相对指标距离市场成熟企业有着较大的差距，往往被银行列为高风险企业而难以获得间接融资；直接融资体系如果不够发达，这些企业就难以获得有效的资本以支撑其后续发展。直接融资占比不高，实际反映了企业直接融资渠道缺乏，社会资金、民间资本难以投入到经济发展真正需要的部门，长久以来会造成经济上的结构性问题。

（四）金融产品以模仿为主

当前在我国，各种金融创新产品在不断地推出之中，但是这些金融产品在创新过程中只注重规模的扩张，不注重效益的积累，以提高自身知名度、抢占市场份额为主要目标，并不是针对客户的需求来开发产品，银行理财产品就是典型代表。2012 年以来天津推出了大量的理财产品，但大多是借鉴国外类似产品或进行同业之间的模仿，吸纳性的创新多，真正具有独创性的产品少，特性不强，金融产品同质化现象突出，不但无法形成自身的核心产品，反而会造成业界的过度竞争。金融机构往往将精力放在低水平的价格竞争，而不是进行服务竞争和产品差异化竞争。另外，产品创新范围虽然比较广，但是大多数还属于科技含量比较低的低层次金融产品，这就使天津金融产品创新的深度和广度还不够。

三、加快天津金融产品创新的路径

（一）进一步推动直接融资产品创新

天津市企业要积极利用票据、债券等债务工具进行融资，普及债权性融资工具的使用，积极参与到银行间市场产品的发行与交易，逐步提升天津企业在银行间市场发行融资产品在全国的比重，为天津企业多渠道融资提供便利。对于科技型中小企业等发行直接债务融资工具成本较高的企业来说，要加强机制创新，继续深入发展集合票据、集合信托等专门针对中小企业开发的直接融资工具，探索新的中小企业融资工具和融资模式，拓宽中小企业融资渠道。对于出口型企业和航运企业，要借助于天津发展离岸金融的奇迹，制定简化的离岸账户审批流程，推进外汇管理的便利化发展，拓宽流入流出渠道，培育企业到香港试点发行人民币债券，积极争取内地企业到香港发行人民币债券的试点资格，积极推动天津企业“走出去”。

（二）积极参与资产证券化试点工作

2013 年 8 月 28 日，国务院召开常务会议，决定在严格控制风险的基础上，进一步扩大信贷资产证券化的试点工作。天津市要把握住这一机会，积极申请证券资产化试点工作，放宽市场准入条件，引入民间资本和社会资金进入经济发展的薄弱领域和重点环节，特别是用于扶持科技型中小企业、小微企业、基础设施建设和“三农”服务领域。对于优质资产的证券化产品，天津市应将其推入到银行间交易市场进行交易，扩大天津资产证券化的影响力。同时天津市要在资产证券化推进的同时注意风险的控制，兼顾试点工作的稳定性，加强对证券化资产的审查工作，排除风险较大的资产，防止系统性风险蔓延，充分发挥金融协调监管的作用，及时消除各类风险隐患。

（三）完善保险产品保障与融资功能

天津市要积极争取国家部门批准金融资产交易所开展保险产品的交易，创新保险产品开发机制，增强保险产品流动性。要鼓励天津市保险机构开发保障保险、责任保险、贷款保证保险等新产品，推动保险产品的创新。在发挥融资功能方面，保险机构要积极开展创新，为科技型中小企业和小微企业量身定制保险产品，继续发展保单质押贷款等创新服务，盘活存量资金，帮助其方便、快捷地获得低成本融资。同时要鼓励保险机构积极探索与科技型中小企业、小微企业的合作模式，及时发现市场需求，开发创新保险产品。对于进出口新企业，保险机构要大力发展进出口保险，帮助国内企业解决国外买家信用风险、卖家信用风险、国外银行信用风险和国外政府的主权信用风险，提高天津进出口企业的竞争力。

（四）提升金融企业自主开发创新产品能力

积极的创新意识以及足够的风险管控、识别能力是金融机构进行产品升级创新的支撑。这些能力需要金融机构对宏观经济形势有着深刻认识，对客户的需求、风险承受能力等特性有着准确的把握，对市场需求有着及时的研究判断。天津市的金融机构要加强对宏观经济金融规律和天津市场特性的考察，总结经济运行规律和地区市场特性，结合发达国家金融机构产品升级创新的经验和教训，才能形成一种综合的人才培养、成本利润控制、经营管理运作以及风险管理能力的全方位金融产品升级创新的专业素质。

附表1　　天津银行2012年在津发售理财产品　　单位：天，%

产品名称	起息日	到期日	产品期限	预计年化收益率	
				5万—20万元	20万元及以上
汇富计划1期	2012－01－17	2012.02.21	35	5.10	5.20
汇富5期	2012.03.27	2012.04.28	32	4.75	4.85
聚富3期	2012.04.01	2012.09.28	180	5.30	5.40
汇富6期	2012.04.12	2012.06.29	78	4.95	5.05
汇富7期	2012.04.17	2012.05.21	34	4.75	4.85
聚富4期	2012.04.20	2012.10.15	178	5.30	5.40
汇富8期	2012.04.27	2012.07.30	94	4.95	5.05
聚富5期	2012.05.15	2012.10.30	168	5.10	5.20
创富5期	2012.05.17	2013.04.26	344	5.35	5.45
汇富10期	2012.05.25	2012.08.30	97	4.85	4.95
聚富6期	2012.06.01	2012.11.29	181	5.10	5.20
聚富6期	2012.06.01	2012.11.29	181	5.10	5.20
创富6期	2012.06.05	2013.05.30	359	5.35	5.45
汇富11期	2012.06.08	2012.07.30	52	4.60	4.70
汇富12期	2012.06.13	2012.09.28	107	4.85	4.95
汇富13期	2012.06.19	2012.07.23	34	4.15	4.25
聚富7期	2012.06.22	2012.12.20	181	4.40	4.50
汇富14期	2012.06.27	2012.09.27	92	4.30	4.40
创富7期	2012.07.03	2013.06.26	358	4.60	4.70
聚富8期	2012.07.06	2012.12.25	172	4.40	4.50
创富8期	2012.07.17	2013.07.17	365	4.60	4.70
聚富9期	2012.07.20	2013.01.22	186	4.40	4.50
汇富计划18期	2012.08.07	2012.09.24	48	3.80	3.90
创富计划12期	2012.08.09	2013.10.29	446	4.45	4.55

续表

产品名称	起息日	到期日	产品期限	预计年化收益率	
				5 万—20 万元	20 万元及以上
聚富计划 10 期	2012. 08. 10	2013. 01. 24	167	4. 05	4. 15
汇富计划 19 期	2012. 08. 15	2012. 11. 28	105	3. 90	4. 00
创富计划 9 期	2012. 08. 17	2013. 07. 29	346	4. 30	4. 40
汇富计划 20 期	2012. 08. 22	2012. 09. 27	36	3. 80	3. 90
聚富计划 11 期	2012. 08. 24	2013. 02. 26	186	4. 05	4. 15
创富计划 10 期	2012. 08. 28	2013. 08. 28	365	4. 30	4. 40
创富计划 13 期	2012. 09. 04	2014. 02. 26	540	4. 55	4. 65
汇富计划 22 期	2012. 09. 06	2012. 10. 29	53	3. 80	3. 90
汇富计划 23 期	2012. 09. 18	2012. 12. 17	90	3. 90	4. 00
创富计划 14 期	2012. 09. 21	2014. 09. 25	734	4. 75	4. 85
汇富计划 25 期	2012. 10. 17	2012. 11. 28	42	4. 30	4. 40
聚富计划 13 期	2012. 10. 19	2013. 04. 25	188	4. 55	4. 65
创富计划 16 期	2012. 10. 23	2013. 12. 25	428	4. 85	4. 95
汇富计划 26 期	2012. 10. 26	2012. 11. 29	34	4. 30	4. 40
汇富计划 27 期	2012. 10. 30	2013. 01. 28	90	4. 40	4. 50
聚富计划 14 期	2012. 11. 06	2013. 04. 26	171	4. 55	4. 65
创富计划 17 期	2012. 11. 08	2013. 10. 29	355	4. 80	4. 90
汇富计划 28 期	2012. 11. 13	2012. 12. 18	35	4. 30	4. 40
创富计划 18 期	2012. 11. 16	2014. 04. 24	524	4. 95	5. 05
汇富计划 29 期	2012. 11. 21	2013. 02. 25	96	4. 40	4. 50
聚富计划 15 期	2012. 11. 27	2013. 05. 28	182	4. 55	4. 65
创富计划 19 期	2012. 11. 29	2013. 11. 27	363	4. 80	4. 90
汇富计划 30 期	2012. 12. 4	2013. 2. 26	84	4. 40	4. 50
创富计划 20 期	2012. 12. 07	2014. 11. 27	720	5. 15	5. 25
创富计划 21 期	2012. 12. 12	2013. 11. 27	350	4. 90	5. 00
汇富计划 32 期	2012. 12. 12	2013. 01. 24	43	4. 40	4. 50
汇富计划 33 期	2012. 12. 12	2013. 03. 21	99	4. 55	4. 65
汇富计划 31 期——津沪专享	2012. 12. 13	2013. 01. 16	34	4. 60	4. 70
汇富计划 34 期	2012. 12. 19	2013. 01. 28	40	4. 40	4. 50
汇富计划 35 期	2012. 12. 19	2013. 03. 27	98	4. 55	4. 65
聚富计划 17 期	2012. 12. 19	2013. 06. 25	188	4. 70	4. 80
创富计划 22 期	2012. 12. 19	2013. 11. 26	342	4. 90	5. 00
汇富计划 37 期	2012. 12. 26	2013. 03. 26	90	4. 55	4. 65
汇富计划 36 期	2012. 12. 27	2013. 01. 29	33	4. 40	4. 50
聚富计划 18 期	2012. 12. 27	2013. 06. 26	181	4. 70	4. 80

资料来源：作者整理自天津银行网站，http：//www. bank - of - tianjin. com. cn/ 。

附表 2 渤海银行 2012 年在津发售理财产品 单位:%

产品名称	销售日期	期限	预期最高年收益
2012 年第 302 期渤鑫 132 号理财产品 2012B132	2012. 09. 24	1 个月	3. 50
2012 年第 271 期渤鑫 120 号理财产品 2012B120	2012. 09. 03	1 个月	3. 70
2012 年第 281 期渤鑫 121 号理财产品 2012B121	2012. 09. 10	1 个月	3. 70
2012 年第 340 期渤鑫 147 号理财产品 2012B147	2012. 10. 29	1 个月	3. 70
2012 年第 333 期渤鑫 144 号理财产品 2012B144	2012. 10. 25	2 个月	3. 80
2012 年第 263 期渤鑫 117 号理财产品 2012B117	2012. 08. 28	1 个月	3. 90
2012 年第 273 期渤鑫 122 号理财产品 2012B122	2012. 09. 05	3 个月	3. 90
2012 年第 424 期渤鑫 174 号理财产品 2012B174	2012. 12. 20	1 个月	3. 90
2012 年第 265 期渤鑫 119 号理财产品 2012B119	2912. 08. 30	2 个月	4. 00
2012 年第 303 期渤鑫 133 号理财产品 2012B133	2012. 09. 25	4 个月	4. 00
2012 年第 167 期渤鑫 68 号理财产品 2012B68	2012. 06. 25	1 个月	4. 10
2012 年第 258 期渤鑫 112 号理财产品 2012B112	2012. 08. 21	1 个月	4. 10
2012 年第 322 期渤盛 56 号理财产品 2012F56	2012. 10. 18	2 个月	4. 10
2012 年第 327 期渤盈 136 号理财产品 2012S136	2012. 10. 19	3 个月	4. 13
2012 年第 44 期渤鑫 20 号理财产品 2012B20	2012. 02. 16	1 个月	4. 20
2012 年第 44 期渤鑫 20 号理财产品 2012B20	2012. 02. 16	1 个月	4. 20
2012 年第 112 期渤鑫 47 号理财产品 2012B47	2012. 04. 27	1 个月	4. 20
2012 年第 120 期渤鑫 49 号理财产品 2012B49	2012. 05. 08	1 个月	4. 20
2012 年第 120 期渤鑫 49 号理财产品 2012B49	2012. 05. 08	1 个月	4. 20
2012 年第 222 期渤鑫 94 号理财产品 2012B94	2012. 07. 31	1 个月	4. 20
2012 年第 231 期渤鑫 99 号理财产品 2012B99	2012. 08. 06	2 个月	4. 20
2012 年第 251 期渤鑫 111 号理财产品 2012B111	2012. 08. 20	2 个月	4. 20
2012 年第 304 期渤盛 48 号理财产品 2012F48	2012. 10. 08	1 个月	4. 20
2012 年第 314 期渤盛 53 号理财产品 2012F53	2012. 10. 12	1 个月	4. 20
2012 年第 415 期渤鑫 169 号理财产品 2012B169	2012. 12. 11	3 个月	4. 25
2012 年第 72 期渤鑫 33 号理财产品 2012B33	2012. 03. 16	1 个月	4. 30
2012 年第 221 期渤鑫 93 号理财产品 2012B93	2012. 07. 30	2 个月	4. 30
2012 年第 279 期渤鑫 123 号理财产品 2012B123	2012. 09. 07	5 个月	4. 30
2012 年第 144 期渤鑫 56 号理财产品 2012B56	2012. 05. 31	3 个月	4. 40
2012 年第 174 期渤鑫 69 号理财产品 2012B69	2012. 06. 28	3 个月	4. 40
2012 年第 9 期渤盈 1 号理财产品 2012S01	2012. 01. 09	1 个月	4. 50
2012 年第 29 期渤盈 5 号理财产品 2012S05	2012. 02. 07	1 个月	4. 50
2012 年第 39 期渤盈 14 号理财产品 2012S14	2012. 02. 14	1 个月	4. 50
2012 年第 46 期渤盈 15 号理财产品 2012S15	2012. 02. 17	2 个月	4. 50

续表

产品名称	销售日期	期限	预期最高年收益
2012 年第 47 期渤盈 16 号理财产品 2012S16	2012. 02. 21	1 个月	4. 50
2012 年第 52 期渤盈 21 号理财产品 2012S21	2012. 02. 23	1 个月	4. 50
2012 年第 53 期渤盈 17 号理财产品 2012S17	2012. 02. 28	1 个月	4. 50
2012 年第 59 期渤盈 18 号理财产品 2012S18	2012. 03. 01	1 个月	4. 50
2012 年第 60 期渤盈 19 号理财产品 2012S19	2012. 03. 06	1 个月	4. 50
2012 年第 132 期渤鑫 52 号理财产品 2012B52	2012. 05. 17	3 个月	4. 50
2012 年第 130 期渤盈 51 号理财产品 2012S51	2012. 05. 16	1 个月	4. 50
2012 年第 250 期渤鑫 110 号理财产品 2012B110	2012. 08. 20	1 个月	4. 50
2012 年第 23 期渤盛 108 号理财产品 2012F108	2012. 12. 19	3 个月	4. 50
2012 年第 408 期渤鑫 168 号理财产品 2012B168	2012. 12. 07	5 个月	4. 55
2012 年第 425 期渤鑫 175 号理财产品 2012B175	2012. 12. 21	5 个月	4. 55
2012 年第 41 期渤鑫 19 号理财产品 2012B19	2012. 02. 14	2 个月	4. 60
2012 年第 5 期保本型个人人民币理财产品 92 天 BB1210	2012. 02. 23	3 个月	4. 60
2012 年第 119 期渤盈 48 号理财产品 2012S48	2012. 05. 03	3 个月	4. 60
2012 年第 122 期渤盛 50 号理财产品 2012F50	2012. 05. 10	3 个月	4. 60
2012 年第 259 期渤盛 37 号理财产品 2012F37	2012. 08. 22	3 个月	4. 60
2012 年第 337 期渤盛 63 号理财产品 2012F63	2012. 10. 26	4 个月	4. 60
2012 年第 408 期渤鑫 167 号理财产品 2012B167	2012. 12. 05	6 个月	4. 60
2012 年第 410 期渤盛 100 号理财产品 2012F100	2012. 12. 06	4 个月	4. 60
2012 年第 426 期渤盛 109 号理财产品 2012F109	2012. 12. 24	4 个月	4. 60
2012 年第 422 期渤鑫 173 号理财产品 2012B173	2012. 12. 18	6 个月	4. 65
2012 年第 408 期渤鑫 168 号理财产品 2012B168	2012. 12. 07	5 个月	4. 66
2012 年第 55 期渤鑫 24 号理财产品 2012B24	2012. 02. 28	2 个月	4. 70
2012 年第 55 期渤鑫 24 号理财产品 2012B24	2012. 02. 28	2 个月	4. 70
2012 年第 88 期渤鑫 39 号理财产品 2012B39	2012. 04. 10	3 个月	4. 70
2012 年第 93 期渤鑫 41 号理财产品 2012B41	2012. 04. 17	3 个月	4. 70
2012 年第 301 期渤鑫 131 号理财产品 2012B131	2012. 09. 21	7 个月	4. 70
2012 年第 266 期渤盛 40 号理财产品 2012F40	2012. 08. 30	4 个月	4. 80
2012 年第 306 期渤盛 51 号理财产品 2012F51	2012. 10. 09	6 个月	4. 80
2012 年第 203 期渤鑫 83 号理财产品 2012B83	2012. 07. 20	5 个月	4. 90
2012 年第 10 期渤鑫 3 号理财产品 2012B03	2012. 01. 10	1 个月	5. 00
2012 年第 12 期渤盈 2 号理财产品 2012S02	2012. 01. 10	6 个月	5. 00
2012 年第 26 期渤鑫 13 号理财产品 2012B13	2012. 02. 02	1 个月	5
2012 年第 21 期渤盈 3 号理财产品 2012S03	2012. 01. 30	6 个月	5. 00
2012 年第 35 期渤鑫 17 号理财产品 2012B17	2012. 02. 09	1 个月	5. 00
2012 年渤盈 11 号人民币 107 天利率挂钩型保本产品	2012. 02. 15	4 个月	5. 00
2012 年第 48 期渤鑫 22 号理财产品 2012B22	2012. 02. 21	3 个月	5. 00

续表

产品名称	销售日期	期限	预期最高年收益
2012 年第 62 期渤鑫 26 号理财产品 2012B26	2012. 03. 01	3 个月	5. 00
2012 年第 65 期渤鑫 28 号理财产品 2012B28	2012. 03. 08	3 个月	5. 00
2012 年第 73 期渤鑫 34 号理财产品 2012B34	2012. 03. 20	3 个月	5. 00
2012 年第 96 期渤盈 34 号理财产品 2012S34	2012. 04. 13	12 个月	5. 00
2012 年第 100 期渤盈 38 号理财产品 2012S38	2012. 04. 18	12 个月	5. 00
2012 年第 151 期渤盛 33 号理财产品 2012F33	2012. 06. 01	6 个月	5. 00
2012 年第 305 期渤鑫 134 号理财产品 2012B134	2012. 10. 09	5 个月	5. 00
2012 年第 341 期渤盛 68 号理财产品 2012F68	2012. 10. 29	3 个月	5. 00
2012 年第 14 期渤鑫 6 号理财产品 2012B06	2012. 01. 12	2 个月	5. 10
2012 年第 32 期渤鑫 16 号理财产品 2012B16	2012. 02. 07	2 个月	5. 10
2012 年第 49 期渤鑫 23 号理财产品 2012B23	2012. 02. 23	3 个月	5. 10
2012 年第 267 期渤盛 41 号理财产品 2012F41	2012. 08. 30	6 个月	5. 10
2012 年第 427 期渤盛 112 号理财产品 2012F112	2012. 12. 24	6 个月	5. 10
2012 年第 64 期渤鑫 27 号理财产品 2012B27	2012. 03. 06	4 个月	5. 20
2012 年第 198 期渤盈 83 号理财产品 2012S83	2012. 07. 18	12 个月	5. 20
2012 年第 10 期渤鑫 4 号理财产品 2012B04	2012. 01. 10	3 个月	5. 30
2012 年第 36 期渤鑫 18 号理财产品 2012B18	2012. 02. 09	3 个月	5. 30
2012 年第 45 期渤鑫 21 号理财产品 2012B21	2012. 02. 16	3 个月	5. 30
2012 年第 123 期渤盛 30 号理财产品 2012F30	2012. 05. 11	6 个月	5. 30
2012 年第 140 期渤盛 32 号理财产品 2012F32	2012. 05. 25	5 个月	5. 35
2012 年第 30 期渤盈 6 号理财产品 2012S06	2012. 02. 08	4 个月	5. 50
2012 年第 43 期渤盈 11 号理财产品 2012S11	2012. 02. 15	4 个月	5. 50
2012 年第 115 期渤盛 28 号理财产品 2012F28	2012. 04. 27	6 个月	5. 50
2012 年第 114 期渤盛 27 号理财产品 2012F27	2012. 04. 27	6 个月	5. 50
2012 年第 113 期渤盛 26 号理财产品 2012F26	2012. 04. 27	6 个月	5. 50
2012 年第 71 期渤盛 18 号理财产品 2012F18	2012. 03. 16	5 个月	5. 60
2012 年第 76 期渤盈 25 号理财产品 2012S25	2012. 03. 21	12 个月	5. 60
2012 年第 86 期渤盛 21 号理财产品 2012F21	2012. 04. 06	3 个月	5. 60
2012 年第 133 期渤盛 31 号理财产品 2012F31	2012. 05. 17	5 个月	5. 60
2012 年第 66 期渤鑫 29 号理财产品 2012B29	2012. 03. 13	6 个月	5. 70
2012 年第 42 期渤盈 10 号理财产品 2012S10	2012. 02. 15	6 个月	5. 90
2012 年第 50 期渤盛 13 号理财产品 2012F13	2012. 02. 24	5 个月	6. 00
2012 年第 56 期渤鑫 15 号理财产品 2012B15	2012. 02. 28	5 个月	6. 00
2012 年第 33 期渤盛 10 号理财产品 2012F10	2012. 02. 08	5 个月	6. 50
2012 年第 34 期渤盛 11 号理财产品 2012F11	2012. 02. 09	5 个月	6. 50
2012 年第 13 期渤盛 6 号理财产品 2012F06	2012. 01. 11	6 个月	6. 60
2012 年第 3 期渤盛 3 号理财产品 2012F03	2012. 01. 04	6 个月	6. 80

资料来源：新浪网。

附表 3　　2012 年天津信托、北方信托发行信托产品不完全统计表

发行机构	产品名称	产品期限	发售日期	投资领域	收益类型	投资方式
天津信托	基础设施（国泰桥建设项目）集合资金信托计划	18 个月	2012.01.16	基础产业	固定型	权益投资
天津信托	基础设施（滨海旅游区地源热泵系统工程）集合资金信托计划	18 个月	2012.01.19	基础产业	固定型	权益投资
天津信托	基础设施（滨海旅游区绿化工程）集合资金信托计划	18 个月	2012.01.29	基础产业	固定型	权益投资
天津信托	工商企业（俊安实业流动资金贷款）集合资金信托计划	24 个月	2012.02.02	工商企业	固定型	信托贷款
天津信托	基础设施（海河东路建设项目）集合资金信托计划	18 个月	2012.03.12	基础产业	固定型	权益投资
天津信托	工商企业（渤海国资特定资产收益权——资产并购）集合资金信托计划	12 个月	2012.03.23	其他	固定型	权益投资
天津信托	工商企业（源泰科贸流动资金贷款）集合资金信托计划	18 个月	2012.03.26	工商企业	固定型	信托贷款
天津信托	矿产能源（鼎丰能源特定资产收益权）集合资金信托计划	24 个月	2012.04.09	工商企业	固定型	权益投资
天津信托	特定资产（庞大乐业租赁特定租赁资产收益权事务管理类）1 号集合资金信托计划	12 个月	2012.04.25	工商企业	固定型	权益投资
天津信托	稳健收益（暖流 4 号）集合资金信托计划	12 个月	2012.05.04	金融市场	固定型	组合运用
天津信托	工商企业（海航基础产业有限公司股权投资）集合资金信托计划	24 个月	2012.05.10	房地产	固定型	股权投资
天津信托	基础产业（滨海高新区文创 1－1 号）集合资金信托计划	24 个月	2012.05.23	工商企业	固定型	信托贷款
天津信托	工商企业（俊安煤焦公司流动资金贷款）集合资金信托计划	24 个月	2012.05.25	工商企业	固定型	信托贷款
天津信托	教育产业（高校后勤社会化投资收益权）集合资金信托计划	36 个月	2012.06.15	工商企业	固定型	权益投资
天津信托	工商企业（奥凯航空流动资金贷款项目）集合资金信托计划	24 个月	2012.06.18	工商企业	固定型	信托贷款
北方信托	桥北新区主干路项目贷款集合信托计划	21 到 23 个月	2012.06.22	基础产业	固定型	信托贷款
天津信托	基础设施（团泊大道 BT 项目投资收益权转让）集合资金信托计划	24 个月	2012.07.09	基础产业	固定型	权益投资
北方信托	关于发放宁河县桥北新区北环路一期项目贷款集合信托计划	22 到 24 个月	2012.07.18	基础产业	浮动型	信托贷款
天津信托	基础建设（京津科技谷拓展区一期康园道等项目）集合资金信托计划	24 个月	2012.07.26	基础产业	固定型	权益投资

续表

发行机构	产品名称	产品期限	发售日期	投资领域	收益类型	投资方式
天津信托	基础设施（开发区现代产业园排水设施等建设项目）集合资金信托计划	24 个月	2012. 07. 27	基础产业	固定型	权益投资
天津信托	工商企业（天津休波顿公司贷款）集合资金信托计划	12 个月	2012. 08. 01	工商企业	固定型	信托贷款
天津信托	基础设施（武清区立交道路工程项目）集合资金信托计划	24 个月	2012. 09. 05	基础产业	固定型	权益投资
天津信托	基础设施（天津京滨工业园道路桥梁建设项目）集合资金信托计划	24 个月	2012. 09. 14	基础产业	固定型	权益投资
天津信托	聚富Ⅰ号集合资金信托计划	12 个月	2012. 09. 18	金融市场	固定型	权益投资
天津信托	工商企业（大通投资应收款转让—回购）集合资金信托计划	30 个月	2012. 09. 19	工商企业	固定型	权益投资
天津信托	工商企业（发展总公司承建基础配套工程）集合资金信托计划	18 个月	2012. 10. 29	基础产业	固定型	权益投资
天津信托	工商企业（万达百货应收款受让）系列集合资金信托计划	24 个月	2012. 11. 01	房地产	固定型	权益投资
北方信托	天津市房信建材科技有限公司流动资金贷款集合资金信托计划	18 到 24 个月	2012. 11. 23	工商企业	固定型	信托贷款
天津信托	工商企业（聚仁富邦石油燃料油采购贷款项目）集合资金信托计划	24 个月	2012. 12. 05	工商企业	固定型	信托贷款
天津信托	基础设施（团泊大道联络线建设项目）集合资金信托计划	24 个月	2012. 12. 10	基础产业	固定型	权益投资
天津信托	基础设施（滨海新区港东新城基础设施建设项目）集合资金信托计划	12 个月	2012. 12. 10	基础产业	固定型	信托贷款
天津信托	工商企业（新华联航股权投资）集合资金信托计划	29 个月	2012. 12. 25	工商企业	固定型	股权投资

资料来源：用益信托网，http：//www. yanglee. com/。

第七章　2012年天津金融改革创新

迈入21世纪，特别是最近五年来，天津按照国务院批准的滨海新区金融创新专项方案，充分利用先行先试政策，认真贯彻落实党中央、国务院战略部署，紧密结合促进经济社会发展，积极深化金融企业、金融业务、金融市场和金融开放等方面的改革创新，在多个领域都取得了重大成果。首先，以传统金融为基础、以现代金融为主干的多元化金融机构体系已经基本建立；其次，创业风险投资基金、股权投资基金、物权投资基金和对冲基金等私募基金服务体系也已经初具规模；同时，在航运金融、科技金融、农村金融、消费金融和商贸金融等产业金融领域都有重大突破；最后，以外汇管理体制改革、跨境贸易人民币结算等为特色的外汇改革创新体系也日趋步入正轨。进入2012年以来，天津继续加快金融改革创新建设，在银行、证券、保险服务及产业金融等多方面领域取得了不俗的成绩。

一、2012年天津金融改革创新总体成就

天津市委、市政府一直高度重视关注天津市金融改革创新工作，把金融改革创新作为天津滨海新区综合配套改革实验的首要任务。2012年，天津市在国家有关部门的支持和指导下，继续深化金融创新改革工作，在金融机构、金融业务、金融市场、金融开放及体制机制改革方面都取得了巨大进展。

（一）多业态金融机构体系日益完善

2012年天津继续加快引进设立各类金融机构，机构体系进一步完善。中国进出口银行天津分行、印度国家银行天津分行、信唐货币经济公司、天保财务公司以及私家兴农贷款公司先后开业；台湾工业银行代表处设立并启动升格准备工作，成为我市首家台资独资金融机构；汽车金融公司筹备工作继续加快推进。同时，新型金融服务机构加快发展，多层级金融服务体系基本形成。截至2012年末，全市共有融资租赁法人机构116家，注册资本金565亿元，合同余额超过3 000亿元，累计完成306架飞机和318艘船舶租赁业务，在全国融资租赁领域继续保持了领先地位。另外，自天津市成为商业保理试点以来，全市已经累计设立商业保理公司50家，注册资本超过17亿元。天津渤海通汇货币兑换有限公司获准成为国内首家全国性特许业务机构。10家创新型交易市场成交总额3.9万亿元，实现净利润5.7亿元。

（二）多层次金融市场推动区域发展

天津金融改革创新“十二五”规划中明确提出要高度重视金融市场发展，充分发挥市场作用，推动区域资源的高效流转。近些年中，天津积极利用国内外资源，调动金融改革发展主体创造性，填补市场结构空白。一方面健全交易所市场服务体系——在全国率先建立了排放权交易市场和股权交易所，设立了渤海商品交易所、铁合金交易所、贵金属交易所、金融资产交易所和矿业权交易所等资本市场；另一方面，增加交易品种——产品种类已经涵盖产权、物权、股权、知识产权和不良金融资产等多项创新交易品种。在现货专业市场、场外交易市场建设方面取得重大发展，多层级的市场体系已经初见端倪。同时有效地提高了市场效率，为我国大宗商品话语权和定价权的研究探索工作提供了有益的借鉴。2012 年，天津市继续发扬主观创新能动性，在直接融资产品拓展、多元化资本交易平台建设以及创新型交易市场发展方面都实现了巨大突破。

（三）产业金融塑造天津金融新优势

以科技金融、农村金融、消费金融、航运金融和商贸金融等为代表的产业金融服务体系一直是天津服务体系创新发展中不可或缺的一部分。多元化的产业金融发展从各个领域提高了天津金融服务行业的整体水平。2012 年，天津市在科技金融、矿业金融、航运金融以及消费金融领域都有不俗的表现。例如，在科技金融方面，成立了天津科技金融服务中心，汇集银行、保险、投资、担保等中介机构，提供一站式金融服务。组建市科技控股集团，提供股权投资、债权融资和中介服务。设立了专门为中小企业提供投资银行业务服务的综合服务平台——天津创投之家，举办多种形式的科技中小企业融资对接，助推科技企业发展。截至 2012 年末，全市经认定的科技型企业已达 3.4 万家，科技小巨人企业 1 700 余家。全市金融支持科技型企业贷款余额为 1 396 亿元，增长 87.9%，高于各项贷款增速 72.4 个百分点，涉及企业 3 169 户，增长 62.4%。另外，消费金融也取得明显成效，捷信消费金融（中国）有限公司开展了小额消费信贷业务，渤海易生商务服务有限公司成为国内首批获得第三方支付牌照的公司，公司收单业务大幅增长。中德住房储蓄银行个人保障性住房贷款投放额占全市的 50%。同时，申请筹建天津长城汽车金融有限公司，探索中国汽车产业专业化融资模式，促进汽车消费金融产业发展。

（四）金融改革创新基地效应渐显现

2012 年，天津市成功举办第六届中国企业国际融资洽谈会，前六届融洽会累计参会基金及企业提供 1 045 亿元的融资需求，达成融资意向近 1.5 万项。民生金融租赁公司完成我国首笔融资租赁出口退税业务，东疆保税港区内注册的租赁 SPV 公司租赁资产超过 50 亿美元，全市注册设立融资租赁法人机构达到 116 家，注册资本金 565 亿元，融资租赁合同余额超过 3 000 亿元。各类创新型资本及要素市场有序发展，天津股权交易所全年新增挂牌企业 118 家，同比增长 91%，累计挂牌企业达到 247 家，市值规模达到 230 亿元，业务范围涵盖全国 26 个省和直辖市。

除此之外，2012年，国家有关部委先后发布多份文件支持我市开展创新试点、基地建设，具体包括外商投资小额贷款公司外汇资本金结售汇试点、东疆保税港区资本金意愿结汇试点、小额贷款公司涉农贷款增量奖励试点、东疆保税港区融资租赁货物出口退税试点、商业保理和中小企业私募债试点。

表7-1　2012年天津市新成立试点基地

试点名称	批准设立时间
外资小额贷款公司外汇资本金结汇改革试点	2012年1月2日
中小企业私募债券试点	2012年6月10日
商业保理试点	2012年6月11日
小额贷款公司涉农贷款增量奖励试点	2012年6月11日
东疆保税港区融资租赁货物出口退税试点	2012年7月26日
东疆保税港区外汇资本金意愿结汇试点	2012年9月24日

二、2012年天津金融改革创新分项成果

2012年中，天津金融业深入贯彻落实科学发展观，全面加快金融改革创新，不断完善金融机构体系、市场体系，加强金融基础设施和金融生态环境建设，为服务经济社会发展发挥了积极作用。在这一年中，无论是金融机构业务的不断拓展创新，还是东疆保税港资本金结汇改革试点、天津国际矿业金融改革示范基地等创新改革试点的批准建立，再到金融市场层次建设的不断丰富完善，这些都见证着天津市金融创新改革发展的卓越成效。

（一）2012年金融机构改革创新

截至2012年末，天津市共有银行、信托公司、财务公司和金融租赁公司76家，证券公司和证券营业部、投资咨询公司和资信评价公司、基金公司、期货公司和期货营业部139家，保险公司和专业中介机构148家。可以说，目前天津市已经基本形成了以银行、证券、保险、信托、基金、期货、财务公司和金融租赁公司为主体的多元化金融机构体系。2012年相关机构对于其组织结构及业务发展等方面的积极探索创新为整个天津市的金融机构体系建设发挥了举足轻重的作用。

1. 银行类金融机构管理创新不断深入

2012年，工商银行天津市分行积极推进落实“四有”内部控制要求，严格按照操作风险变化趋势，细化运行管理专业制度建设，提升岗位履职标准。农业银行天津市分行加强创新工作管理，强化创新激励考核，办理了首笔融资租赁和信托受益权转让业务，创新推出了商贸市场二次清算、首张手机移动支付联名IC卡等产品。中国银行天津市分行确立了加强业务数据预警监控和员工行为监督管理的总体思路，完成了授权交易的集中上收，增强了对基层机构的管控。建设银行天津市分行积极推进机构调整，不断优化辖区内网点结构，年内新开业网点型支行23个，筹建机构7个，并对12个分理处以下的营业机构实施了升格管理。交通银行天津市分行完善了客户咨询投诉反应机制，严格执行首问负责制，建立了客户咨询投诉联络网。村镇银行改制成效初显，开创了“民营化、本土化、股权分散化和专业

化”的村镇银行新模式，实现了村镇银行“接地气、活机制、足后劲”的目标。

2. 证券期货机构创新步伐加快

2012 年，天津市证券期货市场创新发展不断推进，法人基金公司和法人期货公司业务稳步发展，上市公司融资规模不断扩大，股改工作基本完成。

（1）法人证券公司业务范围拓宽。2012 年，渤海证券不断扩大业务范围，逐步进行产品创新，先后取得融资融券、债券质押式回购试点和约定购回业务资格。同时积极参与新三板和中小企业私募债试点，研究参与区域性股权交易市场，做好多层次市场建设。截至 2012 年末，资产总额 116.16 亿元，比年初增加 8.6 亿元；净资本 34.32 亿元，比年初增加 5.02 亿元；自营业务余额 28.08 亿元，比年初减少 9.9 亿元。受投资收益和公允价值变动收益大幅增加的影响，全年公司实现盈利 1.84 亿元，为上年同期的 6.73 倍。

（2）法人基金公司业务稳步发展。截至 2012 年末，天弘基金资产总额 1.93 亿元，比年初增加 0.43 亿元，负债总额 0.84 亿元，比年初增加 0.37 亿元。本年度公司旗下新成立 3 只基金，其中发起式基金和安康养老基金均为行业首只，年末公司管理的基金总数达到 10 只，基金总份额 120.73 亿份，基金净值 99.5 亿元。

2012 年 8 月 11 日，天弘债券型发起式基金正式成立，这是基金业首只发起式基金。募集资金 33.5 亿元，其中，A 类募集 5.8 亿元，B 类募集 27.6 亿元。在募集过程中，天弘基金运用公司固有资金 1 000 万元作为天弘债券型发起式基金的发起资金，并承诺持有 3 年，实现了公司利益与投资者利益的捆绑。

2012 年 10 月 23 日，国内第一只专门定位于养老的基金——天弘安康养老混合型证券投资基金——正式诞生，并于 2012 年 10 月 29 日正式发行。天弘安康养老基金是一只为各类养老资金进行养老理财而专门设计的稳健型长期养老理财基金产品。基于养老资金兼顾安全与适度收益的理财目标，天弘安康养老基金的投资以债券等固定收益类资产为主，并将不高于 30% 的资产进行股票等权益类资产投资，力求在追求安全性的基础上，获取适度的长期稳健收益。

（3）上市公司股改工作基本完成。截至 2012 年末，天津市有境内上市公司 38 家，上市公司总股本 411.47 亿股，总市值 2 802.71 亿元，其中流通市值 2 500.53 亿元。2012 年，天津市有 1 家公司实现首发上市、4 家公司（5 家次）完成再融资和重大资产重组，境内融资额 57.38 亿元，同比增长 78.0%。SST 天海股权分置改革方案获得股东大会审核通过，正式进入实施阶段。天津市上市公司将全部完成股改工作。

3. 保险机构服务创新建设不断加深

2012 年，天津保险机构服务继续平稳发展，保险经营主体稳步增加、保费收入不断提高、保险保障覆盖范围继续扩大。同时，全市保险业积极推进政策性农业保险、医疗责任保险等各领域保险项目的发展建设，为天津经济社会发展和民生建设作出了积极贡献。另外，值得关注的是，2012 年，各家保险机构在服务创新方面也取得了不俗的成绩，整体服务水平有了大幅提升。

（1）“太平洋—天津公共租赁住房债权投资计划”审批通过。太保集团发起设立的“太平洋—天津公共租赁房债权投资计划”于2012年9月经保监会备案正式通过，募集资金100亿元人民币，其中首期募集资金50亿元人民币，投资天津市“十二五”期间规划建设的公租房项目，年末首期50亿元资金已全部到位。

值得一提的是，“太平洋—天津公共租赁房债权投资计划”的发行设立创造了多项行业领先：第一，该项计划为目前募集规模最大的公租房债权投资计划，设计的交易结构安全，实现了经济效益和社会效益的双丰收；第二，国家开发银行首次提供担保的债权计划，也是开发性金融与保险资金首度合作的成果；第三，本次资金募集迅速高效，从9月28日获得备案通知，到10月25日首期划款，仅经历了14个工作日，有效地增加了委托人在今年的投资收益；第四，该债权计划的交易结构较好地满足了保险资金的特性，资产公司经过多轮艰苦谈判，争取到了较高的收益率，为委托人锁定了长期稳定的收益。

（2）开放理赔绿色通道，积极应对大规模暴雨灾害。2012年七八月间，天津连续两次遭遇大规模暴雨袭击。为应对这一紧急灾情，驻津保险公司创新性的开放了理赔绿色通道，调配资源、理顺流程、简化手续、迅速提供高效理赔服务。据不完全统计，全市保险公司接到由暴雨引发的报案1.7万起，估损金额2.1亿元，已结案1.2万件，占报案量的73.3%，支付赔款4 952.1万元。

4. 商业保理试点助推保理业务快速发展

自2006年国务院先后发布和批复同意了《关于推进天津滨海新区开发开放有关问题的意见》和《天津滨海新区综合配套改革试验总体方案》以来，天津市商业保理业务在良好的政策环境和政府各部门的强力推动下，呈现迅猛的发展态势。

天津是我国最早登记注册成立商业保理公司的城市，第一家内资保理公司和外资保理公司，以及第一批国际保理商协会中国会员均出自天津。截至2011年末，天津共有20家保理公司（约占全国保理公司总数的80%），包括鑫银国际保理、天津渤海保理、中安信诚保理等15家中资保理公司；瀛寰东润、国际商业机器保理、嘉融信等5家外商投资保理公司。2011年，天津市商业保理公司逐步拓展市场，实现保理业务余额近200亿元。

2012年，天津市继续大力推进保理业务发展，天津滨海新区于6月得到商务部批准，正式开展商业保理试点。同年10月商务部批准同意天津市在滨海新区开展商业保理试点实施方案。12月17日，市政府办公厅转发了由市商务委、金融办、财政局（地税局）、工商局、国税局、人民银行天津分行、外汇管理局天津市分局和天津银监局共同拟定的《天津市商业保理业试点管理办法》。自天津市成为商业保理试点城市，截至2012年末，注册设立商业保理机构已经超过50家，注册资本超过17亿元。

5. 融资租赁机构服务体系快速发展

作为我国金融改革创新实验基地，天津滨海新区融资租赁业务发展十分快速。尽管在2005年时，滨海新区还只有一家融资租赁公司——津投租赁。但是，经过几年的发展，滨海新区已拥有了包括总部公司、单一项目公司、分公司和办事处在内的近300家融资租赁企

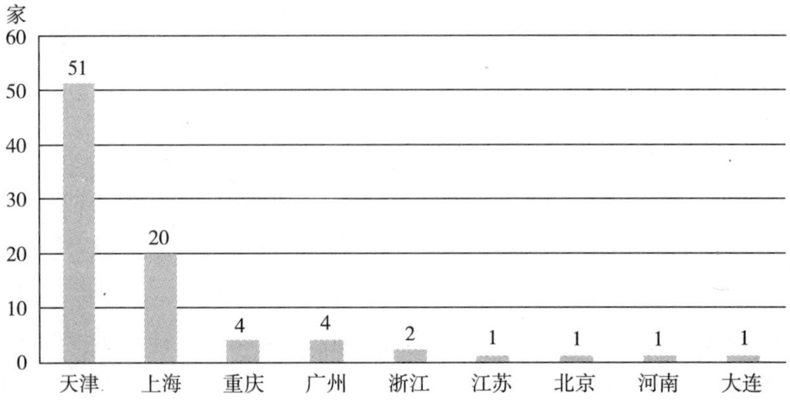

资料来源：《2012 年中国融资租赁业务发展报告》。

图 7-1 2012 年底已注册保理公司按地区分布

业。截至 2012 年底，天津共有融资租赁法人机构 116 家，注册资本金 565 亿元，融资租赁合同余额超过 3 000 亿元，约占全国的四分之一，共完成 306 架飞机和 318 艘船舶租赁业务，飞机和船舶租赁资产超过 900 亿元。

（1）金融租赁公司首次进入我国政府采购计划，面向国外批量订购飞机。2012 年中，天津市单机单船项目公司集聚速度不断加快，截至年末，东疆保税港区共注册单机公司 232 家，单船公司 76 家，共完成 127 架飞机和 36 艘船舶的租赁业务，飞机和船舶租赁资产累计 68.7 亿美元。2011 年和 2012 年工银租赁先后两次与德国签署了 90 架 A320 系列飞机订购协议，是金融租赁公司首次进入我国政府采购计划，直接面向国外飞机制造商批量订购飞机。

（2）融资租赁业出口退税政策落地天津市东疆保税港。2012 年 7 月 26 日，财政部、海关总署、国家税务总局联合下发《关于在天津东疆保税港区试行融资租赁货物出口退税政策的通知》（财税〔2012〕66 号），我国融资租赁业出口退税政策终于在天津市东疆保税港区落地，这是我国融资租赁税收政策历史性突破，融资租赁出口退税的大门也从此打开。随后 2012 年 10 月 22 日，设立在东疆保税港区的民生金融租赁股份有限公司成功实现了融资租赁货物出口退税，退税额度 8 194 万元，这是我国融资租赁货物出口退税的第一单。

一直以来，出口退税一直是我国融资租赁业务出口的最大障碍，融资租赁货物出口不能平等适用出口退税政策，导致我国融资租赁业无法正常开展出口业务，只能局限于国内市场。以船舶出口为例，国内造船企业将船舶出口给国外企业，享受 17% 的出口退税。而租赁公司购买国内造船企业制造的船舶，再将其租赁给国外企业，则无法享受出口退税。这种融资租赁无法享受出口退税政策的问题，严重束缚了我国融资租赁业的健康发展，但是《关于在天津东疆保税港区试行融资租赁货物出口退税政策的通知》的颁布有效弥补了这一缺陷，天津市融资租赁相关配套政策也取得了新的突破。

（3）融资租赁合同登记和司法政策试点取得重要进展。司法政策试点使融资租赁合同登记效力获得认可，融资租赁登记系统得到广泛应用，有效保护了融资租赁公司合法权益。截至2012年末，天津市注册的中征动产融资登记服务公司累计办理融资租赁合同登记7.9万笔，查询3.3万笔。其中，2012年登记32 085笔，查询20 205笔，同比分别增长17%和164%。

表7-2　2012年天津市融资租赁合同登记情况　单位：万笔

项目	2012年新增	累计
办理融资租赁合同登记数	3.2	7.9
查询数	2.0	3.3

资料来源：《2012年天津金融白皮书》。

6. 天津首家货币经济公司——天津信唐货币经济有限责任公司获准建立

天津信唐货币经纪有限责任公司（以下简称天津信唐）是经中国银监会2012年1月17日批准开业的货币经纪公司。该公司是天津市第一家、全国第五家货币经济公司。由中信信托有限责任公司、中央短资有限公司、天津信托有限责任公司共同投资设立的天津首家货币经纪公司，注册资本人民币6 000万元。

表7-3　天津信唐股东构成情况

股东名称	出资额	出资比例
中信信托有限责任公司	2 880万元人民币	48%
日本中央短资有限公司	1 980万元人民币的等额美元	33%
天津信托有限责任公司	1 140万元人民币	19%

天津信唐的主要经营目标为，依托股东中信信托有限责任公司的集团资本、雄厚实力、客户资源；中央短资有限公司专业优势、行业背景、境外网络；天津信托有限责任公司地域优势、行业领先优势，构筑境内外外汇市场、货币市场、债券及衍生品市场信息平台及完善稳定可靠的后台业务处理系统。

表7　4　大津信唐主要业务介绍

业务种类	服务内容	服务对象
利率掉期	为参与利率掉期交易的各类金融机构提供上述产品的报价和交易撮合服务	获得该项业务资格的各大商业银行、证券公司等金融机构
债券市场	为金融市场提供最优秀的债券交易撮合服务，包括寻找符合要求的交易对手、提供具有竞争力的市场价格和结算服务。产品范围包括利率产品及信用产品两大部分。其中，利率产品包括国债、央票、金融债（含政策性金融债）；信用产品包括短期融资券（含超短期融资券）、中期票据、企业债、公司债等市场债券交易品种	商业银行、农村信用联社、证券公司、保险公司、基金公司、信托公司等银行间债券市场活跃的大小金融机构

续表

业务种类	服务内容	服务对象
货币市场	为境内外的银行类金融机构和非银行类金融机构提供优质的撮合服务、即时报价服务、结算服务以及相关市场信息。产品范围包括人民币信用拆借、外币信用拆借以及人民币债券回购业务等	境内中外资银行、中外资非银行类金融机构、境外的中外资银行
外汇市场	人民币对外币、外币对外币的汇兑交易撮合服务。产品范围包括外汇即期交易、外汇远期交易、外汇掉期交易和外汇期权交易等	境内外金融机构

资料来源：天津信唐官方网站。

7. 金融服务外包业务创新发展

天津市金融后台外包服务相对国内其他城市开展较早，具有较为丰富的金融外包服务经验，其业务类别、业务模式和业务规模均处于国内领先地位。总部设在天津的一些银行机构，如渤海银行、天津银行和天津农村合作银行等已率先将大量后台业务外包给专业第三方，积累了丰富的金融后台服务外包经验。在2011年，天津服务外包产业取得了巨大成果，京津金融服务外包园区于当年5月通过《关于同意天津市京津金融服务外包园区开发建设的批复》（津政函〔2011〕15号）审批正式开发建设，当年11月10日，总投资约14亿元人民币的中国光大银行天津后台服务中心也在天津滨海新区正式奠基，成为光大银行在全国建设的首家综合性服务中心。

进入2012年，天津金融服务外包产业继续大力发展，本地服务外包企业积极探索开发服务产业项目，提升自身企业实力。其中，中信外包服务有限公司花费16个月研发的票据密封档案袋定位及信息管理系统于2012年6月正式投入使用。该系统的投入使用使公司整个票据递送业务流程实现了信息化、标准化、规范化、制度化，并大幅提高了公司业务的安全系数，中信天津外包也成了天津市第一家推行高端信息管理定位系统的金融外包服务企业。除此之外，2012年6月13日，中信天津外包服务有限公司成功中标邮政储蓄银行天津分行现金调整服务外包项目，开拓了天津外包公司进行整币清分工作的先河。

（二）2012年金融市场改革创新

1. 银行间市场直接融资服务体系日益完善

近些年来，天津市企业通过银行间债券市场融资发展迅速。2007—2012年，全市企业累计通过银行间债券市场融资1 270.5亿元，融资金额逐年递增，为拓宽企业融资渠道，降低融资成本，发挥了重要作用。

2012年，天津市继续充分把握金融改革先行先试的机遇，进一步加大对金融债券、短期融资券、中期票据等的宣传力度，积极培育市场主体，推广银行间市场的创新产品，融资规模和品种逐步扩大。2012年全年，天津市企业通过银行间债券市场直接融资额达到了531.5亿元，是2011年的2.3倍，融资品种也扩展到企业债券、短期融资券、中期票据、非公开定向债务融资工具、资产支持票据和中小企业集合票据等多个品种，充分满足了不同行业、不同类型企业的资金需求，金融市场资源服务地方实体经济的功能进一步增强。

通过银行间债券市场进行融资的天津企业主要集中在医药、环保、高新技术以及大型基础设施建设等天津近年来集中发展的行业企业。2012 年 2 月，天津市首单中小企业集合票据“天津滨海高新技术中小企业集合票据”成功发行，集中为五家高新技术型的中小企业提供了 1 亿元的资金支持。8 月，天津房地产信托集团成功发行了全国第一单保障房资产支持票据。

2. 多元化资本交易平台——中国企业国际融资洽谈会第六届成功举办

2012 年6 月10 日至12 日，第六届中国企业国际融资洽谈会在天津成功举办，会议共吸引了美国、加拿大、西班牙、日本、德国和中国香港等 30 多个国家和地区，以及国内 30 个省、自治区、直辖市的 8 500 人参会。其中，各类工商科技企业 2 643 家，企业总资产达 1 100亿元，融资总需求 1 080 多亿元；参会各类金融投资机构 1 122 家，管理资产规模达 19 500亿美元；参会律师、会计、资产评估、担保等中介机构 110 家。

第六届融洽会累计开展专项活动 129 个，包括论坛 8 场，路演会、说明会 30 场，推介会 24 场，签约挂牌发布会 14 场，政策发布会或说明会 8 场，投资项目对接会 40 场，交流酒会或报告会 5 场。第六届融洽会设立了资本对接馆、科技企业馆、区域招商及创意产业馆、金融与企业成长馆四大功能区，丰富了融洽会的内容。专门设置投融资服务区，为投资机构和融资企业提供了专业化服务，实现了资本与项目的快速有效对接。投资机构与融资企业快速约会达 1 239 次，意向融资额 236 亿元。

3. 创新型交易市场快速发展

2012 年，天津市认真贯彻落实国务院关于交易所清理整顿文件要求，按照清理整顿各类交易场所部际联席会议精神和全市清理整顿工作安排，积极稳妥地开展交易场所清理整顿工作，按照分类处置原则，对纳入全市清理整顿范围的 35 家交易场所分类进行清理整顿。同时建立长效监管机制，加强对交易场所的监督管理，研究制定《天津市各类交易场所监督管理暂行办法》，对各交易场所设立、运营、交易以及交易产品、交易方式、登记结算、信息发布等进行监督管理。

2012 年，天津市 10 家创新型交易市场总成交额 3. 9 万亿元，实现利润 5. 7 亿元。天津渤海商品交易所、天津贵金属交易所、天津铁合金交易所和天津联合商品交易所 4 家商品类交易所，有螺纹钢、热轧卷板、高线、白银、硅铁等 36 个交易品种，全年成交量 2. 2 亿吨，成交金额 3. 8 万亿元。天津股权交易所为非上市非公众公司提供股权融资和股权转让服务，以“规范、小额、多次、快捷、低成本”的股权私募融资为主要模式，建立规范的场外交易市场。截至 2012 年底，已有 26 个省、自治区和直辖市的 247 家企业挂牌交易，为企业累计实现直接融资 47. 9 亿元，其中 2012 年新增挂牌企业 118 家，实现直接融资 16. 3 亿元。天津金融资产交易所从事金融债权、不良金融资产等金融资产交易，截至 2012 年底，累计成交项目 5 751 宗，成交金额 1 184. 8 亿元，其中 2012 年成交项目 2 031 宗，成交金额

498.4 亿元。

（1）天津股权交易所。天津股权交易所是经天津市政府批准，由天津产权交易中心、天津开创投资有限公司等机构共同发起组建的公司制交易所，2008 年 9 月在天津滨海新区注册营业。天津股权交易所作为“在天津滨海新区设立全国性非上市公众公司股权交易市场创造条件”的重要平台，借助成熟资本市场成长经验，通过组织开展非上市公司股权融资、挂牌交易，探索建立中小企业、科技成长型企业直接融资渠道，促进非上市公司熟悉资本市场规则，完善公司治理结构，提升核心竞争能力，实现健康快速成长；通过建立和完善市场化孵化和筛选机制，源源不断地为主板市场、中小板市场、创业板市场和境外资本市场培育和输送优质成熟上市后备资源；努力建设一个具有投资价值、充满活力又高度自我稳定的、集中统一的非上市公司股权市场，成为中国主板、中小板、创业板市场的必要补充和重要基础支撑。

表 7－5　天津股权交易所融资现状

融资金额	一般每次融资不超过 5 000 万元，而且考虑到企业挂牌后的增发，以及带动的银行授信额度增加和股权质押融资，总融资额仍较为可观；中小企业按需融资，资金使用效率高，有利于市场理性健康发展
融资时间	不存在烦琐的层层审批，通过专业化的服务为企业高效完成股权融资，一般从项目启动到完成融资用时 3 个月左右，努力将企业融资的时间成本降到最低
融资效率	融资方式灵活，已挂牌的企业一年内可以通过天津股权交易所市场实现多次股权融资，融资效率较高
融资成本	天津股权交易所对市场专业中介服务机构的收费进行管理，有效控制企业的融资成本

资料来源：天津股权交易所。

2012 年，天津继续大力支持天津股权交易所建设，3 月 28 日，天津市滨海新区政府正式印发《十二五期间综合配套改革实验规则》，其中在深化金融改革创新方面要求：加强现代金融体系建设，服务和带动经济社会协调发展。完善金融市场体系，支持天津股权交易所等金融市场发展。同年 4 月，天津市政府发布的《关于大力支持小型微型企业发展的若干意见》中提出：从 2012 年 1 月 1 日至 2015 年 12 月 31 日，对在天津股权交易所挂牌交易的本地企业，初始融资额达到 500 万元以上的，市财政给予 50 万元的一次性专项补助。在良好的政策环境下，天津股权交易所平稳发展，全年挂牌企业数量、融资额都有显著提升，截至 2012 年末，所内累计挂牌企业数量达到 247 家，融资额 41.5 亿元。

（2）天津矿业权交易所。2010 年 11 月 17 日，天津矿业权交易所正式揭牌成立。天津矿业权交易所是天津市政府批准设立的公司制交易机构，是国土资源部、天津市人民政府、中国矿业联合会共建的国际矿业市场平台，天津市国土资源和房屋管理局、天津市金融办负责交易所的监管。该交易所的宗旨是为矿业权、非上市矿业企业产权、矿业风险勘查产品和各类矿产品交易等提供公开、公正、公平的市场平台；促进我国矿业企业和矿业要素市场健康发展，提高我国矿产资源配置效率。

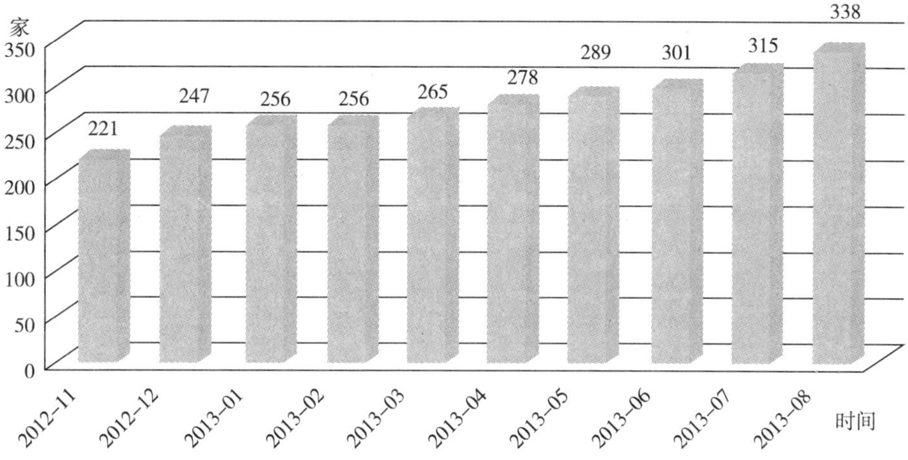

资料来源：天津股权交易所。

图 7－2 天津股权交易所累计挂牌企业数量

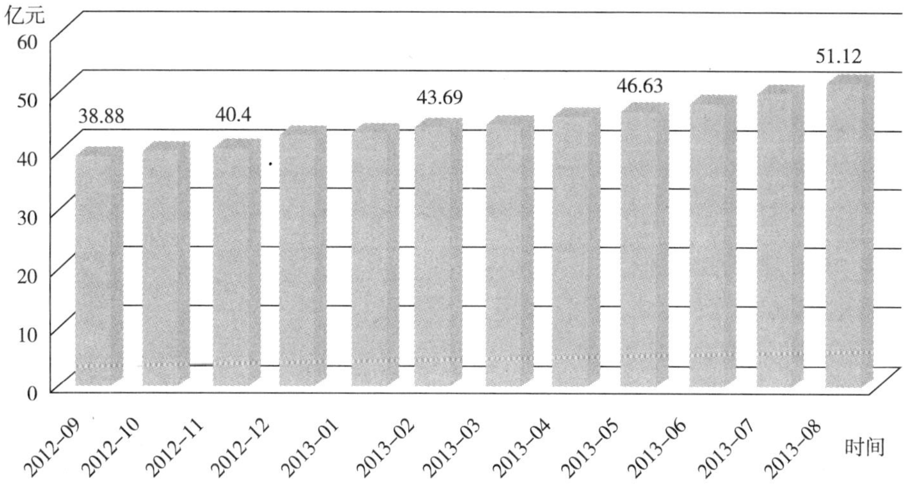

资料来源：天津股权交易所。

图 7－3 天津股权交易所累积股权直接融资额

表 7－6 天津矿业权交易所平台简介

特许市场	交易品种	蒙古等国家授权、推荐或认证的矿业权、矿业公司股权及矿产品
	交易方式	招标、拍卖、挂牌、协议转让等
	交易服务	交易方案设计、项目路演、闭门洽谈、交易鉴证
	市场定位	为境内外矿业权及矿业公司股权转让提供交易服务的专门场所

续表

挂牌市场	交易品种	矿业权转让；矿业公司股权转让
	交易方式	招标、拍卖、挂牌、协议转让等
	交易服务	项目路演、交易鉴证
	市场定位	为境内外矿业项目提供金融解决方案的指定场所
融资市场	融资品种	矿业公司融资；矿业项目融资；矿业基础设施融资
	融资方式	招标、协议
	交易服务	金融方案设计；项目路演；交易鉴证；资产保全；延伸服务
	市场定位	为矿产品提供交易、结算、交割、物流及金融服务的电子交易平台
矿产品市场	交易品种	金属、氧化物、矿石
	交易方式	线上及线下交易
	交易服务	现货挂牌交易：品种宽泛，信息发布灵活 精确交收交易：精确交收、交易效率高、厂标订单 供应链融资：分为仓单质押融资与订单融资两种模式，授信审批快、放款速度快、费用低、门槛低

截至2012年末，通过天津矿业权交易所电子平台，已经有6个国家48家企业的158个矿业项目成功挂牌，其中，国际项目19个，国内项目139个。矿业权项目涉及采矿权、探矿权，矿业公司股权的转让、合作、融资等多个领域。

（3）天津贵金属交易所。天津贵金属交易所是经天津市政府批准，由天津产权交易中心发起设立的公司制交易所。交易所于2008年12月30日在天津滨海新区空港经济区注册，注册资本金为一亿元人民币，由中国中信集团控股，天津产权交易中心、中国黄金集团公司等企业参股。交易所营业范围为“贵金属（含黄金、白银）、有色金属现货批发、零售、延期交收，并为其提供电子平台；前述相关咨询服务及许可的其他业务”。交易所是依据2003年国务院关于取消人民银行对黄金市场的若干审批权限，黄金交易逐步开放的政策，也是按照在天津滨海新区金融先行先试的要求设立的。交易所采用做市商制的交易模式，24小时连续交易与国际黄金市场接轨。交易所的设立是滨海新区金融先行先试的重要创新实践之一，是对我国黄金市场体系的补充，对我国金融市场体系的完善，有利于规范和引导场外黄金交易市场发展，逐步把握我国在国际黄金市场上的话语权和定价权。

交易所于2010年2月开始试运行，2012年2月正式运行。目前交易所上市交易的品种有铂、钯、白银三种贵金属。2010年度总成交金额为1 432亿元，创税1 500余万元；2011年总成交额为16 309亿元，创税约1.6亿元；截至2012年10月，交易所共有签约会员116家，保有客户逾21万户。

2012年2月8日，天津市政府发布了《关于同意天津贵金属交易所有限公司正式运营的批复》，明确天津市金融办对天津贵金属交易所的监管职能。天津贵金属交易所有限公司获批正式运营。目前交易所上市交易的品种有铂、钯、白银、黄金四种贵金属。2012年2月17日，天津贵金属交易所由中信集团控股75%，从此转变成国有控股企业，由天津产权交易中心、中国黄金集团公司等企业参股。

（三）2012 年产业金融创新发展

1. 科技金融：金融支持科技型企业实现快速发展

近年来，天津从发挥财政资金倍增效应、创新产品及服务和基础性机制建设等多方面探索出解决科技型企业融资难题的道路。截至 2012 年末，全市经认定的科技型企业已达 3.4 万家，科技“小巨人”企业 1 700 余家。全市金融支持科技型企业贷款余额为 1 396 亿元，增长 87.9%，高于各项贷款增速 72.4 个百分点，涉及企业 3 169 户，增长 62.4%。具体来说，包括以下几个方面：

（1）充分发挥财政资金带动信贷资金投入的倍增效应。一方面，天津市政府有效发挥了科技型企业创新资金的带动示范效应。自 2009 年开始，天津市开展了科技计划项目与商业贷款结合打包贷款的发放工作。对列入天津市科技型企业创新资金的项目企业，在给予财政资金支持的同时，由企业提出需求，签约的打包贷款合作银行根据企业融资需要，对其发放无须抵押担保的贷款。在这一模式下，平均每个项目可以获得 1 年期 40 万元商业贷款。据监测，截至 2012 年末，通过这种模式共落实了 508 家科技型企业的 2.04 亿元打包贷款和 16.9 亿元商业贷款，贷款不良率始终保持为 0。

另一方面，天津市政府通过改进奖励办法，进一步发挥财政资金的拉动倍增作用。自 2012 年起，天津市政府改进了各类融资机构向小微企业提供融资服务的财政奖励政策。政策规定从 2012 年起 3 年内，各类融资机构向全市小微企业发放的本外币贷款（含票据贴现）由财政按照当年年末余额比上年末增加部分给予奖励。奖励标准较之前实施的小企业贷款奖励标准提高了 1 倍，达到每增加 1 亿元奖励 30 万元。

（2）深化科技型企业金融产品和服务方式创新。第一，根据科技型企业特点，打造特色抵质押贷款业务。科技型企业属性决定了其主要资产集中在各类无形资产上，各有关部门联合制定了符合科技型企业特点的专利权、商标权、股权质押贷款管理办法，拓宽企业抵质押资产类型。截至 2012 年末，贷款余额已达 739 亿元，是 2010 年末的 4.6 倍，当年增长 113.6%，继续保持高速增长，已经成为推动科技型企业融资的重要力量。第二，探索新的银企信息沟通机制，积极化解信息不对称矛盾。将科技计划项目论证与项目融资路演相结合，邀请银行、担保、保险等金融机构参与科技计划项目论证会，使成长期、壮大期的科技企业可以直接面对各类金融机构，提出自己的融资需求，并且直接听取技术专家、管理专家和财务、投资专家对申报项目的评价，改变了以往单一项目评审或是单一项目推介形式。到 2012 年末，通过这种形式共为 18 家路演科技型企业融资 2.3 亿元。

2. 矿业金融：天津矿业金融加快改革发展

天津政府一直致力于推动矿业金融创新工作，2009 年起连续成功举办多届中国国际矿业大会，2010 年组建天津矿业权交易所，2012 年与中国矿业联合会签署合作备忘录，共同推进矿业金融市场建设，并在《天津金融改革创新“十二五”规划》、《天津市第三批金融改革创新重点工作计划》中提出，发展矿业金融规划，推动矿业国际化发展平台和矿业金融服务体系建设。

2012 年 11 月 5 日，国土资源部与天津市人民政府在天津梅江会展中心举行天津国际矿业金融改革示范基地揭牌仪式。该基地的建立标志着以推动矿业金融体制改革，建立矿产风险勘查资本市场为抓手，通过天津矿业权交易所市场化平台，探索建立以资源、资产、资本三位一体的新型矿业体制机制，构建符合市场规律和地质规律的、开放的、监管有效的现代国际矿业金融服务体系和市场建设活动开始全面启动。

揭牌当日，中国冶金地质总局、河南省地勘局、有色金属华东地勘局、江西省地勘局、西北有色地勘局正式签署诚信承诺宣言，成为天津矿业权交易所首批风险融资试点单位。昆仑信托、建信信托、天津信托、北方国际、新华信托、华澳国际 6 家信托机构成为首批矿业权信托融资试点单位。中国银行与天津矿业权交易所签署战略合作协议，为交易所会员提供 100 亿美元综合授信。蒙古国发展协会、蒙古国出口商协会、辽宁省地勘局、湖南省有色地勘局、吉林省有色地勘局、吉林省地勘局及澳大利亚伊尼瓦燃气有限公司分别与交易所签署相关协议。

3. 航运金融发展：加快北方国际航运中心核心功能区建设

自 2007 年开港以来，东疆保税港区一直不断拓展港口功能，积极完善建设。随着港区功能创新的逐渐推进，东疆保税港明确将发展国际航运业中上游产业作为重点突破方向，管委会根据自身发展情况，选取最有可能、较为容易突破的创新点，上报到国家相关部委等待批复。2011 年 5 月 10 日，国务院正式批复《天津北方国际航运中心核心功能区建设方案》（以下简称《方案》），《方案》明确以东疆保税港区为核心载体，推进国际船舶登记制度、国际航运税收、航运金融以及租赁业务四个方面的政策试点。东疆保税港区在国家政策的强有力支持下，在航运税收、金融等国际航运业中上游领域逐渐与国际接轨。以航运税收业务为例，2011 年财政部、国家税务总局批复《天津北方国际航运中心核心功能区营业税政策》，该政策实施一年多来为企业免征营业税 1.6 亿元。东疆税收政策逐渐与国际接轨，不仅减轻了企业的税负，也成了吸引航运物流企业接踵落户的重要筹码。

4. 消费金融：全市消费金融公司不断加大业务创新

自 2009 年 8 月成为全国首批消费金融试点城市以来，天津市积极开展消费金融产业服务建设，全国第一家外资消费金融公司——捷信消费金融有限公司也于 2010 年 12 月正式获批成立。依托良好的发展环境及国家政策的大力扶持，天津消费金融产业相关机构不断拓展民生金融领域，成为天津多元化金融业态的有益补充。这里仅以捷信消费金融公司（以下简称捷信公司）和渤海易生商务服务有限公司（以下简称渤海易生）为例对天津消费金融产业创新发展加以说明。

（1）捷信公司的运行模式创新。捷信公司是由中东欧最大的国际金融投资集团 PPF 集团全资设立的子公司。PPF 集团关注于银行、保险和资本管理等金融服务领域，其全资子公司捷信集团则专门从事消费信贷业务，业务覆盖中东欧、俄罗斯以及远东地区的消费金融市场。截至 2012 年 6 月末，捷信公司总资产为 2.81 亿元，资本充足率为 92%，高于银监会 10% 的最低要求。该公司主要以中低端年轻人作为目标客户群，为其提供针对耐用消费品的店内分期付款业务和现金贷款。该公司信贷业务整体拓展迅速，截至 2012 年 6 月底，累计贷款数量近 10 万笔，日贷款单均量 160 笔。捷信公司自建立以来，不断完善企业服务建设、积极进行产品创新研发，尤其是在营销手段、业务运营模式创新方面更是走在了天津金融机构的前列，并凭借此项优势在 2012 年 11 月由每日新报发起的第三届“新力量”天津经济创新榜评选活动中，获得了“消费体验创新奖”。

首先，在营销模式方面，捷信公司不同于一般消费金融公司的直接营销模式，而是采用了间接营销模式，与零售商合作，将其销售点直接设在零售商网点，客户在店面购买手机或电视等产品时即可享受消费金融服务，消费金融公司和客户间没有任何现金交易，而是把钱直接交给零售商。截至 2012 年 6 月底，捷信公司在天津已经拥有 300 家合作商家，店内分期付款网点超过 500 家。公司合作商户涉及手机、数码产品、电动自行车等多领域行业。

其次，在业务运营模式方面，捷信公司凭借母公司 PPF 集团在国际消费金融领域的先进经验，积极进行服务体系建设创新，大大提升了品牌服务竞争力。具体来说，捷信公司运营方式的独特之处主要体现在三个方面。一是业务运营程序标准化。基于消费金融公司客户数量大，单笔授信额度小等特点，捷信消费金融公司对贷款申请、审批各个环节标准化，将合同审批流程步骤进行细化，每个步骤突出控制点。同时，针对客户群制定统一的考核标准，考核标准不随单一客户变化。二是信贷业务审批集中化。捷信公司将数量庞大、复杂多样的信贷业务打包成业务群，运用先进的 IT 系统在后台服务中心对贷款合同进行集中批量处理。类似流水线的业务模式使捷信公司信贷审批效率较高，凸显其便捷性。三是审批流程高度自动化。传统银行信贷业务主要依靠人力，而捷信公司整个业务运作依靠 IT 系统自动完成，在提高审批效率的同时也节省了运营成本。

（2）渤海易生的预付业务创新。渤海易生是海航旅业旗下专业的第三方支付业务服务公司，是全国第一批获得中华人民共和国支付业务许可证的非金融服务机构。渤海易生主要以互联网支付、预付卡发行与受理为核心业务，专注于为企业和个人客户提供综合性电子支付解决方案，为客户提供规范的定制化支付服务，提升支付的便利性和企业资金的运转效率。在预付卡发行与受理业务方面，易生如意卡为其基础产品，该项业务主要是为企事业单位提供员工福利以及礼品馈赠而发行的多用途预付卡，该卡分为记名卡和不记名卡。通过渤海易生预付卡系统、互联网支付系统及前台 POS 交易系统，实现充值、消费、交易、查询等不同功能。持卡人在遍布全国内的合作商户消费时，可享受专属优惠。截至 2012 年末，渤海易生已与海南航空、大新华运通、苏宁电器、国美电器、大悦城等万余家大型商户建立良好合作关系。

此外，2012 年 10 月，渤海易生继易生如意卡后又与庐山风景名胜区管理局联合发行了新型预付卡产品——庐山如意卡，该卡属于渤海易生预付卡业务的一种新型品种——易生旅游卡。易生旅游卡是海航旅业携旗下旅游、金融、IT 等公司，共同推出的“智慧旅游，诚信旅游”系统化解决方案的核心产品。易生旅游卡将全国旅游目的地的门票、住宿、餐饮、交通、娱乐、购物等多种服务集成在一起，用户持卡可以拥有旅游全程一卡通行的便利、折扣优惠等特定权益，以及旅游消费信用担保等专属服务。

（四）2012 年金融国际化新进展

自 2006 年 9 月国家外汇管理局批准天津进行外汇改革试点工作以来，天津市外汇管理体制改革在多领域取得了新突破。2006 年 9 月初，国家外汇管理局批准七项外汇改革政策在天津滨海新区实施，助推滨海新区综合配套改革迈出坚实的一步。2007 年 3 月，渤海银行获批成为全国第一家实行结售汇综合头寸正负区间管理模式的商业银行。2009 年 12 月天津市中新天津生态城外商投资企业外汇资本金结汇管理改革试点获准建立。2010 年 5 月 1 日，天津正式开展进口付汇核销制度改革试点，同年个人本外币兑换特许业务试点也在天津正式推出。截至 2011 年底已有 2 家特许机构可以开展本外币兑换特许业务，渤海通汇公司成为首家具备在全国范围内经营个人本外币兑换特许业务的机构。另外在跨境人民币业务开展方面，天津市也取得了明显成效，截至 2011 年末，天津市跨境人民币结算业务涉及的地域已经包括中国香港、中国澳门、日本、韩国、马来西亚、新加坡、德国、英国、意大利、比利时、越南、蒙古等 17 个地区和国家，跨境贸易人民币累计结算金额达 531.2 亿元。进入 2012 年，天津市继续深入贯彻国家政策要求，积极推进外汇管理体制改革创新，在资本金意愿结售汇试点范围扩张、外汇业务机构建设等方面都取得了巨大的突破。

1. 外汇市场发展势头良好

2012 年，全市外汇市场人民币兑美元交易价浮动幅度由千分之五扩大至百分之一，是自 2005 年 7 月以来人民币汇率第三次实质性改革。为进一步提高外汇交易系统数字证书的安全性及统一性，外汇交易系统数字证书由 CA 文件证书升级至 USBKEY 证书。启动银行间外汇市场人民币对日元直接交易，改进了人民币兑日元汇率中间价的形成方式。银行间外汇市场人民币外汇远期、外汇掉期、货币掉期业务实行一次性备案管理。经中国人民银行备案同意，由上海黄金交易所核准的市场参与者可通过中国外汇交易中心外汇交易系统以双边询价方式进行黄金交易。2012 年，全市银行外汇市场共成交 4 825 笔，同比增长 9.5%，其中，买入成交 1 990 笔，同比增长 3%，卖出成交 2 835 笔，同比增长 14.6%。2012 年，全市银行间外汇市场交易总量为 85 亿元，同比增长 14.9%。

2. 东疆保税港区纳入资本金结汇改革试点范围

2012 年 9 月 25 日，国家外汇管理局正式下发了《关于将天津东疆保税港区纳入外商投资企业外汇资本金结汇改革试点范围》的批复，东疆成为了全国首个试行资本金意愿结汇政策的保税监管区域。资本金结汇管理是资本项目外汇管理的一项重要内容。从 2004 年到现在，中国一直实行资本金支付结汇管理，资本金支付结汇制是指外商投资企业根据实需原则向外汇指定银行申请外汇资本金结汇。而资本金意愿结汇制则是对资本金支付结汇制进行的外汇管理改革创新，是指外商投资企业资本金验资后，根据意愿随时向结汇银行申请结汇。这样，为企业提供了规避汇率波动风险的政策空间，同时，加强了外汇监管部门对人民币支付的真实性审核和结汇资金的流向监控，使外汇资本金结汇管理既放得开，又能管得住，做到结汇自主，风险可控。这一创新性资本项目外汇管理改革试点政策的下发，标志着天津东疆保税港区金融政策环境得到进一步提升，区域经济将在崭新的航线上快速起航。2012 年末，国家外汇管理局天津分局公布了第一批试点企业目录，共计 91 家外商投资企业成为外汇资本金意愿结售汇试点企业。

3. 渤海通汇货币兑换有限公司业务取得巨大突破

天津渤海通汇货币兑换有限公司（以下简称通汇货币）成立于2009 年12 月，由海航集团投资设立，注册资本 2 亿元人民币。2010 年 2 月，公司正式获得国家外汇管理局天津分局批复的个人本外币兑换特许业务资质，成为国内首批、天津首家由境内资本投资设立的、专门从事个人本外币兑换特许业务及其他外汇综合服务的公司。通汇货币主营业务包括现钞兑换、退税代理、电子旅行支票及速汇业务。2012 年中，通汇货币积极打破固有的业务运营模式，不断进行发展创新，积极寻求合作，在外汇金融业务领域实现重大突破。

第一，通汇货币获取全国首家个人本外币特许业务批复。2012 年 9 月 26 日，国家外汇管理局天津市分局正式下发《天津渤海通汇货币兑换有限公司在全国范围内经营个人本外币兑换特许业务的批复》，天津渤海通汇货币兑换有限公司成为国内首家取得在全国范围内经营兑换特许业务批复的企业。截至2012 年底，通汇货币网点数量达35 家，已实现全国18 个省市分支机构的全覆盖，成为了行业内实力最强、网络最广、发展速度最快的企业。

第二，通汇货币成功打造中行备付金汇划平台。2012 年 10 月通汇货币与中国银行合作开发的中行备付金汇划正式上线，完成了中行备付金汇划平台的全国联网，并依托中国银行成功实现了全国范围内资金的跨省份调剂，极大地提高了海航易生整体资金使用效率。中行备付金汇划平台的成功建立，为通汇货币整体发展提供了坚实的资金安全保障和良好的外部环境。

三、天津金融改革创新发展前景展望

利用国家给予的“先行先试”政策，进行大胆金融创新，是天津滨海新区肩负的重大历史使命，也是天津构筑与其作为我国北方经济中心地位相匹配的现代金融市场体系的重要战略举措。为此，近年来天津进行了一系列金融创新活动，包括私募产业基金、股权交易所等。天津的金融创新在一定程度上促进了本市经济的快速发展，但仍然存在着一些需要重视和思考的问题。

（一）健全完善金融服务体系，深化地方金融机构改革

地方金融机构根植地方、服务地方，在地方经济发展中发挥着重要作用，加快推动地方金融机构改革是繁荣地方经济的重要保证。因此，在未来的发展中，天津要进一步强化对地方金融机构促进地方经济发展、支持地方经济结构调整作用的认识，在政策、资源、信用环境等方面大力支持地方金融发展。加快完善地方金融组织体系，在支持城市商业银行、农村商业银行做大做强的同时，加快发起设立中国金融租赁公司、华安资产管理公司、台湾工业银行天津分行等已批筹的金融机构，积极争取设立村镇银行、汽车金融公司、金融租赁公司、财务公司等新型金融机构。鼓励民间资本参与地方金融机构建设，进一步优化地方金融

机构产权结构，建立健全科学有效的内控体系和风险管理机制，转换经营方式，提高竞争力和创新力。引导地方金融机构转变服务理念，按照中央精神研究服务实体经济的金融措施，围绕地方经济发展、产业结构调整、技术进步、城乡协调发展等重点环节，加大对地方经济的支持和投入，在支持地方经济发展中实现自身发展壮大。

（二）推进保险改革试验区建设，加快保险产品和服务模式创新

一方面要促进天津保险法人机构发展，积极推进渤海财产保险公司、光大永明人寿保险公司、恒安标准人寿保险公司等法人机构完善公司治理，加快全国分支机构布局。另一方面，鼓励产险公司与银行和租赁公司合作，开发航空、海运、物流、新建项目、新建企业以及小微企业保险产品和服务模式，创造新的保险市场空间。鼓励保险公司参与城市交通管理，扩大政策性农业保险覆盖领域和医疗责任保险覆盖范围，研究推行火灾公众责任保险等险种。完善全民意外伤害保险制度、大病医疗统筹制度和大病救助制度，提高保险服务水平。

（三）加快产业金融体系发展，推动产业结构优化升级

加快发展科技金融、农村金融、航运金融、矿业金融、消费金融和商贸金融，支持地区经济转型发展。发展直接融资，推动股权投资基金、物权投资基金和对冲基金体系建设。发展现货直接交易市场，组织生产资料入场交易和物流直达配送。发展场外交易市场，为非上市公司股权报价转让服务。

第一，加快推进科技金融试点工作，设立银行、保险、小额贷款、融资担保、第三方保理和企业信用共同体等科技金融专营机构，搭建科技贷款和科技贷款保证保险平台，支持科技与金融紧密结合。建立初创期财政拨款资助、成长期贷款贴息支持和发展期股权投资扶持的融资发展模式，改进完善科技与金融结合的政策环境。同时，重组整合天津科技发展融资服务控股集团公司和滨海新区科技金融控股集团，拓展担保、债券、股权投资、租赁等融资渠道，搭建科技投融资服务平台，提供全方位、全程化的科技投融资服务。探索建立政府专项资金引领和金融服务机构引导的科技金融服务新模式。

第二，推进区县农村金融试点，构建农村金融服务体系。搞好津南区和蓟县农村金融试点，支持区县、乡镇和村开展农村金融改革创新和农村金融试点，支持示范工业园区、农业产业园区和农村居住社区发展。同时在区县设立村镇银行和农业小额贷款公司，在乡镇设立农贷业务中心，在村设立金融服务站，满足农村地区多种金融需求。支持银行、保险等金融机构在农村设立分支机构，探索总支架构的村镇银行发展模式。支持设立担保公司、小额贷款公司和农村信用合作组织，支持农村经济组织与银行、保险、担保、信托、租赁等金融机构合作。

第三，加快北方国际航运中心核心功能区建设，推进航运金融业务发展。推动东疆保税港区开展国际船舶登记制度试点、国际航运税收政策试点、航运金融试点和租赁业务创新试点，加快建设综合功能完善的北方国际航运中心和国际物流中心。发展航运金融服务体系，提高金融机构服务航运业发展的广度和深度，推动单船公司、单机公司和保税租赁、离岸金

融等业务开展，建立船舶、飞机公司上市和资产证券化模式，搭建全国航运资产租赁和交易平台。

第四，推动消费金融机构发展，加快设立各类新型消费金融机构。推动发展个人住房消费贷款和保障性住房项目等住房融资专业服务。支持消费金融公司规范运作，争取跨区域经营资质。发展持卡定制消费的消费金融模式，形成集约化预付费消费支付清算体系和方便快捷的购卡、充值、退卡服务体系。推动设立汽车金融公司，探索汽车产业专业化融资发展模式。加快发展电子代收付产业，服务居民消费和产业升级。

第五，大力发展矿业金融，完善矿业金融服务体系建设。推动矿业国际化发展平台和矿业金融服务体系建设，逐步建立与国际接轨的矿业资本市场。搞好风险勘查资本市场建设，设立矿业风险勘查基金，培育风险投资企业，促进矿业风险投资市场发展。探索风险勘查企业股权融资交易模式，推动初级矿业勘探公司上市融资。

（四）完善多层次资本市场体系，进一步丰富市场功能

积极支持新建股份制公司和企业股份制改造，切实提升公司治理水平和持续盈利能力。密切关注发行上市政策信息，有针对性地开展政策业务培训，支持符合条件的公司上市。主动对接上海证券交易所和深圳证券交易所，引导上市公司通过增发、配股和发行公司债券等方式拓展再融资渠道，引导小微企业通过中小企业私募债等方式解决融资难问题，引导风险公司和经营困难公司通过并购重组创造发展条件，引导控股股东和实际控制人整合重组有关资源实现整体上市。以天津津联集团和渤海国资公司为基础，建设香港红筹股上市公司与内地A股上市公司联动机制，打造支持企业集团上市发展平台。支持符合条件的企业在全国中小企业股份转让系统和天津股权交易所挂牌，探索加强合作共同建设多层次场外交易市场的路径。

（五）积极推进外汇改革试点，参与金融国际化进程

继续推进货物贸易外汇管理改革，进一步扩大外商投资企业资本金意愿结售汇试点范围，深化外资股权投资基金外汇改革和外商投资小额贷款公司资本金结汇改革试点。积极探索北方航运中心、离岸金融中心外汇管理政策，鼓励离岸金融业务机构开展离岸业务创新，简化流程、提高效率，扩大离岸业务规模，增强离岸金融服务和辐射能力。稳步推进个人本外币兑换特许业务发展，引导特许机构健全内部管理，创新业务品种，积极运用行商模式开展个人本外币兑换特许业务。积极争取扩大融资租赁业短期债指标规模，探索利用外汇储备等方式增加融资租赁公司资金来源。

第八章　2012年天津金融生态优化

金融生态环境是培育金融业发展的土壤，也是影响一个金融中心竞争力的关键因素，对于促进金融业发展，实现金融定位目标，促进金融市场发展具有重要作用。天津市金融业发展“十二五”规划中明确提出，要紧紧围绕建设与北方经济中心相适应的现代金融体系和全国金融改革创新基地的总体目标，充分发挥金融支持经济发展和促进社会和谐的作用，努力实现天津金融业创新发展、协调发展、安全发展，为全国金融改革创新提供借鉴和示范。由于金融业的发展容易受到政策导向和规划的直接影响，因而通过政策导向创造有利的外部条件，营造良好的金融生态环境，显得尤为重要。

一、天津金融生态环境的总体发展

（一）金融生态环境内涵阐释

2004年12月2日，中国人民银行行长周小川在“中国经济50人论坛”上作了题为《完美法律制度，改善金融生态》的演讲。在2005年1月举行的人民银行2005年工作会议上，周小川要求人民银行各分支行将进一步推动地区金融生态环境的改善作为工作重点之一。此后，金融生态环境的概念在我国学术界不时被提起和论及。近年来，随着金融市场的高速发展和创新，金融生态环境对金融业的影响越来越突出。

金融生态是一个非常重要且具有创造力的仿生学概念，它借用生态学的理论，为我们理解金融体系的运行及其同社会环境之间的相互依存、彼此影响的动态关系，提供了新的科学视角。它以比较完整且科学的分析结构告诉世人：金融体系绝非独立地创造金融产品和金融服务的系统，它的运行更广泛地涉及其赖以活动之区域的政治、经济、文化、法治等基本环境要素，还涉及这种环境的构成及其变化，以及它们导致的主体行为异化对整个金融生态系统造成的影响。金融生态是一个比喻，它指的主要不是金融机构的内部运作，而是金融运行的外部环境，也就是金融运行的一些基础条件。具体而言，金融生态就是指微观层面的金融环境，包括法律、社会信用体系、会计与审计准则、中介服务体系、企业改革的进展及银企关系等方面的内容。

（二）天津金融生态环境概况

近年来，天津金融生态环境发展呈现稳步上升态势，尽管其发展速度低于金融市场、金融机构等，但仍以稳健的步伐逐步积累，有序增长，成为维护天津金融业发展的稳定器和土壤环境。金融中介、信用环境、产业支撑、政策支持、法律环境等都在日臻完善，与天津金融生态环境所处的阶段和社会经济环境的特征是相符合的。从总体上看，2012 年天津金融生态环境仍处于上升通道之中，产业支撑、金融中介、信用环境、政府支持和法律环境等领域继续保持稳步增长的态势。具体来看，首先，金融中介机构和金融中介服务人才的数量都有提升。2012 年天津执业律师人数达到 3 644 人，与 2011 年持平，比 2006 年增加 2 677 人；2012 年天津律师事务所达到 395 个，与 2011 年持平，比 2006 年增加 153 个；注册会计师达到 1 765 人，比 2011 年增加 67 人，比 2006 年增加 384 人；会计师事务所达到 88 个，比 2011 年减少 1 个；2012 年专业保险中介机构数达到 95 个，比 2011 年增加 2 个，比 2006 年增加 23 个。其次，2012 年天津社会信用体系建设驶入快车道，2012 年天津信用评级公司 8 家，比 2011 年增加 2 家，发展势头良好。最后，2012 年天津实体经济和产业支撑呈现稳健发展，经济总量不断扩张，经济结构持续优化，经贸往来十分活跃。天津经济总量持续扩张，全市生产总值达到 12 885 亿元，比 2011 年增加 1 568 亿元，在此带动下，人均地区生产总值达到 93 110 元/人，比 2011 年提升 7 897 元/人。2012 年，工业增加值达到 6 123 亿元，比 2011 年增加 742 亿元。2012 年，进出口总额达到 1 228. 5 亿美元，比 2011 年增加 111. 7 亿美元。2012 年，天津经济结构不断优化，服务业增加值占 GDP 比率达到 47%，比 2011 年提升了 0. 8 个百分点，比 2006 年提升了 6. 8 个百分点。高新技术产业产值占规模以上工业产值比重达到 29. 9%。2012 年经贸往来更加活跃，港口货物吞吐量达到 4. 77 亿吨，比 2011 年增加 0. 24 亿吨。外商投资企业注册资本中外商所占部分金额达到 544 亿美元，与 2011 年持平，比 2006 年增加 251 亿美元。总体来说，2012 年天津金融生态发展呈现一个稳步向上发展的态势。

二、2012 年天津金融生态环境的分项发展

2012 年，天津市支付结算系统安全高效运行，支持了天津经济金融稳定增长；信用体系建设稳步推进，社会信用平台网络初步建成；反洗钱协调机制成效显著，在防范和打击洗钱方面发挥了积极作用；跨境人民币业务结算大幅增长。

（一）天津金融法制体系建设逐步完善

国家外汇管理局、国家发展改革委、财政部、海关总署、国家税务总局、中国人民银行、国家商务部等国家有关部委先后发布文件支持我市开展外商投资小额贷款公司外汇资本金结汇改革试点、东疆保税港区资本金意愿结汇试点、小额贷款公司涉农贷款增量奖励试点、东疆保税港区融资租赁货物出口退税试点、商业保理和中小企业私募债等试点，制定出台促进科技金融、支持现代服务业发展、推动企业上市等多项配套扶持政策，为全市金融业发展营造了良好的政策环境。充分发挥金融稳定协调、打击非法集资等六个专项工作机制作用，有效维护了全市金融安全稳定。

2012 年，天津市按照中央和市委、市政府有关部署，市委金融工委、市政府金融办在全

市范围内开展了“打击非法集资专项整治行动”，对私募股权企业进行了全面的风险排查，有效地防范了各行业潜在金融风险。市处置非法集资办公室对各区县打击和处置非法集资综合治理工作进行了考核，提升了全市打击和处置非法集资整体工作水平。各区县定期组织风险排查，积极推进案件处置，认真开展处非宣传教育，利用宣传手册、报刊、电视、网络、广播传媒等多种载体，大力宣传国家有关防范和处置非法集资活动的各项法律法规，引导群众远离非法集资，为我市改革创新发展创造了良好的法治环境。与此同时，天津市政府高度重视金融法制监管工作。以反洗钱工作为例，2012 年，反洗钱协调机制在天津市金融稳定工作中的地位和责任得到进一步确立。市政府办公厅印发《关于严格防范依法处置各类非法金融活动确保安全稳定的意见》，明确了通过加强反洗钱工作维护天津市金融稳定的相关要求。部门间反洗钱合作不断加深。全年与本市侦查、司法部门举办反洗钱司法会商 8 次，与市公安局联合举办了大型社会宣传和金融从业人员培训等活动，与天津证监局共同商定了加强证券期货业金融机构反洗钱工作的措施。反洗钱合作的制度化水平进一步提高。制定了《反洗钱奖励办法》，明确对办理洗钱案件做出贡献的司法部门及其办案人员的奖励措施。天津市还着力开展对金融机构的反洗钱“差别化”监管和法人监管。在“差别化”监管方面，制定了《银行机构洗钱风险控制工作报告模板》和《证券业金融机构反洗钱风险评估办法（试行)》，通过非现场手段分行业指导金融机构开展洗钱风险水平及防控成效评估。在法人监管方面，一是遴选渤海银行成为中国人民银行反洗钱局确认的大额和可疑交易报告综合试点单位，指导其优化可疑交易分析和报告模式；二是组织 27 家法人金融机构开展可疑交易报告工作自查，规范可疑交易报告工作流程；三是推动银行类金融机构应用机构信用代码辅助开展客户身份识别；四是推动特定非金融机构开展反洗钱基础建设。各金融机构着力提升可疑交易报告质量，进一步完善客户洗钱风险等级划分流程，逐步加强对客户实际控制人和交易实际受益人的身份识别，不断丰富核对客户身份证件的技术手段，大力升级改造客户信息留存检索系统，全年共报告有合理理由认为交易或客户与洗钱、恐怖主义活动及其他违法犯罪活动有关的可疑交易 32 件，其中 30 件具有深入调查或直接报案价值。

按照科学审慎、风险可控原则，为搞好金融改革创新，推动金融业全面、持续、健康发展，2012 年天津市出台了《天津市金融改革创新十二五规划》、《天津市第三批金融改革创新重点工作计划》等政策文件，推动金融业在重点突破中实现整体推进。先后出台《天津市商业保理试点管理办法》、《关于促进村镇银行发展的意见》等文件，加强对商业保理公司、村镇银行等机构的依法合规建设。积极争取立法、司法等机构的支持，发挥公证、仲裁、调解等机制以及行业协会、第三方中介机构的作用。与市高级人民法院等单位进行合作，继续推动融资租赁司法政策先行先试，并与市第二中级人民法院等机构开展新型金融服务机构涉法涉诉情况联合调研，为金融改革创新保驾护航。对列入上市企业库的企业开展知识产权保护培训，推动新型金融服务机构签订知识产权保护协议，探索加强金融创新知识产权保护的有效方式。

2012 年，天津市委、市政府深入开展“调结构、惠民生、上水平”活动，结合天津金融改革创新实际，制定实施了一系列政策措施。通过优化金融发展环境，促进金融服务实体经济发展，大力防范金融风险，有效保障了金融改革创新沿着科学审慎、风险可控的路径发展。一年来，我市颁布实施的政策法规具体名目如表 8－1 所示。

表 8－1　　2012 年天津金融政策法规

分类	政策法规名称
金融发展环境建设篇	《天津金融改革创新"十二五"规划》
	《天津市第三批金融改革创新重点工作计划》
	《天津市促进现代服务业发展财税优惠政策》
	《天津市银行业金融消费者权益保护工作管理暂行办法》
支持新金融发展篇	《关于促进村镇银行发展的意见》
	《天津市商业保理业试点管理办法》
	《关于进一步推动我市企业上市工作的意见》
	《关于支持我市企业上市融资加快发展有关政策》
	《天津市促进科技与金融结合加快实施自主创新战略的行动计划》
	《天津市推动科技企业上市的办法》
	《关于落实融资机构向我市小型微型企业提供融资服务财政奖励政策的通知》
金融风险防范篇	《关于进一步推动天津市银行卡产业发展的意见》
	《关于严格防范依法处置各类非法金融活动确保安全稳定的意见》
	《关于进一步规范银行结算账户管理加强异常交易监测分析的通知》

资料来源：天津市金融服务办公室。

（二）天津金融基础设施建设取得卓越成就

天津市在取得了 2011 年金融基础设施建设的诸多成就的基础上，在 2012 年继续加强金融基础环境建设力度，全面加强政府投融资平台整合治理，建立落实资金借用管还机制，全市 144 家政府融资平台当年还本付息 1 334 亿元，未发生贷款拖欠问题。

1. 征信体系建设不断完善

（1）推动社会信用体系建设。天津市在 2003 年至 2012 年这十年间，分别于 2003 年 4 月下发《天津市社会信用体系建设起步阶段工作方案》，2010 年 3 月下发《关于加强社会信用管理建设社会信用体系的规定》，2011 年下发《天津市中小企业信用征信数据库管理办法》等法规政策，这些政策推动建立天津市中小企业信用征信数据库，为中小企业特别是科技型中小企业融资服务，为我市社会信用体系建设夯实基础，并选取《天津市社会法人和自然人信用建设实施条例》进行立法研究。

（2）推动信用信息应用。支持信用服务行业加快发展。天津市选取融资性担保机构作为信用评级对象，并将由有相应资质的信用评级机构出具的评级报告作为融资性担保机构年审提交的要件，培育了信用评级市场需求，促进了信用服务行业发展。截至 2012 年底，全国企业征信系统共收录天津市 21.4 万户企业和其他经济组织的基本信息和信用信息，全国个人征信系统收录天津市930万自然人的基本信息和信用信息。2012年，企业征信系统和个人征信系统日均查询量10 390多次，全市金融机构通过查询企业和个人征信系统拒绝信贷申请3 779笔（不含信用卡），涉及金额155亿元。

（3）推动开展和完善中小企业信用体系试验区建设。在天津滨海高新技术产业开发区开展中小企业信用体系试验区建设工作。通过完善支持中小企业发展的政策环境、构建优质企业筛选推荐机制、搭建银企对接平台、引入外部信用评级，解决信息不对称等多种措施，促进园区企业与银行信贷资金的有效对接，充分发挥企业信息在缓解中小企业融资难方面的作用。中小企业信用体系试验区建设取得明显成效，截至2012年末，123户企业累计获得信贷资金支持26.6亿元，其中信用贷款13.9亿元，支持了信用良好企业尤其是科技型中小企业的融资发展。

（4）推动农村地区主体信用建设。天津市依托天津农村商业银行和天津滨海农村商业银行等涉农金融机构，通过建立农户电子信用档案，开展适合农户特点的信用评价等措施，积极推进农村信用体系建设工作。截至2012年底，已组织涉农金融机构为32万农户建立了信用档案，评定信用户16.9万户，对建档农户累计发放贷款485亿元；印发了《关于推行天津市农村青年信用示范户试点工作的通知》，在全市范围内开展农村青年信用示范户评比、表彰工作，命名表彰10个农村青年信用示范户；组织开展了农村青年征信和相关金融知识讲座，提升农村青年信用意识。

2. 支付体系建设取得新进展

（1）支付系统应用进一步推广。一是滨海新区商业银行变更支票影像系统接入方式，扩大截留业务受理范围。年末办理支票截留提入业务的银行已达20家，日均可使约3 300万元资金提前1至2个工作日到账。二是组织商业银行开发二代支付系统圈存功能，拓展支票圈存业务在业务量大的领域、行业的应用，同时指导商业银行改造POS机具终端设备，节约圈存时间。三是推动集中代收付中心在公共服务领域的推广工作。全年共处理业务13.46万笔，清算资金6.31亿元，在方便缴纳各类费用、有效节约社会资源、提高资金清算效率、降低资金风险方面发挥了积极作用。

（2）农村地区银行卡受理环境建设持续改善。一是推进农村地区助农取款服务，加大政策扶持力度，优惠手续费扣率，提高持卡人取现和商户代办点拓展业务的积极性。二是探索农村地区便民新举措，以蓟县为试点，签订《特约商户代理银行卡自助缴费业务协议书》，采取“三方合作售电”模式，在村服务站、小商店、社区物业等放置移动缴费POS机，实现村民就近持银行卡购电，为农民生产生活提供便利。

（3）银行卡产业发展加速。一是金融IC卡应用范围拓宽，率先开展金融IC卡在公共交通和公用事业缴费行业领域的全面应用，滨海新区公交系统受理环境改造已完成，并逐步向市内各区过渡。二是继续推动天津特色银行卡发行，积极完善“医达通”、“津通卡”和“社保卡”的相关配套设施，银行卡便民利民效果进一步显现。三是银行卡发卡量持续扩大，年末累计发卡7 625万张，比年初增长13.0%；全年POS机清算金额3 802.78亿元，同比增长23.4%；银行卡持卡消费交易（剔除房地产和大宗商品交易后）占全市社会消费品零售总额的比重达48.9%。

（三）进一步加强金融环境舆论建设

2012年，在天津市深化舆论环境建设的前提下，金融对外合作交流取得明显成效，为天津金融环境的进一步优化打下坚实的基础。

1. 成功举办中国企业国际融资洽谈会

2012年6月，天津成功举办了第六届中国企业国际融资洽谈会。此次融资盛会吸引了美国、加拿大等30多个国家和地区，以及国内30个省、自治区、直辖市的8 500人参会。第六届融洽会开展专项活动129个，包括论坛8场，路演会说明会30场，推介会24场，签约挂牌发布会14场，政策发布会或说明会8场，投资项目对接会40场，交流酒会或报告会5场。金融机构与企业快速约会达1 239次，意向融资额达到236亿元。

2. 注重加强信用宣传教育

一是健全信用宣传工作机制。拟定《关于组织开展2012年至2013年社会信用体系建设宣传工作的计划》，明确2012年度天津市信用宣传教育工作的主题、内容及具体活动安排。包括滨海高新区中小企业信用体系试验区、天津子牙循环经济产业区、中小企业信用共同体、食品药品工业企业诚信建设、青年诚信、价格诚信、金融机构信用建设、建筑市场信用体系建设、工程建设项目信息公开、经营者价格诚信十项内容。

二是开展信用知识宣传教育活动。以“倡导诚信兴商，共建和谐社会”为主题，通过下发宣传材料、组织知识竞赛、网络答题、借助短信平台以及平面媒体、电子展示屏、视频等手段，针对全市金融领域、涉外企业、社会民众开展了内容丰富、形式多样的宣传教育活动，积极推进商务领域诚信体系建设。依托“信用记录关爱日”专项活动，借助都市类报纸、互联网平台、广播电视等新闻媒介，通过接受新闻专访、专题约稿、解答读者来信等方式，正面引导公众了解征信及相关金融知识，增强信用意识，维护信用权益；持续推进高校征信宣传教育工作。在全市高校全面推广征信知识选修课、举办高校征信知识选修课教师培训班、举办征信知识竞赛活动等；组织金融机构开展机构信用代码宣传培训工作。开展机构信用代码推广应用培训120余次，培训人数达5 300余人，实现了对所有参与机构信用代码配发工作的金融机构一线网点、柜台培训的全覆盖。

三是加强社会舆论引导。加强社会舆论引导，积极营造“失信惩戒、守信受益”的良好氛围。借助“信用记录关爱日”宣传活动，引导社会公众积极关注信用记录，提高公众诚实守信意识。

（四）营造更为完善的金融服务环境

2012年为贯彻落实市委、市政府“调结构、惠民生、上水平”活动的决策部署，天津市金融系统广泛开展了金融“服务实体经济、服务民计民生”活动，着力为大项目、小巨人、楼宇经济、节能环保、三区联动发展、民计民生项目，提供更加高效快捷优质的金融服务，工作成效明显。

一是加大金融对大项目、好项目的支持。坚持金融服务实体经济的本质要求，全力推进大项目、好项目建设，2012 年全市项目贷款累计新增 1 902 亿元。

二是加大金融服务科技型中小企业的力度。推广创新金融产品、搭建信息沟通平台等多种方式，努力拓展金融服务科技型中小企业的广度和深度。针对初创期和成长期科技型中小企业特点，大力推广专利权、商标权、股权和应收账款抵质押贷款等符合科技型中小企业特点的金融产品，缓解科技型中小企业融资难题。

三是加大金融服务“三农”的力度。加快发展农村金融，加大涉农信贷投放，积极探索支持现代农业发展的新型投融资模式和农业全产业链金融服务模式。天津农村商业银行在缺乏金融服务的乡村建设金融服务站，实现金融服务进村庄。2012 年新设金融服务站 595 家，基本实现了对千人以上村庄的金融服务全覆盖。

四是加大金融服务小微企业的力度。加大对小微企业的信贷支持，积极开展适合小微企业需求的金融产品和信贷模式创新，搭建融资对接平台，多渠道解决小微企业融资难问题。

五是加大金融服务民生的力度。进一步落实金融支持就业、创业、医疗、教育、保障性住房、文化产业等政策，保证资金供给。深入开展“讲文明诚信、树金融新风”活动，荣获“2012 年度天津市精神文明建设优秀项目”。

六是于家堡金融集聚区招商建设步伐加快。截至 2012 年底，起步区开工的 15 栋楼宇中的 8 栋主体竣工，其余按进度推进，道路管网等基础设施同步展开，累计注册企业 502 家，注册资本金约 880 亿元。

表 8－2　　　　于家堡金融区注册企业情况

年份	2011	2012
累计注册户数	300 余家	502 家
累计注册资本金	700 亿元	880 亿元

三、天津金融生态环境发展前景展望

随着市场经济改革的深化，金融生态环境逐渐成为影响区域间金融资源配置的重要因素。良好的金融生态环境，是充分发挥其核心作用的关键，也是金融业健康发展的必然要求。改善天津的金融生态环境，不仅有助于优化金融运行的外部环境，有效防范和及时化解金融风险，而且能够充分发挥金融业的推动作用，促进经济和金融的协调运行，充分调动金融机构为地方经济服务的积极性，吸引更多的金融资源为全市经济社会发展服务。尽管天津金融生态环境在 2012 年取得了一定的成绩，也还需要政府不断优化天津金融生态环境，为天津金融稳定发展提供良好的环境支持，为此，我们提出如下几点优化建议。

（一）构建依法合规发展体系，严格防范金融风险

天津市政府要不断加强金融法制建设和政策制度体系建设，支持金融服务机构制定标准制式契约，加强企业内部依法合规管理。发挥行业协会、专业协会及第三方中介机构作用，

定期对企业依法合规和经营情况进行监测、评级和评价。发挥司法、公证、仲裁和调解等机制作用，促进监管工作的科学性与有效性。完善政府规章和规范性文件，制定完善商业保理业和交易所管理等制度，规范发展基金、租赁、保理、交易所等新金融业态。积极争取立法、司法和律师协会等机构支持，优化金融法制环境。与此同时，严厉打击非法金融活动，充分发挥维稳、信访、司法和处置非法集资等机制作用，完善地区之间、部门之间分工协作联动机制。在天津市依法打击非法集资、打击非法证券发行、打击非法保险营销、打击非法私募、反洗钱和维护金融稳定六项专项工作机制框架下，健全区县相应的依法打击非法金融活动工作机制，完善处置非法金融活动流程，严密防控金融风险，形成市区县联动、群防群控、打击有力的工作格局。

（二）加快信用和担保体系建设，改善金融发展环境

天津市要完善征信体系建设，建立个人和企业信用信息基础数据库系统，整合行政事业单位信用信息资源，实现地方政府信用信息的归集管理，向社会提供信用服务。支持资金规模大、担保能力强和治理结构完善的担保机构发展。完善融资担保机构准入退出机制、审批工作流程和监管体系。加快建立担保行业协会，充分发挥协会组织自律维权和协调服务作用。

加强政府融资平台依法治理和风险防范。全面做好政府融资平台公司的三项整合和规范整改，不断提升融资能力和风险防范水平。加强地方金融机构监管，形成实效明显、管理科学和风险可控的地方金融监管模式，促进各监管对象持续快速健康发展。推动金融监管部门建立与政府职能部门之间分工协作、互为补充的金融管理联动机制，强化地方金融监管责任和辖区属地管理责任。完善地方金融管理体制，在统筹金融资源布局、金融风险防范、监督激励考核等方面加大工作力度，提升地方金融监管能力。

（三）搞好金融集聚区建设，扩大金融开放与合作

天津市政府应进一步完善于家堡金融区建设，初步形成市场会展、现代金融、传统金融、教育培训和商业商务功能定位，按照“一楼一个金融主体或金融主业”原则，实现金融业聚集效应。搞好于家堡金融区 APEC 首个低碳城镇示范项目，构建于家堡金融区绿色运营管理体系，打造低碳金融、低碳经济的集散地，建立绿色城市和绿色供应链体系。

积极适应经济全球化和金融国际化的发展趋势，密切关注国际金融发展态势，加强与国际金融组织、国际金融机构、国际金融中心城市合作交流，提高金融业对外开放水平。学习借鉴经济特区、浦东新区等先进地区金融改革创新经验，加强与兄弟省市、金融机构和企业集团交流，实现互利互惠、多方共赢。支持天津国际经济金融仲裁中心发展，设立天津国际海事仲裁中心和天津海损理算及法律服务中心，搭建与国际接轨的海事海商法律服务平台。

（四）建立健全工作制度，强化金融协调服务

天津应加快完善金融统计制度，准确掌握金融机构数量和信贷规模、运行情况。开展金融业增加值实统试点，做到应统尽统，全面反映金融发展成果。建立金融改革创新工作推动

和监督考核制度，对各项工作落实情况定期进行督查。建立完善金融改革创新“责任共担，利益共享”制度，加快形成“放大器”效应，由各区共同承担金融改革任务，形成全市上下加快发展金融业的强大合力。

与此同时，天津市政府应充分发挥金融服务机构的职能作用，建立健全金融协调服务机制，密切政府、金融机构、企业间的沟通联系，建立相互信任、合作发展的长期稳定关系。进一步简化和规范不动产、动产、无形资产的抵押、质押登记流程，最大限度地压缩审批时间，为企业和个人融资提供便利，创造公开、公平、公正的金融运行环境。

第九章　2012 年天津金融人才发展

金融人才是金融事业发展的第一资源。加快金融人才发展，是提高天津市金融业核心竞争力，在全国金融市场起到模范带头作用的重大战略选择。“十二五”期间是天津市金融改革创新发展的关键时期，面对新形势、新任务、新要求，必须进一步增强责任感、使命感和危机感，牢固树立人才资源是第一资源的理念，以改革创新精神推进金融人才队伍建设，努力开创金融人才发展新局面，坚持把推进全面发展和最大限度发挥人才作用贯穿金融人才发展始终。围绕用好人才、用活人才，来培养、引进、激励人才，以金融人才的工作实绩来评价人才，使各类人才各尽其才、才尽其用。培养和造就一支数量充足、结构合理、素质优良、充满活力、具备国际竞争力的人才队伍，为增强天津市金融实力和竞争力，维护天津市金融稳定奠定人才基础。

随着经济金融全球化的不断加深，我国金融业迅猛发展。作为国家经济转型发展阶段的第三经济增引擎和中国科技创新、金融创新的功能性基地，天津在提升中国经济核心竞争力和国际竞争能力，扭转中国被动发展模式等方面，承载着战略性的任务。天津作为北方重要的金融中心，依托津京冀、服务环渤海、辐射“三北”、面向东北亚，是我国北方对外开放的门户，必也是金融人才创新的聚集地。《天津市“十二五”人才发展规划》对于天津市金融人才的发展做出了明确的要求：“以实施金融人才‘百千万工程’为载体，重点抓好股权投资基金管理人才队伍、资本市场专业人才队伍、复合型金融管理人才队伍、金融领域研究人才队伍和金融业务骨干人才队伍建设，形成高效的金融人才培养体系、畅通的金融人才引进体系、科学的金融人才评价体系、有序的金融人才选用交流体系以及合理的金融人才激励机制。”天津市应该依托京津一体的区位优势和环渤海区域金融合作制，支持外地高层次金融人才来天津市从事兼职、咨询和合作服务。鼓励金融企业通过市场手段引进高层次金融人才。建立并巩固与国外、国内、业内金融拔尖人才的联系渠道。完善金融人才评价标准，构建与国际接轨的职业能力评价制度，建立金融信誉制度。在金融领域探索股权、期权等人才激励办法。给予新入驻银行业金融机构一次性补贴政策，吸引更多的海内外金融机构入驻天津，带动高层次金融人才和现代金融管理理念、金融创新产品的引进。

一、2012年天津金融人才发展状况

2012年，天津市大力推动金融人才“十二五”规划各项任务的落实，人才资本优先积累，人才投入优先保证机制不断健全完善，构建起“引才、育才、聚才、用才”的工作体系。随着金融人才集聚能力的不断增强，天津市金融业在对关键环节和重点领域保持资金有效供给的同时，对经济发展薄弱环节的支持力度继续加大，对国民经济的贡献度进一步提升，金融业呈稳健运行的态势。但是，从全国范围来看，天津市的金融人才发展情况与北京、上海、深圳等金融业发展完善的城市相比，还有待提高。同时，其他城市的金融人才发展的方式，对于天津也有一定的借鉴意义。

（一）2012年天津金融人才总量提升

2012年，天津市社会从业总人数为803.14万人，比上年末增加39.98万人，增长率为5.24%，其中金融业从业人数为14.16万人，增长率为12.9%，在社会从业总人口中的占比为1.76%。具体来看，近10年来，金融从业人员绝对数和在社会从业人员中的构成都呈逐年上升趋势，具体数据如表9－1所示。

表9－1　2003—2012年天津市金融业从业人数及在社会从业人员中占比变动表

单位：万人，%

年份	2003	2004	2005	2006	2007	2008	2009	2010	2011	2012
人数	5.59	5.48	5.81	8.07	9.09	9.71	9.84	11.82	12.54	14.16
增长率	23.1	－2.0	6	38.9	12.6	6.8	1.3	13.2	6.1	12.9
构成	1.09	1.04	1.07	1.43	1.48	1.50	1.45	1.62	1.64	1.76

资料来源：《天津统计年鉴》。

根据表9－1，我们可以得到图9－1。

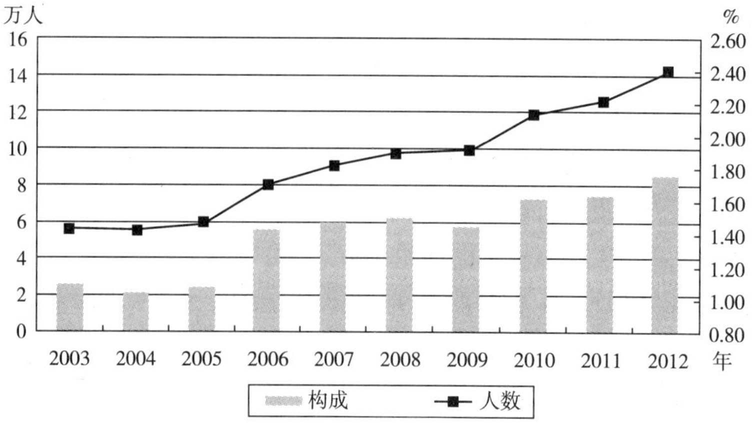

资料来源：《天津统计年鉴》。

图9－1　天津市金融业从业人数及在社会从业人员中占比变动

由图9－1可以看出，近十年来，天津市的金融从业人员总数呈非常明显的上升趋势。其中2006年增长得最快，增长幅度为2.26万人，增长率为38.9%。从金融从业人员在社会

从业人员中的构成来看，近十年来变化幅度不是很大，主要是因为天津市的社会从业人口这一基数比较大，使得金融从业人员的占比变化不大，但是还是呈上升的趋势，在2009年，受全球金融危机的影响，天津市的金融从业人员占比也有所减低，下降了0.05个百分点。

2012年，天津市的金融机构（营业网点）已达到6 651个，银行类2 768个，其中大型商业银行1 148个，从业人员27 138人，较2011年增加212人；国家开发银行和政策性银行13个，从业人员459人，较2011年增加72人；股份制银行291个，从业人员9 955人，较2011年增加968人；城市商业银行274个，从业人员6 391人，较2011年增加838人；外资银行24个，较2011年大幅减少了22个，但是从业人员变化并不大，由2010人减少到了1 956人。具体的银行机构及其从业人员数如表9-2所示。

表9-2 天津银行业机构数及从业人数

机构类别	营业网点						法人机构	
	2012			2011			2012	2011
	机构数（家）	从业人数（人）	资产总额（亿元）	机构数（家）	从业人数（人）	资产总额（亿元）	法人机构数（家）	法人机构数（家）
大型商业银行	1 148	27 138	10 407	1 102	26 926	9 305	0	0
国家开发银行和政策性银行	13	459	2 345	12	387	1 865	0	0
股份制银行	291	9 955	10 464	265	8 987	8 076	1	1
城市商业银行	274	6 391	4 642	260	5 553	3 530	1	1
农村合作机构	588	7 570	2 707	587	7 226	1 957	2	2
财务公司	3	91	154	4	88	143	3	3
信托公司	2	257	47	2	242	40	2	2
邮政储蓄	415	2 396	791	400	2 214	642	0	0
外资银行	24	1 956	901	46	2 010	779	3	3
新型农村金融机构	7	391	102	6	166	43	7	5
其他	3	413	2 555	3	327	1 728	3	—
合计	2 768	57 017	35 115	2 687	54 126	28 108	22	17

资料来源：《天津金融运行报告》。

（二）2012年天津金融人才政策创新

2012年，天津市积极推进了“千人计划”引进、高层次人才认定及“131”创新人才培养工程，树立全球视野，加快培育和引进各类高端金融人才。开展“中国（天津）引进海外人才智力网上交流洽谈”、“中国博士后金融论坛”等主题活动，与美国、英国、中国香港、中国台湾等国家和地区知名大学、专业培训机构合作，举办金融中、高管人员出国（境）培训，鼓励金融企业自主选派专业技术和管理人员赴境外培训。推行金融从业人员持证上岗、资格准入，支持与国际接轨的认证机构在天津市开展相关培训和资质认定工作。大力实施多层次、多元化全员培育机制，加大资金投入，加强网络培训基础设施建设，构建“网上课堂、空中课堂”等远程教育网络体系。借助高校优势，开设金融专业在职研究生课程班。

深化干部人事制度改革，市场配置，公开选拔、定点招聘中高级管理人员，进一步深化完善了高管人员正常退出和中层管理人员竞争上岗机制，促进优秀人才脱颖而出。大力推动金融企业博士后科研工作站建设。持续举办“财富大讲堂”，聚焦金融改革创新，传播金融前沿理念。具体金融人才政策如表9－3所示。

表9－3　2012年天津金融人才政策汇总

法制建设	《天津金融改革创新“十二五”规划》（津政发〔2012〕9号）
	《天津市第三批金融改革创新重点工作计划》（津政发〔2012〕8号）
	《天津市促进现代服务业发展财税优惠政策》（津财金〔2012〕24号）
	《关于进一步推动我市企业上市工作的建议》（津政办发〔2012〕56号）
	《天津市促进科技与金融结合加快实施自主创新战略的行动计划》（津科财〔2012〕119号）
	《天津市商业保理业试点管理办法》（津政办发〔2012〕143号）
	《关于印发〈天津市资助选派优秀博士后国际化培养计划实施办法〉的通知》（津人才办〔2012〕2号）
	《关于印发〈天津市企业博士后创新项目择优资助计划实施办法〉的通知》（津人才办〔2012〕2号）
	《关于印发天津市第五批“千人计划”引进人才名单及落实相关待遇的通知》（津党组通〔2012〕3号）
	《关于实施2012年优秀博士后国际化培养计划的通知》（津人社办发〔2012〕6号）
	《关于开展干部“双向”挂职锻炼工作的通知》（津党组发〔2012〕14号）
	《关于举办天津市“131”创新型人才培养工程人选高级研修班的通知》（津人社办函〔2012〕156号）
	《关于派我市创新型人才赴清华大学做访问学者进行专业研修的通知》（津人社办函〔2012〕160号）
	《市人力社保局关于开展2012年“用三年时间引进千名以上高层次人才”享受资金资助人选认定工作的通知》（津人社办发〔2012〕71号）
	《关于加强天津市地方金融企业换届工作管理的指导意见（试行）》（津党金发〔2012〕10号）
	《关于做好我市金融人才资源调查统计工作的通知》
	《关于选拔推荐2012年度“131”创新型人才培养工程培养人选的通知》
人文交流	天津市第八届海外人才智力网上交流洽谈会
	中国金融体制改革暨滨海新区金融创新博士后论坛
	《金融时报》、《天津日报》及网络媒介发布“天津市金融系统面向社会公开招聘中高级管理人员公告”
	“洽谈会”人才洽谈板块
	天津市引进高层次人才统计
专业培训	台湾“金融研训院”“津台银行业服务中小企业”、“台湾金融业风险管理与监管”研讨培训班
	天津市第五期英国伦敦金融城金融专题研究班
	美国西弗吉尼亚大学“金融风险管理与金融监管”培训班
	香港金融管理学院“香港金融服务与天津金融改革”培训班
	英国牛津大学“金融监管与风险管理”培训班
	天津市金融机构高级经营管理人员公司治理 研修班
	天津市金融培训研究中心与南开大学合作开办金融专业研究生课题班
	“财富大讲堂”第十六期报告会

资料来源：《天津金融白皮书》。

表 9－4　　2012 年天津主要金融人才政策内容

政策名称	政策主要内容
《天津金融改革创新“十二五”规划》（津政发〔2012〕9 号） 《天津市第三批金融改革创新重点工作计划》（津政发〔2012〕8 号）	加强金融人才培养和金融知识培训，积极推动金融人才队伍建设，建立动态的按需引才机制；推进金融企业领导职务任期制，建立科学的薪酬分配机制；完善与国内外知名院校和研究机构的合作机制，发挥亚洲商学院、大公信用管理学院和新金融研发中心等教学研究机构的作用；组织开展高层次金融理论研讨交流；实施金融知识培训计划，开展金融高管及从业人员在职教育和技能培训；继续推动地方金融机构建立博士后工作站
《天津市促进现代服务业发展财税优惠政策》（津财金〔2012〕24 号）	对在天津市新设立的金融企业总部核心业务部、金融服务外包机构和金融法人机构，从外省市引进且连续聘任两年以上的机构副职级以上高级管理人员，在本市行政辖区内第一次购买商品房、汽车或参加专业培训的，五年内按其缴纳个人工薪收入所得税地方分享部分予以奖励，累计最高奖励限额为购买商品房、汽车或参加专业培训实际支付的金额；不在本市行政辖区内购买商品房、汽车或参加专业培训的，三年内按其缴纳个人工薪收入所得税地方分享部分的 50% 给予奖励
《关于进一步推动我市企业上市工作的建议》（津政办发〔2012〕56 号）	加强对拟上市企业的培训辅导，通过上市沙龙、融资洽谈会、讲座等多种形式聚集和培养一批具有运作企业上市经验和资本运作能力的人才队伍，组成专家指导团队，为培育上市企业提供智力支持；建立分层次培训机制，针对企业所处不同阶段，因材施教，突出重点，使更多企业了解现代企业制度、资本市场和资本运作基本知识、企业上市条件与程序等；邀请国内外专家、学者以及证券中介机构组织系列培训活动，提高有关部门和企业利用资本市场的能力和水平；组织列入重点培育计划的企业外出考察，学习已上市企业的成功经验
《天津市促进科技与金融结合加快实施自主创新战略的行动计划》（津科财〔2012〕119 号）	普及科技金融知识，提升科技企业融资规范化、专业化水平。加强各级相关政府工作人员、企业主管领导、财务人员企业融资专业培训，普及科技金融相关知识，用一年左右的时间，将市和区县政府科技部门的相关人员轮训一遍，要求掌握金融基本知识；将所有的科技“小巨人”企业和上市备选企业主要领导或财务主管培训一遍，使上述企业中至少有一名高管达到中级水平，上市后备企业相关人员应取得相应资格证书
《天津市商业保理业试点管理办法》（津政办发〔2012〕143 号）	加强商业保理业从业人员队伍建设，鼓励高等院校和学术研究机构设立保理专业课程，培养商业保理业务专业人才。商业保理公司的从业人员应当积极参加保理专业知识培训，提高专业水平。 从外省市引进且连续聘任 2 年以上的公司副职级以上高级管理人员，在本市行政辖区内第一次购买商品房、汽车或参加专业培训的，五年内按其缴纳个人工薪收入所得税地方分享部分给予奖励，累计最高奖励限额为购买商品房、汽车或参加专业培训实际支付的金额；没有在本市行政辖区内购买商品房、汽车或参加专业培训的，三年内按其缴纳个人工薪收入所得税地方分享部分的 50% 给予奖励
《关于促进我市村镇银行发展的意见》（津政办发〔2012〕107 号）	对于村镇银行从外省市引进且连续聘用两年以上的行长、副行长，在本市行政区域内首次购买商品房、汽车或参加专业培训的，五年内按其缴纳个人工薪收入所得税地方分享部分给予奖励，累计最高奖励限额为购买商品房、汽车或参加专业培训实际支付的金额；不在本市行政区域内购买商品房、汽车或参加专业培训的，三年内按其缴纳个人工薪收入所得税地方分享部分的 50% 标准给予奖励

（三）国内主要城市金融人才状况比较

目前，国内各城市都十分重视金融人才的引进，竞相出台优惠政策，以求吸引优秀金融人才。目前，国内以建设国际金融中心、区域金融中心为目标的城市或地区高达29个。但是，国内金融人才，特别是高端金融人才不足，因此各地为吸引这些人才进行激烈的竞争，意图以更加优惠的政策招揽人才。下面主要介绍上海、北京、深圳、天津市的金融人才发展情况和政策。

1. 上海市金融人才发展状况

从金融人才总量来看，2012 年，上海市银行业从业人员为 106 416 人。具体来看，大型商业银行从业人员 43 425 人；股份制商业银行从业人员 23 642 人；城市商业银行从业人员 10 670 人；农村商业银行从业人员 5 654 人；值得关注的是，外资银行从业人员 17 400 人，明显高出其他城市，是外资银行发展最为活跃的城市。

从金融人才政策来看，2009 年 6 月，上海市人大常委会审议通过了《上海市推进国际金融中心建设条例》，其中明确规定市政府安排专项资金，用于对金融人才、金融创新的奖励和金融产业发展的扶持。随后，上海市政府又出台《集聚金融资源加强金融服务促进金融业发展的若干规定》，明确规定：对为上海国际金融中心建设作出显著贡献的高端金融人才，给予金融人才奖励；通过政府奖励的形式，降低金融人才特别是高端金融人才的实际税负。2010 年，上海启动通过奖励的形式降低金融高管个税的实际税负，其优惠幅度的目标是“至少在境内最具竞争力和吸引力”。

2. 北京市金融人才发展状况

从金融人才总量来看，2012 年，北京市银行业从业人员 96 509 人。具体来看，大型商业银行、股份制商业银行和城市商业银行的从业人员最多，分别是 49 439 人、17 272 人和 10 713 人；外资银行中的从业人员为 4 819 人。

从金融人才政策来看，2005 年，北京市出台《关于促进首都金融产业发展的意见》，规定金融企业聘用的属紧缺急需的、具有硕士及以上学位或具有本科及以上学历且取得高级专业技术职称的人员，年龄在45 周岁以下的，可办理调京手续并办理北京市户口；金融企业需要引进外国专家、留学人员或建立博士后科研工作站的，由人事部门在立项申请、经费资助等方面给予支持。2011 年，北京市出台了《北京市金融产业发展“十二五”规划》，指出要通过推动金融人才队伍一体化建设、加强金融人才专业化教育培养、加快金融人才队伍国际化发展以及完善金融人才服务和评价体系，来提高北京金融人才的聚集力。

3. 深圳市金融人才发展状况

从金融人才总量来看，2012 年，深圳市银行业从业人员 63 145 人。具体来看，大型商业银行从业人员 22 626 人；股份制商业银行从业人员 25 846 人；城市商业银行从业人员 2 862人；农村商业银行从业人员 2 192 人；外资银行从业人员 5 511 人。

从金融人才政策来看，2011 年，深圳市出台了《深圳市金融产业发展“十二五”规划》，提出要鼓励金融业与其他产业之间的人才交流，积极创造条件加强深港金融人才合作。探索建立适合深圳金融业发展需要的人才储备体系，定期组织赴国外举办海外人才的招聘活动，引进并储备一批熟悉国际经济金融形势的高端金融人才。探索建立政府、企业、高校三位一体的培训体系，利用高校培训资源优势推动金融企业开展广泛的人才培训活动。鼓励金融机构在深圳设立全国性的人才培训基地，支持发展各种金融教育培训机构，大力推进金融人才培育工作。建立具有吸引力的人才引进机制，加大对各类金融人才的引进力度，完善金融人才的发展环境，改善住房环境、子女教育、医疗保障等方面的配套条件，促进金融人才集聚。

4. 上海、北京、深圳、天津金融人才发展比较

通过以上分析，我们可以大致了解上海、北京、深圳、天津市的金融人才发展状况。作为中国金融业发展最为发达的几个城市，我们对其分析具有一定的代表性。下面我们将这四个城市的银行机构及银行业从业人数进行对比，来分析其金融人才发展的完善程度与侧重点。

表9-5　上海、北京、深圳、天津银行业金融人才发展比较　单位：家，人

机构类别	城市							
	上海		北京		深圳		天津	
	机构数	从业人数	机构数	从业人数	机构数	从业人数	机构数	从业人数
大型商业银行	1 548	43 425	1 720	49 439	564	22 626	1 148	27 138
国家开发银行和政策性银行	14	531	17	757	3	263	13	459
股份制银行	619	23 642	424	17 272	423	25 864	291	9 955
城市商业银行	307	10 670	227	10 713	55	2 862	274	6 391
农村合作机构	370	5 654	693	7 032	198	2 192	588	7 570
财务公司	15	1 023	38	1 558	7	290	3	91
信托公司	7	1 008	3	341	2	1122	2	257
邮政储蓄	460	3 063	537	2 023	136	1 582	415	2 396
外资银行	200	17 400	100	4 819	88	5 511	24	1 956
新型农村金融机构	9	—	6	470	11	599	7	391
其他	12	—	10	2 085	1	234	3	413
合计	3 561	106 416	3 775	96 509	1 488	63 145	2 768	57 017

资料来源：上海、北京、深圳、天津金融运行报告。

由表9-5可以看出，上海和北京的金融人才发展现状，无论是从银行机构总数还是银行业从业人数来看，都明显高于深圳和天津。相比于前两个城市，深圳市和天津市金融业发展起步较晚，深圳市只有股份制银行和信托公司的金融业从业人员最多，而天津只有农村合作机构的金融业从业人员最多。从银行业从业人员的总数看，上海最多，稍稍高于北京市，而从银行机构总数来看，北京市又略高于上海市，可见单单从银行机构和银行业从业人员总数来看，上海市与北京市的金融人才发展状况大体相当。由于中国工商银行、中国农业银行、中国银行以及中国建设银行这四大行的总部都设在北京，北京市的大型商业银行机构数明显高于其他城市，大型商业银行从业人员也高于其他城市，居于全国首位。然而在人才国

际化方面，上海市要领先于其他城市。从外资银行来看，上海市的外资银行数是北京市的2倍，而外资银行的从业人员更是北京市的3.6倍，这为上海市打造国际型金融中心打下了基础。

因此，从银行业从业人员的对比中可以看出，上海市的金融人才发展战略的侧重点在于兼顾国内金融市场的同时，大力开拓国际金融市场，引进国际金融机构和金融人才，同时培养本地金融人才向国际化复合型人才发展；北京市的金融人才战略则是侧重在服务四大行等大型商业银行，培养一批能够统筹全国金融市场的高端金融人才。

二、天津金融人才发展前景预测

通过一些指标分析，可以得出天津市的金融业从业人数与天津市的GDP、人均GDP、天津市金融机构的数量以及天津市金融业增加值有密切的联系，并建立计量模型，从而可以预测出天津市“十二五”规划期间，金融人才数量的发展规模，具体分析如下：

（一）金融人才统计分析

金融业从业人数的变化受众多因素的影响，本文主要选定以前几个主要的指标对天津的金融从业人员进行分析，即天津的GDP、人均GDP、天津市金融机构的数量以及天津市金融业增加值，我们首先通过近10年来天津市金融从业人数与这四个指标的趋势图，来判断其相关性。

表9-6 2003年至2012年天津市金融从业人数与天津市生产总值 单位：万人，亿元

年份	2003	2004	2005	2006	2007	2008	2009	2010	2011	2012
人数	5.59	5.48	5.81	8.07	9.09	9.71	9.84	11.82	12.54	14.16
GDP	2 578	3 111	3 906	4 463	5 253	9 719	7 522	9 224	11 307	12 885

资料来源：《天津统计年鉴》。

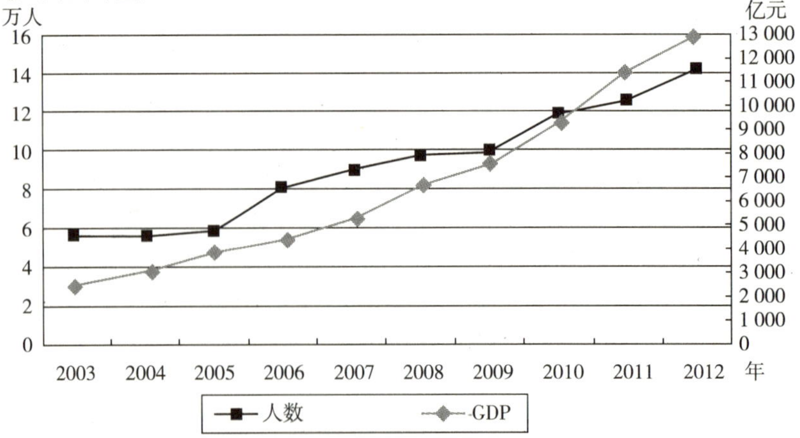

资料来源：《天津统计年鉴》。

图9-2 天津GDP与天津金融从业人数的关系

表 9－7　　2003 年至 2012 年天津市金融从业人数与天津市人均生产总值　单位：万人，元

年份	2003	2004	2005	2006	2007	2008	2009	2010	2011	2012
人数	5. 59	5. 48	5. 81	8. 07	9. 09	9. 71	9. 84	11. 82	12. 54	14. 16
人均 GDP	9 769	17 353	37 796	42 141	47 970	58 656	62 574	72 994	85 213	91 181

资料来源：《天津统计年鉴》。

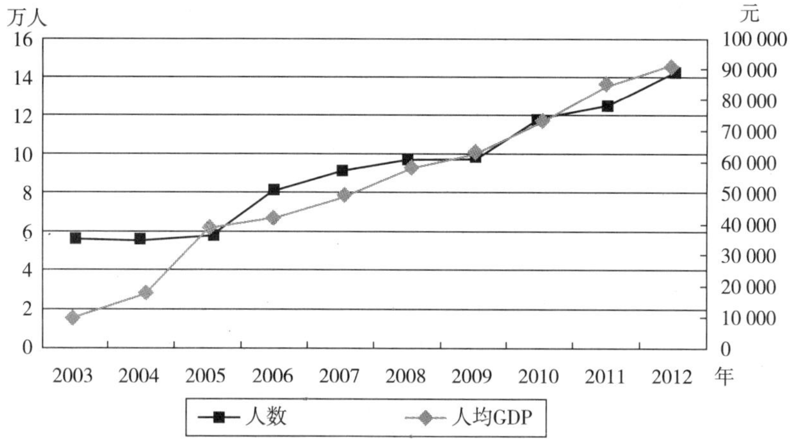

资料来源：《天津统计年鉴》。

图 9－3　天津人均 GDP 与天津金融从业人数的关系

表 9－8　　2003 年至 2012 年天津市金融从业人数与天津市金融机构数量　单位：万人，家

年份	2003	2004	2005	2006	2007	2008	2009	2010	2011	2012
人数	5. 59	5. 48	5. 81	8. 07	9. 09	9. 71	9. 84	11. 82	12. 54	14. 16
金融机构	2 837	2 833	2 874	2 981	3 115	3 235	3 188	3 343	3 442	3 442

资料来源：《天津统计年鉴》。

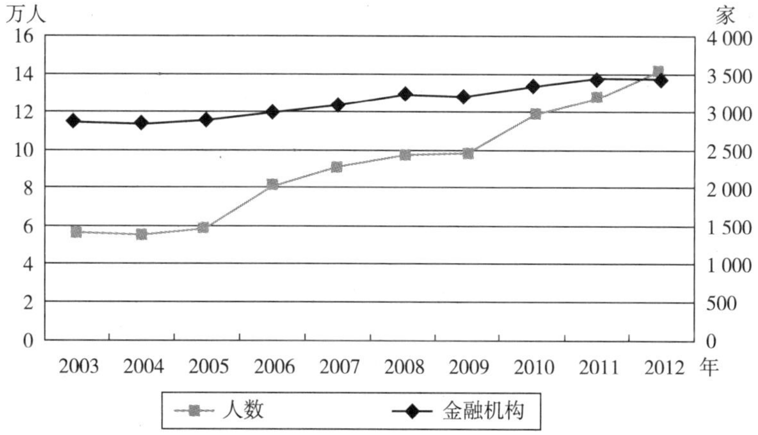

资料来源：《天津统计年鉴》。

图 9－4　天津金融机构总量与天津金融从业人数的关系

表 9－9　　2003 年至 2012 年天津市金融从业人数与天津市金融业增加值

单位：万人，亿元

年份	2003	2004	2005	2006	2007	2008	2009	2010	2011	2012
人数	5.59	5.48	5.81	8.07	9.09	9.71	9.84	11.82	12.54	14.16
金融业增加值	107	137	159	187	288	361	366	429	497	960

资料来源：《天津统计年鉴》。

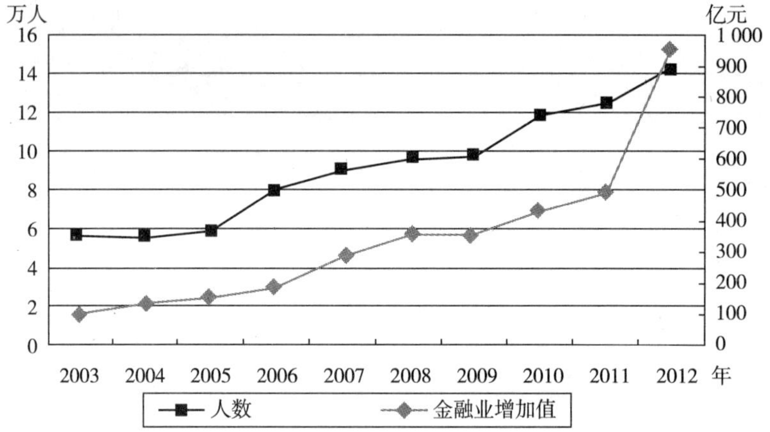

资料来源：《天津统计年鉴》。

图 9－5　天津金融业增加值与天津金融从业人数的关系

从以上趋势图可以看出，天津市的 GDP、人均 GDP 以及天津金融业增加值与天津金融从业人数有明显的正相关关系，而对于天津金融机构总量来说，在 10 年间变化的幅度并不是很明显，与天津金融从业人数的相关性不强。而天津市的 GDP 与人均 GDP 有一定的相关性，因此我们主要利用天津人均 GDP 和金融业增加值对天津金融从业人数进行回归分析。

（二）人才预测模型建立

根据 2003 年至 2012 年天津市人均 GDP 和金融业增加值对天津金融从业人数进行回归分析。所以，我们建立模型：

$$金融业从业人员(P) = C + \beta_1 \times 人均GDP(Gdppc) + \beta_2 \times 金融业增加值(FV)$$

式中，C 为常数项，Gdppc 表示人均 GDP，FV 表示金融业增加值，β_1 和 β_2 分别为人均 GDP 和金融业增加值的系数。

利用 EViews6.0，我们可以得到如下计量结果：

Variable	Coefficient	Std. Error	t－Statistic	Prob.
C	3.744629	0.553221	6.768770	0.0003
Gdppc	8.15E－05	1.82E－05	4.474392	0.0029
FV	0.003388	0.001947	1.740102	0.0254
R－squared	0.954213	Mean dependent var		9.211000
Adjusted R－squared	0.941131	S.D. dependent var		3.035744

续表

Variable	Coefficient	Std. Error	t - Statistic	Prob.
S. E. of regression	0.736560	Akaike info criterion		2.469673
Sum squared resid	3.797643	Schwarz criterion		2.560448
Log likelihood	-9.348364	F - statistic		72.94107
Durbin - Watson stat	1.995074	Prob（F - statistic）		0.000021

因此，我们可以得到如下结果：

天津金融业从业人员 =3.745 +0.000082 × 天津人均 GDP +0.00339 × 天津金融业增加值

天津人均 GDP 预测值：根据天津"十二五"规划中的要求，我们假设天津的 GDP 以 12% 的速度增长，那么 2015 年，天津市 GDP 将达到 18 102 亿元，而天津市的常住人口到 2015 年将控制在 1 600 万人以内，我们以 1 600 万人作为参考值。那么我们可以得到，天津市人均 GDP 在 2015 年将达到 113 141 元。

天津金融业增加值的预测值：天津金融业增加值从 2003 年至 2012 年来看，其年平均复合增长率为 24.5%，我们假定天津的金融业增加值一直以这个速度增长，那么天津的金融业增加值到 2015 年将达到 1 852 亿元。

（三）模型主要预测结果

表 9 - 10　　对天津市金融业从业人数的预测结果

年份	主要指标		预测天津金融业的从业人数（万人）
	天津人均 GDP（元）	天津金融业增加值（亿元）	
2015	113 141	1 852	19.3

资料来源：作者计算获得。

根据相关数据的测算，可以看出在"十二五"期间，天津金融业的从业人数将达到 19.3 万人，而根据英国智库经济和商务研究中心（Cebr）的统计，2012 年伦敦金融从业人员为 24.95 万人。所以，对于天津来说，金融人才的发展足以与天津经济发展相匹配，在天津建设金融人才集聚高地是可行的。

三、天津金融人才发展不足之处

经过近几年的快速发展，天津市金融人才取得了非常显著的发展，无论是金融人才总量的持续提高还是金融人才环境的不断完善，都为天津市金融市场的兴起起到了人才支撑的作用。但是，与国内乃至世界的金融发达城市相比，天津市的金融人才发展仍存在着一些问题，主要表现在金融人才数量、金融人才素质、金融人才教育以及金融人才环境等方面。

（一）金融人才的数量有待提升

尽管天津市政府出台了很多促进金融人才发展的政策，天津市金融人才也取得了巨大的进步，但与上海、北京、深圳等金融市场完善的城市相比，天津市的金融从业人员占社会从业人数的比例仍有待进一步的提高，金融人才的数量尤其是国际金融高素质人才的数量有待增加。2011 年，天津市的金融从业人员为 12.54 万人，占社会从人员总数的 1.64%，而上海市的金融从业人数为 28.41 万人，占社会从业人员总数的 2.57%。从金融从业人员总数来看，上海市是天津市两倍多，从在社会从业人员中的占比来看，天津市与上海市仍有很大的差距。而且从结构来看，大部分都属于高职高专和本科学历，相对而言，硕士研究生和博士研究生的数量远远落后于前两者，因此，天津金融业人才的整体素质仍有待于提高。所以天津金融业的发展必须加大金融创新人才的培养与人才管理的战略，重点在金融产品创新、金融工程、保险经纪、产业研究、期货业务等方面。

（二）国际化高端金融人才较少

全球市场一体化、市场竞争国际化已经成为当前经济发展的主要趋势，对于天津市来说，金融业所面临的不再仅仅是国内其他城市金融机构的竞争，而是需要面对来自世界范围内金融机构的竞争。目前，天津市的金融机构还不具备这样的实力。若想在竞争中生存和发展，离不开具有开阔国际视野的金融人才，这也是天津金融市场非常紧缺的。这一问题的主要原因是天津市的金融改革创新发展刚刚起步，很多政策的制定还仅仅将目光聚焦于国内，有关国际金融人才的培养体系不健全，培养的高端金融人才难以满足天津金融业的发展需求。另外，很多具有较高业务素质或者海外留学背景的金融人才，因天津市金融业对其缺乏足够重视或者难以提供良好的发展条件，而选择在上海甚至是国外金融机构任职，进一步加剧了天津市缺乏高端金融人才的不利局面。

（三）缺乏复合型金融专业人才

新技术、新理论、新方法的不断引入，为金融问题的解决提供了新视角和新思维，也使金融问题的解决涉及领域更加广泛，对金融人才的知识结构和能力要求也不断提高，这就需要一大批具有多种知识和技能的复合型金融人才。与当前金融业联系比较密切的典型技能有计算机及网络应用、信息分析处理、外语使用、市场调研分析等等。以计算机和网络应用为例，现代通信技术与计算机技术已经深刻影响着金融运行方式，甚至引领着金融业发展的新方向，比如网上银行、远程交易、电子支付等，这些新技术应用到金融行业中，离不开既懂金融知识又具多种知识能力的复合型金融人才。复合型金融人才的紧缺，使得天津金融创新缺乏内在动力，整个金融产业服务体系缺乏活力，竞争力也不强，制约天津金融业的发展。这就要求天津市的金融人才培养应该尽快适应金融行业发展的新趋势，加快既具有专业金融知识又掌握多种相关技能的复合型人才的培养以满足金融业发展的需求。

（四）高端金融人才教育较薄弱

金融人才尤其是高素质的金融人才的建设关键还是要靠教育，高等院校金融专业人才培养的质量影响着整个天津市金融业发展的动力和未来。南开大学和天津财经大学作为天津金融人才的主要输出地，应当为天津金融人才的建设发挥重要作用。但从各国主要的金融中心来看，天津金融专业的高校教育教学依然存在着较大的问题。例如，专业定位和人才培养目标不明确，课程设置和教学内容不合理，教学方法和教学手段落后，师资队伍整体素质有待提高等，这些问题的存在影响了国内高校对金融人才的培养，尤其是高端金融人才的培养。另外，由于国内金融企业缺乏对从业人员终身教育和职业生涯培养的重视，没有形成完善的对从业人员进行在职培训、在职教育的体系，致使大量金融从业人员的金融知识和金融理论仅仅局限于自身所涉及的金融业务，难以形成系统的金融知识体系，不利于高端人才的培养。因此，金融人才的建设首先应加强对天津高校的建设。天津高校在金融人才的培养方面，应加强国际间的合作与交流，向他们借鉴培养国际金融人才的经验，从而使自己的办学水平进一步提高。

（五）金融人才服务需不断改善

市场化的金融人才服务机构发展滞后，其主要表现为人才市场中介机构不健全、层次较低、服务水平也不能充分满足需要。目前，天津人才中介机构相对较少，缺少国际化的中外合资的人才中介组织，所以人才服务项目主要依赖政府所提供的公共服务，如大学毕业生招聘会是目前天津常见的人才服务形式，但这种形式层次较低，提供的仅是一个初级的平台，而高层次的服务中介还较欠缺。

此外，天津的政策法规对高级金融人才的吸引力不强，金融人才引进工作的合力也不够，政策协调统一性也不强。天津人才政策的法规体系建设的国际化水平不高，从而在国际上的影响力也不强，不能达到充分利用国际化的目的。例如，中国香港的个人所得税最高为17%，新加坡为20%，而我国的个人所得税最高则达到45%。从而可以看出，我国的个人所得税税率是如此之高，天津市政府在个人所得税方面也没有明确提出优惠的措施，而且天津市市委组织部、人力资源和社会保障局、市金融服务办公室、市外事办等职能部门依据各自的职责来制定和实施对海外人才的管理，降低了政府对人才引进工作宏观调控的能力和效率。

四、促进天津金融人才发展路径

（一）提升金融高等教育质量

高等院校的金融专业学生是金融人才最大的储备力量，提升金融高等教育质量对于天津金融人才的发展具有重要意义。对于高校的本科生、硕士研究生和博士研究生的培养，应做到既要与国际接轨，又要重视金融人才的综合素质培养。

首先，加强与国际教育教学、课程体系接轨，引进世界先进的金融思想和理论，与世界顶级院校合作，引进世界一流金融教育人才，通过这些方式提高天津市高等教育对金融人才的培养水平，建立现代化、全球化的人才培养机制，将高校对金融发展过程中所发挥的人才培养、理论研究、科研创新等功能进行拓展和强化，为天津市金融行业的发展提供高端人才培养、金融理论研究、金融技术创新等支持和推动。同时，加强高校在金融人才培养中的作用，发挥亚洲商学院、大公信用管理学院和新金融研发中心等教学研究机构的作用。促进高等院校深化金融人才培养模式的改革，以金融行业发展需求为指向，与金融业发展的步伐相协调，通过对金融专业的人才定位、培养目标、课程设置、教学方法、师资培养等方面进行调整和完善，构建与天津市金融行业发展相适应的人才培养模式，为天津市金融业发展培养高素质、国际化的金融专业人才。其次，在金融人才的培养过程中应该注意加强对在校学生的综合素质的培养，既重视对金融专业知识的培养，又重视其他自然学科、人文学科知识的学习和应用。对高校而言，在安排在校生课程的时候，应该将金融专业定位于文理兼修，宏观与微观并重，理论与实务结合，重视金融专业学生的综合素质培养。例如，在培养金融人才的过程中将金融学与法律、外语、管理学、信息科学等学科进行交叉融合，提高金融专业毕业生的知识范围。对金融行业而言，应该结合实际需要有针对地培养各级各类岗位的应用型人才，鼓励对于与金融行业发展关系密切的相关知识和技能的学习，例如计算机网络应用、外语应用、信息收集分析、数据处理、写作和语言表达等。通过这种“厚基础、宽口径”的培养模式，提高金融人才的专业能力和综合素质，掌握从业过程所需要的知识和技能，满足金融行业发展对复合型人才的需求。

（二）加强金融人才后续培养

金融业是一个变化性比较强的行业，新产品、新规则的出台都需要从业人员及时了解并掌握。因此，金融从业人员对专业技术再培训的需求还是极其有必要的，加强金融人才的后续培养，是保证整个金融人才队伍不断获取最新理论知识的重要一环。对于金融机构来说，加强其员工的后续培养，既要重视“校企协同”的发展模式，又要完善其内部培养机制，同时政府还应该多举办金融论坛、金融沙龙等活动，加强金融人才间的交流，分享最新金融理论知识。

首先，金融机构与高校合作给金融从业人员提供学习机会。通过金融“校企协同”的发展模式，一方面可以夯实金融从业人员的理论知识水平，让他们更好地从事实务工作，并为其提供继续深造的机会和渠道；另一方面也有利于金融高等院校的金融专业学生提高金融实务水平。所以，加强校企合作有利于提升现有金融从业人员的金融业务水平，高校也应当抓住时机，采取“走出去，引进来”的方式，既帮助金融机构从业人员理论知识的继续学习提供机会，也能够让从业人员参与到高校学生实践能力的培养中去，实现“校企双赢”。其次，完善金融机构内部培训机制，提高金融从业人员业务能力。内部培训是金融人才后续培养的一个良好渠道。金融机构的一些员工在工作一段时间后会选择跳槽，而外资金融机构成了他们的首选，追求高薪是原因之一，还有一个重要原因就是跳槽者看中了外资金融机构对员工的后续培训，因此金融机构加强和完善内部培训制度是非常必要的。金融机构进行内部培训的针对性较强，可以根据部门差异、岗位差异、业务需求差异等有目的、分层次地进行，这样培训效果会更加理想，能够更好地提高从业人员的质量。最后，政府应继续推进金融舆论的发展，通过金融沙龙、金融论坛、讲座等多种形式为金融人才交流金融知识提供便利。如继续支持“达沃斯论坛”、“于家堡金融论坛”、“中国企业国际融资洽谈会”在天津的举办。聚集和培养一批具有运作企业经营和资本运作能力的人才队伍，组成专家指导团队，为金融机构的员工再培训提供智力支持。邀请国内外专家、学者以及金融机构组织系列培训活动，提高有关部门和企业利用资本市场的能力和水平。组织列入重点培育计划的企业外出考察，学习已上市企业的成功经验。

（三）引进高端专业金融人才

高端金融人才是金融人才中的精英人物，是天津金融业持续稳定发展的关键。他们的培养可以源于高校高层次的培养，更直接的方法是通过优惠政策及金融环境的优化，来吸引国内外高端金融人才入驻天津。

首先，政府应出台相关优惠政策来吸引金融人才。进一步完善金融人才的户籍、住房等保障制度，降低金融人才流动风险，降低个人所得税，从而吸引更多外地金融人才来天津就职。例如，对于在外省市任职两年以上的机构副职级以上高级管理人员，允许其家庭户口落入天津，在本市第一次购买商品房、汽车的，五年内按其缴纳个人工薪收入所得税地方分享部分予以奖励，不在本市行政辖区内购买商品房、汽车的，三年内按其缴纳个人工薪收入所得税地方分享部分的50%给予奖励。对于外地普通金融机构从业人员来说，多数在天津没有本人的住所，政府应拨款建造保障性青年金融人才公寓，来解决刚入职员工的住房问题，减轻其生活负担。其次，要构建多渠道的金融人才市场。人才市场作为要素市场之一，其发展和完善对于培育现代市场体系，具有十分重要的意义。金融人才市场的形式可以采用多渠道进行，实体人才市场仍然可以作为吸纳金融人才的主要渠道之一，随着信息技术的高速发展，也可以更多地运用平面媒体、网络媒体这样的虚拟人才市场。建立专业的人才流动服务机构，促进人才的优化配置，提高人才利用效率。建立天津金融人才信息网，让更多的金融人才了解天津金融业发展状况，收集各地金融人才信息，吸引全国各地金融人才。同时，加强区域间金融人才的交流。通过技术咨询、短期服务、顾问等形式达到智力共享的目的，提高金融人才获取信息的宽度和深度，从而提高金融人才整体水平。

第三篇

调研报告

专题一　2013 年天津市金融稳定报告

中国人民银行天津分行

2012 年，天津市经济继续保持良好发展势头，经济结构不断调整优化，市场主体数量快速增长，发展活力进一步提升。全年金融业在对关键环节和重点领域保持资金有效供给的同时，对经济发展薄弱环节的支持力度继续加大，对国民经济的贡献度进一步提升，金融业呈稳健运行的态势。

一、经济与金融稳定

（一）天津市经济继续保持良好发展势头

2012 年，天津市完成生产总值 12 885.18 亿元，同比增长 13.8%，增速在全国名列前茅。分三次产业看，第一产业增加值 171.54 亿元，同比增长 3.0%；第二产业增加值 6 663.68亿元，同比增长 15.2%；第三产业增加值 6 049.96 亿元，同比增长 12.4%。其中，滨海新区完成生产总值 7 205.17 亿元，同比增长 20.1%，对天津市经济增长的带动效应明显。

1. 产业结构优化升级，聚集效应进一步显现

2012 年，天津市一、二、三产业占全市生产总值的比重分别为 1.3%、51.7% 和 47.0%，第三产业占比持续上升，同比提高 0.9 个百分点。都市型现代农业稳步发展，粮食生产喜获丰收，主要农副产品产量持续增长。工业保持平稳较快增长，实现增加值 6 122.92 亿元，同比增长 15.8%，拉动全市经济增长 7.8 个百分点，贡献率达到 56.3%。主要服务行业增势较好，以服务外包、会展经济为代表的新兴服务业发展驶入快车道。全年港口吞吐量 4.77 亿吨，同比增长 5.2%，集装箱吞吐量 1 230.30 万标箱，同比增长 6.2%。旅游外汇收入 21.40 亿美元，同比增长 22.0%。

2. 社会总需求协调增长，对外贸易规模继续扩大

投资需求增长较快，全年全社会固定资产投资 8 871.31 亿元，同比增长 18.1%。其中，民间投资 4 105.48 亿元，同比增长 32.8%，占全社会投资总额的 46.3%，占比比上年提高 2.3 个百分点。消费市场交易活跃，全年社会消费品零售总额 3 921.43 亿元，同比增长 15.5%。外贸进出口规模继续扩大，全年外贸进出口总额 1 156.23 亿美元，同比增长

11.8%，其中，出口483.14亿美元，同比增长8.6%，进口673.09亿美元，同比增长14.3%，高于出口增速5.7个百分点。全年天津市新批外资项目632个，合同外资金额185.9亿美元，同比增长10.4%，实际利用外资金额150.2亿美元，同比增长15.0%。

3. 财政收入增速放缓，居民收入水平持续提高

全年地方财政收入1 760.02亿元，同比增长21.0%，增速比上年回落15.1个百分点。税收增速明显放缓，全市地方税收收入1 105.56亿元，同比增长10.1%，增速比上年回落19.2个百分点。城乡居民可支配收入保持两位数增长。全年城市居民人均可支配收入为29 626元，同比增长10.1%，其中，工资性收入同比增长14.5%，拉动可支配收入上升9.0个百分点。农村居民人均可支配收入为13 537元，同比增长13.8%，高于城市居民人均可支配收入增速3.7个百分点。

4. 价格指数逐渐走低，上行压力得到有效控制

2012年，天津市主要价格指数涨幅呈现震荡走低的态势。全市居民消费价格同比上涨2.7%，涨幅比上年回落2.2个百分点。食品类及衣着类价格是推动物价上涨的主要因素，食品类价格同比上涨6.4%，影响居民消费价格总水平上涨1.9个百分点，影响程度为70.0%；衣着类价格同比上涨7.0%，影响居民消费价格总水平上涨0.6个百分点，影响程度为21.2%。全市工业生产者出厂价格和购进价格同比均下降3.0%，降幅呈现前三季度大幅下降，年末收缩、尾部抬高的走势。

5. 社会融资规模扩大，企业债券融资活跃

2012年，天津市社会融资规模为4 440亿元，同比多增1 306亿元。其中，银行体系本外币各项贷款、表外信托贷款、委托贷款和银行承兑汇票等融资3 770亿元，同比多增943亿元；企业债券和股票等直接融资560亿元，同比多增343亿元；非银行金融机构融资110亿元，同比多增20亿元。2012年，天津市企业通过债券市场直接融资量增长迅速，全年净融资535亿元，约为上年融资量的3倍。发债品种日益丰富，增加了公司债、资产支持票据、集合票据和中小企业私募债，全年合计净融资37亿元，占全部企业债券融资的7%。

（二）经济运行中需关注的方面

1. 主要经济指标增速放缓，工业企业亏损面扩大

2012年，天津市主要经济指标增速放缓。全年地区生产总值、社会固定资产投资、社会消费品零售总额和外贸出口额增速分别比上年回落2.6个、13.0个、2.2个和10.1个百分点，投资和出口增速的降幅相对较大。2012年，全市规模以上工业企业实现利润1 939.96亿元，同比增长11.7%。工业企业亏损面扩大，全市独立核算工业企业亏损面达到19.2%，同比提高2.2个百分点。工业企业效益下滑和亏损面扩大对银行的资产质量带来不小的隐患，需密切关注。

2. 房价上涨预期加强，未来调控压力显现

2012年，天津市房地产市场呈现出投资建设持续增长、房价涨幅有效控制、信贷总量平稳增加的局面。全年天津市房地产完成投资额1 260.0亿元，同比增长16.7%；新建住宅

销售同比价格指数为99.4，同比下降4.7个百分点；房地产信贷余额3 066.78亿元，同比增长7.4%。但受房价上涨预期加强以及开工施工面积下滑等因素影响，下半年以来房地产市场呈现出“价量齐升”的局面，新建住宅销售环比价格指数自7月份以来连续提高，使得抑制房价过快上涨的压力增大。

二、金融业与金融稳定

2012年，天津市金融业认真贯彻落实国家金融调控政策，积极推进金融改革，努力增强经营效益，创新服务手段，金融服务能力得到有效提升，在支持天津市经济发展方面发挥了积极作用。

（一）银行业稳健性增强

2012年，天津市银行业金融机构强化风险控制措施，不断完善金融服务体系建设，行业发展性指标稳步增长，稳健性指标持续优化。

1. 银行业基本情况

截至2012年末，天津市共有中外资银行业金融机构76家。其中，在51家中资银行业金融机构中，法人机构18家，二级以上分行33家；在25家外资银行业金融机构中，法人机构3家，二级以上分行22家。

截至年末，天津市银行业金融机构资产总额35 115.19亿元，同比增长24.9%。其中，本外币各项贷款余额18 396.81亿元，同比增长15.5%，增幅同比缩小0.2个百分点。负债总额33 730.91亿元，同比增长25.1%。其中，本外币各项存款余额20 293.79亿元，同比增长15.4%，增幅同比上升8.7个百分点。2012年，天津市银行业金融机构实现净利润485.41亿元，同比增长24.3%，增幅同比缩小21.8个百分点。

2. 银行业稳健性评估

（1）资产质量“双降”。2012年，天津市银行业金融机构不良贷款余额和不良贷款率继续实现低位“双降”。截至年末，天津市银行业金融机构不良贷款余额125.11亿元，比年初减少15.78亿元，不良贷款率为0.6%，比年初下降0.2个百分点。

（2）风险抵补能力增强。截至2012年末，天津市银行业金融机构贷款损失准备金余额为409.14亿元，同比增长10.8%；贷款损失准备充足率为295.6%，同比上升1.7个百分点；拨备覆盖率为327.0%，同比上升65.0个百分点。

（3）盈利能力持续提高。2012年，天津市银行业金融机构资产利润率为2.0%，同比提高0.06个百分点，成本收入比率为28.6%，同比下降0.8个百分点；中间业务收入保持快速增长，中间业务收入比率为15.0%，比上年提高了1.5个百分点。

（4）贷款结构进一步调整。2012年，天津市银行业金融机构短期贷款所占比例持续提高，由年初的26.2%上升到年末的27.9%，提高了1.6个百分点，而中长期贷款占比在年内下降了4.0个百分点。

（5）政府融资平台贷款质量良好。截至2012年末，天津市政府融资平台贷款余额

5 783.54亿元，比年初增加329.13亿元，占全市银行业金融机构各项贷款余额的31.4%，同比下降2.8个百分点，政府融资平台无不良贷款。

3. 国有商业银行管理创新不断深入

2012年，工商银行天津市分行积极推进落实“四有”内部控制要求，严格按照操作风险变化趋势，细化运行管理专业制度建设，提升岗位履职标准。农业银行天津市分行加强创新工作管理，强化创新激励考核，办理了首笔融资租赁和信托受益权转让业务，创新推出了商贸市场二次清算、首张手机移动支付联名IC卡等产品。中国银行天津市分行确立了加强业务数据预警监控和员工行为监督管理的总体思路，完成了授权交易的集中上收，增强了对基层机构的管控。建设银行天津市分行积极推进机构调整，不断优化辖区内网点结构，年内新开业网点型支行23个，筹建机构7个，并对12个分理处以下的营业机构实施了升格管理。交通银行天津市分行完善了客户咨询投诉反应机制，严格执行首问负责制，建立了客户咨询投诉联络网。

4. 银行业发展中需要关注的方面

（1）关注部分行业、部分机构资产质量下滑的风险。2012年，天津市部分行业不良贷款余额出现反弹。其中，交通运输、仓储和邮政业、住宿和餐饮业以及农、林、牧、渔业三个行业不良贷款余额增加较多，同比分别增加6.42亿元、1.88亿元和1.33亿元，信用风险呈加速扩散的趋势。部分机构资产质量出现下滑。分类型看，外资机构整体不良贷款余额、不良贷款率出现“双升”，中资机构中有8家机构不良贷款余额、不良贷款率同时出现反弹。据调查，个别大企业经营不善以及个人经营性贷款集中违约是导致资产质量出现下滑的主要原因。

（2）关注理财业务快速增长蕴藏的风险。截至2012年末，天津市主要银行理财业务余额1 781亿元，比年初增长62.6%。理财业务的快速发展对于我国利率市场化改革、宏观流动性管理和商业银行战略转型起到积极的推动作用，但其暴露出的会计处理方式有待规范、信息披露不充分、规避监管以及对信贷政策和产业政策的有效实施产生干扰等问题需要引起关注。

（3）关注信托资产超常增长带来的潜在风险。2012年，天津市信托资产规模成倍增长。截至年末，2家法人信托公司管理的信托资产总额同比增长110.5%。从企业类型上看，资金信托业务投向大型企业的占比较高，近三年一直保持在60%以上，且呈现逐年提高的趋势。从行业分布上看，信托资金主要投向租赁和商业服务业、建筑业、水利环境和公共设施管理业、批发和零售业以及制造业，五个行业信托资金占比为51.8%。资金投向的过度集中易使信托资产质量受个别企业、行业经营波动的影响，一旦形成集中违约，不仅给信托公司带来巨大亏损，还可能影响社会稳定。

（二）证券期货市场创新步伐加快

2012年，天津市证券期货市场创新发展不断推进，法人证券公司盈利水平成倍提高，法人基金公司和法人期货公司业务稳步发展，上市公司融资规模不断扩大，股改工作基本完成。

1. 证券业基本情况

截至2012年末，天津市共有法人证券公司1家，证券分公司2家，证券营业部105家；证券投资咨询公司2家，资信评价公司1家；基金管理公司1家；期货公司6家，期货营业部21家；上市公司38家。天津市开展融资融券业务的证券营业部有85家，累计开户6 377户，收入4 998.37万元，为期货公司提供中间介绍业务的营业部有43家，累计开户1 193户。

2. 稳健性评估

（1）法人证券公司业务范围拓宽。2012年，渤海证券不断扩大业务范围，逐步进行产品创新，积极抓好多层次市场建设，稳步推进分支机构新设工作。截至年末，资产总额116.16亿元，比年初增加8.6亿元；净资本34.32亿元，比年初增加5.02亿元；自营业务余额28.08亿元，比年初减少9.9亿元。受投资收益和公允价值变动收益大幅增加的影响，全年公司实现盈利1.84亿元，为上年同期的6.73倍。

（2）法人基金公司业务稳步发展。截至2012年末，天弘基金资产总额1.93亿元，比年初增加0.43亿元，负债总额0.84亿元，比年初增加0.37亿元。本年度公司旗下新成立3只基金，其中发起式基金和安康养老基金均为行业首只，年末公司管理的基金总数达到10只，基金总份额120.73亿份，基金净值99.5亿元。

（3）法人期货公司业务规模扩大。截至2012年末，天津市6家法人期货公司资产总额23.75亿元，比年初增加3.29亿元，负债总额17.73亿元，其中客户保证金余额17.38亿元，比年初增加3.02亿元。全年代理交易量2 455.9万手，代理交易额2.38万亿元，手续费收入9 679.66万元，同比分别增长22.4%、5.8%和12.3%。年末，天津市有4家期货公司和21家营业部具有金融期货业务资格。

（4）上市公司股改工作基本完成。截至2012年末，天津市有境内上市公司38家，上市公司总股本411.47亿股，总市值2 802.71亿元，其中流通市值2 500.53亿元。2012年，天津市有1家公司实现首发上市、4家公司（5家次）完成再融资和重大资产重组，境内融资额57.38亿元，同比增长78.0%。SST天海股权分置改革方案获得股东大会审核通过，正式进入实施阶段。天津市上市公司将全部完成股改工作。

3. 证券业发展中需要关注的方面

（1）关注业务创新可能隐藏的风险隐患。2012年，渤海证券、天弘基金积极推进业务创新，不断谋求转型发展，为公司的可持续发展打下了坚实基础。然而两公司需进一步完善风险控制与合规管理制度，切实防范新业务产生的利益冲突和风险传递。

（2）关注法人期货公司的持续发展问题。天津市法人期货公司受资本金规模限制，市场占有率低，盈利能力弱，核心竞争力不强，制约期货公司对天津经济发展支持力度。

（三）保险业服务社会和经济作用持续加强

2012年，天津市保险业继续保持良好发展势头，保险保障覆盖面不断扩大，服务社会和经济作用持续加强，较好地发挥了经济补偿和社会风险管理功能。

1. 保险业基本情况

（1）经营主体稳步增加。2012 年，华夏人寿总公司迁入天津，紫金财险、泰康养老先后设立分支机构。截至年末，天津市保险市场共有总、分公司 53 家，专业中介机构 95 家，兼业代理机构 3 000 余家，基本形成了种类齐全、布局合理的保险市场体系。截至年末，天津市保险公司总资产为 880.72 亿元，比年初增长 19.6%。其中，财产险公司资产总额为 58.37 亿元，比年初增长 13.4%；人身险公司资产总额 822.35 亿元，比年初增长 20.0%。

（2）保费收入稳步增长。2012 年，天津市保险业共实现保费收入 238.16 亿元，同比增长 12.5%。其中，财产保险业务实现保费收入 90.79 亿元，同比增长 20.9%；人身保险业务实现保费 147.37 亿元，同比增长 7.9%。人身保险中，寿险业务实现保费收入 126.98 亿元，同比增长 7.1%，健康险和意外险分别实现保费收入 14.81 亿元和 5.58 亿元，增幅分别为 15.4% 和 7.7%。

（3）赔款给付支出持续增加。2012 年，天津市保险业赔付支出 81.02 亿元，同比增长 22.4%。其中，财产险赔付支出 44.74 亿元，同比增长 26.0%，人身险赔付支出 36.28 亿元，同比增长 18.3%。人身险赔付支出中的满期给付为 18.53 亿元，与上年基本持平。

（4）保险保障覆盖面扩大。2012 年，天津市保险业新增承保保单 696.06 万件，同比增长 34.6%，新增保险金额 46 556.89 亿元，同比增长 9.0%。其中，财产险公司新增保险金额 37 744.65 亿元，同比增长 8.3%，人身险公司新增保险金额 8 812.24 亿元，同比增长 12.2%。

（5）专项领域保险取得新进展。一是引入医疗责任保险机制解决医患纠纷。2012 年，天津市所有二级以上医院投保医责险，提供风险保障 1.07 亿元。二是探索保险资金支持保障性住房建设。太保集团将通过“太平洋—天津公共租赁住房债权投资计划”募集 100 亿元保险资金投资于天津市公租房建设，年末首期 50 亿元资金已募集到位。三是稳步发展政策性农业保险。天津市财政局、天津市农委和天津保监局印发了《关于修订政策性农业农村保险保费财政补贴政策的通知》，将 7 个政策性农业保险险种的保费补贴比例由 70% 提高至 80%。

2. 保险业稳健性评估

（1）财产险公司赔付效率持续提高。2012 年末，天津市财产险公司应付赔付款 0.93 亿元，同比下降 46.9%，结案率为 83.8%，同比上升 1.3 个百分点，其中，车险业务结案率 84.6%，同比上升 1.2 个百分点。业务结构小幅调整，全年车险业务占财产险保费收入的比例为 71.5%，同比下降 3.4 个百分点，特殊风险保险、工程保险和保证保险比例同比分别上升 1.2 个、1.2 个和 0.6 个百分点。

（2）寿险产品向传统业务回归。2012 年，普通寿险和分红险分别实现保费收入 13.29 亿元和 111.44 亿元，同比分别增长 4.6% 和 7.4%，占全市寿险业务的比重分别为 10.5% 和 87.8%。投资连结保险实现保费收入 0.14 亿元，同比下降 12.9%。人身险业务期限结构持续优化，续期业务发展较快，全年续期业务规模 83. 57 亿元，同比增长 23. 7%，占比达到 57. 4%。

（3）法人机构经营较稳定。2012 年末，光大永明、恒安标准、渤海财险、爱和谊日生同和偿付能力充足率分别为 287. 7%、206. 8%、512. 4% 和 2 040. 3%。全年四家公司分别实现投资收益 8. 72 亿元、2. 51 亿元、1. 16 亿元和 0. 09 亿元，同比分别增长 83. 2%、35. 9%、27. 4% 和 39. 4%。

3. 保险业发展中需要关注的方面

（1）关注车险费率市场化对财产险市场带来的挑战。2012 年，天津市车险业务在财产险市场中仍居主导地位，车险保费收入占财产险保费收入的比例为 71. 5%。2012 年 3 月，保监会发布的《关于加强机动车辆商业保险条款费率管理的通知》中规定，对商业车险税率将有限度放开，对保险公司的经营管理提出更高的要求。

（2）银保合作低迷拖累天津人身险市场发展。2012 年以来，受政策约束、宏观经济形势变化以及竞争加剧等多重因素的影响，天津市银保合作业务的发展进入了低迷期，拖累了人身险市场的整体发展。全年天津市人身险市场共实现保费 145. 48 亿元，同比增长 7. 1%。其中，银行代理渠道实现保费收入 40. 96 亿元，同比下降 2. 0%，银行代理渠道占全部保费收入的比例为 28. 2%，同比下降 2. 8 个百分点。

三、金融市场与金融稳定

2012 年，天津市金融市场总体呈现健康发展态势，货币市场交易活跃，债券市场运行平稳，外汇市场交易量保持较快增长。

（一）货币市场交易活跃

1. 交易量稳步增长。2012 年，天津市银行间同业拆借市场共完成信用拆借 2 134 笔，拆借金额 9 421. 5 亿元，与上年基本持平，净融入资金 2 989. 3 亿元，同比下降 52. 6%。债券回购交易量继续保持较快增长，全年成交额 40 541. 1 亿元，同比增长 14. 1%。其中，质押式回购成交40 407. 7亿元，同比增长 14. 0%，占全部回购交易的 99. 7%，买断式回购成交 133. 4 亿元，同比增长 63. 5%。

2. 交易期限仍以短期为主。天津市同业拆借市场上，隔夜和七天拆借作为同业拆借市场的主要交易品种，占全部拆借成交金额的 88. 3%，与上年基本持平。在质押式回购交易中，期限在 7 天以内的投资品种也是主要交易对象，全年交易金额达到 38 453. 8 亿元，占全部质押式回购交易量的 94. 9%。

3. 市场利率有所回落。受市场融资供求变化的影响，全年天津市银行间市场同业拆借利率总体上呈逐渐回落的态势。同业拆借拆入加权平均利率为 3. 1289%，同比下降 0. 2585 个百分点，同业拆借拆出加权平均利率为 2. 7616%，同比下降 0. 6943 个百分点。

4. 市场集中度依然较高。2012 年末，天津市同业拆借市场共有成员机构 18 家。从资金拆借量分布看，依然集中于天津银行和渤海银行两家规模较大的法人金融机构。全年，两家机构合计拆借资金7 945亿元，占全市拆借总量的84.3%。

（二）银行间债券市场运行平稳

1. 交易量持续下降。自2010年以来，天津市银行间债券市场成员现券买卖成交量不断下降。2012年，现券买卖成交金额为8 180.3亿元，同比下降34.9%，较2010年相比下降65.1%。其中，现券买入量为3 879.6亿元，同比下降36.0%，现券卖出量为4 300.7亿元，同比下降33.9%。

2. 市场收益率整体攀升。2012年，天津市银行间债券市场成员现券买入收益率为5.5434%，现券卖出收益率为5.3727%，同比分别提高0.9561个和0.8259个百分点。从交易券种看，政策性金融债、企业债和中期票据仍是现券市场的主要交易券种，市场占比达80.5%。

3. 结算代理业务呈下降态势。天津市具有结算代理资格的金融机构仅有天津银行一家。近年来，受部分客户转为乙类自营账户或重组改革等因素的影响，该行债券结算代理业务规模出现下降，年末还有46家机构与该行建立了债券结算代理关系，全年完成代理结算量36.47亿元，同比减少258.40亿元。

（三）外汇市场交易量保持较快增长

1. 结售汇逆差有所扩大。2012年，天津市结售汇规模持续增长。全年结售汇总额854.3亿美元，同比增长17.2%，结售汇逆差119.9亿美元，同比扩大71.0%。分项目看，经常项目与资本项目呈现“双逆差”格局。其中，货物贸易逆差80.7亿美元，同比扩大53.6%，资本项目逆差8.5亿美元，逆转了上年顺差的局面。

2. 银行间外汇市场成交量稳步上升。2012年，天津市银行间外汇市场成交额同比增长14.9%。其中，人民币外汇即期成交额同比增长8.5%，人民币外汇掉期成交额同比增长3 005.8%，人民币远期市场成交额同比下降31.4%。外币买卖市场交易略有减少，全年成交额同比下降6.5%。

四、金融基础设施与金融稳定

2012年，天津市支付结算系统安全高效运行，支持了天津经济金融稳定增长；信用体系建设稳步推进，社会信用平台网络初步建成；反洗钱协调机制成效显著，在防范和打击洗钱方面发挥了积极作用；跨境人民币业务结算大幅增长。

（一）支付体系建设取得新进展

1. 支付系统应用进一步推广。一是滨海新区商业银行变更支票影像系统接入方式，扩大截留业务受理范围。年末办理支票截留提入业务的银行已达20家，日均可使约3 300万元资金提前1至2个工作日到账。二是组织商业银行开发二代支付系统圈存功能，拓展支票圈存业务在业务量大的领域、行业的应用，同时指导商业银行改造POS机等终端设备，节约圈存时间。三是推动集中代收付中心在公共服务领域的推广工作。全年共处理业务13.46

万笔，清算资金6.31亿元，在方便缴纳各类费用、有效节约社会资源、提高资金清算效率、降低资金风险方面发挥了积极作用。

2. 农村地区银行卡受理环境建设持续改善。一是推进农村地区助农取款服务。加大政策扶持力度，优惠手续费扣率，提高持卡人取现和商户代办点拓展业务的积极性。二是探索农村地区便民新举措。以蓟县为试点，签订《特约商户代理银行卡自助缴费业务协议书》，采取“三方合作售电”模式，在村服务站、小商店、社区物业等放置移动缴费POS机，实现村民就近持银行卡购电，为农民生产生活提供便利。

3. 银行卡产业发展加速。一是金融IC卡应用范围拓宽。率先开展金融IC卡在公共交通和公用事业缴费行业领域的全面应用，滨海新区公交系统受理环境改造已完成，并逐步向市内各区过渡。二是继续推动天津特色银行卡发行。积极完善“医达通”、“津通卡”和“社保卡”的相关配套设施，银行卡便民利民效果进一步显现。三是银行卡发卡量持续扩大。年末累计发卡7 625万张，比年初增长13.0%；全年POS机清算金额3 802.78亿元，同比增长23.4%；银行卡持卡消费交易（剔除房地产和大宗商品交易后）占全市社会消费品零售总额的比重达48.9%。

（二）征信体系建设不断完善

1. 中小企业和农村信用体系建设成效显现。一是推进滨海高新区中小企业信用体系试验区建设，初步建成包括中小企业政策环境扶持、融资平台对接、信用担保评级增信、金融资源支持、信用激励机制在内的中小企业信用体系建设框架，试验区123户企业累计获得信贷资金支持26.58亿元，其中信用贷款13.86亿元，提升了试验区融资环境和信用环境。二是依托涉农金融机构建立了32万户农户电子信用档案，评定信用户16.8万户，对已建立信用档案的农户累计发放贷款485亿元。

2. 征信市场规范发展。一是完成了对天津市110家融资性担保机构、179家借款企业的信用评级工作，保持信用评级业务量平稳增长。二是将信用评级报告作为融资性担保机构经营许可证年审的要件，建立了信用评级长效机制。三是完善了天津市信用评级自律公约，保证信用评级工作公正开展。四是组织开展评级执业行为现场检查，提升融资性担保机构信用评级工作质量。

3. 征信宣传教育工作有效推进。一是组织开展“信用记录关爱日”和动产融资租赁登记公示系统等专项宣传活动，面向不同社会群体开展针对性宣传，普及征信知识，扩大社会影响。二是编辑出版《征信概论》，为社会公众获取征信知识提供有益读本。三是继续探索征信知识宣传教育新模式，与天津大学等5所高校签订开设征信知识选修课合作协议，正式确立合作关系，推动天津大学等3所高校将征信知识选修课纳入2013年教学计划、天津师范大学将征信知识嵌入《诚信文化导论》全校选修课中。

（三）反洗钱工作有效开展

1. 反洗钱协调机制作用突显。一是反洗钱协调机制在天津市金融稳定工作中的地位和责任得到进一步确立。市政府办公厅印发《关于严格防范依法处置各类非法金融活动确保安全稳定的意见》，明确了通过加强反洗钱工作维护天津市金融稳定的相关要求。二是部门间反洗钱合作不断加深。2012 年中国人民银行天津分行与本市侦查、司法部门举办反洗钱司法会商 8 次，与市公安局联合举办了大型社会宣传和金融从业人员培训等活动，与天津证监局共同商定了加强证券期货业金融机构反洗钱工作的措施。三是反洗钱合作的制度化水平进一步提高。制定了《反洗钱奖励办法》，明确对办理洗钱案件做出贡献的司法部门及其办案人员的奖励措施。

2. 反洗钱监管水平持续提升。2012 年，着力开展对金融机构的反洗钱“差别化”监管和法人监管。在“差别化”监管方面，制定了《银行机构洗钱风险控制工作报告模板》和《证券业金融机构反洗钱风险评估办法（试行）》，通过非现场手段分行业指导金融机构开展洗钱风险水平及防控成效评估。在法人监管方面，一是遴选渤海银行成为中国人民银行反洗钱局确认的大额和可疑交易报告综合试点单位，指导其优化可疑交易分析和报告模式；二是组织 27 家法人金融机构开展可疑交易报告工作自查，规范可疑交易报告工作流程；三是推动银行机构应用机构信用代码辅助开展客户身份识别；四是推动特定非金融机构开展反洗钱基础建设。

3. 金融机构反洗钱工作水平持续提升。2012 年，各金融机构着力提升可疑交易报告质量，进一步完善客户洗钱风险等级划分流程，逐步加强对客户实际控制人和交易实际受益人的身份识别，不断丰富核对客户身份证件的技术手段，大力升级改造客户信息留存检索系统，全年共报告有合理理由认为交易或客户与洗钱、恐怖主义活动及其他违法犯罪活动有关的可疑交易 32 件，其中 30 件具有深入调查或直接报案价值。

（四）跨境人民币业务稳步前行

1. 跨境人民币业务结算量大幅增长。2012 年，天津市共办理跨境人民币结算 633 亿元，同比增长 47.0%。全年共有 41 家银行为千余家企业办理了 6 000 余笔跨境人民币结算业务，主要集中在批发业、物流业、金属矿产销售、棕榈油类加工生产、租赁业等行业。跨境人民币结算业务涉及的地域不断扩大，已经覆盖中国香港、德国、新加坡、英国、美国、韩国、法国、日本等 68 个国家和地区。

2. 跨境人民币业务工作水平持续提升。一是确立考核评价机制。制定了《天津市银行机构跨境人民币业务考核办法》，定期通报各银行业务量和考核结果，有效发挥考核机制的正向激励作用。二是进一步完善工作模式。深入银行和重点企业“面对面”交流，将跨境人民币政策直接送达企业管理人员，提供“量身定做”的解决方案。三是不断加强培训工作。实行按需培训，帮助银行和企业充分利用相关政策，全年对 20 余家银行和千余家企业进行了政策业务培训，提高了培训的针对性和有效性。

3. 跨境人民币业务宣传工作不断推进。2012 年，组织开展了大规模“跨境人民币结算政策宣传月”活动，鼓励银行充分依托电视、报纸、网络、通讯、政府会议等平台，进行广泛宣传。天津市 1 200 余家银行网点参加宣传月活动，向企业发放跨境人民币结算政策宣传手册 20 余万份，发送跨境人民币结算政策宣传短信 5 万余条，营造了良好的舆论氛围，大力提升了企业使用人民币进行跨境结算的积极性，扩大了政策的覆盖面。

五、政策建议

（一）加快转变经济发展方式，夯实金融体系稳健运行基础

一是要进一步调整经济结构，在大力发展先进制造业和高技术产业的同时，把发展服务业放在扩大内需更加突出的位置，加快发展生产性和生活性服务业。同时，要以提升综合效益为核心，采取有效措施，加速形成以创新技术品牌、绿色低碳、质量服务为核心的出口竞争新优势，提升市场份额和地位。二是要加强技术改造，着力提高企业效益。要注重企业技术创新能力的增强和创新成果的产业化，注重信息技术的集成应用，推进信息化与工业化深度融合，大力提升企业的核心竞争力。三是要加大金融体系对实体经济的支持力度，实现金融业与实体经济的良性互动。要合理引导信贷资金进入实体经济，加大对天津市优势行业和新兴行业的支持力度，要大力加快发展天津多层次金融市场，拓宽实体经济通过金融领域获得资金的渠道，要不断推进金融产品和服务方式的创新，提高金融服务的效率。

（二）推动金融机构切实转换发展模式和经营机制，走可持续发展之路

大型商业银行要紧密结合宏观调控政策，主动调整贷款结构和投向，要加大对重点领域信用风险的管理力度，强化对投向交通运输、仓储和邮政业等行业贷款的风险管理。中小银行应充分利用自身优势，逐步摆脱过去主要依靠大客户的同质化经营模式，有针对性的开发中小企业客户群、零售客户，实现从成立初期规模扩张的粗放式管理模式向精细化管理模式的转变。证券期货公司应依据自身资源、客户结构明确发展重心，实现特色化经营，做专、做精，以业务量的大幅增长，促进服务能力水平的提升。保险公司要准确把握天津市保险市场发展形势，从产品自主创新、服务创新出发，科学发展保险业务，扎实搭建运营平台，着力加强成本管理，切实推行精细管理。

（三）加快金融改革创新，提升金融业发展的效益和质量

一是要积极推动天津优质企业上市规模，鼓励上市公司通过增发、配股和公司债等方式拓宽再融资渠道，提高上市公司质量，增加股市供给，满足投资者需求。发展和完善资金拆借市场、票据市场、外汇市场，建设多层次的金融市场体系。二是要以产业金融、科技金融、商贸金融、消费金融、航运金融、农业金融和矿业金融等为重点，建立以产业金融为特色的金融服务体系。三是要完善私募股权基金产业体系。整合投资机构、银行和企业信息与资源，积极推动委托贷款与股权投资相结合的模式，推动股权投资基金与拟融资企业对接，在金融创新方面发挥产业与金融相结合促进实体经济发展的作用。

（四）加强对具有融资功能的地方非银行金融机构监管，防范体系外风险向金融体系传导

在宏观上，要健全对具有融资功能的地方非银行金融机构的风险监测体系，加强对此类机构的监测评估；建立覆盖此类机构的社会融资总量统计制度，强化对其监测；尽快实现各

监管机构和行业协会统计标准的统一，定期汇总、分析并发布市场数据。在微观上，要明确监管主体，强化对此类机构准入、经营管理的日常监督；建立包括机构、产品和交易方式等内容的信息披露激励和惩罚机制；要建立机构与商业银行之间的风险防火墙，降低风险的外溢效应；要建立机构的危机自救方案，明确对资本金和流动性的要求。

专题二　京津冀金融互动发展

金中夏①

一、区域金融一体化的理论基础

（一）区域经济一体化研究概论

1. 世界经济学领域对区域的概念界定

区域又称地区（region），在地理学中一般是指按自然地理分界线（陆地、海洋、山脉、河流等）对地球表面划分出的地域，但在世界政治经济研究领域，对区域的概念界定较为复杂。

国外学者对区域的概念界定进行了大量研究。拉西特（1967）提出具有重要意义的关于区域的五种划分标准：社会和文化相似性、国家政治观点和对外政策相似性、政治上相互依存、经济上相互依存以及地理位置相邻。汤普森在对20世纪六七十年代的地区研究进行总结时，得出地区或地区次体系得以存在的四个充要条件：一是行为体的关系或互动类型表现出某种法制化和紧密化的特殊程度，以至次系统中某一点的变化会影响到其他点；二是行为体一般而言比较近似；三是内部和外部观察者和行为体认可该次体系是一个有特色的区域或行动场所；四是该次体系逻辑上至少包括两个或更多行为体。戴维·莱克（Lake）肯定了汤普森的定义，并进一步讨论提供了一个牢固的基础。

综上所述，对区域的研究有以下趋向：首先，对地区的界定越发强调区域内行为体（包括民族国家和非国家行为体）间的互动与相互依存，而越来越远离地理相邻原则，将地区作为世界体系中的一个子系统、次系统或者全球与国家之间的中间层次来看待；其次，将地区视为一个功能单位的观点日益突出，即将地区看做经济、社会等方面联系日益紧密、相互产生重要影响的整体；最后，认同在地区形成与建构中的作用越发明显，即地区是一个具有认同感和归属感的地域。

国内研究方面，肖欢荣认为，国际关系地区主义中的地区是以一定的地理界限为基础，根据某个或多个特定社会政治关系方面的因素构建的具有一定规模的社会生活空间。这些社会政治关系因素包括内聚力（同质程度）、交往（互动程度）、权力层次（权力的分配）或

---

① 金中夏，经济学博士，中国人民银行金融研究所所长，中国滨海金融协同创新中心特聘研究员。

各种关系的结构（如合作程度和紧张烈度）等。耿协峰认为，地区是人类根据自然地理分布、历史习惯、政治经济文化活动的范围划分出来，具有一定规模的社会生活空间。在结构分析的国际政治经济学看来，地区是一个动态发展的概念，主要表现为某种结构，反映了特定地理区域内政治经济权力的动态安排，因此又可称为地区结构。陈光武（2009）强调共同利益在地区建构中也至关重要。根据新制度经济学观点，经济全球化及区域经济一体化都是参与者都是以追求利益最大化为目的，突破原有制度障碍、突破制度变迁的创新过程，没有对共同利益的认同，地区难以存在。

2. 国际经济一体化的含义

（1）“作用”论定义。荷兰经济学家 Tinbergen（1954）最早提出区域经济一体化的定义。他从生产要素流动性与政府机构之间的关系方面对一体化进行了阐述，认为区域经济一体化就是要消除限制经济有效运行的人为因素，通过彼此协调和统一，形成最适宜的国际（或区际）经济地域结构。Tinbergen 还将区域经济一体化分为“消极一体化”和“积极一体化”两类。通过取消各种规章制度，取消成员国之间资本、人力和商品等生产要素流动的障碍来导入经济贸易自由化为“消极一体化”。运用强制力量来改造现状，通过建立起新的贸易自由化政策来纠正自由市场的错误信号，从而加强自由市场的经济一体化力量为“积极一体化”。

Pinder（1968）认为，消极一体化是取消差别，积极一体化是形成和运用协调的、共同的政策以实现除取消差别以外的经济和福利目标。Pinder 定义是按目标进行区分，与 Tinbergen 相比，Pinder 认为不需要超国家机构来集中控制一系列政策工具（而是经济联盟通过集体决策）即可实现其主要目标，Tinbergen 则将政府行为视为国际经济一体化的一个必要条件。

Lindert 和 Kindleberge 认为，通过共同的商品市场、生产要素市场或两者的结合，达到生产要素价格的均等，可以是指宏观经济政策的一体化和生产要素的自由流动，以及成员国之间的自由贸易。

约翰·哈里·贝宁（1993）将经济一体化定义为经济互相依存的一种形式，其特征是所有成员国之间达成一种协议。对一体化经济体内各成员国而言，该协议放弃成员国部分国家主权，以建立跨国市场，或者建立一个代表所有成员国的超国家的权威机构。

（2）“过程”、“状态”论定义。该观点以美国经济学家 Balassa 为代表。Balassa（1961）提出，区域经济一体化既是一个过程，同时又是一种状态。就一体化过程来说，它包括旨在消除各国经济单位之间差别待遇的种种措施。就状态而言，则表现为各国之间各种形式的差别待遇的消失。Balassa 的观点得到普遍认同并具有经典意义。权威《新帕尔格雷夫经济学大词典》中“经济一体化”条目即由其撰写。其后，许多经济学家围绕对“过程”与“状态”含义的不同理解，对区域经济一体化进行了不同解释。米德指出，一体化是达到一种联盟状态的过程，不仅要消除各成员体经济单位之间的歧视，而且要形成、实施和协调共同政策，其范围应足以保证实现主要的经济与福利目标。Curson 从生产要素分配的角度解释区域经济一体化，把“过程”理解为趋向全面一体化的成员国之间生产要素的再配置，把“状态”理解为业已一体化的成员国生产要素的最佳配置情况。

（3）“手段”论定义。Robson（1980）强调，经济全球化是一种手段，而不是目的。他认为国际安排应体现三个方面的特征：一是在某种条件下，成员国之间歧视的消失；二是维持对非成员国的歧视；三是成员国之间在企图拥有持久的共同特性和限制经济政策工具的单边使用上有一致的结论。

（4）“目的”论定义。Sreeten（1961）指出，一体化不应按手段（自由贸易、统一市场、可兑换性、自由化等）来定义，而应定义为“目的”，即平等、自由、繁荣。

（5）国内学者对区域经济一体化的定义。目前国内学术界通用的经济一体化定义来源于经济学家于光远主编的《经济大辞典》，认为经济一体化通常指两个或两个以上的国家在社会再生产领域内实行不同程度的经济联合和共同的经济调节，向结成一体的方向发展。一般根据国家间的协定建立有共同的机构。罗蓉和罗雪中（2009）认为，区域经济一体化一方面是一种动态演变过程，在这种动态演变过程中，区域经济系统中各元素相互作用、相互影响、相互促进，具有比孤立分割下的经济体更高效的运转效率；另一方面，区域经济一体化也是一种相对稳定的静态表现，在这种相对静止状态下，区域经济系统中各单元分工合作、相互依存、彼此联系，具有比孤立分割状态下的经济体更优越的性能和特征。

3. 一国内部的区域经济一体化

前述定义从不同角度和侧面描述了国与国之间的经济一体化。但是，经济一体化的层次不仅局限在国际层面，目前，国内学术界关于经济一体化的研究可分为四个层次。第一个层次是全球层次的经济一体化，即全球所有国家自愿让渡经济主权给世界经济机构，使资源在世界范围内自由流动，使限制生产资源最优配置的一切人为障碍逐步消失而后完全取消，全世界各经济体形成一个单一经济体。诸如全球经济一体化、国际经济一体化和世界经济一体化的提法均属于第一层次。第二个层次是国际经济一体化，即两个或两个以上的国家合为一体的形式。国际经济一体化主要以地区经济一体化或区域经济一体化的形式来表现。欧洲经济一体化等属于该层次。第三个层次是一国范围内各省区之间的经济一体化，即不同省区经济合为一个整体，形成全国统一的市场，实现商品、劳动力、资本等生产要素在全国范围内自由流动。第四个层次是一省区范围内不同城市之间的一体化，即同一个省区内不同的经济区通过行政方式实现城市之间的完全一体化。例如，目前我国长株潭城市群、长吉图一体化、西咸经济区一体化等。

一国内部的区域经济一体化发展，是指按照区域经济空间一体化的本质规定，打破区域内各经济地域单元间的行政区划限制，整合区域内各经济地域单元优势，对区域基础设施建设、生产要素流动、产业活动布局、生态环境保护等进行一体化规划、调整和管理，从而在整体上提升区域经济竞争实力和持续协调发展能力。也就是说，通过区域内各经济地域单元的优势互补及区域经济联合的优势，促进区域经济优势在空间上的充分发挥，在更大范围内实现产品、要素市场的优化配置，降低区域整体经济发展成本与社会运行成本，提高区域经济综合竞争力，全面实现区域内部经济的快速协调发展。

一国内部的区域经济一体化发展的主体由三部分构成：一是宏观主体，即对整个区域有直接管辖权的行政区政府；二是中观主体，即区域内各经济地域单元政府及区域民间组织；三是微观主体，即区域市场生产要素所有者和企业。在内容上，主要包括区域基础设施一体化建设、生产要素一体化流动、产业活动一体化布局、生态环境一体化保护四个方面。例如，张军（2011）认为，区域经济一体化是指区域内部或区域与区域之间日益密切的分工协作关系，以至相邻经济地域单元之间的经济活动相互融合，形成一个互为补充、彼此依赖的发展系统。区域经济一体化有两层含义：一是指依据自然地域经济之间的内在联系、商品流动、文化传统和社会需要而形成的经济联合体；二是指在区域分工与协作基础上通过要素的区域内流动而实现的区域经济协调发展的过程。从外延看，区域经济一体化既指国家之间的经济一体化，同时也指存在于一国内部的区域经济一体化，主要有城市群一体化、行政经济一体化。作为一国内部区域经济一体化的主要形式，城市群经济一体化和行政区经济一体化都是以消除行政区划限制为前提条件的相邻经济地域单元的区域经济合作与发展。

4. 区域经济一体化演进的阶段

Friedman（1966）完整地提出了区域经济一体化演进阶段理论。在前人研究基础上，根据对拉丁美洲国家的区域发展演变特征的分析，运用熊彼特的创新思想，试图阐明一个区域如何由互不关联、孤立发展变成发展不平衡，又由极不平衡发展变为相互关联的一体化平衡发展的区域系统。

Friedman（1966）认为，任何国家的区域经济系统，都是由经济中心与经济外围区两个子经济空间系统组成。经济中心区由一个城市或城市集群及其周围地域组成，是有着较强创新变革能力的地域子系统。经济外围区则是根据其与经济中心区所处的依附关系由经济中心区决定的地域子系统。经济中心区和外围区之间的界限由其相互关系决定，共同构成完整的区域经济空间系统。其中，经济中心区在区域经济空间系统中居支配地位，经济外围区相对处于依附地位而缺乏经济自主。一般而言，随着区域经济的发展，区域经济空间演进会先后经历四个阶段，即前工业化时期——离散型均衡接单、工业化过渡期（工业化初期）——集聚型非均衡阶段、工业化时期（工业化中期和后期）——扩散型阶段、后工业化时期——网络一体化均衡阶段。

（1）离散型均衡阶段，该阶段处于前工业化时期。区域经济空间均质无序，其中有若干个地区中心存在，它们之间无等级结构分异。由于该时期区域生产能力低下，经济不发达，农业在经济结构中占绝对优势、工业产值占比不足10%，各地区经济发展水平差异不大，总体上处于低水平的均衡状态。与此相对应，区域经济空间由一些独立的地区中心和广大的农村地域组成，每个地区中心都占据一块狭小的地方。而且区域内部各地区之间彼此封闭，缺乏必要的经济联系。

（2）集聚型非均衡阶段，该阶段处于工业化过渡期（工业化初期）。区域工业产值比重在10%~25%。在工业化进程中，某个地区经过长期积累或因外部刺激而获得发展动力，经济出现快速增长，并发展成为区域经济中心。该中心的产生将打破区域经济空间低水平的原始均衡状态。在这一阶段，区域经济空间由单个相对强大的经济中心和较为落后的外网地区组成。区域经济中心以经济发展的相对优势吸引外围地区的要素不断向中心集聚，经济实力越来越强大，而外围地区经济则越来越趋向落后，进而导致区域经济空间日益不平衡。

（3）扩散型非均衡阶段，该阶段处于工业化时期（工业化中期和后期）。区域工业产值比重在25%～50%。随着区域经济中心活动范围的扩展，在区域的其他地区出现了新的经济中心。新经济中心和原有经济中心在经济发展上相互联系和组合，构成区域经济中心体系。由于区域经济中心都有与其规模相对应的外围区域，区域形成了若干规模不等的中心—外围结构体系。这些中心—外围结构按照各自经济中心在区域经济中心体系中的位置与关系，相互联结在一起，构成了区域经济空间结构。而且，区域经济空间结构趋向复杂化和有序化，并对区域经济的增长产生积极的影响。

（4）网络一体化均衡阶段。该阶段处于后工业化时期。在该阶段，经济发展达到较高水平，区域内各地区之间经济交往日趋紧密和广泛。与此同时，不同层次与规模的区域经济中心和其外围地区的联系也越来越密切，它们之间的经济发展水平差异逐步缩小。区域内逐步形成功能上一体化的经济空间结构体系。随着区域各经济中心和其外围地区的界限逐步消失，区域经济将最终走向空间一体化。

Friedman（1966）指出，可把区域经济发展看做是一种由基本创新群最终汇集成大规模创新系统的不连续积累过程。快速发展的大城市系统通常具备有利于实现创新的条件，而创新又常常从大城市向外围区进行扩散。因此，政府应该把高技术产品的生产及从事科学研究的机构布局在经济中心区，而把低工资的劳动密集型产品的生产活动布局在外围区，以此来推动区域经济朝空间一体化方向发展。

5. 区域经济一体化理论

（1）关税同盟理论。美国经济学家 Jacob Viner 和英国经济学家李普西在各自代表作《关税同盟》和《关税同盟理论的综合考察》中系统提出了关税同盟理论。关税同盟理论主要研究关税同盟形成后，关税体制的变更对国际贸易的静态效果和动态效果。Viner 认为，完全形态的关税同盟应具备三个条件：实行关税同盟的各成员国之间实行相互免征关税、关税同盟对来自成员国以外地区的进口产品征收统一的关税、各成员国通过协商方式分配关税收入。关税同盟对内实行贸易自由化，对外实行差别待遇措施。但是，关税同盟理论只适合完全由发达国家组成的经济一体化组织，对于不完全市场经济国家或非市场经济国家并不适用。

（2）自由贸易区理论。对于不完全市场经济国家或非市场经济国家而言，自由贸易区是一种较为现实的选择。GATT（关税及贸易总协定）第24条对自由贸易区的定义为"两个或两个以上的具有特定地缘关系的国家，通过签订政府间的条约或协定，取消相互之间关税和非关税壁垒，允许商品在成员国间自由流动。区内各成员国间减少直至免除关税，但是各成员国仍然可以自行决定对区外国家的关税和非关税等贸易限制政策"。为防止所谓的

“贸易偏转”，即非成员国利用成员国关税差异，向关税最低国出口商品以进入区内其他国家，在自由贸易区的成员国间仍设立边境海关，并实行商品原产地原则。因此，自由贸易区又被称为半关税同盟。

（3）大市场理论。大市场理论来源于对共同市场的理论分析，从动态角度分析区域经济一体化的经济效应。代表人物是西托夫斯基，其基本观点是：①通过把国内市场变成统一的大市场，可以扩大市场范围，区内贸易实现自由化，要素可以自由流动，取得规模经济利益进而取得技术利益。这就避免了以前由于各国实行狭隘的贸易保护政策把市场分割得过于狭小的弊端；②随着统一市场的扩大，竞争环境更加激烈，进而实现规模经济和技术利益，从而促进区内生产的增长和发展。

与关税同盟相比，共同市场在一体化程度上又进了一步。由于贸易保护主义而被分割的小市场统一起来形成大市场，各成员国企业通过区域内的激烈竞争、大批量生产形成规模经济效应，经济会急剧扩张。消费扩大导致投资增加，增加的投资转化为供给进而导致价格下降、工资提高、消费增加。但该理论也有一定缺陷：第一，该理论不能有效解释国内市场规模较大的国家同其他国家实行的区域经济一体化；第二，根据该理论，建立共同市场是为了激发企业竞争力，但很多其他政策也可实现该目标，不建立共同市场一样可以使市场更具活力；第三，将竞争激化规模经济作为共同市场产生的依据稍显牵强。

（4）政策一体化理论。Maurice Schriff 和 L. Alan Winsters 在《区域一体化与发展》中认为，区域一体化的经济效应表现在：通过减少摩擦性交易成本和过境手续、加强标准认证等措施降低交易成本；制定法律以避免政府对国内企业实行贸易保护政策，摧毁市场进入壁垒从而增加国内市场竞争；解决没有通过价格机制而使一国行为给另一国带来侵害的问题来增加福利；对实行自由贸易的成员国进行补偿，促进其整合资源以增加自有贸易的执行力，有助于阻止成员国在贸易自由化承诺上的倒退。Schriff 和 Winsters 指出，发展中国家要尽量遵循国际标准，而非发展本地标准或地区标准。政策一体化会给成员国内部成员带来最佳的竞争效果和竞争福利，进而给本区域带来巨大利益，而且不会造成对成员国的损害。但由于在政治上和技术上面临较大困难，目前政策一体化进程中承诺多于行动。

（5）完全的区域经济一体化理论。该理论认为，除了要求成员国完全废除商品、要素流动的制度障碍外，成员国还要在财政政策、货币政策和福利政策等方面协调一致，从而在政治、经济上结成最紧密联盟，最终统一本区域对外政治、经济和防务政策，建立统一的金融机构，发行统一货币。当前，欧盟正向此方向发展。

（6）新经济地理学理论。从20世纪90年代开始，随着经济全球化的快速发展，一些经济学家开始把研究重点转移到经济地理学上来。作为新地理经济学的创始人，Krugman（1995）在其著作《地理学与贸易》中提出这一概念。他采用收益递增——不完全竞争模型的建模技巧对空间经济结构与变化过程进行重新考察，希望把经济地理纳入主流经济学的范畴。该理论以不完全竞争、规模经济和报酬递增为假设条件来研究区域经济问题，比新古典经济学更接近现实。

地理经济学理论研究表明，由于收入差距和生产结构的差距加大，区域经济一体化可能给区域内某些成员国带来危害。当不完全竞争、经济规模和产品差异化决定的生产地点成为重要因素时，在贸易壁垒不断下降的情况下，运输成本和市场准入条件会对边缘国家和中心国家生产造成影响。最终，无法确定经济一体化下的区域效果。

（7）新制度主义理论。新制度主义一体化理论起源于20世纪60年代的新制度经济学。该理论的研究核心是制度。在区域一体化理论中，新制度主义可分为历史制度主义、理性制度主义和社会制度主义。新制度主义较大程度的纠正了自由政府主义和新功能主义的片面性，从新的视角研究区域一体化。理顺了成员国政府、一体化机构和制度之间的关系。最后，除考虑一体化制度中国家和一体化机构的联系，该理论还研究了一体化组织制度间的关系。

（8）协议性分工理论。协议性分工是指一国放弃某种商品的生产并把国内市场提供给另一国，而另一国也放弃另外一种商品的生产并把国内市场提供给对方，即两国达成互相提供市场的协议，实行协议性分工。这种分工是通过贸易当事国之间的协议来实现的，而非由市场机制自动实现。

日本学者小岛清首先提出协议性国际分工理论。他指出，如果根据比较优势原理进行分工，在经济一体化组织内部不可能完全获得规模经济的好处，反而可能会导致各国企业的集中和垄断，进而影响经济一体化组织内部分工的和谐发展和贸易稳定。因此，为使竞争贸易尽可能保持稳定状态，必须实行协议分工。达成协议性国际分工需具备以下条件：第一，两个或以上国家和地区的资本劳动禀赋比例差异不大，工业化水平和经济发展阶段大致相同，每个国家和地区都能生产协议性分工的对象产品；第二，协议性分工的对象商品须是一般都能获得规模经济的商品；第三，每个国家实行专业化的产业和让给对方的产业之间没有优劣之分。这三个条件表明，经济一体化或共同市场必须在同等发展阶段的国家之间建立，而不能在工业国与初级产品生产国即发展阶段不同的国家之间建立。同时，在发达国家之间进行协议性分工的商品范畴更大，可以获取的利益也更大。此外，生活水平和文化等条件类似的地区更容易达成协议，并且更容易保证相互需求的均等增长。

（9）交易费用与信息不对称理论。科斯（1937）在其经典论文《企业的性质》分析企业起源和规模时，首次将交易费用这一概念引入经济学分析。科斯认为，交易费用是运用市场价格机制的成本，包括发现贴现价格、获得精确市场信息的成本，以及在市场交易中，交易人之间谈判、讨价还价和履行合同的成本。由此可见，市场交易并非如新古典完全竞争理论所假定的那样，价格信息为既定的且为所有当事人所掌握。相反，市场上的价格信息是不完全、不对称的，将其转化为完备信息需要付出代价。由于市场交易过程会出现各种障碍，交易人之间常会发生纠纷、冲突，为此就要进行谈判乃至诉诸法律，所有这些都要花费交易成本。市场规模取决于完成交易的难易程度，较高的交易成本将抑制市场需求，较低的交易费用才能促进市场顺利发展。因此，为最大限度节约交易成本，必须建立统一市场，增加市场信息供应量。

（二）金融发展促进经济增长的作用机制

近年来一个日益明显的现实在于，金融发展对一个地区经济增长的作用越来越大。金融发展程度相对较高的国家或地区，其经济状况和社会生产往往也更加良好。现代发展经济学认为，经济的发展离不开金融发展，金融资源作为一种稀缺性资源，对一个地区的经济发展至关重要。

所谓金融发展，Goldsmith（1969）将所有金融现象归结为金融工具、金融机构和金融结构三个方面，认为金融结构是一国金融工具和金融机构的形式、性质及其相对规模的综合，金融发展就是金融结构的变化。McKinnon 和 Shaw（1973）认为，传统金融与经济关系理论以发达国家为对象，偏重实物要素的研究方法，在货币和物质资本具有替代关系的假设基础上，得出金融部门的有效运行离不开政府干预的结论并不符合发展中国家的实际。二人分别以广大发展中国家为样本，针对发展中国家货币化程度低、二元金融结构、金融市场落后、金融体制效率低下、政府对金融过于严格控制的特点，从不同的角度论证了金融与经济的辩证关系，提出金融抑制论和金融深化论。认为金融发展是指金融市场的形成和完全化的过程。

大多数针对金融市场发展程度和经济增长关系的研究都得到了较为一致的结论，即高度发展的国内金融市场可以促进本国经济的增长。King 和 Levine（1993）、Levine（1997）、Beck 等（2000）及 Levine 等（2000）研究均详细阐述了这一正向关系发生作用的理论框架，并提供了基于国家层面数据的实证研究支持。Levine 和 Zervos（1998）分析了不同类型金融机构的作用，进而指出股市流动性和银行体系发展一样，都能促进经济增长、资本积累和生产力的提高。Rajan 和 Zingales（1998）发现国内金融发展可以降低企业外部融资的成本，从而促进企业产出和国内经济的增加。Wurgler（2000）通过整合国家和企业层面数据，指出金融发展虽然不能直接导致更高的投资水平，但能更加合理的分配现有资源，通过效率的提高促进经济增长。

具体而言，完善发达的金融市场可以实现以下几条重要作用：一是降低信息成本和商业风险，推动交易繁荣与经济增长；二是促进公司治理，实现对管理层的有效监督；三是加速储蓄向投资的转化，提高资金使用效率；四是加速交换过程，促进商品和服务的流通。因此，如果一国的金融市场发展达到一定程度，就可以通过提升资本存量或技术创新的增长率实现促进经济增长的作用。

（三）区域金融一体化研究概述

目前来看，国际上对于趋于金融一体化并没有形成理论上的统一认识，目前国际上大多研究集中在国际金融一体化的内容，且没有统一的研究模式，目的主要是研究某个国际区域的金融一体化水平，如欧盟、北美、亚洲等。基于国别的研究，其先决条件是汇率的存在和各国货币政策的独立性，实证分析方法也一半通过考察各国金融资产收益率的收敛程度，以此来判断金融一体化程度。

国内学术界对金融一体化的研究起步较晚，国内最早关于金融协调和金融可持续发展理论的提出者是辽宁大学白钦先和孔祥东教授。此后，更多学者对区域金融问题作了深入研究，例如：李方（2006）在分析区域金融一体化、经济一体化与优化金融资源配置之间关系的基础上，提出以实现长三角金融资源优化配置促进长三角经济一体化的深化；张颖熙（2007）利用面板数据对中国1952—2004年三大经济区域（环渤海、长三角、珠三角）金融一体化程度进行实证分析和比较，得出三地金融一体化程度不升反降的结论；陈福中和吴秋璟（2008）从经济增长和金融发展的角度论证了长三角区域金融发展对经济增长的关系，发现符合中国国情的金融效率化与经济增长呈负相关关系；中国人民银行上海分行课题组（2005）在长三角金融合作研究报告中对长三角现阶段金融一体化现状，从资金流动情况角度进行分析，认为应从制度角度解决制约长三角金融一体化发展问题；刘龙生和张捷（2009）利用72个国家1980—2005年的动态面板数据模型进行系统GMM估计的结果表明，金融一体化发展程度高的发展中国家在一体化过程中能够获得更多的经济利益，更有利于实现区域经济发展。

1. 区域金融概念界定

朱新天和詹静（1993）认为，区域金融是依据经济的自然发展趋向进行地域划分和组合，突破传统的计划管理模式和大一统的金融运行格局，通过区域内的金融联合与开放，建立起适应区域经济发展的金融环境和金融秩序，进而对区域经济的发展起到先导和催化作用。张军洲（1995）提出，区域金融理论是以现代市场经济条件下的金融发展空间结构变动规律为研究对象，以区域金融与区域经济的内在联系、区域金融发展的动力、区域金融发展的水平与结构差异、区域金融生长点、金融资源配置与优化组合等为主要研究内容的理论。他认为，区域金融是指一个国家或地区金融资源与运行在空间上的分布状态。支大林（2002）指出区域金融是指一个国家金融结构与运行在空间上的分布，实质是将金融置于区域经济的环境中进行研究。他认为，只有从不同的经济区域出发才能更加清楚的认识金融的意义，而实践也证明了区域经济发展程度越高，金融作用越强的命题。李敬（2007）强调区域金融必须符合整个国家金融和国民经济发展的要求，将区域金融的概念界定为在特定的区域内，主要面向地方经济发展，对区域内金融基础设施进行整合，建立的相对独立而又与国家金融发展和整个国民经济发展具有密切联系的金融制度。

2. 金融一体化概念界定

金融一体化作为国际经济学的一个分支，兴起于20世纪60年代。随着世界经济一体化浪潮的兴起及欧盟跨越国家主权组织一体化模式的运行取得成功，金融一体化模式在全球范围内得到普遍的认同。金融一体化是经济一体化的逻辑演进的高级形式。

IMF（国际货币基金组织）工作报告对金融一体化的定义为，“金融一体化是指国与国（地区）之间的金融活动相互渗透、相互影响而形成一个相互联动的整体的一种发展态势，其中包含两层含义：首先它是一个资产流动性的问题，金融一体化意味着国内外经济主体可以不受限制的进行金融资产交易活动，即金融资产具有高度的流动性；其次它是一个替代性问题，意味着国内外的金融资产具有高度替代性。”欧盟对金融一体化的定义是指“在市场力量的驱动下，不同国家或地区的金融市场进入竞争并最终形成一个统一的金融市场，其特征是金融服务提供者价格趋同，提供产品的趋同以及效率和盈利率的趋同”。

Baele（2004）认为金融一体化的市场特征为：存在一系列金融工具和金融服务，所有潜在市场参与者具有一系列相同性质，即所有潜在市场参与者所得到的金融产品和金融服务是相同的，且在单一相同规则情况下可以得到相同的待遇。

中国人民大学金融与证券研究所课题组在《亚洲金融一体化研究》中提出，金融一体化就是指不同地区和国家通过参加国际金融竞争与合作，形成与世界上各个国家之间越来越密切的经济金融关系，使得资源在更加广泛的范围内得到合理配置和有效使用，从而使各个国家、地区之间的经济金融关系更加融合，直至在一个国家和地区之间形成一个统一的有机体。同时，还提出从以下几个方面来界定金融一体化的内涵：首先，金融一体化是指国际金融界出现的能够反映世界经济金融发展规律的一种总体趋势，是各个国家和地区在金融活动、金融市场及金融政策等方面互相依赖、渗透和影响所形成的整体。其次，金融一体化从发展形态来看，静态上来看是一种发展形势，即合作区域内的金融业务活动高度一体化的一种形态；从动态上来看是各国金融活动区域一体化的进程及发展趋势。最后，金融一体化具有阶段性特征，是从初级到高级的一个过程，由最初的国际金融结算业务、汇兑业务，逐步发展成为国际间借贷资本的顺畅流动直至金融市场的完全融合。此时，国际间政策协调一致，发行统一货币，各国最后完全牺牲了制定货币政策的独立性。

陈浪南（2002）认为金融一体化既是一种过程也是一种结果，就过程而言，它包括旨在消除各个国家和地区经济单位之间的差别待遇的各种举措。就状态而言，表现为各个国家和地区之间各种形式的差别待遇的消失。同样，一体化可以是实现目的的手段，也可以指最终目的。元惠萍（2002）把金融一体化分为两个方面的开放，一是金融服务业的全面开放，指金融服务部门之间能够相互享有市场准入及国民待遇，二是金融市场的全面开放。易纲（2001）认为金融市场一体化就是在全球金融市场上，套利的机会几乎都不存在，其数学上的定义就是套利机会出现的概率为零。由于信息网络的高度发展，现在的金融市场特别是外汇和金融衍生品市场基本就是一个市场，这些产品的价格基本上趋于一致。张凤超（2005）认为金融一体化研究必须以金融学和地理学为共同载体，并从产业经济学、区域经济学和系统科学理论中汲取营养。植根于区域这一有效规模空间，一方面坚定地理思维，运用金融地理学倡导的“空间差异——空间运动过程——空间组织形式——空间相互作用”的空间理念，另一方面坚持系统科学，融合各种金融理论，以金融资源禀赋差异为根本，以金融效率为机理，以金融地域运动为脉络，以金融产业为内容，以金融地域系统为基本，形成较为独立和完整的理论框架。

3. 金融一体化的催发点——区域金融发展差异

金融一体化的初始催发点是金融资源禀赋差异。由于金融资源的供给和需求在空间分布上不平衡，金融运行必然具有区域不平衡的特点。区域金融是金融体系的区域化，既可以是国家金融体系的外部延伸，也可以是国家金融体系的内部缩小。金融资源在空间地域分布上表现出非均质或不连续的特点，正是这种初始地域禀赋的差异性，催发了金融在不同国家、区域间的运动。

区域金融资源配置差异研究领域具有代表性的人物是新凯恩斯主义者。新凯恩斯主义者把信贷配给扩展到区域信贷市场可用性的研究上，并将不完全信息模型用于区域研究中。这类研究集中于不对称信息和不完全信息如何引起区域资本流动性降低，进一步引起金融资源错配和区域信贷配给。Dow（1997）指出，由于信贷市场存在区域分割，地方银行财富作为银行扩大贷款能力的决定因素，成为解释区域信贷配给的因素之一。与区外银行相比，地方银行持有的地方投资机会的信息优于区外银行，监督成本较低，因此地方投资者主要依赖于区内金融机构，区域金融机构间的差异直接导致了区域资金配置规模与效率的差异。Samolyk（1989，1991，1994）认为，区域银行结构差异导致了资金区域配置不平衡。通过检验美国各州的银行条件和经济绩效间的关系，他发现地方银行部门条件对解释真实收入增长率有较大贡献，说明存在区域分割的情况下，地方银行对当地经济具有重要的潜在影响力。Rodriguez－fuentes（1998）发现区域金融成长方式差异对区域经济发展差异具有重要影响。Dow（1998）研究了银行发展的阶段性特征，并论证了金融体系的空间演化机理，认为区域金融发展差异具有动态的演化特征。Guiso、Sapienza 和 Zingales（2002）研究了一体化金融市场条件下区域金融发展差异对区域经济运行的影响。他们以住户从当地信贷市场获得资金的概率表示区域金融发展水平，基于对意大利 8 000 个住户数据的实证研究表明，区域金融发展差异对个人创办的企业有重要影响，区域金融发展水平较高的地区，金融对区域竞争和区域公司的成长具有明显促进作用，即使在资金可以在区域间自由流动的情况下，区域金融始终是区域经济增长的重要变量。Tsai（2005）通过研究中国与印度农村非正规金融组织的运行机理，发现地方市场的经济与政治分割及区域信息对农村信贷具有重要的制约作用，农村金融发展水平明显落后于城市金融发展，农村经济发展面临严重的信贷约束。

货币政策效应的区域差异性研究方面，Fishkind（1977）在凯恩斯主义传统框架内构建印第安纳经济（1958—1973）短期出口基地模型，包括了货币政策三条传导渠道：资本成本、资本可得性和财富效应。为检验美国货币政策对印第安纳经济的影响，他将紧缩性货币政策时期（1960—1970）和宽松性货币政策时期（1971—1972）内某些区域经济指标同全国指标进行对比。结果表明，紧缩货币政策时期印第安纳经济增长慢于美国全国，宽松货币政策时期则相同。基于出口基地理论的区域凯恩斯主义模型，Garrison 和 Chang（1979）使用 1969 年 1 月至 1976 年 1 月的季度数据对美国八个地区进行估计，发现货币变量和财政变量会影响经济活动。他们通过测算制造业的财政和货币弹性，发现耐用品制造业集中度越高的区域，所有变量的变化越大，由此认为货币和财政政策可能有不同的区域影响。由于经济结构的区域差异，耐用品制造业集中的区域，受到的影响要大于农业、矿业相对更为集中的区域。Chase 经济计量学协会（1981）进一步验证了紧缩性货币政策对城市地区影响更大的结论。Miller（1978）用货币主义的思路分析了货币政策的区域效应。通过建立一个短期、两区域宏观经济静态乘数模型，把一般的货币主义方法、平衡表和货币供给的区域表述相结合检验货币政策影响区域经济的渠道。通过进行比较静态分析观测公开市场操作的区域效应，发现一旦引入区域维度，公开市场操作即非中性，每个区域的效应取决于价格、支出的利率弹性、每个区域的货币需求函数、总货币冲击的相对规模、区域乘数等参数。

4. 金融一体化的原动力——金融效率帕累托改进

效率概念指的是一个经济系统在特定时点（静态效率）或在一定时期内（动态效率）对可获得的资源的有效利用（Gregory and Stusrt，1985）。依照这种效率观，可以将金融效率定义为：特定时空约束下，金融地域系统内金融资源的总体配置状态。金融效率改进的最终目标是金融效率帕累托最优化，它是指在金融交易中，不存在某些交易主体满意程度的提高以其他任何交易主体满意程度的降低为代价的金融市场状态。当然，帕累托最优化有严格的假设条件，即古典经济学对完全竞争市场的定义，而完全竞争市场是一种理论抽象，很难经受实践检验。

因此，金融效率帕累托改进对于驱动金融资源参与地域运动、突破地域交易壁垒、实现要素流的合理配置具有有效性和唯一性。金融效率帕累托改进是具体地域空间内金融资源空间配置的作用机制，它包含两方面内容：其一，金融资源的任何层次要素的缺失都会成为局部区域金融产业成长的瓶颈，加剧金融产业运行的内在脆弱性、泡沫性，影响金融效率的预期。因此，所有局部区域都期望借助于金融地域运动调整本区域金融产业结构，促进各层次金融要素之间趋于结构合理、配置均衡。在金融一体化下进行金融资源供需交易调整的成本（包括交易成本、摩擦成本等）才有可能达到最小化。其二，提升金融产业竞争能力的途径，一是如上所述的提高交易频率，扩大交易流量，获得金融产业内部收益递增；二是降低金融信息交流、技术扩散、创新过程等方面的不确定性，降低学习成本、信息成本、治理和创新成本，获得金融外部规模效应。这就促使所有区域都有意向加强与空间邻近、社会文化同质程度高的区域的金融产业关联，结成区域整体金融网络，深化整个地域系统内金融产业部门的专业化分工与协作。

5. 区域金融一体化的理论基础

区域金融一体化进程是从区域金融合作开始的，因此对金融一体化理论基础的考察可从最优货币区理论开始。

最优货币区理论产生于20世纪60年代，是对货币一体化的认识过程及实践发展的阶段性研究成果的概述。美国经济学家蒙代尔（1961）在其论文 *A Theory of Optimum Currency Areas* 中最早对最优货币区理论的概念进行了阐释。他认为需求的转移会引起国际收支不平衡，而这将引起两个经济体之间的收支不平衡，要消除由此带来的种种不利，例如，失业和通胀，就需要组成共同点货币区。蒙代尔指出，假设价格和工资保持刚性，构成最优货币区的重要条件是相关区域内的资源自由流动，从而各个区域之间的平衡机制是弹性汇率，而最优货币区内部则是要素在区域内的自由流动。但是蒙代尔忽略了要素流动性会随时间发生改变，而且不同要素的流动性也大不相同。

McKinnon（1963）从各国物价一般具有稳定性出发，提出构成最优货币区的第二个标准，经济开放度。经济开放度是指一国的生产消费中贸易商品和非贸易商品的比率，其研究结论为：在一些相互之间经济贸易往来比较密切的地区应该形成共同的货币区，在这个最优货币区内实行固定汇率制度，区外则实行弹性汇率制度。该理论以各国物价普遍稳定为假设前提受到广泛质疑，而且其理论重点放在贸易项目上，忽略了资本流动的影响。

凯南（1969）提出应当以低程度的产品多样化作为最有货币区的标准。和蒙代尔一样，他认为需求的波动是导致收支失衡的主要原因。当该国出口产品的需求发生变化时，产品多样化程度高的国家能够抵御外部冲击对实体经济的影响。因为产品多样化程度高的国家和贸易国之间容易形成产品交叉需求关系，更容易消除外国需求变化带来的而影响。所以在产品多样化程度相对较高的国家之间适宜采用固定汇率制；从而组成共同货币区。

詹姆斯·英格拉姆（1973）意识到，在解释最优货币区的标准时，可以国际金融高度一体化作为唯一的标准。若国际金融市场高度一体化，国际收支失衡导致的即使是很微小的利率波动，也会引起资本的大规模流动，从而使得区域内各国很快恢复均衡，不会出现汇率变动。由于降低了汇率波动来调节区域内贸易的需要，因此区域内适宜实行固定汇率制度。该理论的不完善之处在于，他只强调了资本要素的流动却忽略了经常项目。

与上述微观角度分析不同，弗莱明（1969）和哈伯勒（1970）把研究视角转向宏观层面，认为通货膨胀率和政策可以作为考察最优货币区的标准，认为若两个国家通胀率和政策相同则会减少汇率波动，从而更易形成共同货币区。

综上所述，这一时期的理论主要集中在如何定义最优货币区的概念以及这个“最优”所表现的经济特质上来，认为最优货币区就是由一些彼此之间贸易往来比较密切、相互之间经济比较开放的地区构成的一个独立货币区。在这个货币区内，商品、资本等流动比较自由，通胀率和政策比较接近，从而在区域内适合实行固定汇率制度，而区域外实行弹性汇率制度。这些理论的不足在于，缺乏对货币区内部各个经济体之间关系的深入剖析，同时对于组成货币区的标准缺少长期、动态分析。

6. 金融一体化与区域经济增长

区域金融发展的目标是加快区域金融自身的发展，既包括金融机构、区域金融业务和区域金融产值等总量和人均量（人均存贷款余额、人均保费等）以及相对量（区域金融产值占第三产业和区域国内生产总值的比重等）等“量”的增长，也包括区域金融结构改进和服务质量提高等“质”的优化。从远期来看，区域金融发展的最终目标是在自身发展壮大的同时，促进区域经济持续快速发展，进而缩小区域差距，促进全国经济协调发展。

金融一体化可以通过直接渠道和间接渠道两条途径来促进经济增长。直接渠道包括增加国内储蓄、降低资本成本（如 Henry，2000；Stulz，1999）、加强资本转移（Borensztein，DeGregorio and Lee，1998）和促进金融部门发展（Caprio and Honohan，1999）等。间接渠道包括促进专业化分工（Imbs and Wacziarg，2003）、促进更好的经济政策（Jeanne，2003）和释放更好的经济政策信号（Mathieson and Rojas - Suarez，1993；Laban and Larrain，1997）等。

尽管从理论分析角度，金融一体化有利于促进经济增长，但实证研究的结论并不一致。例如，Alesina、Grilli 和 Milesi - Ferretti（1994），Grilli 和 Milesi - Ferretti（1995），Rodrik（1998）等认为金融一体化对经济增长没有显著影响，Edwards（2001）认为金融一体化无助于贫穷国家经济增长。这说明金融资源犹如一把双刃剑，也存在可能有害的一面。有利的一面在于通过对其进行合理配置，能够促进经济快速增长；不利的一面在于，若金融资源的规模或分配机制超越了一个地区经济所能承受的能力，则会阻碍经济增长。因此，对于金融资源的利用应当适时适度，在保持量的发展的同时更应注重质的提高。

（四）区域金融中心理论

实践表明，区域金融成长和金融一体化过程中，具有某些特定优势的一个或多个地区将会形成一定范围内的金融中心，吸引和占据越来越多的金融资源。

1. 金融中心的概念界定

美国经济学家 Kinderberg（1974）从金融中心的功能角度进行定义，认为金融中心聚集着银行、证券发行者和交易商，是承担资金交易中介和跨地区价值储藏功能的中心区。它不仅对个人和企业的储蓄及投资进行跨时结算，将资金从储蓄者手中转移到投资者手中，还会影响不同地区间的资金交付和转移。台湾学者李芝兰指出，所谓金融中心是指全球许多国际金融机构借款者及投资者聚集并进行国际资金借贷的城市或地区。香港学者饶余庆（1997）指出，金融中心是银行与其他金融机构高度集中、各类金融市场能够自由生存和发展、金融活动与交易较其他地方更有效率进行的城市。

由上述定义可见，金融中心通常是以某一个经济发达的中心城市为依托建立起来的金融影响面较大的融资枢纽，该城市金融机构集中、金融市场发达、金融信息灵敏、金融设施先进、金融服务高效。金融中心一般包含三层含义：金融产品交易和资金集散中心、金融产品定价中心和金融产品信息中心。根据影响力的不同，可分为国际性金融中心、全国性金融中心以及区域性金融中心三个主要层次。

一般而言，一国范围内，全国性金融中心可以有不止一个，但数量不宜过多，否则无法形成规模经济。一个区域内一般只有一个金融中心，但介于区域范围和功能定位的差异，有时可以存在不止一个区域性金融中心。此外，较大的区域内可以有几个更小型的金融中心，某一层次的金融中心依托于较高层次的金融中心，各个中心又通过各个层次的金融市场相互连接在一起，共同服务于各自区域及全国的金融活动。

2. 区域性金融中心的概念与功能

通常所说的区域金融中心，是指在某一区域内金融机构集聚、金融市场发达、金融交易活动频繁、融通集散资金功能强，且对区域经济能产生极化和扩散效应的中心城市。区域性金融中心主要在某一区域内发挥辐射作用，充当该区域金融交易的枢纽，从该区域吸纳集中资金，再将其中大部分用于该区域经济社会发展。

区域金融中心的区域性并不是一种区域限定，它不仅与所在区域的经济密切联系，而且与区域外地区乃至整个全国经济也有不可分割的联系。当区域金融中心发展到一定程度时，由于经济上的关联和投融资的需要，其对区域定位以外的地区或城市也能产生较强的金融吸引力和辐射力，其影响力得到增强，成为更大区域的金融中心，甚至可能发展成为更高层次的金融中心。

本质上，区域金融中心承担的是金融中介的功能，是金融机构和中介服务机构集中交易的场所，是中介的中介，是合理高效配置金融资源的场所。由于金融中心能够有效动员储蓄、配置资本，因此能对经济增长产生推动作用。具体而言，区域金融中心的功能有：（1）聚集功能。区域金融中心是区域性的资金集散地和资金运作中心，是各类金融产业和金融机构的集中地，其发达的金融市场体系为区域内外的资金盈余者提供了多样化的投资渠道，从而起到优化资源配置的作用。区域金融中心通过对资金进行强有力的集中和配置，提高交易效率、促进分工，从而达到推动区域经济增长的目的。（2）辐射功能。从某种意义上说，区域金融中心的辐射功能是促进区域经济发展的根本所在，也是区域金融中心得以存续的必要条件。辐射功能体现在区内和区外两个方面。对区内而言，区域金融中心经过极化效应，实现自身发展后会对周边地区产生扩散效应，带动周边地区经济发展；对区外而言，区内金融机构可通过区域金融中心参与区外金融市场业务，区内工商企业也可通过区域金融中心到区外进行投资经营。（3）监管功能。区域金融中心的风险扩散对整个区域内外经济发展都有着严重影响，因此金融监管机构对区域金融中心的监管力度一般较强，区域金融中心也往往成为各类监管机构总部所在地。同时，金融主体和金融活动集中也有利于实现行业间的相互监督。（4）金融创新功能。区域金融中心汇集众多金融机构，竞争极为激烈。各金融机构在改进服务质量、完善自身发展的同时，不断推出更加符合区域经济发展需要的金融工具和交易方式，率先进行金融创新。因此，金融中心往往是最具创新活力的地区。（5）结构调整功能。区域金融中心较为完善的市场机制、竞争机制及信息、资金条件等，为当地经济结构和产业结构调整提供了良好的外部环境。（6）信息处理功能。区域金融中心能够迅速收集、处理、传播、储存金融市场的庞大信息，是金融信息生产、分配和消费的地方。而及时准确充分的信息收集和处理，是实现区域金融中心前述五点功能的基础和关键。

二、区域经济金融合作的国内外实践

在国际范围内，区域金融合作往往基于都市圈的基础上（指一定区域范围内的经济组织实体，是生产布局的一种地域组合形式。都市圈是主要从地域的自然资源、经济技术条件和政府的宏观管理出发，组成某种具有内在联系的地域产业配置圈）。本项目将研究分析美国纽约都市圈、日本东京都市圈、中国长三角和珠三角两大都市圈的发展特点，从中提炼出可供京津冀地区推进区域经济金融合作参考的经验。

（一）纽约都市圈发展特点

1. 纽约都市圈基本概况

纽约都市圈是世界上现有的五大都市圈中最著名的一个，它位于美国东北部、大西洋沿岸，从最北端的缅因州开始，一直到最南端的弗吉尼亚州，跨越了10个州，包括波士顿、纽约、费城、巴尔的摩和华盛顿五座核心城市和附近一些卫星城镇，圈内有40个城市，南北长约965公里，东西宽48～160公里，总面积约33 483平方公里，占美国面积的1.5%，人口约6 500万人，占美国总人口的20%，城市化水平高达90%以上。

2. 纽约都市圈发展特点

（1）发挥比较优势，错位发展，相互补充，形成完善的产业分工格局。整个纽约都市圈，呈现出一种很明显的层级结构：第一层是纽约，第二层是波士顿、费城、巴尔的摩、华盛顿这4座大城市，第三层则是围绕在这5座核心城市周围的40多座中小城市。5大核心城市各具特色，主导产业都不同，发挥比较优势和资源禀赋，实行错位发展、相互补充的策略，纽约与周围的城市之间形成了合理的产业分工协作格局，成为了纽约都市圈发展的基础和保障。作为世界经济和国际金融的神经中枢，纽约居于区域内的核心地位，处于整个都市圈的产业结构的顶端，在它的辐射和带动之下，其他城市相应地寻找适合自己的产业定位，与纽约这个核心城市形成了合理的产业分工格局，并提供了有益的补充。

借助于纽约的金融资本的优势，都市圈内的每一座城市都形成了各自的主导产业。虽然纽约的金融业、波士顿的高科技产业、巴尔的摩的军事工业、费城的重工业，从表面上看来每座城市的主导产业都是独立的，但是一旦形成都市圈，单个城市的功能就不是机械地叠加那么简单了，而是形成了多样化、综合性的整体功能。以纽约为核心，以制造业产业链、交通网络等作为纽带，形成了多样、协调的城市群体系。都市圈内的各个城市之间进行合理的产业分工和协作，形成完善的产业格局，从而发挥了城市之间的经济互补性，在一定程度上也增强了整个都市圈的经济稳定性。

（2）双重核心，分担职能。① 纽约——金融中心。纽约在整个纽约都市圈中处于地理和地位的双重核心位置。而它对整个都市圈的影响力，在很大程度上来源于华尔街。这里云集了纽约证券交易所、美联储、高盛、美林、摩根士丹利等响当当的金融机构，而正是这些著名的金融机构，使得华尔街成为了国际金融界的“神经中枢”，而它们的存在也让纽约都市圈受益匪浅。华尔街不仅为都市圈内的中小企业提供了创业初期所急需的风险投资资金，而且也为它们的继续发展提供了更方便的信贷支持，以及IPO上市等一系列的金融服务。② 华盛顿——政治中心。美国的首都华盛顿在纽约都市圈中发挥着特殊的作用。它的存在为整个都市圈抹上了浓重的政治色彩，而它对整个都市圈的影响，也并非仅仅一个政治中心这么简单。华盛顿作为政治中心具有非同一般的影响力，拥有许多独一无二的地标性建筑，从而吸引来了源源不断的外地游客，在一定程度上也成为推动地区经济发展的重要因素，使其成为世界上各个现代化大城市中仅有的单独以政府的行政职能为主的城市。③ 形成了区域规划和区域发展协调机制。在纽约都市圈的区域发展规划中，始终致力于保持并提高世界一流城市的地位。历史上，纽约都市圈曾经经历过三次重大的调整。第一次调整在1921年，主要内容就是向郊区延伸，但是却带来了城市建设铺张浪费、土地资源利用效率低下等新的问题。第二次调整在1968年，试图建立多个城市中心，但是因为土地资源利用效率低下，城市空洞化现象严重，而最终导致失败。第三次调整在 1996 年，规划了建设美国东北部大西洋沿岸城市带，确立了拯救纽约都市圈的全新理念。具体宗旨就是在世界经济一体化的进程中增强区域经济的整体竞争力，促进纽约与新泽西州和康涅狄格州的协调发展和共同繁荣。这次规划实施的结果是，纽约都市圈的区域经济获得了协调的发展，中心城市以其科技和资本优势，在产业结构调整中更加强化了主导地位，发挥了带动作用。中心城市的实力得到了增强，地位得到了提高，而周围地区也相应地获得了良好的发展条件。

3. 纽约都市圈城市空间结构特点

（1）强大的中心城市。增长极理论认为区域经济的发展需要一个有集聚能力的中心城市，都市圈作为区域发展的一种形式，实力较强的中心城市对于都市圈的繁荣强盛将起到关键性的作用，它是都市圈持续、平衡发展的前提和基础。纽约市作为纽约都市圈中绝对的中心城市，对周边城市强有力的辐射和集聚作用，是都市圈形成和发展的关键所在。纽约市与都市圈内其他主要核心城市通过紧密的社会和经济往来，共同组成了一个协同合作的有机整体。中心城市在与外部城市交流过程中，其自身结构也将不断调整和优化，并且逐步形成分工合作、互利共赢的局面以适应外部环境的变化，使都市圈在区域、国家甚至世界经济中的地位更加显著。

（2）多核型的都市圈结构。由于都市圈形成和演变的历史背景和条件有所不同，即使在同一都市圈内部也可能存在一个以上的中心城市。纽约都市圈是典型的多核型都市圈，也叫“圈中圈”。从地理位置上看，纽约都市圈北部始于缅因州，南部延伸至弗吉尼亚州，横跨 10 个州。其层级结构状似金字塔，顶级的是纽约，次之涵盖了费城、波士顿、巴尔的摩和华盛顿四个较大的城市区域，再次是环绕在上述五座中心城市周边的众多中小型城市。可以说，上述五个中心城市在发展上各具特色、互相补充，实现了较好的错位发展模式。纽约与周边核心城市合理的产业布局对纽约都市圈的发展起到基础和保障作用。纽约市在整个都市圈中处于地理和地位的双重核心位置。波士顿市聚集了数以千计的研究机构和高科技企业，为波士顿的高科技产业发展提供的必要的人才供给。华盛顿除了发挥政治中心的辐射力外，还以其号召力推动了旅游业发展。费城在清洁能源、制药和空间制造等产业发挥了重要作用。巴尔的摩的产业结构由原先的国防工业向着制造业和旅游业方向转变。

（3）紧密的经济联系。除了强大的中心城市和完整的城市等级，城市间的经济联系也是都市圈发展的关键要素之一。都市圈内城市间经济联系涉及不同要素之间的互动与交流，各种经济要素集聚和扩散的结果必然导致都市圈的形成。纽约都市圈在长期发展和演变过程中，形成了良好的城市间产业分工，优势错位，相互协调发展。在社会经济和产业结构发展变动过程中，某些产业必然出现向中心城市集聚以获取规模集聚效益。当规模集聚效益达到一定规模，某些产业又将向中心城市以外扩散。产业结构在发展过程中遵循集聚—扩散—再集聚—再扩散的循环模式，此时城市整体布局呈现了中心城市—核心城市—近郊—远郊的圈层式城市结构。

4. 纽约都市圈各主要城市的特点和分工

（1）金融中心纽约。① 全球金融中心。纽约与伦敦和东京相比是全球三大金融中心中影响力最为显著的，纽约证券交易所股票价格指数的波动对全球范围的股票市场都将产生影响，鉴于美联储对全球经济的影响力，各界赋予纽约以“世界银行之都”的美誉。② 除了作为世界金融业的“中枢神经”，纽约还具有其国际政治色彩，可以说，纽约是为数不多的非首都还兼任国际经济和政治中心的城市。1946 年联合国将总部设置在纽约，联合国 6 个主要机构中的 5 个均设于纽约，而 12 个常设辅助性机构中的 5 个也设于纽约，这无形中使纽约的国际政治中心地位大大提升。

（2）政治中心华盛顿。华盛顿作为全美的中心，是政府机构集中地。白宫、国会山、五角大楼、美联储等全美重要的政治、军事、经济的最高指挥中心，显示出华盛顿作为政治中心的强大辐射力，使其成为世界各国少有的仅以政府行政职能为主的现代化大城市。纽约都市圈利用其首都的地理优势和各种信息渠道，获取华盛顿经济政策信息。这也让纽约的金融中心地位显得更加扎实而可靠，华盛顿因此赋予了纽约都市圈让人羡慕的光彩。

（3）高科技之城波士顿。高科技产业、建筑和运输服务业、教育、医疗服务是波士顿核心产业，其中高科技产业和教育是波士顿在纽约都市圈最具优势和特色的产业。20 世纪 50 年代后，波士顿市走上高科技产业发展之路，在 128 公路附近形成了世界著名的电子、生物、宇航和国防企业中心，成为与“硅谷”齐名的世界著名的高科技聚集地，也享有“美国东海岸硅谷”的美誉。

（4）历史名城费城。费城是美国著名历史古城，美国独立战争前后古迹文物多存放于费城的博物馆、美术馆等。另外，费城是全国重要的制造业中心，为美国东海岸主要炼油和钢铁中心、造船基地，被称为“美国的鲁尔”。

（5）工业区复兴的巴尔的摩。巴尔的摩地区最为主要的工业部门包括钢铁、造船和有色冶金三个领域。其商业区主要分布于东西两个区位，西部地区主要涉及商场、旅馆、政府机构以及各种文化设施；东部地区已经被改造成集交通、住宅和各种娱乐设施为一体的中心城区。除此之外，巴尔的摩的内港游览区已经成为老市区再次复兴的典范之作。

总体而言，纽约都市圈内的核心城市均根据其自身特点，谋求与中心城市纽约的错位发展路径，力求发展的差异化。同时，中心城市纽约始终以其金融中心职能和地位对其他核心城市产生影响，使纽约都市圈的发展个体上呈现孤立，但整体上却呈现互补之势。

（二）东京都市圈发展特点

1. 东京都市圈基本概况

东京都市圈以东京市区为中心，向四周延伸大概 100 公里，其中囊括了东京都、埼玉县、千叶县、神奈川县，总面积 13 400 平方公里，仅占日本全国国土面积的不到 4%；总人口数大约 340 015 万人，占到了日本全国人口数的近 30%；GDP 占日本全国 GDP 总量的 30% 左右；集聚了全国一半以上固定资产在 50 亿日元以上的大型企业；外资法人企业总数的近 90%；城市化水平高达 80% 以上。东京大都市圈兼有全国的政治、经济、文化中心的角色，东京也逐渐发展成为全球三大金融中心之一。

2. 东京都市圈发展特点

（1）政府的合理规划和引导。在东京都市圈的发展过程中，日本政府对于工业发展和城市布局起着重要的指导作用。城市规划在东京都市圈的发展过程中也发挥了重大的作用，日本城市规划学会、都市圈建设委员会对东京及其周边城市形态与规模进行了研究，并提出了多种发展模式的方案。为了推进东京都市圈的建设和发展，日本政府先后制定和实施了五次综合开发规划，形成了包括区域规划与城市规划在内的较为完善的规划体系。通过历次规划的指导和约束，日本人口和经济过度向沿海和中心城市集中的倾向得到遏制，都市圈内各城市规模体系完备合理，分工也较明确，都市圈基本上沿着健康的轨道发展。

（2）总部经济与都市圈联动发展。东京都市圈的一个突出特点就是总部经济与都市圈联动发展，尤其是东京，更是总部经济的集中体现。东京是世界上经济活动最为集中的城市之一，集中了众多的企业，尤其是大型企业的总部、银行、股票市场和广告代理商。东京和其他世界城市相比，企业和银行分别居于第一位，股票市场居于第三位，广告代理居于第二位。从第一、二次都市圈规划开始，东京就有总部经济现象出现，在之后的发展过程中更是两种经济现象相互结合、共同发展。

（3）发达而且完善的公共交通系统。东京都市圈绝大部分的客运依赖轨道交通。东京都市圈每天上班和上学的人群中，平均有 86% 的人乘坐轨道交通，在高峰时段，这一比例更是高达 91%，居世界第一位。

在东京都市圈的发展过程中，日本政府十分重视综合交通体系的建设。在东京都市圈的五次大规划中，优先公共交通都是首要的原则。日本中央和地方政府的财政补贴也大多投放在了轨道交通的建设上。如今，四通八达的轨道交通，已经撑起了东京都市圈区域多核心功能分散的都市圈结构。在高速公路方面，通车里程约 8 000 公里，全国高速公路干线建设已经全部完成，地方之间的高速公路建设发展迅速。在铁路建设方面，1971 年日本国会审议并通过了《全国铁道新干线建设法》，掀起了高速铁路建设的浪潮。城市公共交通系统由城市电气铁道、路面电车、地下铁道、公共汽车以及出租汽车构成。陆地交通条件的快速改善，加强了城市间各方面的联系，给都市圈的发展带来了巨大活力。而且，日本的第一和第二大机场均位于东京都市圈，使得东京都市圈成了日本国和世界联系最重要的窗口。再加上一系列的特大港，东京都市圈在日本国内交通上的地位无与伦比。

（4）打破行政区划，促进一体化的形成。东京湾六大港口分别属于不同的行政区划，利益划分鲜明，彼此之间的竞争也十分激烈。但是，因为有日本中央政府参与统筹规划各港口的职能，各个港口有大致的分工。东京港主要进口食品及其他生活消费品，横滨港主要进口工业制成品，川崎港周围集中了很多炼钢厂和发电厂，所以需要进口大量的原料和燃料。日本国土交通省关东地方整备局港湾空港部现在正会同一些民间组织，研究对现有的《港口法》进行修订，以促成东京湾港口的一体化。

3. 东京都市圈促进一体化发展的措施

（1）一体化（同城化）规划导引的东京都市圈。1956 年，日本政府实行“首都圈整顿方案”，规定以东京为中心、半径 100 公里以内的地区，构建一个“首都圈”，颁布了《首都圈整治法》，并于 1958 年编制了第一个大东京都市圈建设规划，奠定了区域同城化发展的基础。1968 年，日本又发布了第二个大东京都市圈建设规划，提出了将东京作为经济高速增长的全国管理中枢，并实施以实现合理中枢功能为目的城市改造。这次规划使东京中心区实现了大规模的城市改造和城市外围地区的开发建设。第三次大东京都市圈建设规划于 1976 年出台，规划中提出了在首都圈中分散中枢管理功能，建立区域多中心城市复合的设想。第四次大东京都市圈建设规划于 1986 年制定，进一步对周边城市的职能定位和发展布局进行了调整，同时提出了要强化中心区的国际金融职能和高层次中枢管理职能的设想。

转移城市结构，由传统的单中心城市向多中心城市转变，从而控制城市规模过度扩张，防止人口、产业和城市功能向核心区过度集中，成为二战后东京历次城市规划的中心任务。

1985 年，日本国土厅大东京都市圈整备局对区域改造进行了规划，提出将东京一极集中的结构改变为多极、多圈层的城市结构。即将大东京都市圈进一步分成几个自立性的区域，在它下面又细分为业务核心城市和次核心城市，在那里配置政府机关、业务、金融、信息服务等中枢机构或会议场所，培育出自立性强的都市圈，并对各自的职能进行了相对明确的分工。日本政府根据区域职能分工，进行科学合理的投资。

大东京都市圈是根据生产和生活这两大最基本的社会活动，着眼于现代化发展的客观需要，由一群功能不同的大中小城市通过集聚而成的富有生机活力的城市群。目前，大东京都市圈主要由中枢管理城、生产城、居住城、生产和生活兼用城、学园城、游览城构成的。中心城市东京为整个城市群体的中枢管理城，它的主要功能是对整个城市群体的政治、经济活动实行集中统一的组织管理，在文化娱乐方面主要增强它对其他城市的吸引力。其他城市的活动是在中心城市的统一规划下展开的，这些不同类型的城市，在一定程度上减轻了工业过度集中带来的住房紧张、环境污染和交通拥挤等问题，从而形成了中枢管理活动“点”的高度集中和生产、生活活动“面”的水平分散的这种空间分散和内在联系相结合的有机整体。

① 战略措施及目标。交通协作建设实现环状快速通道；都县协作强化空港机能；东京湾的统一协调利用；构筑高效的大区域物流系统；推进大区域防灾协作；首都国家中枢职能的优化；改善东京湾水质的统一政策；治理大气污染的协作对策；固体废弃物的协作处理；推进首都圈内信息共享；创建 21 世纪儿童健康成长的培养环境；大区域共同推行的产业政策；大区域行政体制改革。以上各方面都有针对性很强的分项内容以及框架方案。

② 规划的内容深度以框架性为主。日本首都圈规划构想分成规划背景、规划目标、空间结构、大区域协作战略、规划效果等 5 个部分，重点阐述总体构想，并不面面俱到。其中交通、环境等重要方面比较具体，例如，为提高交通效率的具体措施、水质和大气污染的治理措施等。

③ 规划侧重解决重点问题。首都圈整备规划首先提出的问题是东京国际竞争力的降低、大气和水质污染严重和迁都等问题。结合重点问题，规划方案有针对性地提出解决方案，如强化东京的国家中心地位，体现在提高交通运输效率、增加航空港的吞吐能力、改善首都功能等方面，并有相对具体的措施。

④ 规划重视跨行政区域的协作。近年来，由于经济快速发展、人口和产业不断向中心城市集聚，城市过密、地区发展差距拉大等问题层出不穷。尽管东京与周边县市在空间与功能上已经密不可分，但是在行政体制上互不隶属，都市圈规划涉及的各个方面必然跨越行政区域。都市圈规划从都市圈整体角度出发进行综合规划，不局限于行政区划的限制，不具体划分城市等级。规划提出的措施并不是分解到行政单元和具体地区，而是由整个都市圈的成员共同执行。

⑤ 重视国土均衡发展。在主城区，通过建设副都心，尽量分散各种设施与功能。在近郊及周边地区，建设卫星城市，强化各城市分工，分担中心城市功能，缓解中心城市压力。如提出横滨市、八王子市，主要发展住宅区，成为东京的卧室；厚木市，以研究开发和信息产业为主；横须贺市，主要承担医疗福利、物流等职能；成田市以国际交流和物流业为主等等。分工明确的周边各个城市，与首都圈的中心东京构成一个有机整体，有助于降低交易成本，提高圈域运行效率，进而提高整体竞争能力。

政府及时调整区域发展战略，提出培育地域中心城市，形成“多极广域城市复合体”，即以东京都为主、外围卫星城市为辅的城市群格局。后来，根据发展实际，又提出发展业务中心城市，建设自立都市圈，形成“多核多圈域型地域”构造，即形成由多个次都市圈组成的大都市圈。近年来，随着国际化、信息化的发展，一些地域自立程度越来越高，日本有关当局又提出建立“分散型网络构造”的理念，形成首都圈“大环状连携轴”。正是日本政府前瞻性的规划，使得国土狭小的日本，土地利用和整治始终在健康的轨道上运行，并且不断优化创新。

（2）全世界最密集的轨道交通网托起了整个东京都市圈。轨道交通带动城市发展的理念贯穿了过去五十年中东京都市圈的五次大规划。每次规划，优先公共交通都是首要的原则。国家和政府的补贴也大都投在了轨道交通的建设上。东京的城市轨道交通建设，在资金上还得到了政府的支持，如日本地铁建设采用补助金制度，对于市郊铁路，由国家和地方政府负担36%的补贴，而对单轨等新交通方式，国家的补贴达2/3。如今，四通八达的轨道交通，已经撑起了东京都市圈区域多核心功能分散的都市圈结构。约有30家轨道交通公司经营着该地区总长2 000多公里的轨道线路，构成了一个巨大的轨道交通网络。

东京圈整个公交系统年运送乘客约为158.5亿人次。其中国铁为54.5亿人次；私铁（含单轨及导向轨）为49.8亿人次；地下铁道为26.8亿人次；路面电车4 000万人次；公共汽车为19.7亿人次；出租汽车为7.3亿人次。

① 车站经济圈。东京的轨道交通除了线路多而长、密布全市外，营运部门也很多，总计30多家。尽管如此，轨道系统却非常完善，只要进入上千个车站中的任何一个车站，都

可站内换乘，直接到任何想去的车站。而轨道的每个站台，都自然而然形成了一个经济圈。东京的轨道车站的功能早已不仅仅局限于简单的交通通道。在车站内，除了月台、站厅外，还有各种各样的店铺。最常见的，就属超小型便利店了。一家四五平方米的小小店铺内，出售报纸、杂志、漫画单行本、饮料、面包、饭团等多种商品。此外，站内还有供应西式早餐的咖啡店、风味咖喱饭店、荞麦乌冬拉面店、便当快餐店等等。这些店内大都明亮整洁，食物价格也很便宜。单身族乘坐轨道交通时，不出车站就可以解决吃饭问题。除了餐饮店，ATM 自助银行、十分钟快速理发店等在东京的车站内也很常见。车站还具有情报中心功能，车站内的显示屏会实时显示天气情况、当地的社区通知，大部分车站还都设置了无线网络，在站内用笔记本电脑，可以随时免费无线上网。还有些轨道交通车站，是在一栋大厦里。这些大厦通常会是大型的百货公司，或是大型的卖场。出站口就是百货公司的地下一楼入口，车站与商业设施融为一体。车站外，各种商业设施以车站为中心散开，在车站的四周，不用走太远的路，就可以满足生活中的各种需要。

② 轨道交通出行比例高。东京都市圈绝大部分的客运依赖轨道交通。根据东京都都市整备局的数据，东京都市圈每天上班上学的人中，轨道交通的乘客占到86%，在高峰时段，这一比例更是高达91%，居全球首位。借助于发达的轨道交通网络，只要住的地方离东京市中心的直线距离不超过60 公里，花在上班路上的时间就可以控制在60 分钟之内。

③ 公交服务水平高。各家公司专心经营着各自的线路，在准时、高速、安全、廉价、舒适上追求完美。如果乘坐的列车出现晚点，出站的时候，工作人员会给乘客一张延误单，说明今天的日期以及延误的原因和延误时间。

④ 政府统筹线路的规划。在规划新线路时，也难免会出现冷门线路无人建设，热门线路多家竞争的情况，在这个时候，政府调控起到了关键的作用。为了配合铁路线的延伸，在房地产开发的同时，京浜急行还全力投入铁道沿线的景点建设，积极赞助在沿线城镇举办的各种比赛。所有的努力，都是为了给新城聚集人气。

⑤ 十分重视综合交通体系的建设。城市电气铁道、地下铁道、路面电车、公共汽车及出租汽车构成了庞大的公共交通系统。线路布局合理，干线支线结合，换乘方便快捷。交通网络分成三层，市区和密集居住区采用高架形式的电气铁道；郊区部分的电车、公共汽车、电气列车在路面行驶；市中心则采用地下铁道。在交通设施建设方面，政府通过收取40%的燃油税，补贴城市交通的建设。交通条件的快速改善，加强了城市间各方面的联系，给都市圈的发展带来了巨大活力。

（3）港口一体化。在东京湾长达193 公里的环形海岸线上，分布着东京、川崎、横滨、横须贺、木更津以及千叶六大港口，而横滨港以及不远处的川崎港，都是世界级的特大型港口。

① 政府统筹促进港口分工与合作。这么多大港口紧挨在一起，就难免会互相不服气，要争个孰高孰低，而政府部门和相关的行业组织正在做的，就是要让这些围坐在同一张圆桌旁的六个兄弟各司其职，避免无谓的竞争，从而提高东京湾港口群的整体实力。有日本中央

政府参与统筹规划各港口的职能，各个港口有大致的分工。东京港主要进口食品及其他消费品，横滨港主要接纳工业品，川崎港聚集了不少炼钢厂和发电厂，因此需要进口大量的原料和燃料。

② 提供最细致和人性化的港口服务。日本港口服务的细致在全世界首屈一指。中远的船只靠岸前，港口方面会传真一份码头以及周边海域的气象信息图，方便船务公司根据天气调整靠岸时间和靠岸方式。

轨道交通输送人流，港口码头则承载物流，比起堪称城市融合楷模的轨道交通，东京都市圈的港口一体化，在日本人孜孜不倦的头脑中，还是一个正在酝酿中的划时代的梦想。

（4）促进都市圈产业联动与一体化发展。东京的工业结构演化模式。按照都市圈发展规律，需要有较大的经济中心城市驱动并成为都市圈的核心，东京包括土地在内的各种自然资源十分有限，所以东京在发展中，运用了不同于欧美国家城市发展过程中低密度、粗放式的扩张模式，采用了以便利、完善的基础设施为基础，以集约化产业链为格局的发展模式，形成疏密相间、适度集中的都市圈。东京的工业进程经历了初级工业化、重化工业化、高加工化和知识技术高度密集化阶段，走过了一个逐步高度化和产业结构不断优化的发展道路。

首先，在工业结构高级化过程中，经济结构呈现出高技术化趋势。其次，都市型工业是能够广泛吸收就业、为满足现代城市功能服务的行业，这些行业一般具有劳动密集，花色品种变化快，耗水少、污染低，占地少的特点，从东京工业结构演化来看，都市型工业在整个过程中都发挥着重要的作用，一直位于主导行业之列。再次，制定合理产业政策，推动产业链形成，有助于促进产业结构调整和经济发展。在东京都市圈形成过程中，日本政府积极、适时、主动地实行产业结构调整政策，从而促进了产业结构的优化升级。最后，充分重视与构筑合理产业链，以优化的城市职能分工促进区域共同发展。

（5）完善的法律保障体系。日本首都圈的建设，首先得益于法律的保障。日本是一个法治国家，一切活动均以法律为依据，城市建设也不例外。为了推动和保证首都圈的建设，日本国会于 1956 年制定首都圈整备法，从法律上界定了首都圈的范围和发展方向。随后又相继颁布和制定了首都圈市街地开发区域整备法（1958 年）、首都圈建成区限制工业等的相关法律（1959 年）、首都圈近郊绿地保护法（1966 年）、多极分散型国土形成促进法（1986 年）等多部法律法规。在制定相关法律保证建设规划顺利实施的同时，根据首都圈实际发展变化及时修改、完善相应的法律也是其成功的经验。首都圈整备法在制定后就随着五次基本规划的进行经过了数次修改完善。一系列法律法规的完善和实施，不仅促进了首都圈城市内部和城市之间协调发展和生产力的合理布局，更为重要的是使首都圈的规划有法可依，使首都圈的建设和管理纳入法制轨道。

都市圈规划的制定和实施需要法律依据。日本的规划法律体系非常完备，除国土开发规划法、城市规划法等基本法外，还专门为都市圈规划和地方规划分别制定了法律。如东京都的城市规划所依据的首都规划法，筑波的城市规划所依据的筑波研究学园都市建设法等。每个层面的区域和城市规划都有具体的法律作为编制和实施的保障，规划涉及的各方面主体都要严格执行法律，不存在执行规划时部门之间不协调的问题。都市圈规划确定的是总纲式的构想方案，对于具体事项还要通过专门立法、国家协调和地方实施等方式落实。首都圈规划中提出的许多问题不是东京本身能够解决的，比如新航空港的选址需要国家协调和国会审议，而东京湾综合整治则需要专门制定法规。

（6）重视财税政策功能。日本引导都市圈发展，除了依靠规划的引导和法律的保障以外，还充分利用财税政策。一是通过国家项目对地方进行直接投资，如重点交通设施、港湾等。二是通过财政转移支付，补贴都市地域发展项目。日本的税收分为所得税、法人税和消费税三大类。所得税税率为33%，消费税税率为30%。

20世纪70年代，大城市问题相当严重，为了引导企业向大都市外围转移，一方面，政府进行转移支付，将收缴税款的一部分返还接受企业的地方政府；另一方面，对企业实施税收优惠政策。政府除财政转移以外，还通过政策性银行进行设立专项贷款和导向贷款，以政府信用引导民间银行投资。民间银行进行贷款时，一般也要征询政府意见。所以，在日本，资金流向大体能体现政府的战略意图。

（7）政府的推动与协调。首都圈作为一个横跨若干行政区域的大都市区，在其规划和建设过程中必然存在许多矛盾和问题，但是日本首都圈自成立之时起，就同时形成了一套跨区域的强而有力的协调机构和政府机构来处理这些问题。在日本，首都圈和其他两个大都市圈（中部圈和近畿圈）的规划和建设是由国土综合开发厅下属的大都市整备局负责的。大都市整备局实质是推行首都圈和另外两个大都市圈建设的政府执行机构，除负责编制大都市圈发展规划外，还负责协调与土地局、调整局等局的关系。另外，在国土审议会还特别成立了三大都市圈整备特别委员会，其成员由都市圈内的各地方政府领导人如县知事、市长、企业领导人、大学教授组成，然后成立规划部，由大学教授和企业负责。这样不仅体现了地方政府的合作，亦体现了政府与企业和专家之间的协作。大都市整备局和三大都市圈整备特别委员会的存在体现了日本政府对首都圈等大都市圈建设的重视，这是推动首都圈建设发展的一个重要力量。

（三）长三角都市圈发展特点

1. 长三角都市圈基本概况

长三角地区是我国东部沿海地区最重要的经济、金融与贸易区域，在全国经济发展中具有至关重要的作用。2011年长三角16个城市的GDP首次突破8万亿元，其中9个城市GDP总量超过3 000亿元，苏州紧追上海步伐迈入GDP“万亿俱乐部”。长三角地区经济总量占全国比重的17.4%，是我国经济综合实力最强、最富生机活力和发展潜力的地区之一。

长三角是我国“集群经济”最活跃的地区之一，一批具有核心竞争力的国际性产业集群正在逐步形成。在上海，已经初步形成松江、青浦、张江、嘈河径的微电子，嘉定的汽车制造，宝山的精品钢材，金山的石油化工等大规模的产业集群；在浙江，环杭州湾的电子信息，杭州、台州、绍兴的现代医药，绍兴、萧山一带的纺织，宁波、杭州的服装，台州的塑料模具和制品等标志性产业集群正在崛起；在江苏，正形成以苏锡常为核心的电子、信息，无锡、南通的纺织、服装，苏州、南京的精密机械等产业集群。

2. 长三角都市圈各城市金融业发展概况

（1）体系完备的上海金融业。上海作为我国目前重点培养和支持的金融中心，经过近年来的发展，金融市场和金融机构聚集已经取得了明显的成绩。上海金融业务量最大且运作最为规范；上海已经成为国内外资金融机构最集中的地方；上海的金融人才和技术优势在国内处于领先地位；金融产业已经成为上海的支柱产业。

在金融市场建设方面，上海建立了证券交易所、债券交易所、商品期货交易所、产权交易中心以及刚刚成立的股指期货交易所等金融市场体系；上海已经成为国内最大的同业拆借市场、外汇交易市场、票据贴现市场、证券和保险市场；同时，住房抵押贷款市场、商品期货市场、黄金市场等也已经成为全国最规范的交易中心。

随着上海金融中心的逐步建立，它形成了对金融资本很强的吸引力，资金聚散功能不断增强。金融业已成为上海服务业的主要支撑，金融业为上海市的经济增长发挥了很大的推动作用。上海已成为中国企业、特别是长三角地区企业融资的重要场所，资本配置能力也不断增强。

（2）成熟稳定的江苏金融业。改革开放以来，在通过发展乡镇企业，先工业化、再市场化的“苏南模式”带动下，江苏的经济发展取得了令人瞩目的成绩。作为第三产业的重要组成部分，江苏金融业也取得长足的进步。近年来，江苏金融机构的票据业务增长快速。在市场交易中，国有商业银行、中小金融机构分别在贴现市场、承兑市场占据优势，而中小金融机构票据业务发展快于国有商业银行，这反映出江苏已初步形成一个成熟的票据市场。江苏的农村信用社改革走在全国前列，“花钱买机制”初见成效。地方中小金融机构风险得到有效化解，部分实力不强、竞争力弱的农村信用社顺利完成合并重组。信用信息平台逐步完善，人民银行信贷登记咨询系统逐渐发挥作用，信用担保体系初具规模。农民贷款难问题得到缓解。

（3）特色突出的浙江金融业。浙江省是我国东部沿海地区经济发展最快和最具活力的省份之一。改革开放以后，浙江的 GDP 和人均 GDP 增长速度居全国第一。依托非国有经济、专业市场以及区域性的特色小产业群这三大法宝，浙江经济获得超速发展，这一经济现象被总结为“浙江模式”。在经济背后蓬勃发展起来的浙江金融业呈现出了多样性、高效性、民营性等特征，浙江是我国拥有商业银行最多、最全的省份之一。与之俱来的发达的民营金融机制是浙江省经济发展的重要推动力，民营的金融机构与融资模式成就了浙江的块状经济与专业化市场的形成。从总体上来看，浙江的民营金融业作为一个整体已形成较强实力。

3. 长三角地区金融合作情况

（1）长三角地区金融合作基础。我国长三角地区金融合作主要是基于三个方面的现实基础：一是长三角地区金融业比较发达，金融机构实力雄厚。二是国家将上海定位为国际金融中心，长三角利用上海发达的金融平台，有力促进区域金融融合和发展。三是江浙民营企业和外商投资企业发展迅猛，长三角地区形成大量跨地区的企业集团，大量企业的跨地区经营活动，对跨区域金融服务具有相当强的需求。

（2）长三角地区金融合作推进机制及进展情况分析。从政策层面看，长三角地区一体化得到国务院的高度重视，并给予政策方面的大力扶持。2008—2010 年，国务院先后出台了《关于进一步推进长江三角洲地区改革开放和经济社会发展的指导意见》、《关于推进上海加快发展现代服务业和先进制造业建设国际金融中心和国际航运中心的意见》，并批准实施了《长江三角洲地区区域规划》等多项政策性文件。从机制建设看，长三角地区由省部级政府部门推动的区域金融合作进入制度化、常规化和全面推进阶段。2003 年，人民银行上海分行与南京分行联合起草了《长江三角洲金融合作框架研究总报告》。2007 年苏浙沪三地人民政府与人民银行共同签署了《推动长三角金融协调发展框架协议》，设立了推进长三角金融协调发展工作联席会议制度。从 2008 年开始，苏浙沪三地每年举办长三角金融论坛。在 2008—2010 年，苏浙沪三地共同签署了共建“信用长三角”合作备忘录、应对金融风险合作备忘录以及共同推进长三角地区金融服务一体化发展合作备忘录。从金融机构和业务看，长三角地区的金融市场逐步走向融合。长三角地区在全国率先正式发布了全国首个区域性商业汇票贴现价格指数“长三角票据贴现价格指数”，并签署了《票据承付自律公约》。苏浙沪三地银行汇票依托小额支付系统顺利上线，在长三角地区推广商业承兑汇票、银行承兑汇票转贴现文本和商业承兑汇票转贴现文本。同时，在《长三角城市商业银行战略合作协议》的指导下，苏浙沪三地银行业机构跨区域布局也在不断加快，跨区域经营、合作和互动不断深入。如 2003 年华夏银行建立了苏浙沪三地 6 家分支行的整体联动模式，2004 年光大银行在上海开设华东区审贷中心，2004 年农业银行驻长三角地区的 16 个城市分支机构负责人签署了产品创新与共享、个人业务、市场营销与信贷管理等三份合作协议。从金融监管和生态建设看，苏浙沪三地建立了金融稳定评估协调机制，形成一系列跨区域协作机制：一是推动非银行信息采集、中小企业和农村信用体系建设；二是进一步扩大区域内信用评级结果的互认共享范围，推动信用评级机构跨区域合作；三是共同加强票据信用管理，推动建立长三角商业承兑汇票不良支付信息通报制度。

（四）珠三角都市圈发展特点

1. 珠三角都市圈基本概况

珠三角都市圈包括广州、深圳等 9 个城市，该区域具有资金、人才、管理、技术等优势，经济发展水平较高，是我国经济发展的重要增长极之一。2011 年珠三角地区生产总值达 43 720.86 亿元，增长 34.9%；人均 GDP 达 71 693 元，增长 20.6%；地方公共财政一般预算收入 3 674.7 亿元，增长 63.5%；城镇化水平达 83.01%，提高约 3 个百分点；全员劳动生产率达 121 409 元，提高 28.5%。

2. 珠三角都市圈产业结构和产业基础特点

随着珠三角都市圈经济和城市化的发展，珠三角集聚了大部分的资源，工业化进程迅猛，产业结构不断高度化发展。从1980年到2009年，珠三角产业结构发生了很大的变化，总体表现为第一产业比重大幅下降，第二产业基本持平，第三产业比重增加。2009年，三次产业构成为2.2:48.0:49.8，第三产业比重超过第二产业。珠三角都市圈主要以二、三产业为主，但城市间的产业结构存在较大差异。广州、深圳、东莞的第三产业较发达，佛山、珠海、惠州、中山以第二产业为主，但肇庆的第二产业仅有37.1%，第一产业仍占19.2%。这反映了珠三角都市圈产业发展存在较明显的梯度差异，为区域合作提供了驱动力和发展空间。

珠三角地区凭借得天独厚的区位优势，以"三来一补"的加工贸易为主，吸引了大量境外投资，是我国现代制造业基地。珠三角都市圈经济发展的重要特征之一是产业集群的兴起，珠三角西岸的中山、佛山、江门等地区的产业集群，主要是抓住国内家庭日用品短缺的机会，结合当地特色手工艺，发展乡镇企业和民营企业而建立起来的，如中山古镇的灯饰产业集群。分布在东岸的深圳、东莞等地区的产业集群则是利用政策优势和区位优势，大力发展三资企业而成的，如东莞的电子信息产业集群。

珠三角都市圈目前有9大产业，其中纺织成衣、食品饮料和建筑材料为三大传统产业；造纸、医药和汽车为三大潜力产业；信息、电器机械和石化为三大新兴产业。九大行业对全省工业增长的主导作用不断增强，2008年，九大产业完成工业总产值45 693.07亿元，比2000年多36 768.03亿元，其中三大新兴产业比上年增长14.2%，三大传统行业增长21.8%，三大潜力行业增长17.4%。由于长期受技术资源和区内大量剩余劳动力制约，珠三角的产业结构呈现轻型化，且以劳动密集型产业为主。从主导产业来看，各市的产业构成基本相同，工业区域分布没有明显的层次性，几乎所有城市都以电子信息和光机电设备器材、化工、纺织服饰为其主导产业。各市支柱产业单一，产品在质量上没有很大差距，容易造成都市圈产业结构固化，不利于城市间的产业整合。

3. 珠三角地区金融合作情况

（1）珠三角地区金融合作基础。珠三角地区金融合作主要是基于以下现实基础：一是珠三角作为我国经济改革开放先行区域，民营经济活跃，为区域金融合作发展提供了良好的基础条件。二是珠三角地区毗邻港澳，外向型经济特征明显。2011年，珠三角地区进出口总额占全国的23.92%，实际利用外资占全国的16.83%。三是珠三角地区金融聚集发展呈现明显的双核特征。珠三角地区9个城市就聚集了深圳和广州两个区域性的金融中心，呈现明显的双核特征。

（2）珠三角地区金融合作推进机制及进展情况分析。第一，珠三角地区区域金融合作由人民银行主导推动。2010年，由人民银行广州分行牵头，广佛肇、深莞惠和珠中江三个经济圈的人民银行分支机构先后签订区域《金融合作备忘录》，出台了《关于落实〈珠江三角洲地区改革发展规划纲要（2008—2020年）〉推动金融业科学发展的若干意见》，从完善金融组织结构、推进金融市场体系建设、加快金融产品和服务创新等十四个方面提出了全面推动珠三角金融业合作发展的115条意见，明确了珠三角地区金融深化合作方向，区域金融合作全面加快发展。第二，珠三角地区区域金融功能划分逐步明晰。珠三角地区形成了以广州、深圳两个区域性金融中心和金融前台服务聚集区。2011 年广州和深圳两市合计存、贷款余额分别占珠三角地区的64.52%和68.83%，新增贷款占比为65.72%，同业拆借业务量占比更是高达95.44%。同时，在区域金融中心带动下，出现了佛山广东金融高新技术服务区、东莞松山湖粤港金融服务外包基地等金融服务外包产业聚集地。第三，珠三角地区区域金融合作全面推进。主要体现在以下方面：一是区域支付结算基础设施不断完善。目前在人民银行广州分行电子结算中心各种支付系统支持下，大小额支付系统以及支票影像系统已经覆盖珠三角城市大部分金融机构。此外，集中代收付、“银结通”等新一代系统上线，从技术层面实现珠三角地区的异地跨行通存通兑和缴纳水电等费用。二是金融机构的跨区域经营快速推进。深圳发展银行、广发银行等股份制金融机构在珠三角地区布局已经逐步完备，广州银行、东莞银行、顺德农村商业银行等法人金融机构也在积极推进在珠三角其他城市设立异地分支机构。三是金融服务的同城化发展较快。从 2009 年起，珠三角城市居民住房公积金实现“互认互贷”，企业跨境贸易人民币结算业务实现异地办理，兴业银行、浦发银行等在广州、佛山等珠三角部分城市的支付结算业务实现同城化等。四是不同地区不同类型金融机构探索开展金融合作。如中盈盛达与华鑫国际信托有限公司合作推出中小企业集合信托资金，国家开发银行广东省分行与佛山的中盈盛达等 4 家担保公司合作发行“区域集优债券”等。

4. 长三角和珠三角地区金融合作比较分析

尽管长三角和珠三角地区的金融合作都在不断深化和逐步推进中，但是两个经济区域金融合作发展方式各有不同。

（1）金融合作区域范围存在较大差异。长三角涉及两省一市 16 个城市，而珠三角只有广东省的 9 个城市，长三角地区金融合作的空间地域范围和金融规模都比珠三角地区要大。

（2）区域金融合作行政层次存在差别。长三角地区金融合作的政府层级更高，一直以来长三角金融合作在政府层面主要由人民银行上海总部推动，几届长三角金融合作联席会议都由人民银行上海总部召集，需要中央协调三省（市）政府参与。珠三角 9 市同属于广东省，金融合作推动基本不需要中央层面协调。

（3）推动区域金融合作的动力有所不同。长三角地区金融合作主要来自政府力量推动，由政府搭建金融合作平台，引导市场各参与方开展合作。珠三角地区金融合作最初更多由市场各参与主体自主开展，由政府行政规划主导推动较长三角地区要晚。

（4）金融合作格局有较大差异。在长三角城市群中，上海金融规模和聚集发展情况遥遥领先其他城市，作为该地区国际金融中心特点明显。珠三角有两个区域性的金融中心，广州和深圳在金融总量不相上下，金融发展重点各有侧重，形成双核型的区域金融中心。

三、京津冀金融合作的现实基础

国内外区域金融合作的实践表明，金融合作能促进区域金融资源的自由流动和合理配置，缓和地区间资金供求失衡的矛盾，促进区域金融资本和产业资本的融合，有助于发挥金融在区域资源流动和产业合作分工中配置导向和市场调节作用，实现区域经济在更大范围、更广领域、更高层次的合作。但是，实现区域金融合作也需要具备一定的现实基础。

（一）京津冀区域合作的历史渊源

西汉时期，京津冀环渤海地区就同属幽州刺史部，隋朝所设河北诸郡已显现出京津冀地区轮廓，元明清时期，北京正式成为全国政治中心——京师，河北腹地由中央直隶，天津则于清咸丰十年（1860年）开埠后发展成为近代中国重要的对外开放口岸，自此京津冀“京师·口岸·腹地”的功能分区开始确立，京师（北京）是全国政治中心和消费中心，口岸（天津）是区域经贸中心，腹地（河北）则是京师和口岸的资源供给和生态承载的基础。

京师（北京）拥有得天独厚的政治资本，这些政治资本不仅是货币资本，还包括京师的官僚集团或为维系封建王朝，或为自己谋利，一方面将国家资本、官僚财富投资近代工业转变为生产资本，另一方面利用政治特权、政治关系给其投资的近代工业提供诸种优惠与便利，以确保其牟取巨额利润。例如，1872年李鸿章委派亲信在津、沪招集华商资本筹办轮船招商局，亲自直接投入五万两商股，这是中国官僚资本投资的第一家航运企业。河北早期工业如开滦煤矿、启新洋灰公司等也与京师政治资本有着密切关系。1906年周学熙向英国人购买了唐山细绵土厂，改名为启新洋灰公司，得到袁世凯、颜惠庆、英仙舟等清政府官员的支持，借用了北洋淮军银钱所和天津银号的官款。除此之外，启新洋灰公司股东中还包括直隶历任藩台、臬台、部员及府县众多官员，大多是所谓“北洋袍泽”。

近代史上，天津地处九河下梢，有内河外海便利的航运条件，漕运的繁荣与物流的兴旺，国内外的资本自然流向天津，使其成为北京和河北的涉外门户，也自发地形成了金融市场。一方面，“拱卫京师，以固根本”使天津成为洋务运动的主要基地，也带动了商埠天津金融业的发展。19世纪中后期，洋务派在追求“自强”、“求富”的目标下，先后创办了一系列军事工业与民用企业——天津机器局、大沽船坞、开平矿务局、天津铁路公司、天津纺织局等等，这些企业的创办存在巨大资金需求，客观上促进天津金融业的发展。另一方面，天津被迫开埠后，西方列强陆续在津城强行划定九国租界，外商银行随之陆续创办。天津历史上出现的第一家银行，便是英国汇丰银行天津分行。之后，华俄道胜银行、德华银行、日本横滨正金银行、法国东方汇理银行、美国花旗银行、比利时华比银行等陆续在天津创办分行。与此同时，最早的中国资本银行——中国通商银行，也在津成立分行。由于与北京近在咫尺，拥有进可攻、退可守的便利，当时各大银行不仅纷纷落户津城，并且均将总部驻扎在这里。这些银行都坐落在中街（今解放北路），被称为中国北方的“华尔街”。此外，租界的特权、现代公共设施的引进和大批西式建筑的出现，还吸引了大批达官显贵、富商巨贾来津居住和投资，这使得天津不仅成为失意政客、军阀、清政府遗老遗少们的安乐窝，更是商人、买办、投机者的大舞台。这又进一步促进大量资本流向天津，也为各银行提供了大量闲置资本。

在京津经济发展引导下，矿产、纺织等西方先进生产技术也不断流向河北腹地，带动开平煤矿、高阳一带机器纺织技术等发展。尤其是京津地区对原材料、燃料等需求的不断加大，使腹地（河北）境内农作物结构发生调整，即使农村出现粮食短缺，需从东北等地调入的情况下，依然不断扩大棉花、小麦等经济作物种植面积，以满足京津纺织业和出口所需。据记载，天津出口的棉花约有2/3产自河北腹地。反过来，河北煤、铁等矿产资源也支撑着京津地区军事工业和民用企业发展，甚至就连大批产业工人也多来自河北腹地农村剩余人口。

京津冀区域合作的历史经验表明，无论从空间地域，还是自然资源和产业布局，京津冀的经济合作不仅有实物资源带动金融资源的流动配置，即所谓的“钱随物走”，更有金融资源推动实物资源的流动配置，即所谓的“物随钱流”，即金融合作的客观存在。

（二）京津冀金融合作的基本条件

区域金融合作尽管能够促进金融资源在更大范围内的优化配置，为区域经济发展提供更优质的金融服务。但是，区域金融合作的实现需要具备一定的条件，并非任何地区都可以轻易达成金融合作。这些条件主要包括经济条件、金融条件、地理交通条件以及制度条件。

1. 经济条件

百业兴，则金融兴；百业稳，则金融稳，可见，经济决定金融。一方面，区域产业经济实力雄厚，就会催生充足有效的金融需求，为区域金融合作提供更广阔空间；另一方面，区域经济联系越紧密，生产要素的跨区域流动就越频繁，对金融合作的需求就越迫切。

（1）经济总量规模占到全国的十分之一。2011年京津冀地区生产总值达51 419.6亿元，占全国的10.9%。其中北京16 000.4亿元，占全国比重的3.4%，生产力远超全国平均水平。天津11 191.0亿元，占全国比重的2.37%，河北24 228.2亿元，占全国比重的5.12%。按常住人口计算，全国人均生产总值为35 181元，北京人均地区生产总值为81 658元，天津为85 213元，河北33 969元，其中北京、天津两市的经济发展已经远远超过全国平均水平。

（2）三次产业结构各有特色。京津冀三地均有着良好的工业基础，涉及工业门类全。从产业结构看，改革开放以来，三地的第一产业比重呈不断缩小趋势，第二产业仍占有较大比重，第三产业稳步提高。2011年京津冀地区三次产业比重为6.2:44.2:49.6。根据钱纳里和库兹涅茨的工业化标准，北京各产业占比为0.85:23.4:75.75，“三二一”结构模式明显，产业水平较高，处于工业化后期阶段，天津、河北则依然处于“二三一”产业结构，位于工业化中期阶段。其中，北京、天津的第一产业所占份额各为0.85%和1.42%，均不超过本地生产总值的2%，河北省第一产业比重为11.99%；第二产业比重最高的是河北，占到54.06%，天津以52.52%紧随其后，而北京第二产业仅占23.4%；第三产业中北京的优势十分明显，在总量上几乎与天津、河北两地第三产业总和相当，比重更是高达75.75%，全国遥遥领先。

表 1　　2011 年京津冀地区生产总值及构成　　单位：亿元，%

地区	地区 GDP	第一产业		第二产业		第三产业	
		总产值	比重	总产值	比重	总产值	比重
北京	16 000.4	136.2	0.85	3 744.4	23.40	12 119.8	75.75
天津	11 191.0	159.1	1.42	5 878.0	52.52	5 153.9	46.05
河北	24 228.2	2 905.7	11.99	13 098.1	54.06	8 224.4	33.95

注：按 2011 年价格。

资料来源：《2011 年中国区域金融运行报告》。

（3）财政收支与固定资产投资规模较大。2011 年京津冀地区的地方财政收入为 6 198.6 亿元，财政支出为 8 512 亿元。社会固定资产投资 29 035.93 亿元，占全国固定资产投资的 9.32%。其中，北京财政收入 3 006.3 亿元、支出 3 246.5 亿元，天津财政收入为 1 454.9 亿元，支出 1 755.9 亿元，而河北财政收支差距悬殊，收入 1 737.4 亿元、支出 3 509.6 亿元。固定资产投资中河北最高，达到 16 389.33 亿元，天津居中为 7 067.67 亿元，北京为 5 578.93亿元。

（4）区位要素互补性较强、优势突出。京津冀是我国高校、科研院所和科技产业园区云集的地区，地区人口整体受教育水平高，高素质人口聚集。2011 年，京津冀地区的文盲率分别为 1.58%、2.17% 和 3.04%，均低于全国平均水平。北京、天津两市人口的平均受教育年限分别为 11.0 和 9.7，均高于全国平均水平，河北则与全国持平。从人口流动来看，人口向京津两市流入的规模持续上升，京津地区历来是河北省重要的劳务输出目的地。根据"六普"数据统计，河北省来京人口为 155.9 万人，占北京常住外来人口的 22.1%。在天津市的常住外来人口中，来自河北省的人数为 75.45 万人，占天津市常住外来人口的 25.2%。总体上，北京的科研能力、资金、人才优势明显，天津在物流流通、产品深加工制造方面优势明显，而河北则以土地矿产资源、低成本劳动力优势成为京津发展的坚实腹地。

2. 金融条件

金融结构理论表明，区域金融合作往往产生于合作区域各自所形成的金融结构差异性和相互关联性。正是由于这种结构性差异或关联才使得合作区域能够顺利进行区域金融资源要素的空间配置。

表 2　　2011 年京津冀地区综合经济实力

地区	GDP 增长率（%）	工业化率（%）	城镇化率（%）	人口密度（人/平方公里）	社会消费品零售总额（亿元）	大中型工业企业 R&D（万元）
北京	8.1	18.76	86.2	1 230	6 900.3	1 648 537.8
天津	16.4	48.03	80.5	847	3 395.1	2 107 771.6
河北	11.3	48.01	45.6	386	8 035.5	1 586 188.6

注：按 2011 年价格。

资料来源：Wind 数据库。

早在2004年，京津冀三地政府就经济合作事项达成“廊坊共识”，随后建立了以京津冀为核心的环渤海合作机制。众所周知，环渤海地区作为中国三大经济板块之一，在国内占有重要地位，而京津冀的区域金融合作是环渤海区域合作的核心，其金融合作比较务实，充分尊重科学规划、合理布局，结合自身优势，实现错位竞争和差异化发展。

目前，京津冀地区已经形成了以银行、证券、保险为主体，期货、信托、产权交易为补充的完善的金融市场体系。其中，北京作为首都，不仅是中央银行、外汇管理局和银监会、证监会、保监会“一行、一局、三会”所在地，也是三家政策性银行、四大国有商业银行和邮政储蓄银行的总部所在地，拥有中关村的科技金融体系，集中了60%的中国银行业务，80%的货币资金调动总量，70%的保险业务，金融资源丰富优势非常明显。天津拥有15家内资银行、15家外资银行、13家保险公司、2家证券公司、2家信托公司，而新设中德住房储蓄银行、渤海银行、渤海产业投资基金、天津股权交易所和私募股权基金，则更多拓展天津金融资源，加快形成天津多元化金融市场体系。同时，天津在金融后台外包服务业发展上起步较早，具有较为丰富的金融外包服务经验，其业务类别、业务模式和业务规模均处于国内领先地位。特别是，国家鼓励天津滨海新区进行金融改革和创新，特别是在金融企业、金融业务、金融市场和金融开放等方面的重大改革。河北则是全国唯一环京津的省份，是承接京津经济辐射的第一梯度地区，重在建设金融后台基地和金融中介服务基地。

表3　2011年京津冀地区综合金融实力

地区 项目	北京	天津	河北
金融业产值/GDP（%）	13.6	6.69	3.04
银行业从业人数（人）	91 127	54 126	151 765
银行业资产总额（亿元）	112 167	28 108	35 531
银行业机构数（家）	3 672	2 687	9 985
总部设在辖内证券公司总数（家）	18	1	1
总部设在辖内基金公司总数（家）	9	1	0
总部设在辖内期货公司总数（家）	20	6	1
总部设在辖内保险公司总数（家）	50	4	0
保险公司分支机构（家）	89	50	53
保费收入（中外资，亿元）	821	211.7	732.9
保险密度（元/人）	4 125	1 663.6	1 016.1
保险深度（%）	5	1.9	3
国内股票A股筹资（亿元）	1 315	32	325.9
国内债券筹资（亿元）	12 018	323	654.3

注：按2011年价格。

资料来源：《2011年中国区域金融运行报告》。

2011年末，京津冀地区金融机构实现本外币各项存款余额122 338.3亿元，各项贷款余额 74 045. 8 亿元，保费收入 1 765. 6 亿元，拥有境内上市公司 277 家，分别占全国比例为 14. 8%、12. 7%、12. 3%、11. 8%。京津冀地区拥有金融机构营业网点16 344 余家，许多外资金融机构如美国花旗银行、香港汇丰银行、法国兴业银行都在该地区设立了分支机构和办事处，金融业的高速发展客观上要求建立起区域金融合作机制以减少“各自为战”高营运成本。

3. 地理交通条件

在空间经济学理论上，区域金融合作是依附于一定空间范围来形成一个多层次的空间金融网络体系。这就要求构成金融网络的各节点（各合作区域）在地理位置上必须彼此毗邻。第一，地理毗邻区域在语言、思想及文化等方面具有很大相似性，能有效地降低金融合作中的摩擦和阻力，有利于金融合作顺利推进。第二，地理邻近区域往往具有相近的区域经济特征和相似的经济政策目标，尤其是在大国经济中，位置接近的区域往往在该国经济发展中处于相似的地位或处境，更能产生一致的经济政策目标，有利于金融合作的顺利开展。第三，Gilly 和 Torre（2000）研究指出，地理邻近有利于合作创新。北京与天津仅相距 120 公里，是世界上少有的直径在 130 公里地域内集中的两个超大型城市，而河北具有环抱京津的特殊地理位置。整个京津冀地区位于我国华北、东北和西北地区的结合部，东临渤海，西倚太行山，处于东北亚经济圈中心地带，是我国经济由东向西发展、由南向北推进的重要枢纽。

交通则是区域金融合作的纽带，对区域内城市间的金融合作具有加速融合作用。完善的交通体系有利于降低区域流通成本，加速金融资源整合，提升运营效率。在特定区域金融合作过程中，交通运输对城市群的发展具有基本制约和引导作用。世界范围内，区域金融一体化发展较为成功的地区，无不以高度完善便利的交通体系为支撑。公路方面，京津冀区域有 35 条高速公路，与 280 多条一般国省干线相连，基本形成了覆盖京津和河北 11 个设区市的三小时都市交通圈。已开通道路客运班线 900 多条，营运班车 2 200 多部，全国第一条时速 350 公里的高速铁路客运专线运营后，京津两地实现了 30 分钟直达。京津第二条高速公路已投入使用，京承高速三期项目也于 2009 年 9 月全线建成通车。铁路方面，河北与北京接轨高速铁路共 5 条，分别为京沪高铁、京广客专（包括京石、石武客专）、京沈客专、京秦城铁（包括京唐城铁）、京张城铁；与天津接轨铁路 3 条，包括津秦客专、保津城铁、秦皇岛至曹妃甸至黄骅港城铁（环渤海城铁），逐渐织就“京津冀 2 小时交通圈”。海运方面，自北向南，有秦皇岛港、京唐港、曹妃甸港和黄骅港等港口，津冀沿海港口设计通过能力 7. 5 亿吨，占全国 16%。航空方面，北京、天津市等都建有现代化的国际机场，先后和数十个国家、地区有着包机联系，并开辟了上百条国内航线和几十条国际航线。

4. 制度条件

金融合作，制度先行。因为良好的制度条件会直接影响着金融合作效率和合作进程，有助于规范政府行为，有效拆除跨区域的金融壁垒，为区域金融资源的合理流动和有效配置保驾护航。2008 年为促进京津冀都市圈区域合作与发展，推动落实京津冀都市圈区域规划及相关工作，京津冀地区将建立联席会和联络员制度，共同交流区域合作发展情况。同时，建

图1 京津冀地理区域

立规划联席会议制度，主要研究、协调有关区域交通、重大基础设施、生态环境保护、水资源综合开发利用、海岸线资源保护与利用等跨区域重要的城乡规划，以及影响区域发展的重大建设项目选址，协商推进区域一体化发展和规划协作的有关重大事宜。此外，还将建立发展改革委区域工作信息发布制度，及时沟通规划、产业、政策等方面的信息，并督促落实省市政府议定的区域合作工作。2009 年京津冀三地在城市规划、交通运输、旅游等方面先后签署合作备忘录，借此建立和完善京津冀协商对话机制、协作交流机制、重要信息沟通反馈机制。其中，交通合作备忘录规定，三地运输部门每年至少召开一次京津冀交通合作联席会议，就发展战略和合作领域、发展规划和重大项目实施、区域立体交通的合理配置、不同运输方式的有效衔接的相关政策等重要问题进行研究和协调，并推进一批具体交通项目对接。

可见，早些年的环渤海经济圈规划、京津冀都市圈建设以及京津冀一体化等，都在一定程度上为京津冀金融合作的制度环境塑造奠定了基础。

（三）京津冀金融合作的现状

随着我国经济体制的改革，计划经济向市场经济的转轨，相邻地区间的金融合作发展得

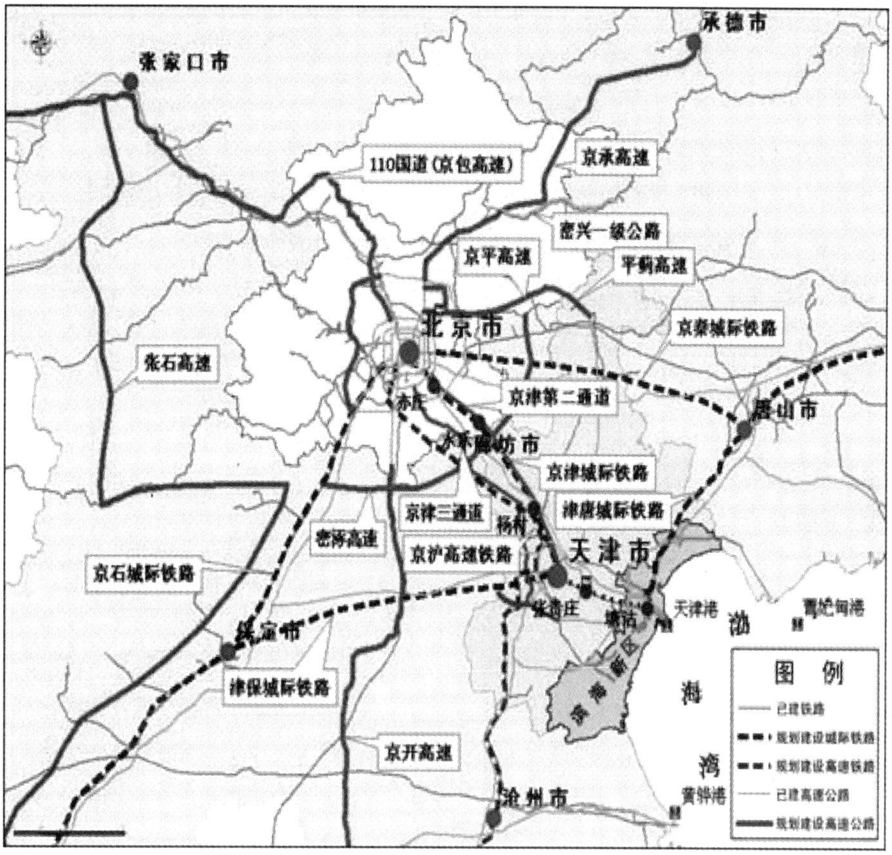

资料来源：滨海新区官方网站。

图 2　京津冀区域交通

以逐步展开。1982 年，北京市城市建设总体规划方案中首次提出首都圈概念，从而拉开了京津冀区域金融合作的序幕。到目前为止，京津冀区域金融合作已取得一定成效，集中表现在以下几个方面。

1. 地方政府大力支持京津冀金融合作

2005 年 11 月，北京、天津与河北等省市金融协会共同举办了首届“环渤海区域金融合作发展研讨会”，此次会议讨论了环渤海区域金融合作中的重要问题，构建了环渤海地区各金融协会、金融学会间的沟通与交流平台，是探索区域金融合作之路的良好开端。继 2006 年和 2008 年合作备忘录和会谈纪要签署之后，2010 年 7 月，北京市和河北省又签署了合作框架协议，明确了至 2012 年底京冀之间九方面的合作，金融商贸合作是其中之一，提出“河北省加强与北京市有国际影响力的金融中心建设的互动，大力发展京冀金融商贸合作”。京冀明确了如下合作内容：建立金融交流合作机制；推动北京市银行业金融机构在河北省设立分支机构，加强京津城市商业银行的合作；推动北京产权交易所、中关村代办交易系统与河北省产权交易中心合作开展业务。

同时，随着《环渤海区域合作框架协议》、《廊坊共识》等区域合作协议的推出和达成，京津冀区域金融合作得到地方政府一致认可。北京市、河北省相继将京津冀经济圈列入各自“十二五”规划。2008 年 5 月北京市发布的《关于促进首都金融业发展的意见》中提出，要建立京津冀金融合作机制，为金融机构跨区域发展提供服务。2011 年 1 月河北省“十二五”规划纲要中明确提出推进京津冀金融一体化进程，打造区域金融合作共同体的规划。河北省出台的《金融产业发展规划》也明确提出，利用京津发达的金融市场，建成京津冀两市一省的支付结算服务系统，推动京津冀和环渤海区域支付结算和产品创新，推动征信系统一体化、产权和票据市场一体化。在京津周围建设金融聚集区和金融服务区。加强与北京市建设“国际金融中心城市”和天津市创建“全国金融改革创新基地”的互动，积极与其打造金融合作共同体。有条件的地方建设金融卫星城，注重发展金融后台服务基地。2012 年 4 月，北京市金融工作局与河北省金融办签署了区域金融合作协议，从推动金融机构跨区域发展等九个方面着手展开合作。至此，京津冀区域金融合作掀起了一个新的高潮。

2. 人民银行积极推动京津冀金融合作

近年来，北京、天津和河北等城市的人民银行不断加强合作。2000 年 6 月，京津两地开通“京津区域票据自动清分系统”，京津两地在全国范围内率先实现了跨城市的支票流通，突破了同城票据清算的传统模式。2005 年 6 月，由京、津、冀人民银行合作，开发建设了“京津廊票据自动清分系统”。该系统实现了京津冀地区票据清算中心同步清分区域交换票据，资金清算信息网络化传输。三地票据清算中心在同一交换平台上，在不同地点同时清分票据，打破了近 2 000 家金融机构支票同城使用的限制，开创了我国跨区域票据交换的先例。截至 2008 年 5 月，北京市 1 115 家金融机构、天津市 745 家金融机构、河北廊坊市 117 家金融机构直接参加了京津廊区域票据交换。京津廊区域票据交换系统大大提高了票据抵用率，加速了企业资金周转。这种先进的、功能齐全的交换模式，已成为连接京津廊经济往来、促进区域经济一体化的重要资金清算枢纽，为今后的京津区域金融发展打下了良好的基础。

2006 年 12 月，由中国人民银行建设的全国支票影像交换系统（CIS）开始在全国六个省市试点运行，北京、天津、河北都位列其中。三地之间企事业单位和居民个人签发的支票可互通使用，克服了支票只能在同城范围内使用时对资金流、物流和人流的限制，对促进京津冀区域经济协调发展起到积极作用。2011 年 7 月，中国人民银行石家庄中心支行制定并下发了《河北省金融支持环首都绿色经济圈发展的意见》，将从建立沟通协调机制、支持园区和基地建设、大力发展绿色产业等 10 项措施入手，支持环首都绿色经济圈建设。

3. 政银企合作促进京津冀金融合作

部分商业银行内部的跨区域合作与服务也是京津冀区域金融合作的重要形式。近年来，股份制商业银行和设在北京、天津等中心城市的外资金融机构，也打破了行政区域的限制，通过提供优质的金融服务，把业务网络扩展到周边地区和城市。2005 年 8 月，建设银行总行在系统内建立了环渤海区域服务联动机制，京津冀区域建设银行各分行之间将加强合作，建立起有效的区域联动机制、利益协调机制、信息共享机制，整合资源，集约经营，加强了环渤海区域建设银行各分行之间的合作。为此，建设银行总行也在人力资源、科技投入、产品创新等方面加大对京津冀区域分行的政策倾斜，使京津冀区域内各项业务协调发展。2006年5月，环渤海区域22个城市的农业银行分支机构启动合作机制，在总行的协调指导下开始在客户营销、品牌建设、风险防范及人才培养等领域展开合作。2008年6月，天津银行唐山分行正式成立。河北银行落户天津，北京银行和多家央企参股、控股了河北省的多家金融机构，例如华夏银行在保定、唐山分别设立分支机构，北京银行在石家庄设立分支机构、参股廊坊银行并成为第一大股东等。2010年7月，河北首个全国性金融后台服务中心——中国工商银行电子银行中心（石家庄）正式投入运营。2010年8月，总投资30亿元的安保财险后援中心项目，签约落户三河燕郊开发区。

天津市商业银行还与河北等省区的39家地方性中小金融机构开展了融资代理业务。天津股权交易所与河北企业展开产权市场合作互动。2009年10月，河北省首家企业沧州会友线缆在天津股权交易所正式挂牌，通过天津产权市场融资2 000万元。2010年8月，天津股权交易所渤海股权交易中心在沧州揭牌。河北省也为天津股权交易所不断培育邯郸制药、鑫源泰钢铁等上市后备资源。天津股权交易所河北办事处于2009年10月挂牌成立，专门从事企业调研工作，指派专门人员为企业上市方案设计、资产重组提供服务，帮助企业尽快达到天津股权交易所上市要求，保荐河北企业赴天津股权交易所挂牌交易。截至2012年4月，河北省已有26家企业在天津股权交易所挂牌。2011年4月，国内首例跨区域的旅游金融创新产品——京津冀旅游一卡通，在廊坊首发。这是建设银行保定市分行发行的联名卡，为消费者旅游休闲提供服务优惠，如提供免除景区门票、旅游价格优惠、精品线路专享等多项增值服务。目前合作景区、加盟商户已达到上千家，范围辐射河北全省、北京、天津、青岛等地。这是契合消费者旅游休闲消费需求，与旅游相关企业合作，实现旅游、消费优惠与金融工具相结合的有益尝试。

京津冀区域金融监管机构的合作也进入起步阶段。2009年底，银监会五大中心（培训中心、党校、干部学校、备灾中心、金融论坛）落户廊坊永清。2011年10月，京津冀三地银监局在廊坊签署了银行业监管合作备忘录，标志着三省市银行业监管部门之间正式建立合作机制。备忘录明确了三地银监局将在加强监管交流、推动银行业广泛合作、支持地方经济发展等方面实现共赢，通过建立信息交流、检查互助、定期磋商等协调机制，实现对互设银行业金融机构的有效监管。2012年4月，北京市金融工作局与河北省金融办签署了区域金融合作协议，从推动金融机构跨区域发展等九个方面着手展开合作。

4. 天津滨海新区带动京津冀金融合作

2005年天津滨海新区开发开放列入国家总体发展战略后，进一步提升京津冀金融合作层次，拓展区域金融合作空间。以天津港为例，2010年港口货物吞吐量已达到41 325万吨，其进出口货物总量的70%以上，集装箱运量的60%以上，都是来自天津以外的腹地各省市区。其中，北京外贸出口额的26.8%，河北的61.1%都是从天津港出海。区域内巨大的物流带动了区域间资金通过大额支付系统的大规模流动。截至2010年末，天津市金融机构通过大额支付系统与北京、河北金融机构的资金往来分别达到19 100亿元、909亿元。天津与北京、河北的跨区域票据清算资金占到区域票据清算资金总量的50%以上。

（四）京津冀金融合作的比较分析

区域金融优势是区域金融合作的前提和基础。通过比较不同地区、不同时期的金融发展和演变，能够直观地观察到京津冀区域金融发展中的优劣势，找到客观可行的合作路径。为获取区域分工合作带来的利益，区域金融合作往往需要根据经济同质性和内聚性，在区域内建立统一的金融市场，提高合作区域的经济实力和竞争力。那么依据合作主体不同，现阶段我国典型区域金融合作主要有长三角金融合作、珠三角金融合作与京津冀金融合作①。2011年，长三角、珠三角、京津冀经济圈合计地区生产总值加权平均增长10.2%。从各经济圈情况看，京津冀经济圈整体经济指标总体好于全国。但对外依存度较高的长三角、珠三角经济圈受外需不足影响，进出口贸易等指标增速相对较低。从金融业产值占GDP比重看，京津冀金融业对区域经济贡献仅次于长三角，区域金融发展总体上已具有一定规模。

表4　　2011年三大经济圈主要经济指标　　单位:%

		长三角	珠三角	京津冀	全国
	三次产业比重	4.8:49.5:45.7	2.1:48.5:49.4	6.2:44.2:49.6	10.1:46.8:43.1
	第一产业增长率	3.7	3.5	4.0	4.5
	第二产业增长率	10.0	11.0	13.4	10.6
	第三产业增长率	10.2	9.2	10.4	8.9
占全国比重	地区GDP	21.2	9.3	10.9	100.0
	固定资产投资	14.7	4.0	9.6	100.0
	社会消费品零售额	18.8	7.9	10.0	100.0
	地方财政收入	22.4	7.0	11.8	100.0
	实际利用外资	48.6	16.8	21.9	100.0
	进出口贸易	35.3	24.0	15.0	100.0
	进口总额	31.4	21.1	23.8	100.0
	出口总额	38.9	26.7	7.0	100.0
增长率	地区GDP	9.8	9.9	11.3	9.2
	固定资产投资	19.7	14.5	23.5	23.6
	社会消费品零售额	16.4	15.6	15.2	17.1
	地方财政收入	22.7	17.1	30.3	29.1
	实际利用外资	11.4	6.4	17.6	9.7
	进出口贸易	18.2	14.6	28.3	22.5

注：按2011年价格。

资料来源：《2011年中国区域金融运行报告》。

① 京津冀为北京市、河北省和天津市；珠三角为广州市、深圳市、珠海市、佛山市、江门市、东莞市、中山市、惠州市以及肇庆市9市；长三角为上海市、江苏省和浙江省。

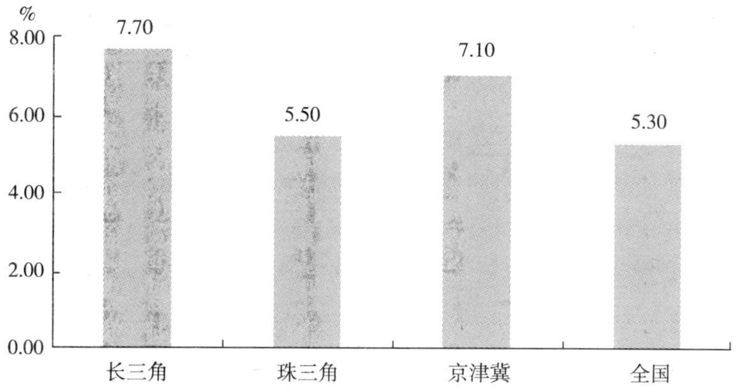

资料来源：国家统计局。

图 3　2011 年全国与三大经济圈金融产业值占 GDP 比重

1. 金融综合实力

金融相关比率是衡量一国或地区金融发展的总体水平的常用指标，它表示金融资产规模相对于国民财富的比例。戈德史密斯（1969）认为金融相关比率是某一时点上现存金融资产总额与国民财富实物资产总额加上对外净资产总量之比。但是，在大多数实际研究中，人们一般将其简化为金融资产总量与 GDP 之比。根据相关研究，我国各地区金融机构存贷款指标对地区金融发展水平的代表性在 95% 以上。因此，我们可以选用金融机构存贷款规模作为金融资产的一个衡量标准，这一指标能大致反映出京津冀区域金融发展水平。图 2 – 4 显示，京津冀区域金融相关率最高，而且领先优势明显，远远高于全国平均水平。长三角次之，虽然低于京津冀，但是其金融相关率仍高于全国平均水平。只有珠三角金融相关比率最低，2004 年珠三角金融相关率一直低于京津冀、长三角与全国水平。这说明三大经济圈中，京津冀金融深化程度较高，并且与其他经济圈已拉开一定差距，金融业对区域经济发展的推动作用较强。

金融市场是区域金融合作的载体，依据金融市场分类，主要有货币市场、资本市场、外汇市场和衍生品市场。由于我国金融市场发展整体比较滞后，没有成体系的外汇市场和衍生品市场，所以对金融市场的分析，主要从货币市场和资本市场两方面入手。

第一，资本市场分析。资本市场对比分析使用的是上市公司数量和额度。这两个指标能从两方面说明问题：一是该区域的企业对资本市场的利用程度，二是该区域经济对资本市场走势的影响力。在上市公司数量方面，长三角区域最多，珠三角区域次之，均达到了 300 家以上，京津冀区域稍显落后。在股票融资额方面，长三角依旧最多，京津冀次之，但是 2007 年开始北京以央企为代表的大盘蓝筹股上市融资，大量吸收股票市场资金流，使得北京成为三大经济圈中融资量最大的城市。天津在资本市场上同其他经济圈城市有较大差距，需要继续鼓励当地企业积极上市和提升企业对资本市场的利用度，进而分享资本市场发展带来的成果。

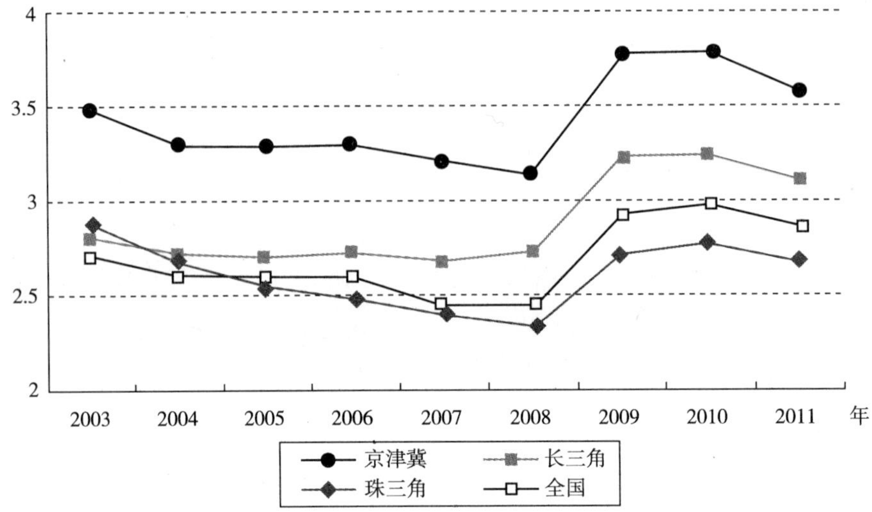

资料来源：国家统计局。

图4　2003—2011 年三大经济圈金融相关比率

债券市场方面，京津冀区域“一枝独秀”，北京的债券融资量在经济圈城市中独占鳌头，主要原因在于目前还是具有一定实力和良好信誉的国企发行债券比较具有融资优势，排在第二位的长三角的债券融资额相当于京津冀的21%，珠三角排在最后，融资额不到京津冀的11%。债券市场对比分析得出，我国企业债券市场的建设还需进一步提升，要打破国有企业债券一家独大的局面，鼓励各层次企业积极发行债券，利用债券市场融资，同时政府要在政策上适当向中小企业倾斜，有关金融机构也需要跟进相关的债券评级和流通机制的建设，完善债券的二级市场。

表5　　2011 年三大经济圈金融市场融资额　　单位：家，亿元

项目	长三角	珠三角	京津冀
年末国内上市公司数	636	339	277
非金融机构融资量	21 106	9 253.9	16 100.8
当年国内股票 A 股筹资	1 924.9	1 013	1 672.9
当年发行 H 股筹资	134	0	18.5
当年国内债券筹资	2 764	1 363	12 995.3

注：按 2011 年价格。

资料来源：《2011 年中国区域金融运行报告》。

第二，货币市场分析。货币市场的交易量反映了一个地区经济的活跃程度，以及资金的周转速度和使用效率。通过票据交易数据可反映货币市场的情况，如图5所示，银行承兑汇票能够从一个侧面反映商品贸易的交易情况，长三角的票据承兑业务量比京津冀与珠三角总和还高，这反映了长三角港口贸易的发达程度较高。票据贴现业务是微观经济主体充分利用货币市场和资金的表现，珠三角的票据贴现业务最高，京津冀与长三角相当，其中天津有大量票据交易但在贴现上没有突出表现，说明其对资金的使用没有达到最优状态。

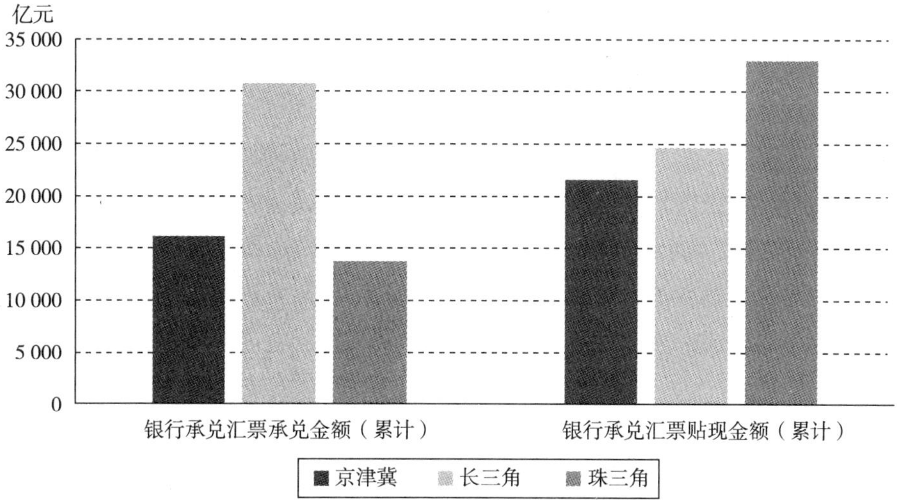

资料来源：中国人民银行官方网站。

图5　2011年三大经济圈银行间金融市场情况

2. 银行业

（1）银行机构和资产规模。表6显示，长三角银行业法人机构总数已超过300家，银行业资产规模较大，是京津冀的1.5倍左右，珠三角的2倍多，银行业发展极为发达。在农村金融方面，浙江拥有突出优势，农村新型金融机构数量非常多，达到53家，北京、天津和上海均不足10家，说明浙江在农村金融方面发展较为迅速，能够较为全面地为广大基层客户群体提供金融服务。此外，长三角和珠三角拥有相当数量的外资存款类金融机构，表明这两个区域的对外开放程度较高。而京津冀的银行业法人机构财务公司最多，多达39家，这与北京央企总部较多有关，也从一个侧面说明，北京的银行业机构大部分是直接为企业服务的。

表6　2011年三大经济圈银行业机构情况　单位：亿元，家

项目	京津冀	长三角	珠三角
银行业资产总额	175 806	243 368	121 037
银行业法人机构总数	278	333	186
其中：大型商业银行	0	0	0
国家开发银行和政策性银行	0	0	0
股份制商业银行	1	3	3
城市商业银行	13	16	6
农村合作机构	161	145	112
财务公司	39	23	11
信托公司	6	15	5
邮政储蓄	0	0	0
外资银行	10	23	21
新型农村金融机构	35	99	25
其他	13	9	3

注：按2011年价格。

资料来源：《2011年中国区域金融运行报告》。

（2）银行业务交易量。银行业务交易量不仅能说明地区银行的运行情况，还能间接反映地区经济的活力。表7显示，在本外币存贷款规模上，长三角均高于京津冀和珠三角地区，具有明显的金融比较优势。在贷款期限结构安排上，京津冀与珠三角的短期与中长期贷款比重相当，长三角中长期贷款在全部贷款中的比重最小，流动性风险相对较大。在存贷差方面，存差是金融机构资金来源大于资金需求的差额，表现为金融资源剩余，贷差则是贷款大于存款的差额，反映金融结构的资金充裕程度。三大经济圈均一致变现为存差状态，且京津冀地区较大，说明该地区的储蓄向投资转化出现梗阻，信贷资金利用程度相对不高，应提高资金使用效率。贷存比一方面反映了资金使用效率和银行业的盈利能力，另一方面说明了整个经济发展的动能。三大经济圈中长三角的贷存比较高，为0.75，经济圈城市中天津的贷存比较高，为0.91，这说明长三角和天津发展潜力和发展加速度比较快，经济发展更具有活力。企业贷款占GDP比重反映了区域金融中介的发展，京津冀经济圈金融机构贷款占GDP的比重从2003年的1.55下降到2011年1.4，但仍高于2011年全国平均水平1.2，这说明京津冀贷款利用效率低下，资本投资效率不高，有待于金融合作进一步加强。

表7　　2011年三大经济圈银行业务量情况　　单位：亿元，%

项目	京津冀	长三角	珠三角
本外币各项存款余额	122 338.3	186 718.4	91 590.2
其中：城乡居民储蓄存款	43 763.5	68 015.22	41 061.6
企业存款	68 442.6	107 466.2	44 915.6
本外币各项贷款余额	74 045.8	140 719.6	58 615.3
其中：短期	22 723.7	66 812.81	16 674.3
中长期	45 351.9	68 023.91	38 334.1
票据融资	1 842.7	3 469.58	1 498.4
贷款期限比例	0.31:0.61:0.02	0.47:0.48:0.02	0.28:0.65:0.03
存贷差	48 292.5	45 998.79	32 974.9
贷存比	0.61	0.75	0.64
企业贷款占GDP比重	1.4	1.4	1.1

注：按2011年价格。

资料来源：《2011年中国区域金融运行报告》。

3. 证券业

证券公司和基金公司方面，长三角和珠三角占优势，这主要是因为上海和深圳拥有全国两大证券交易所，金融市场较为发达，区位优势吸引了大量的证券和基金公司的集聚。其中，2009年珠三角的深圳创业板的启动标志着我国多层次资本市场体系建设取得实质性进展，总部设在深圳市的证券公司全部盈利，总资产、净资产、营业收入、净利润四项指标均名列全国第一。而长三角的上海主要在证券业基础制度建设方面取得新进展，试行两年的证券公司分类监管制度成效显著。在全国已获AA评级的15家证券公司中，上海辖区已有5家，总体评价处于先进水平。京津冀中天津、河北由于还没有全国性的证券交易所，在证券和基金公司数量上暂时落后，一定程度上拖累京津冀证券业整体实力。但是，天津近几年借助国家开发滨海新区的契机，证券期货市场呈现良好发展态势。渤海证券公司实现了连续5年盈利，资产质量效益逐步提高。2012年渤海证券总资产107.54亿元，比年初减少21亿元，净资产41.27亿元，营业收入6.65亿元，同比下降45.79%。天弘基金管理公司积极增发基金，2009年发行天弘周期策略股票型证券投资基金。截至2012年6月末，天弘基金管理的资产规模为128.83亿元，相比2011年末73.97亿元，半年增长了71.16%。证券期货机构不断增加，门类逐步拓展，市场主体竞争实力明显增强。同时，天津继续加强企业上市后备资源库建设，支持企业改制重组上市发行，计划在"十二五"期间推动100家科技型中小企业上市。

期货公司方面，全国3家商品期货交易所分别位于上海、大连和郑州。长三角拥有期货公司50家，京津冀27家，珠三角24家。特别是长三角的上海就有27家期货公司，与京津冀持平，比珠三角还多出3家，具有明显的期货金融优势。

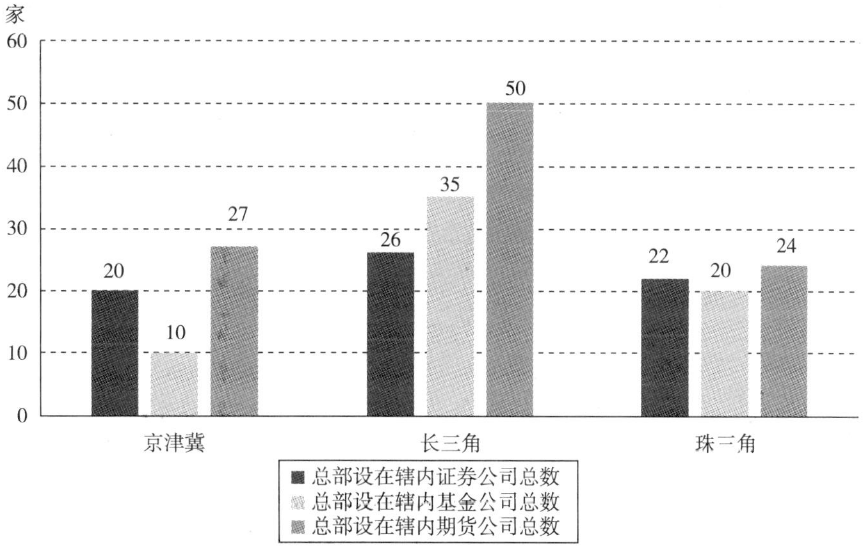

资料来源：中国人民银行官方网站。

图6　2011年三大经济圈证券业情况

4. 保险业

保险业综合发展水平的两个重要指标是保险密度和保险深度，保险密度是指按常住人口计算的平均保费，它反映了国民受到保险保障的平均程度。保险深度是指保费收入占国内生产总值的比重，它反映了一个国家或地区保险业在整个国民经济中的地位。表2－8显示，保险密度上，2011年京津冀、长三角和珠三角都远远超过全国水平（保险密度1 062元/人），分别为1 663.51元/人、1 808元/人和1 503元/人。保险深度上，2011年京津冀、长三角和珠三角分别高于、低于和等于全国水平（保险深度3%），其中京津冀3.43%、长三角2.84%、珠三角3%。

京津冀的北京和长三角的上海拥有最多的保险公司法人机构，均超过了其他城市的总和。京津冀和长三角的保费收入较高，主要因为京津冀的北京保费收入排在全国城市第一位，其主要得益于许多国有大型保险公司总部设在北京，总部经济效益明显，而长三角的上海则是中小股份制保险公司占据多数。此外，保险赔付率的高低反映保险公司的盈利状况，赔付率越低，盈利越好。经济圈中珠三角赔付率最低，经济圈城市中天津和上海赔付率最高，均超过30%，盈利能力有待于进一步提升。

表8　　2011年三大经济圈保险业情况

	京津冀	长三角	珠三角
总部设在辖内的保险公司数（家）	54	48	16
保费收入（亿元）	1 765.6	2 832	1 579
各类赔款给付（亿元）	482.7	841.4	399
保险赔付率（%）	27.34	29.71	25.27
保险密度（元/人）	1 663.51	1 808	1 503
保险深度（%）	3.43	2.84	3

注：按2011年价格。

资料来源：《2011年中国区域金融运行报告》。

（五）京津冀金融合作的制约因素

相比长三角、珠三角经济圈而言，京津冀金融合作具有一定比较优势，扩大了三地金融合作领域，拓展了三地金融合作范围。但是，从京津冀经济社会条件来看，三地金融合作还受到一些因素制约。

1. 金融梯度不合理影响金融合作广度

根据区域经济合作的基本理论，金融合作应建立在合作区域金融发展梯度合理的基础上。区域内形成合理金融梯度，有利于金融合作过程中有效地实现专业分工和替代转移，增加区域金融集聚程度形成区域金融中心，而金融中心通过对外金融辐射效应，发挥区域增长极的枢纽作用，提高金融资源的配置效率，促进区域金融业集约化、规模化发展，带动区域经济发展。过于悬殊的金融发展差距带来的直接障碍和问题是两方面的：一方面使金融发达地区所出现的产业聚集、形成的产业规模和产业链因为找不到适宜的生存和发展环境，没有条件向周边落后地区推广和扩散，进一步限制了合理金融梯度的形成，影响了金融要素在区域内的有效流动；另一方面，区域中金融落后和边缘的地区没有能力引进、吸收、消化周边发达地区或中心城市各种必要的生产要素，金融资源不断从不发达地区向发达地区流动，导致地区间金融发展差距进一步被拉大，不发达地区因此会丧失合作热情，甚至在地区间出现金融壁垒，这对区域金融合作无疑会产生阻碍作用。

区位熵也称为地方专业化指数，是根据基尼系数构造的衡量地方产业专业化程度的指标。计算公式是各城市金融业增加值占本市GDP比重与京津冀金融业增加值占京津冀GDP总额比重之比，即

$$LQ_i = \frac{Y_i}{Y} / \frac{T_i}{T}$$

式中：LQ_i 表示城市 i 的金融业区位熵；Y_i 表示城市金融业增加值规模；Y 表示城市 i 经济增加值；T_i 表示京津冀城市总体金融业增加值；T 表示京津冀城市总的地区生产值。

这里，采用区位熵衡量京津冀区域金融集聚发展程度，间接评估该地区金融梯度，主要是基于以下的逻辑：如果一个地区的产业集聚程度较高，那么相对于其他地区以及该地区的其他产业而言，集聚化发展的产业规模应该较大，在区域同一产业中占有较大的比例，而且其规模也要大于该地区的其他产业。因而，集聚化程度高的产业也表现出较高的地方专业化程度。图7显示，区位熵数值在0.2至1.5之间变动。大于1的城市仅有北京和石家庄，其余城市的金融业增加值区位熵都小于1，区位熵指数大于1的城市体现出金融资源相对集聚程度高些，从而也能够从一个侧面反映出这些城市具备发挥辐射功能的潜力。整体上看，京津冀地区金融梯度不合理，中心城市的对外辐射作用和带动效应还比较低，大城市处于绝对优势，其他城市不能很好地衔接，区域金融合作广度有限。

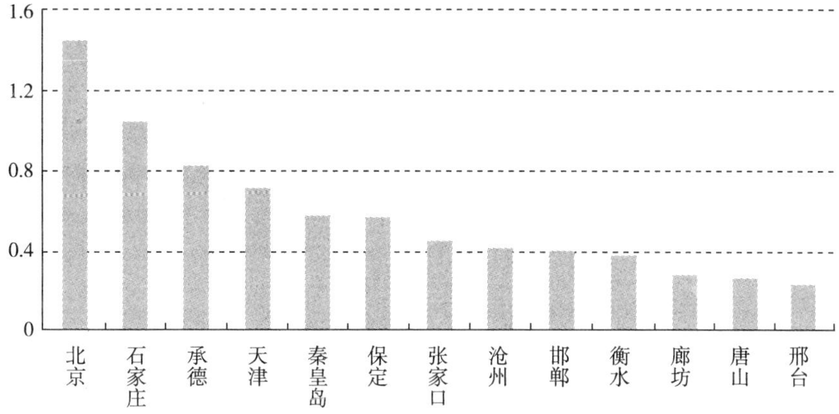

图7 2011年京津冀金融业增加值区位熵

2. 金融联系程度差异影响金融合作深度

如何衡量地区间的经济联系程度，在新经济地理学的研究领域中，引力模型（Gravity Model）是最为常用的分析方法。引力模型源自于牛顿提出的物理学万有引力定律，Tinbergen（1962）和Pöyhönen（1963）对其在经济学领域作了扩展和应用，正式提出了比较完整的经济学引力模型。经济学理论和实证研究进展证实，引力模型不仅仅是一个基于自然科学理论的经验方法，而且具有可靠的经济学理论基础。Anderson（1979）、Bergstrand（1985）、Deardorff（1995）以及Eaton和Kortum（2002）等研究都赋予了经济引力模型更为深刻的现实价值和旺盛生命力。当然，这一理论也同样可以用于测度区域间的金融联系程度，进一步分析经济体之间的金融竞争合作关系。

引力模型的计算公式如下：

$$T_{ij} = \frac{kP_iP_j}{d_{ij}^2}$$

式中：T_{ij}是经济体 i 和经济体 j 之间的金融联系度；P_i 和 P_j 是经济体的“质量”，以该经济体的金融业增加值乘以人口总数来衡量该经济体的整体金融规模，因为金融业增加值是金融业的全部基层单位一定时期内新创造出来的价值之和，能够反映这一地区的金融实力；d_{ij}为两地之间的交通距离，考虑到在中国的实际经济活动中，铁路运输的重要性超过了其他运输方式，铁路里程数是经济体间距离的合适代理变量，同时，各个城市均为该经济区的经济中心，取城市之间最短的铁路里程数为两地距离；k 为系数，其取值旨在反映和调整各个经济体之间的异质性问题，内地金融体制基本一盘棋，因此预期其取值不会有决定性的影响，为简化起见，对 k 均取值为 1。

表 9 显示，分别以北京、天津和石家庄作为金融中心，与周边地区进行金融联系度测量。第一，北京作为京津冀城市群的主核心城市，经济实力雄厚以及便捷的交通网络使得京津之间的金融引力最大，唐山、廊坊、保定以及石家庄与北京金融联系度紧随其后，远远超过其他城市之间金融联系度；第二，与天津和石家庄作为金融中心相比，只有衡水和邢台与北京的金融联系度小于 1，这说明北京在京津冀区域内具有较强的金融辐射度；第三，从金融联系度大小看，京津冀区域金融合作更多表现为北京、天津、石家庄、唐山、廊坊以及保定 6 市之间的金融合作，其余城市与北京、天津和石家庄的金融联系度普遍不高。因此，京津冀金融联系度表明，京津冀区域金融联系程度还没有真正突破客观条件限制，决定城市间金融合作程度的关键因素是地理距离而非金融资源的供需情况。城市间的金融合作仍然局限于短距离的地域范围内，长距离城市间金融资源的流动存在较大障碍，这种情况限制了京津冀区域金融合作的深度。

表 9　　2011 年京津冀金融联系度

城市	北京	天津	石家庄
北京	—	114.08	10.17
天津	114.08	—	2.60
石家庄	10.17	2.60	—
承德	2.64	0.57	0.11
张家口	4.25	0.97	0.14
秦皇岛	2.41	1.28	0.12
唐山	12.00	15.18	0.34
廊坊	34.54	19.46	0.23
保定	18.55	2.75	4.55
沧州	3.74	7.85	0.55
衡水	0.62	0.79	1.57
邢台	0.92	0.23	1.96
邯郸	1.66	0.45	2.15

3. 金融业条块分割影响金融合作力度

目前，京津冀区域的金融机构分属于中国人民银行天津分行和北京营业管理部管理，金融机构管理部门的不同难免会在管理方法、考核机制、统计信息等方面存在差异，这在一定程度上造成三地金融业条块分割的局面，并使金融合作的力度大打折扣。首先，在涉及区域金融合作的具体事项上，京津冀区域政府、金融机构和企业不能进行有效沟通、磋商并达成共识，更多的金融合作将处于倡议、研讨等初级阶段，对内区域金融合作的综合协调难度将加大，一些金融合作项目存在自下而上的盲目性，难以实现金融资源更大范围的有效配置。对外合作区域难以形成整体布局和合力，并在国家层面上达成一致的区域金融政策倾斜诉求。其次，金融分割使得金融竞争多于合作，缺乏统一金融合作发展规划，地区金融产业发展各自为政，金融机构之间有意制造信息、人才等壁垒，加大了金融资本的流动成本，导致资金配置不合理、降低金融资源使用效率。同时，京津冀三地商业银的机构多、摊子大，内部管理体制上，各分行也基本相互独立，跨省市合作及跨行合作阻力重重，更不要说区域性银行受管理体制限制更严格，其在不同省市之间调拨资金的难度非常大甚至无法操作，这使得京津冀三地商业银行各自以行政区域为主开展金融服务，削弱了区域金融合作力度。

4. 地方行政壁垒影响金融合作进度

京津冀区域金融合作要求地区间打破金融资源流动的壁垒，实现资金、技术、人才等生产要素在区域内的高效流动。但在我国现行的行政分权管理方式下，地方政府既是地区的行政管理者，也是经济管理职能的承担者。不可否认，行政区划下的地方政府有非常高的热情去维护市场，推动地方经济增长。但是，作为“经济人”的地方政府，通常为了能够在晋升锦标赛中取得好成绩，就会争取更多的金融资源发展本地经济，这很容易设置行政壁垒，分割金融市场，阻碍资本的跨地区流动和有效配置。在金融发展过程中，地方政府致力于争取更多金融机构，设立更多交易市场，而不是从促进金融市场发展和金融产品创新来提高金融效率，这使得区域金融发展过程中的竞争大于合作。例如，现阶段京津冀三地在金融发展中的定位问题，北京市和天津市都要打造金融中心，一个是国际金融中心，一个是北方金融中心；京津冀三地都要建设并且已经在建设金融后台服务中心，可见京津冀还没有真正形成可以共享的多层次金融市场。

从博弈论角度看，行政壁垒又进一步催生了有限理性和信息不对称的地方政府，在博弈中不管一方选择合作还是不合作，另一方满足自身理性的最优选择都是不合作。受行政壁垒的影响，京津冀区域内政府博弈的结果就是尽量控制本地的金融市场，将金融资源集中在本地，金融效率难以提高，金融资源无法实现区域范围内的最优配置，影响京津冀区域金融合作进度。

四、京津冀区域金融合作的角色定位和机制设计

京津冀区域经济合作，不仅能实现三地的优势互补，促进三地经济的协同发展，同时可以放大京津冀在环渤海区域的带动和辐射作用。依托各地的优势，精准定位，清晰界定各地

功能，整合资源，取长补短，能实现共同进步和协同发展。本部分在京津冀的比较优势分析的基础上，对三地的功能角色和定位进行分析，提出京津冀区域金融合作的机制设计。同时，对城镇化进程中的融资问题和农民工市民化过程中的金融服务创新提出建议。

（一）京津冀在区域金融合作的功能定位

成功的区域经济金融合作至少需要三个条件：一是处于合作区域“龙头”地位的核心城市或地区有足够的吸引力、辐射力和增长力；二是各地区之间经济金融发展具有一定的梯度性，资源优势互补；三是必须形成利益共享、成果共赢的协作机制。从京津冀现实基础而言，作为合作区域“龙头”，北京发展经济金融的集聚优势无以替代。北京聚集了中国50%～60%的金融资产，是全国性金融监管、金融信息发布中心，具有政策、人才、资源等优势。天津作为北方的中心城市，具有沿海优势，随着滨海新区成为国家级金融实验区，其政策优势和产业优势越来越突出。河北金融业发展相对较弱，但土地、资源、劳动力成本低，可以承接北京、天津的金融服务外包和产业转移。三地已经具备了区域金融合作的前提。在此基础上，北京要进一步巩固既有的金融决策中心的优势，借助总部经济发展，提升金融信息中心的地位。天津要充分利用国家战略政策优势，建设环渤海地区金融市场，分别从国内发展OTC市场和国际离岸金融市场两方面完善资本市场体系，利用政策优势积极开展金融创新，推动航运金融等产业金融发展，完善金融产业体系和金融服务体系，承接北京释放的金融产业。河北要以自身经济潜力和政策优势及资源优势和成本优势发展金融服务体系，承接京津的金融资源优势的释放，与京津形成有梯次的金融发展格局。三地通过发挥金融在区域资本要素流动过程中的桥梁和纽带作用，形成金融产业链和整体布局，整合区域经济发展的资源，进一步加强金融一体化对区域内产业调整与经济发展的推动作用，促进区域经济一体化发展。

1. 京津冀金融合作在我国区域金融发展中的角色和地位

金融资源的数量及其配置效率是一国或地区经济增长与发展的重要约束条件。区域金融发展与区域经济增长是金融与经济发展关系在空间上的具体化。随着我国经济不断发展和经济发展范围不断扩大并不断突破地域限制，区域城市群成为新的竞争单位，区域经济得到了长足的发展。区域经济的发展水平越高，越需要强大的区域金融合作和服务为基础。目前，长三角、（泛）珠三角和京津冀环渤海经济区是国内区域经济和金融合作的代表。从区域金融合作的发展来看，三者从主导因素、区域金融合作特点和全国区域金融发展中扮演的角色各不相同。

长三角区域金融合作以上海为中心，辐射江苏、浙江，以上海国际金融中心建设为目标，依托上海证券交易所等逐步完善金融市场体系是长三角金融合作的特点。上海也因其国际大都市和沿海优势，吸引了大量海内外人才，成为东部沿海都市圈最核心的城市。长三角区域金融中心由金融管理部门积极组织引导，由人民银行牵头建立区域金融合作机制，形成了稳定的金融联动研究框架，同时配套有长三角的银行业协会专题高峰论坛和金融机构的区域性沟通协调机制。地方政府积极参与，与人民银行共同推动建立信用制度区域合作机制。

长三角目前区域金融合作发展稳定，区域间合作深度不断提高，实现了区域间资金、票据、金融服务的一体化和便利性，上海区域票据市场中心是长三角区域金融合作最显著的成果。长三角区域金融合作在建立上海国际金融中心的战略目标基础上，依托上海证券交易所、银行间市场交易中心等机构，首先形成虹吸效应，建立了完善的金融市场体系和金融产品体系，同时吸引了国内外大量的人才，营造了良好的金融生态环境。在此基础上，基于城市空间、范围、成本等因素的限制，上海释放其龙头效应，将金融服务的覆盖面和良好的金融体系及金融生态延伸到长三角区域。长三角的区域金融合作形成了以上海为中心、以金融市场体系建设为目标的特色。

泛珠三角区域金融合作在市场逐步合作的基础上由政府推动形成泛珠三角区域金融合作框架协议，合作呈现多元化，是市场主导形成的自发型合作。基于毗邻港澳的地域优势，泛珠三角与港澳的金融合作与发展是其最大特色。目前泛珠三角形成了三个具有互补性的金融产业梯度布局：香港、澳门为第一梯度，深圳、广州为第二梯度，稍欠发达地区为第三梯度。粤港澳已经实现了票据业务和小额支付业务等金融服务的互联互通，广东也成为粤港联结大陆的桥梁和纽带，以广州和深圳为核心，辐射泛珠三角。珠三角区域金融合作形成以广州深圳为核心、以粤港澳金融合作和一体化发展为特点。

京津冀区域金融合作起步稍晚，但京津冀有先天优势。首先，从经济层面来看，京津冀是北方的经济中心，处于东北亚经济圈的中心地带，向北联结东北老工业基地，向南联结珠三角和长三角，向西联结中国的内陆腹地，向东有绵长的海岸线，交通发达，自然资源丰富，拥有两大直辖市，并以此为中心，向周围辐射，形成了一个集政治、经济、文化于一体的外向型、多功能的密集城市群。周边城市积极承接北京天津的产业延伸、产业转移和服务外包。京津冀在北方经济中发挥着重要的积聚、辐射、服务和带动作用。从金融层面上来说，北京作为首都，金融监管部门和金融机构总部集中，信息、资源、人才聚集，影响面辐射全国。天津渤海湾是北方最大的港口，依托沿海优势，航运金融和保险业务发达，港口优势产生的外汇业务发达，京津冀总体金融发展在全国具有领先优势。

随着全球生产要素东移和我国经济发展中心北上趋势的共同作用，京津冀为核心的环渤海经济圈迅速成为发展的焦点区域。区域中的核心城市北京、天津被重新定位，特别是滨海新区的发展被提升到国家战略高度，各项鼓励措施相继出台，京津冀为核心的环渤海区域经济成为推动中国经济增长的第三极。京津冀区域金融合作依托北京的首都优势和天津的北方经济中心优势，着重打造全国的金融决策中心、金融信息中心、金融监管中心和金融人才及资源聚集地。

2. 京津冀金融合作中的内部定位

北京作为区域合作龙头，金融业的发展定位于金融决策和调控中心。天津金融业发展可致力于建设面向港口经济和制造业的金融产业体系和金融服务体系，定位于资金运营层面，即致力于建设面向港口经济和制造业的金融服务体系。河北的金融机构设置和集中程度相对较弱，要发挥区域金融带来的辐射作用，配合产业结构调整，为区域金融梯次发展和金融产业链的形成创造条件，成为区域合作中的金融服务中心和金融产业转移基地。京津冀区域金融合作的切入点可优先选择在金融服务领域，同时，充分利用滨海新区享有金融创新先行先试的优势，设立区域性的专业金融市场。

（1）北京的优势和定位。首都优势最好地阐述了北京的优势所在，它集政治、经济、信息及政策等多种优势于一体。北京经过长期的发展，已经建成了相当规模的金融基础设施，拥有巨大的资金运营能力，具备若干全国性金融中心的职能。随着北京经济结构的调整和高端化转型，金融业在首都经济中的核心地位越来越突出，已成为首都重要的支柱产业。北京的金融业贡献度大幅领先。2012 年，北京金融业实现增加值占 GDP 的比重达到 14.6%，规模和比重在全国保持首位，金融已然成为北京的支柱产业。同时北京集中了我国中央企业和跨国公司总部，逐步形成以金融产业为主导、相关产业互补的环境氛围和国际金融机构及跨国公司总部聚集的态势。总部聚集效应将北京的金融影响力抬升到国际级层面。北京还是中国的教育中心，是高层次的人才培养基地，全国高等院校和科研机构最大的聚集区。全国重点高校的 1/4 坐落在北京，北京高校的博士培养规模占全国的 1/3，两院士占全国的比重超过 50%。除了自身培养的人才外，由于其优越的创业机会，吸引了国内外大量人才，汇聚了一大批成功的企业家、商业领袖、留学归国创业精英等人群。在联合国对世界主要城市的“人文发展指标水平”排名中，北京居第 31 位，与中等发达国家相近。

基于北京的固有优势，在京津冀区域金融合作的分工中，应进一步巩固北京金融决策管理中心的地位，强化北京金融信息中心的职能。首先，北京是先天的金融政策和金融机构决策平台。北京集中了几乎所有对金融市场发展有直接影响的决策和监管机构（一行三会），使北京成为天然的金融决策中心，任何重大的金融体制改革、金融政策的决定，都源自北京。随着金融交易技术的发展，金融机构设置更加扁平化，金融机构总部的战略重要性进一步凸显。北京金融政策和机构决策核心的地位不断强化，依托其优势，北京定位于京津冀乃至全国的金融决策中心。其次，借助北京品牌，加大力度吸引外资金融机构的进入。北京拥有大量国外驻华使馆、海外公司驻华机构、海外金融机构在华分公司。在我国加入 WTO 过渡期满的情况下，我国巨大的市场需求结合金融体系正式对外开放，吸引了大量的外资金融机构争相进入中国市场。较之其他国内城市，北京具有天然的为境外机构服务的便利条件，无疑是外资金融机构的首选城市。目前，北京 CBD 发展已颇具规模，并与金融街形成犄角之势，两者都是北京市经济社会发展的重点区域，与金融街聚集了国家金融决策部门及国内各大银行总部不同，CBD 的金融集聚更多的是国际化的跨国银行、证券和保险机构。目前 CBD 已具备一定规模的外资金融机构集聚效应，北京市的金融发展规划中也把 CBD 区域定位为北京市国际化的窗口，正在努力完善其基础设施，增强其对国际金融机构的吸引力。最后，发展总部经济，强化信息中心优势。当今信息技术的发展，使企业总部和生产基地空间隔离的运营模式成为可能和需要。企业总部与制造基地在地域空间上分离后，总部仍旧操控整个公司的财权和策划权。总部就是产生商业信息的核心区域，由于信息本身不可量化和价值化，总部成为了信息流的替代物，总部集聚的区域就成为了信息中心。从金融地理学的角度讲，总部最集中的地方必然成为区域的金融中心。北京市“十一五”规划的建议中明确指出要进一步完善政策环境，大力发展总部经济，积极吸引跨国公司在京设立地区总部、研发中心、结算中心、采购中心和营运中心，积极争取国际组织在京设立分支机构和总部，进一步提高北京的国际吸引力、影响力和竞争力。对于今后的总部经济发展，北京可根据总部经济的特征，进一步优化政策环节、硬件环境、人才环境、市场环境，尤其是根据跨国公司总部的金融需求进行相应的金融政策创新以不断优化总部经济发展的金融环境。

（2）天津的优势和定位。天津作为北方的经济中心和最大的港口城市，距北京只有半小时路程。近年来，国家高度重视天津金融业的发展，其滨海新区的发展已上升到国家战略，天津金融改革创新成为国家战略的重要组成部分，成为推动天津金融改革创新最强劲的决策力量。天津抓住契机，进一步改善金融生态环境，推进金融改革创新，建设产业金融体系，利用政策优势推进外汇管理改革，积极发展金融服务，与北京形成互补效应，协同发展。第一，积极推进金融改革创新，提升金融服务经济社会发展的能力。一是积极发展产业金融，促进金融与产业结合。利用滨海新区的产业优势，发展科技金融，利用区域优势发展航运金融，搞好船舶产业投资基金试点、船舶出口退税试点、船舶特案登记制度试点。利用城镇化的推进，发展消费金融和农村金融，推进农村商业性金融、政策性金融和合作性金融发展，支持小企业融资，构建全方位和系统化的中小企业金融服务体系。二是加快保险产品和服务模式创新。鼓励产险公司与银行和租赁公司合作，开发航运、海运、物流和新建项目、新建企业以及小微企业保险产品和服务模式，创造新的保险市场空间。鼓励保险公司参与城市交通管理，扩大政策型农业保险覆盖领域，完善全民医疗等保险制度，提高保险的服务水平。三是积极推进外汇业务改革。继续扩大货物贸易外汇管理改革，进一步扩大外商投资企业资本金亿元结售汇试点范围，深化外资股权投资基金外汇改革和外商投资小额贷款公司资本金结汇改革试点。积极探索北方航运中心、离岸金融中心外汇管理政策改革，鼓励业务创新，扩大规模，增强离岸金融服务和辐射能力。积极稳健推进个人本外币兑换特许业务发展，引导特许机构健全内部管理，创新业务品种，积极运用行商模式开展个人本外币兑换特许业务。积极争取扩大融资租赁短期外债指标规模，利用外汇储备等方式增加融资租赁公司资金来源。第二，发展要素市场和资本市场，促进资源优化配置。依托渤海商品交易所、铁合金交易所和贵金属交易所，发展要素市场，发展场外交易市场。推进天津股权交易所发展，建设天津滨海国际股权交易所，发展天津金融资产交易所，为中国企业国际融资洽谈会提供服务。发展排放权交易市场，在开展排放权交易综合试点基础上，开发中石油集团秦沈线天然气替代燃料油的 CDM 项目，设立企业自愿减排联合行动，建立温室气体核证、目标承诺与减排交易体系。

（3）河北是金融服务转移基地。国家“十二五”规划纲要明确提出，推进京津冀区域经济一体化发展、打造首都经济圈、推进河北沿海地区发展，这标志着河北环首都和沿海等地区发展正式上升为国家战略。河北金融业要积极争取北京和天津等地区在金融政策和金融资源方面的支持，加强与北京、天津等环渤海地区的金融交流与合作，特别是加强与天津滨海新区金融界的联系，借鉴先进经验，借助政策优势，在机构与产品等方面积极创新，推进京津冀金融一体化进程。着力打造区域经济增长极，在服务对接京津上下工夫，加快与北京在规划、交通、通信、金融、市场、社保等方面的对接，在聚集临港产业上下工夫，依托承接京津的工业产业转移，完善金融服务体系，打造成京津的金融服务后台基地。以冀中南经济区为依托，以石家庄为中心，通过建设全方位的政策支持体系、多层次的金融市场体系、多样化的金融组织体系、立体化的金融服务体系，创建具有全省金融决策中心、监管中心、信息中心和综合配套服务中心等功能的金融中心城市，实现与京津地区有梯度的对接。建立开放的资本市场，以环首都绿色经济圈为依托，以私募股权基金和非存款类金融机构为主体，发行各类企业债券、中期票据、短期融资券和公司债券，推进房地产及其他企业固定资产的证券化，做好承接京津金融创新传品转移的准备。进一步完善金融服务体系，包括多层次的金融机构，多种类的金融创新，多维度的金融合作，依托工业产业分工，以服务产业经济发展的金融需求为核心，承接金融服务的专业，建成京津的金融服务外包基地。

3. 发挥地方特色，开展金融创新合作

在京津冀区域金融创新中，应综合利用自主创新、合作创新和模仿创新并充分发挥各自优势，实现创新成本最低、利润最大、速度最快和协同效应最强的目标。首先，利用天津滨海新区“试验田”的制度优势，积极进行自主创新。在其他地区，很多金融创新由于受到现行制度约束无法开展，而在滨海新区不存在这个问题，只要符合经济条件都可以先试先行。因此，天津以滨海新区为基础，可以充当区域金融创新的领头军，充分进行自主创新，积极开发新的金融工具，创建新的金融机构，制定新的金融制度，拓展新的金融市场，拉动金融创新速度，提升金融创新质量。其次，在整个京津冀区域内应选择合作创新模式。北京具有政策、调控和资金优势，天津具有制度优势，河北具有资源优势，三地通过紧密合作实现优势互补，产生协同效应。最后，根据自己的劣势，适当进行模仿创新。虽然模仿创新是三种模式中比较落后的，但是具有投资小、见效快、风险低的优点，即使是金融发达地区，也不可能永远引领创新潮流，在必要时利用模仿创新加速创新速度，节约创新成本，实现创新利润最大化。京津冀三地中，模仿创新对于金融业相对落后的河北更具有现实意义。

在金融创新合作中，北京理所当然成为区域金融合作创新的龙头。天津是区域金融合作创新的“试验田”，河北是区域金融合作创新的“推广地”。在京津冀三地中，河北金融机构集中度和金融实力相对较弱，因此要结合自己的资源优势，充分利用京津两地的辐射效应，配合产业结构调整，积极进行模仿创新和合作创新，提升河北的金融效率和发展速度，为区域金融梯次发展和金融产业链的形成创造条件。

4. 运用政策优势，发挥滨海新区金融“试验田”的作用

党中央、国务院从我国经济社会发展全局出发，将天津滨海新区开发开放上升为国家战略，提出“在金融企业、金融业务、金融市场和金融开放等方面的重大改革，原则上可以安排在天津滨海新区先行先试”，为全国金融业发展积累经验并提供示范，是天津成为金融创新的改革示范区的原因之一。天津在金融创新方面，已是硕果累累。在国家外汇局的指导

下，滨海新区继续深化外汇管理与资本自由流动的改革。目前，在放开外汇账户管理、简化服务贸易对外支付手续、便利进出口核销、整合海关特殊监管区域外汇政策、允许滨海新区企业集团实现外汇资金集中运营、改革外汇指定银行结售汇综合头寸管理、放宽个人持有境外上市公司股权等方面进行了尝试。在发展离岸金融业务领域，已有招商银行、浦发银行、交通银行、平安银行、汇丰银行这五家商业银行在滨海新区开展离岸金融有关业务。中海油服有限公司获准在滨海新区开设离岸账户，对境外成员公司外汇资金实现集中管理和运营，在国内率先实现了通过境内银行开设离岸账户集中管理境外资金。全国第一家银行金融租赁公司——中国工商银行金融租赁公司，在滨海新区成立。民生银行也获准与天津保税区投资有限公司共同出资设立民生金融租赁股份有限公司。天津首家外商独资金融租赁公司天津德通租赁有限公司也在天津高新区落户。由渤海银行、渤海证券、天津银行、渤海财险、北方信托等金融机构整合的天津泰达国际控股集团已经开始在银行、保险、信托和证券基金等方面进行综合试点，实现金融综合经营，并力求将协同效应最大化。全国第一家第三方保理商——壕寰东润国际保理，以国内首只华侨投资基金注册成立。国内首只合伙制船舶产业投资基金、国内首只契约型产业投资基金——渤海产业基金，国内规模最大的政府创业风险引导基金——滨海创业风险投资引导基金，都在天津成功设立并运营。多个全国的第一昭示天津基本形成了以银行、保险、证券、租赁、保理、财务公司等总部为主体，包括信托、期货、服务外包等各类金融机构在内的现代金融服务体系。短短几年，天津凭借精准的角色定位，已取得突飞猛进的成绩，阶段性的金融创新成绩斐然。

滨海新区的开发开放有助于加强环渤海地区金融合作与发展。加快滨海新区的开发开放，已经纳入国家发展战略总体布局，成为全国的金融“试验田”，在金融创新方面拥有很大的操作空间，一些与现行金融法规抵触但又对经济、金融发展有益的制度、机构和业务，都可以在滨海新区进行试验。下一步，天津可全方位启动滨海新区先行先试的金融优惠政策，依据市场经济模式，以资本市场的运作为主要内容，以此引领整体金融朝着以该地为金融集聚地和扩散地的方向发展，以滨海新区作为金融创新的领头羊，积极开发新的金融衍生工具，创建新型金融机构，拓展金融市场的新领域，不断提高金融创新的速度和质量。构建多层次的金融机构体系，在整个区域形成各有侧重、错落有序、业务相互补充的金融机构体系，努力培育专门服务中小企业的金融机构，鼓励各类金融机构业务的联合。结合新三板试点，发展科技金融，制定科技金融改革创新意见，明确科技企业、金融机构、中介机构和政府部门的职能作用，支持科技中小企业发展。设立银行、保险、小额贷款、融资担保、第三方保理和企业信用共同体等科技金融专营机构和科技企业融资平台，支持科技与金融紧密结合。推进天津滨海新区金融创新发展。有序推进天津离岸金融市场发展。目前天津发展离岸金融市场具有区位优势和需求优势。天津离岸市场运行的核心区位优势在于天津港保税区、天津东疆保税港区都坐落在滨海新区。由于天津港国际运输发达，是我国最大的集装箱运输港。同时，滨海新区能与纽约、伦敦等金融中心构建24小时不间断的交易时序区位。政策优势在于滨海新区目前是我国环渤海经济圈唯一政策上允许开办离岸金融业务的地区。从国务院公布的一系列政策来看，无论是全国综合配套改革试验区，还是鼓励金融改革创新，滨海新区发展金融业的政策优势都是全国仅有的，滨海新区获得了离岸金融市场的建设的空前的有利环境。需求优势方面，随着滨海新区被众多国际企业视做占领中国市场的桥头堡，由此催生了广泛的离岸金融需求：一是满足外商投融资需要；二是满足境内企业走向国际的需要；三是满足内资企业出于合法避税需求；四是满足银行资金调度的需求；五是满足居民的国际化理财需求。

最后，京津冀三地政府和金融部门要继续积极争取中央政策的适度倾斜和支持，积聚区域内的金融实力，完善金融创新机制，配合中央金融、立法和监管部门，完善金融法律法规，逐步疏通法律体制的瓶颈，优化金融生态环境，以保障区域金融发展的推进。

（二）京津冀区域金融合作机制

京津冀金融合作必须改进合作机制，寻求更多的利益共同点，按照政府引导、市场主导的合作原则，制定覆盖整个区域的金融合作规划，建立长效的利益协调机制。

1. 注重区际协调，建立区域金融合作的协调机制

实现区域间的金融合作，首要任务是突破金融资源条块分割的格局，形成市场化的金融运行平台。政府与人民银行等金融监管部门要加强区际协调，建立联合协调机制，确定联合协调的短、中、长期目标和规划，切实解决金融合作中存在的矛盾和问题，强化金融合作的系统性和操作性，即充分发挥各城市发展金融的积极性，又要形成合力，提高金融资源使用效率，集中优势，解决发展中的“瓶颈”。地方政府在减少对金融干预的同时应推动建立金融信息资源共享平台和金融联席会议制度，开展政策对话，加强人员往来，实现信息共享，完善经济金融信息交流渠道和内容。同时要克服以地方利益为重的地域观念，让金融资源在价值规律的支配下，以效益为导向，实现市场化、效益化的流动，形成加强区域金融合作的强大动力，实现金融资源的优化配置。

2. 强化金融合作意识

针对京津冀地区面积较大、区域内经济发展不平衡、相对独立性强、金融部门联系较松散的现状，要大力宣传区域金融合作创新的优势，使本地区政府部门和金融部门充分认识到区域金融合作创新的必要性，加强联系与沟通，达成合作共识，共同制定区域金融发展战略和创新战略。

3. 确立区域金融合作战略

加强推动京津冀区域经济一体化进程的金融合作，从战略高度和系统化的思路制定金融业发展战略，形成全方位、整体性的金融合作。河北接收北京和天津金融中心的辐射作用，在三地产业政策和区域规划的指导下，在政府和人民银行的综合协调下，政策金融、商业金融、合作金融合理分工，尽早形成市场化的金融运作模式，形成资金流通顺畅、资金使用效率高、金融机构合作早的区域性金融体系。

4. 加强联合监管，推进金融制度创新

在增加金融创新利益和控制金融风险之间取得平衡，是区域经济实体和金融监管者共同

面对的现实问题。一是完善金融机构内部风险控制体系，加强区域内金融机构和其他经济实体的自身风险控制。二是建立健全区域金融风险监测机制。参照国际上先进的金融稳定评价指标体系，结合区域金融特性，在区域内分步骤建立有效的金融风险监测体系。三是建立金融机构经营协调机制。在营销层面上，各金融机构建立资信互认制度，实现跨区域客户统一营销。在防范风险层面上，各金融机构建立客户信息通报制度，杜绝某些客户利用信息壁垒进行多头开户套取资金，定期通报不良客户黑名单。四是加强行业内部联系，形成有效的行业自律体制。加强区域内各金融机构行业协会之间的联系，充分利用行会内部已达成共识的监控制度和行为约束条例，逐步形成监管当局宏观监管、同业行会相互约束、金融机构自我约束及社会监督相结合的四位一体监督系统。

5. 构建良好的区域金融合作生态环境

优质高效的金融生态环境，是推动区域金融合作协调发展的基本前提。依托信贷登记咨询系统，建立跨区域信贷登记咨询系统查询机制。探索建立跨区域企业资信统一评级标准，以及跨区域信用担保认定体系，提高金融资本流动的决策效率和安全性。构建跨区域电子货币支付系统和即时外汇兑付系统，为跨区域的资金流动提供便捷的清算通道。提供公开透明的企业信息发布渠道、投资信息渠道以及与国际接轨的会计审计财务制度。寓监管于服务之中，加强区域资金流动的监测与预警，防范金融资本流动可能带来的负面影响，确保区域金融安全。

6. 推动金融市场一体化建设

全面的金融市场一体化是京津冀区域金融合作的最终目标，这一目标的实现不可能一蹴而就。首先在容易突破的细分市场实现一体化，包括同城支付结算系统的一体化、产权交易市场一体化和票据市场一体化，辅之以征信系统一体化。在大范围一体化有难度的情况下，以京津与河北的环首都经济圈为试点，然后逐步推进到河北沿海和冀中南经济区，最后实现整个京津冀区域的金融合作一体化。

（三）创新城镇化融资模式

截至 2011 年底，京津冀三地的城镇化率分别达到 86.2%、70.7% 和 45.6%，京津的城镇化率远高于河北。京津冀在区域经济和金融协同发展中，存在各城市内部城乡二元结构突出和京津与河北省之间的差距也较明显的区域内二元结构问题。破解地区发展和城乡发展不均衡的二元结构问题是协同发展的重要保障。目前城镇化推进中产生了大量的投资空间，也产生了巨大的投资缺口，积极创新融资模式，建立与新型城镇化相适应的金融体系，有助于消除或缩小区域之间经济金融发展差异，推进协同发展，为全国区域经济金融合作发展创造典范。

1. 城镇化过程中的融资问题

第一，融资方式单一，间接融资为主，土地财政特色浓厚。目前京津冀在推进城镇化过程中依然以间接融资为主，政府财政投入和银行贷款仍然是主要的资金来源。以新型城镇化为主要动力的经济发展模式存在巨大的投资空间，然而，与城镇化高度相关的房地产开发投资、基础设施投资均受到资金限制。无论是保障性住房建设、普通公路建设，还是市政设施建设和改造，都不得不面对一个共同的难题“缺钱”，这成为制约城镇化进一步发展的瓶颈，也成为地方融资平台风险积聚的重要原因。第二，农村地区的城镇化建设推进缓慢，融资难的问题尤为突出。由于农村地区的利润增长点少，融资的难度相比较城区更大。农村地区金融机构单一，网点覆盖面不足。商业银行受利益驱动，扎堆于发达地区设立机构，城郊及农村地区金融机构数量有限，目前仅农信社、邮政储蓄银行和部分村镇银行在农村地区设立网点。落后地区金融机构数量少，形成典型的卖方市场，其提供的金融服务种类少、质量差，缺乏金融创新的动力。第三，现行的融资模式存在多种问题。一是土地财政弊端日益显现。在我国城镇化进程中，土地财政发挥了重要、积极的作用，但是，近年来其弊端也越来越明显、突出。土地是有限的稀缺资源，仅依靠一次性的土地批租收入不具有可持续性，而且助长了地方政府“政绩”激励下的短期行为。从国际经验看，没有哪个国家的城镇化进程可以长期依赖土地批租来筹资的，我国部分地区也已表现出“难以为继”的局面。二是地方融资平台积聚了大量风险。融资平台贷款虽然名义上是公司贷款，实际上是地方政府隐性负债，而且，未来能否顺利通过专项收入、税收、一般财政收入偿还融资平台债务，还存在着制度风险。融资主体的设立与运作不规范，公司治理结构不合理。融资平台公司设立条件不严格，其运行也缺乏有效约束，同时，地方政府建立融资平台的层级也在逐步下移，省、市、县级都设立了自己的融资平台，甚至乡镇也设立融资平台。事前审批、事中操作和事后监督没有形成一套统一、规范的制约。管理人员相当部分由原政府官员担任，缺乏必要的市场经营和企业管理经验及风险防范常识，因此在融资过程中较易发生决策失误。融资平台缺乏外在的约束机制。由于地方政府融资平台可融资的金额没有明确的约束，一些地方政府出于各种目的，极力扩大融资量，甚至不考虑自身还款能力，导致融资规模巨大，超过政府实际承受能力。同时，信息披露不充分，系统风险大。在由货币政策导致银行可运用资金紧张或受资本金充足率约束的贷款规模不足的情况下，政府融资的稳定性将受到影响。

2. 创新融资模式，解决城镇化过程中的融资问题

一是创造条件发行市政收益债券。城镇基础设施收益债券与特定项目收益还债挂钩，具有信用等级高、融资成本低、资金来源稳定、融资期限长、流动性高、强化债务约束、优化项目融资结构等优势。这就需要在完善债券市场化发行机制、市场约束、风险分担机制、强化偿债能力的基础上，扩大地方政府发行市政建设债券的范围，不断扩大经营性建设项目直接融资规模。

二是充分利用开发性金融工具。以政府信用和开发性银行信用为基础构筑企业信用，以企业信用改善为条件，引导其他商业银行与企业建立信用关系，帮助企业吸引债券、股票等其他商业资本形式进入。

三是大力发展产业化基金。在政府的支持下，鼓励社会资本设立污水处理、燃气热力生产、文化、教育、医疗、养老等经营性领域的产业化投资基金。通过向社会发行基金股份，设立社会发展基金公司，吸纳社会闲散资金。

四是发展多层次资本市场。提高股权性资本的比重，利用好 FDI（外商直接投资），聚合包括 PE、VC 等在内的各种性质投资，鼓励转债务为股权的金融创新，切实改善金融服务投资的功能。

五是积极发展公私合营的项目融资模式。公私合营的融资模式作为一种近年来兴起的融资模式在国外政府的大型项目建设上得到了广泛的应用，在京津冀的城镇化建设融资中，可以大量采用 BOT（建设—运营—移交）、TOT（移交—运营—移交）、ABS（资产证券化）等融资类型，以此为基础，结合开发性金融的贷款机制，充分发挥金融市场的功能，构建适合的融资模式。

农村地区生产力相对落后，底子薄，医疗卫生等基础设施投资的需求和缺口非常大，但农村地区是城镇化过程中的重要组成部分，解决农村地区的城镇化问题关乎农民利益和社会稳定，因此更加需要针对农村地区的城镇化，因地制宜，创新融资模式吸引资金进入。一是可以改变原来土地财政的模式，引入“土地当量”制度，将城镇化的过程中占地补偿款资金通过一种配置的方式，转变为农业基础建设的投入，为农村基础建设提供资金支持。比如原来有失地农民（得到了补偿，但这个补偿一直被认为给的偏低了）、地方政府、房地产开发商三个主体得到城镇化的好处，但如果引入土地当量市场交易制度的话，就会使城镇化过程中增加一个受益方，即农业基础建设。比如沿海地区可以通过向偏远地区购买土地当量的方式，获得多占地产生的好处，同时通过交易，可以引导资金用于对西部偏远地区的投资开发。二是结合农村实际变更融资的模式。通过宅基地换房等方式带动城镇建设，在不减少耕地的情况下，推动土地、资金的再平衡。三是配套设立村镇银行，推动农村金融发展，打通资金流转的渠道。

（四）完善农民工市民化过程中的金融服务方式创新

随着农民工市民化进程推进，农民工金融需求激增并呈现多样化，主要包括以下方面：一是结算需求，由于针对农民工的汇兑结算服务不健全、商业金融机构网点撤并以及农村信用社电子汇兑系统的不完善等原因导致对农民工的金融服务缺失；二是保险需求，针对农民工预期收入不确定、缺乏对伤病和失业等完善的社会保障等因素，需要保额高、程序简化和服务渠道畅通的保险产品；三是贷款需求，农民工在市民化过程中有创业、城市购房等需求，需要有快捷方便、成本低且能避险的小额融资；四是投资理财的需求，随着农民工收入的增加，投资的意识不断提高，需要得到全面的金融理财信息和咨询服务。但目前针对农民工在市民化转换过程中的金融服务严重不足，主要表现在：一是金融机构单一，网点少。在郊区和农村地区往往只有信用社和邮政储蓄银行，并且网点少，金融服务的覆盖面窄。二是金融产品和金融服务的种类匮乏。农村地区和郊区的金融机构往往仅提供基础的金融服务，没有动力创新金融产品以满足农民工个性化和多样化的金融服务需求。三是宣传部不足。针对农民工和农村地区金融服务较弱的问题，人民银行、商业性金融机构研发并制定了很多便民利民的措施和优惠，但很多服务和优惠措施成为了躺在文件上的一纸空文，没有发挥有效的作用让农民工享受到金融服务的优惠。

改善农民工市民化过程中的金融服务对策包括以下几方面。一是健全和完善金融法律法规和扶持政策。以金融法律法规形式明确金融机构的社会责任，在网点设立、机具布放等关于提升农民工金融服务相关的工作上明确农村地区和农民工聚集地的布放数量，保证金融机构的覆盖率。二是建立金融政策和财政政策相结合的方式，建立针对涉农金融服务的扶持政策。涉农金融服务金额小、收益低，仅仅通过商业性金融机构的社会责任意识来保障服务的有效性非常困难，因此应该从政策层面上对相关的金融服务予以补贴，比如对针对三农的金融服务收费予以补贴等。三是积极推进金融产品创新，实现“长尾效应”。通过技术创新，研发针对农民工的手机银行服务、银行卡特色服务、电子支付业务等新型便捷金融服务方式，满足农民工的金融服务需求。通过品牌创新，研发针对农民工小额贷款需求的特色贷款产品。四是扩大政策宣传的力度。在关于金融服务创新的顶层设计方面，人民银行及各金融机构做了大量的努力和工作，但由于政策下达的渠道不畅等问题，许多政策未落地，比如涉农账户转账优惠、银行卡助农取款服务等，人民银行做了大量工作，但很多政策不为人知。因此，需要地方政府和地方金融机构扩大对涉农扶持政策的宣传力度，保障政策落地。

京津冀都市圈作为我国最有影响力的经济区域，拥有区位优势和政策优势，在金融产业分工方面，金融产业结构分工明显，金融区际分工程度不断提高，三地可在各自的比较优势基础上，释放聚集效应，构成有层级的辐射效应，形成区域金融发展的合力，推进区域经济一体化和区域经济协同发展。

专题三 金融租赁公司租赁资产证券化问题研究

天津银监局课题组

金融租赁行业自2007年恢复设立至今，保持了又好又快发展势头，以全新的面貌和雄厚的整体实力，开启了我国金融租赁公司发展的新篇章。在金融租赁产业不断成熟、金融租赁公司规模不断壮大的同时，对稳定、可靠、低成本的长期资金需求快速增长，日益庞大的租赁资产也对金融租赁资产管理能力提出了新的要求。本专题在参考国内外相关经验的基础上，将租赁业与资产证券化结合作为突破口，研究租赁资产证券化的中国实践，提出发展建议。

一、租赁行业的发展现状及市场前景

（一）中国融资租赁业的发展情况

20世纪80年代的商品经济时期，一般性租赁、经营性租赁迅猛发展，90年代市场经济时期，融资租赁扩展迅速。2004年12月商务部外资司宣布允许外商独资成立融资租赁公司。与此同时，商务部和国税总局联合批准9家内资融资租赁试点公司。2006年5月再次批准了11家试点公司。2007年1月银监会发布了新修订的《金融租赁公司管理办法》，重新允许国内商业银行介入融资租赁并陆续批准了其管辖的银行成立融资租赁公司。按照阿曼波对融资租赁市场的发展分期①，中国融资租赁业的发展很大程度上还处于第一、二阶段，但是已经呈现出第三阶段的发展势头，并出现了第四阶段的苗头。

截至2012年底，全国在册运营的各类融资租赁公司（不含单一项目融资租赁公司）共560家，比年初的296家增加264家，增长89.2%。其中，金融租赁20家；内资租赁80家，增加14家；外商租赁增加较多，达到约460家，比上年增加250家②。截至2013年9月底，全国融资租赁企业总数约为746家，比上年底增加186家；行业注册资金达到2 280亿元，比上年底增加430亿元，增幅23.2%；全国融资租赁合同余额为1.9万亿元，比年初

① 阿曼波：《国际租赁完全指南》，北京，北京大学出版社，2007。

② 《2012年中国融资租赁业发展报告》，中国租赁蓝皮书。

增加约3 500亿元，同比增长22.6%①。

表1　　2012年全国融资租赁业务发展概况　　单位：亿元,%

项目	2012年底	2011年底	增加额	增长率	占比
金融租赁	6 600	3 900	2 700	69.20	42.60
内资租赁	5 400	3 200	2 200	68.80	34.80
外资租赁	3 500	2 200	1 300	59.10	22.60
总计	15 500	9 300	6 200	66.70	100.00

资料来源：中国租赁联盟。

作为全国租赁业发展中心，天津租赁业保持持续强劲的增长势头，2012年底融资租赁合同余额约为3 700亿元，比上年末增加约1 400亿元，增幅60.9%。金融租赁公司发展更为迅速，截至2013年9月末，注册在天津的金融租赁公司达5家，注册资本210亿元，较年初增加51亿元，增幅21%，合计总资产达到2 979.63亿元，较年初增加425亿元，增幅17%。

表2　　2012年末天津市融资租赁业务发展概况　　单位：亿元,%

项目	2012年底	2011年底	增长额	增长率	占全国比
金融租赁	1 900	1 400	500	35.70	12.30
内资租赁	1 150	700	450	64.30	7.40
外资租赁	650	200	450	225.00	4.20
总　计	3 700	2 300	1 400	60.90	23.90

资料来源：天津市租赁行业协会。

（二）融资租赁业的市场前景

无论是从国际发展经验，还是中国经济发展的现实需求来看，在合理的政策、制度环境下，中国融资租赁业具有广阔的前景，而目前中国金融租赁业的发展才刚刚起步。

第一，从融资租赁渗透率来看。目前成熟市场的融资租赁渗透率一般都在10%以上，欧洲部分国家可达20%左右，而美国多年长期维持在30%左右，中国的融资租赁渗透率近几年徘徊在4%左右。另一个指标，融资租赁投资GDP占比，近3年在中国有显著提高，但也只有2%左右（按照2011年数据计算），与东欧转制国家近10年维持在5%的水平相比，还有很大差距（史燕平，2011）。

如果考虑我国融资租赁中租赁物（我国有相当一部分融资租赁公司的标的物是城市基础设施、高速公路等），严格地按照国际可比口径计算我国的融资租赁交易额，应该小于现在所公布的水平，我国实际的融资租赁渗透率和融资租赁投资GDP占比被高估了。

第二，中国已经成为世界制造业大国。国际发展经验表明，融资租赁业是助推制造业发展的核心金融工具之一。融资租赁既能够为制造企业提供设备融资服务，也能够为设备生产

---

① 《2013年第三季度中国融资租赁业发展报告》，中国租赁蓝皮书。

商提供信用销售服务，卡特彼勒、GE 等跨国公司发展历程说明，融资租赁是制造业全球化的必备服务。目前，国内制造商如中联重科，在全球化过程中，融资租赁的作用已经显现。

第三，相关部门重视。鉴于融资租赁对国民经济发展的作用，相关政府部门已经开始重视并支持融资租赁业的发展。2010 年 6 月 21 日，中国人民银行、银监会、证监会、保监会发布《关于进一步做好中小企业金融服务工作的若干意见》，明确指出大力发展融资租赁业。2012 年 2 月 14 日财政部发布通知，对融资租赁公司等金融企业，准予贷款损失准备金在税前扣除。2010 年 9 月 8 日，国家税务总局发布了 2010 年第 13 号公告《关于融资性售后回租业务中承租方出售资产行为有关税收问题的公告》明确了“融资性售后回租业务中承租方出售资产的行为，不属于增值税和营业税征收范围，不征收增值税和营业税”。2013 年，融资租赁业纳入增值税改革范围，不仅租金部分可以作为成本抵扣，且可拓宽企业融资渠道，实现企业节税融资的目的。

在租赁法规不健全的情况下，地方行政法规往往可以为试点工作打开通道，推进创新。2010 年天津市人民政府发布了《关于促进我市租赁业发展的意见》津政发〔2010〕39 号。为推进综合配套改革和金融改革创新，促进租赁业发展成为天津市重要的金融主导产业，提出了公司设立、权属办理、市场发展、财税政策四个方面二十七条意见。该文件以地方文件形式，对租赁物的公示效力作出了规定。该项规定配合最高人民法院给予天津法院审理滨海新区融资租赁纠纷案件“先行先试”的特殊司法政策，对我国目前缺乏统一的租赁登记制度，有效保障租赁交易当事人的合法权利具有十分重要的意义。2011 年 11 月 9 日天津市高级人民法院发布了《关于审理融资租赁物权属争议案件的指导意见（试行）》，明确了机构在办理动产抵押、质押、受让等业务时应当依照天津市人民政府金融服务办公室、中国人民银行天津分行、天津市商务委员会、中国银行业监督管理委员会天津监管局联合印发的《关于做好融资租赁登记和查询工作的通知》（津金融办〔2011〕87 号）所规定的必要程序。未按规定查询的，未尽到审慎注意义务，不构成善意取得。这 司法实践，从第二方是否善意取得租赁物，明确了法律界限，配合租赁物登记制度，为租赁公司对租赁物的物权保护提供了保障。

二、开展租赁资产证券化的现实意义

（一）行业发展面临的困境

在行业蓬勃发展的同时，受多种因素的影响，租赁公司也面临着资本制约、资金来源、资产管理等诸多方面的掣肘，下面就以金融租赁公司为例阐述租赁行业面临的发展困境。

1. 资金困境

融资租赁业是个资金密集型的行业，由于我国金融租赁业缺少相应的政策法规优惠，导致行业融资渠道狭窄，没有充足的、低成本的资金来源。目前，金融租赁公司的资金来源绝大部分是银行短期贷款（从目前全行业的情况来看，银行短期贷款占金融租赁公司外部资金来源的90%以上[①]），而金融债、点心债等渠道受融资条件、跨境使用的限制，其为租赁公司提供的资金量非常有限。另外，由于政策限制，保险资金等长期资金不能投资融资租赁。

我国金融租赁公司多数都具有银行股东背景，但从母行融资存在很大障碍。金融租赁公司虽然可以参与银行间市场交易，但需要至少有两年的盈利年度才能申请，而且银行间市场也主要是短期头寸的拆借。金融租赁公司可以发行金融债，但条件较为苛刻，实际操作中要求租赁公司的每一项经营指标都要高于行业平均水平才能获准发行金融债，这导致绝大多数金融租赁公司很难达到发行金融债的标准。

2. 资本困境

资本是行业实力的具体体现，也是企业业务拓展和风险防范的基础。2012 年，许多金融租赁企业和内资租赁企业如工银租赁、民生租赁、交银租赁、长江租赁、国泰租赁，纷纷扩充资本金，加上外资租赁企业的迅速增加和内资租赁企业的扩容，到 2012 年底，整个行业注册资金约为 1 890 亿元，比上年的 1 358 亿元增加了 532 亿元，增长 36. 2% 。

表 3　　2012 年末全国融资租赁企业注册资本情况　　单位：亿元,%

项　　目	2012 年底	2011 年底	增加额	增长率
金融租赁	622	528	94	17. 80
内资租赁	364	320	44	13. 80
外资租赁	904	510	394	76. 90
总　　计	1 890	1 358	532	39. 20

注：外资租赁企业注册资本金按 1:6. 3 的平均汇率计算。

资料来源：中国租赁联盟。

资本约束意味着，租赁公司业务发展到一定的规模，要开展新业务，必须在两条路径中作出选择，即增加资本金、资产到期或出售原有业务。因此，在资产出口未打通之前，租赁公司要扩大业务规模，就不得不增加资本金，从而造成了近年来租赁公司业务高速增长与频繁增资并存的现象，经历着粗放式的增长方式，而股东的增资能力、资本盈利要求等问题也逐步显现。

3. 资产管理困境

租赁资产规模的不断增加对金融租赁公司造成很大的资产管理压力。目前，租赁资产交易渠道不畅，租赁公司没有分散风险的渠道，租赁资产的风险随着规模增加在租赁公司内部不断积累。

目前金融租赁公司的租赁资产基本上还是一种“只进不出”、“买进持有到期”的发展模式。尽管已经与商业银行开展应收租赁款保理业务、与信托公司开展资产转让业务，但由

---

① 资料来源：中国银监会。

于此类资产交易业务条件要求较高，并受监管政策和金融市场环境影响大，不能从根本上解决租赁资产的流动性问题。并且，在不考虑资产出售的情况下，租赁公司在开展新业务时，更容易忽略资产风险。如果考虑到资产出售，租赁公司在形成租赁资产时，有动力和压力更加关注资产质量。

在规模达到一定程度时，融资租赁公司还会面临的一定的不良资产处置压力。通过对不良资产进行市场化交易，租赁公司能够对不良资产进行重新定价出售，改善公司的整体资产质量水平，释放不良资产拨备和资本金。

4. 反周期困境

目前，金融租赁公司普遍通过同业融资的方式筹措资金，这种以短期资金支持长期资产的资产负债错配结构已成为金融租赁公司面临最大的流动性风险隐患，特别是在同业资金市场的波动比较剧烈的情况下，很难保证负债的持续性。而中长期业务必须面对周期性问题。融资租赁业务的收益率是基本锁定的，但短债长用导致资金成本是随市场变化的，不能锁定成本。当市场利率处于上行周期时，租赁公司的成本不断上升，期限较长的业务很可能出现收益倒挂的情况。当利率处于下行周期时，租赁公司也不能在资金成本较低时，运用现有租赁资产进行大额融资、抓住市场机会降低融资成本。

通过租赁资产二级市场，为租赁公司提供盘活资产渠道，并根据资金市场的情况进行大额中长期融资，实现融资与租赁业务的期限匹配和额度匹配，根据租赁业务开展的时机，锁定融资成本，增强抗周期能力，促进租赁业、金融市场和实体经济的平稳健康发展。

（二）租赁资产证券化对租赁行业的意义

租赁资产证券化是指融资租赁公司通过将一系列用途相同、性能相似、租期相近，并可产生稳定的现金流的租赁资产或债券，通过结构性重组使其成为可以在市场上出售和流通的租赁资产支持证券（Leasing - Backed Securities，LBS）的过程。租赁资产证券化是一种增强融资租赁公司流动性的有效手段，租赁资产证券化将融资租赁公司所承担的承租人的信用风险，通过证券化的过程转移给了金融市场上的投资者，并将存在于出租人和承租人间的缺乏流动性的债权债务关系，通过证券化过程转化为金融市场上可流通的证券形式，以租赁资产及其所产生的现金流为担保发行证券融资。

1. 租赁资产证券化有利于拓宽租赁公司融资渠道

资产证券化具有直接融资功能，能够缓解企业融资压力和拓宽企业融资渠道。租赁公司可以把一批能够产生大规模稳定的现金流的租赁资产（租赁债权），通过结构性重组，将其转换成可以在金融市场上出售和流通的证券，把资金的最终使用者与资金的提供者直接联系到了一起，很大程度上节约了租赁公司的融资成本。

2. 租赁资产证券化有利于促进租赁市场的金融稳定

租赁公司通过把自有的租赁资产进行证券化后，真实出售给投资者，在这个过程中也把信用风险分散到众多机构投资者手中，此举对于租赁公司的防控风险意义重大。而且由众多投资者去管理风险，对于防范我国租赁业市场的系统性金融风险具有重大的意义。

3. 租赁资产证券化有利于缓解租赁公司的资本压力

通过资产证券化，租赁公司可以增强服务实体经济的能力。在成熟的资产证券化模式下，被证券化的租赁资产，可以从租赁公司“真实出售”，减小租赁公司的资产规模，留出空间拓展新的租赁业务，“滚动式”地服务实体经济。

4. 租赁资产证券化有利于促进租赁金融市场的发展

对于金融市场来说，金融产品的多样化是十分必要的，它可以满足投资者的不同需求，吸引更多资金进入金融市场，也可以丰富融资工具，满足不同融资需求。租赁资产证券化为租赁市场提供了一类新的重要的金融产品。它不同于股票和一般债券，它不是基于发行者的信用，而是基于某一资产池所产生的收益或者现金流，这使得它的收益性以及风险性介于债券和股票之间，获得了投资者的青睐。租赁资产证券化这种金融工具的出现，有力地促进了租赁金融市场的发展。

5. 租赁资产证券化有利于协同金融市场的各个子市场

租赁资产证券化的基础是租赁公司租赁资产池所产生的收益或者现金流。租赁资产一般都是长期性资产，因此流动性较差。通过证券化的方法，使得租赁市场和资本市场之间进行了有效连通。同时它还有利于保险市场和证券市场的连通。保险资金是一种长期运用的资金，由于在保险资金的运用过程中，安全性最为重要，所以风险较小且收益性较好的资产支持证券可成为其重要的潜在投资对象。

6. 租赁资产证券化有利于推动租赁业的制度建设

租赁资产证券化和租赁市场的制度建设之间的关系是相互制约、相互促进的。没有良好的市场制度，资产证券化是不可能顺利进行的。反过来，在一定条件下开展资产证券化，又可以促进租赁市场制度完善。

三、国内外租赁资产证券化的经验与教训

（一）国外资产证券化的发展历程

美国是资产证券化的发源地，也是全球最大、最发达的证券化市场。美国资产证券化的发展可以分为四个阶段：20 世纪 30 年代经济大萧条时期至 60 年代末期；20 世纪 70 年代初期至 80 年代中期；20 世纪 80 年代中期至次贷危机爆发（2007 年 8 月）；2007 年 8 月至今。

20 世纪 70 年代之前，资产证券化在美国并无太大进展，60 年代末的美国，由于通货膨胀加剧，利率攀升，金融机构的固定资产收益率逐渐下降，不能弥补短期负债成本。为了缓解金融机构资产流动性不足的问题，政府开始启动住房抵押贷款二级市场，为房地产业的发展和复兴开辟一条资金来源的新途径，并于 1968 年推出了最早的抵押贷款债券。资产证券化市场的快速发展是美国金融体系的一大结构性变化。在过去的二十多年中，美国的资产证券化市场规模保持着年均 11.3% 的高速增长。

20 世纪 70 年代初期至 80 年代中期，是资产证券化在美国孕育成长的时期，作为典型代表的抵押支持债券（Mortgage – Backed Security，MBS）逐步完善并初具市场规模，同时新

型的抵押支持债券创新产品开始出现。抵押支持债券产生的标志为1970年联邦国民抵押贷款协会（Federal National Mortgage Association，Fannie Mae）首次发行住房抵押贷款转付证券。1983年，联邦住房贷款抵押公司（Federal Home Loan Mortgage Corporation，Freddie Mac）首次将住房抵押贷款转付证券的现金流切割并发行多组期限的产品，即抵押担保债务凭证（Collateralized Mortgage Obligation，CMO）。1986年，CMO又衍生出两种新的金融工具，即纯利息产品（Interest Only，IO）和纯本金产品（Principal Only，PO）。同年，美国国会通过了《税收改革法案》，诞生了一个新的资产证券化载体——金融资产证券化投资信托（Financial Assets Securitization Investment Trust，FASIT），这种证券化载体可以避免双重征税，也使证券化资产的范围从单纯的不动产抵押贷款扩大到多种金融资产。

20世纪80年代中期至2007年8月，资产证券化逐渐走向成熟，开始在各个领域大量运用，各种ABS不断涌现，基础资产类型包括信用卡贷款、汽车贷款、学生贷款和住房权益贷款。20世纪90年代中期，担保债务凭证（CDO）开始推出，包括担保贷款凭证（CLO）和担保债券凭证（CBO）。

次贷危机爆发后的一段时间内，美国资产证券化产品（包括MBS和ABS）的发行规模急剧下降，2008年市场发行规模由2007年的25 600亿美元下降到14 836亿美元。在经历短暂萧条后，美国证券化市场又重焕生机，2009年市场发行规模为21 034亿美元，同比增长41.78%。次贷危机后的监管及市场变化将会在后面进行详细介绍。

欧洲是除美国外世界上最大的证券化市场。抵押债券（Covered Bond）在欧洲许多国家的证券市场上很早就出现了，而真正意义上的证券化直到20世纪80年代中期才在欧洲出现，与美国类似，欧洲最早出现的资产证券化产品也是MBS。

1. 基础资产的主要类型

传统的证券化产品，其现金流来源于已经存在的资产，并且资产的价值是可以确定的，但在未来现金流证券化中，现金流对应的契约权利是尚未存在的，这样的契约权利将在未来产生，比如航空公司可以以其未来的机票收入为基础进行未来现金流证券化。

表4　　海外未来现金流证券化的基础资产类型

现金流来源类型	典型的基础资产
➢ 货物和服务销售收入 ➢ 金融中介的手续费 ➢ 基础设施的收费权	➢ 知识产权许可使用费 ➢ 拉丁美洲果肉、石油和矿石出口应收款 ➢ 飞机和火车的票务收入 ➢ 电话租赁收费 ➢ 收费公路的收费 ➢ 电费收费

2. 发达国家的未来现金流证券化

未来现金流证券化在发达国家比重较小（目前没有发行规模的公开统计数据），多为知识产权证券化。知识产权证券化是以知识产权的未来许可使用费（包括预期的知识产权许可使用费和已签署的许可合同保证支付的使用费）为支持发行资产支持证券进行融资的方式。从国外的实践来看，知识产权证券化的基础资产已经非常广泛，从最初的音乐版权证券化开始，现已拓展到电子游戏、电影、休闲娱乐、演艺、主题公园等与文化产业关联的知识产权，以及时装品牌、医药产品专利、半导体芯片，甚至专利诉讼的胜诉金。

未来现金流证券化在新兴市场国家比重较大，基础资产类型主要包括贸易应收款、基础设施收费等。2000 年后，新兴市场国家未来现金流证券化项目的发行规模呈现扩大趋势，从国别来看，墨西哥、阿根廷、巴西和委内瑞拉等美洲国家占比较大（按发行规模合计超过 50%）。2004 年 4 月 20 日，为给市政建设融资，中国香港特别行政区政府主导发行了“五隧一桥”收入证券化债券，该债券以中国香港特别行政区政府拥有的五条收费隧道和一条收费桥梁的未来现金流来支付利息及本金，这是中国香港特别行政区政府的首次资产证券化融资。

总体上看，新兴市场国家未来现金流证券化项目的风险是较低的。历经发展中国家的各种危机，未来现金流证券化已经被证明是最可信赖的、安全的融资方式（Fitch Ratings Report）。以委内瑞拉的 Petroleos de Venezuela S. A. 公司的石油出口应收款、印度尼西亚 The Bank International Indonesia 的信用卡凭单收入为基础资产的证券化项目，在各自国家最危险的经济或社会危机中均未出现过违约问题。

表 5　　惠誉评级参与的未来现金流证券化项目的表现情况

年度	1991—1994	1995	1996	1997	1998	1999	2000	2001	2002	2003	总计
项目数量	17	18	25	19	16	27	27	14	21	3	183
违约数量	0	0	1	3	0	1	2	1	0	0	8

资料来源：惠誉评级。

资产证券化自 20 世纪 70 年代在美国问世以来，在 40 年左右的时间里获得了迅速发展。从某种意义上来说，资产证券化已经成为当今全球金融发展的潮流之一。资产证券化在海外国家的经济和金融市场的发展中起到了很大作用。

第一，资产证券化能够刺激消费，促进经济增长。美国是最典型的案例，美国的汽车贷款证券化和信用卡证券化等业务显著地起到了刺激消费的效果。据统计，美国一半以上的住房抵押贷款、四分之三以上的汽车贷款都是靠发行 ABS 产品提供资金的。

第二，资产证券化提高了金融体系的稳定性和安全性。韩国和中国台湾等亚洲经济体在亚洲金融危机之后，银行不良贷款率都一度高达 15% 左右。随着资产证券化的引入，银行的很多不良贷款被转移出去，提高了银行体系的安全性。

第三，资产证券化完善了债务资本市场结构，提高了直接融资比重。对大陆法系的国家来说，通常间接融资占据了融资方式的主流，如德国、日本、意大利等。随着这些国家逐步引入资产证券化，其直接融资比率有所提升，债务资本市场的结构更加合理。

第四，资产证券化改善了中小企业融资困境。目前国外小企业信贷资产证券化业务已比较成熟，其起源可以追溯到 20 世纪 80 年代美国小企业管理局的担保贷款证券化，但目前欧洲是小企业信贷资产证券化的主要市场。2000—2007 年，欧洲累计发生小企业信贷资产证券化交易 144 起，发行总额 1 900 亿欧元。

（二）国外资产证券化主要操作模式

从资产证券化在一些发达国家的成功经验可以总结出，租赁资产证券化的融资模式根据是否设立 SPV① 可以归纳为表外证券化、表内证券化和准表外证券化三种资产证券化模式。

1. 表外模式

这种模式也称美国模式，即在租赁公司外部设立特殊目的机构 SPV 用以收购公司资产，实现资产的真实出售。在这一过程中，租赁公司将租赁资产进行分类整理，向 SPV 真实出售其租赁资产，以达到风险隔离的目的。SPV 将合法持有的融资租赁资产进行重新组合，并由此建立进行证券化的资产池，经过担保机构担保及信用评级机构对证券产品进行评级处理后，通过券商或投行发行证券化产品，最后使租赁证券化产品在证券市场上自由的买卖流通。

2. 表内模式

这种模式也称欧洲模式，即在租赁公司内部设立一个机构，这个机构负责运作证券化业务，租赁资产将继续留在租赁公司内部，并没有出售给 SPV，即租赁资产的所有权仍然属于融资租赁公司，保留在公司的资产负债表中。租赁公司以公司自有的融资租赁资产作为抵押担保，进而发行资产抵押型债券。鉴于租赁资产还在租赁公司，就有可能产生风险，这样风险隔离的作用并没有得以发挥。

3. 准表外模式

也称澳大利亚模式，即为设立 SPV，租赁公司单独成立控股或全资的子公司，然后向 SPV 真实出售资产，子公司不但可以购买母公司的资产，也可以购买其他资产以组建资产池，再经过信用增级、评级后，子公司在证券市场上发行租赁证券化产品。

综合来看，表内融资主要是为解决融资租赁公司流动性不足的问题，而表外融资则重在改善租赁公司的监管指标，如资本充足率。当国内监管者希望融资租赁公司资产负债规模减小，处理不良资产以提高资本充足率时，表外证券化的优势就会体现出来。与表内模式相比，表外模式使租赁资产得以真实销售，租赁资产从融资租赁公司的剥离，实现了风险的完全隔离，而相比较于准表外模式，SPV 作为子公司，其经营风险是难免的。通过比较可以看出，表外模式是目前最适合我国的融资租赁证券化发展的，它具有相当的优势。

（三）后危机时代资产证券化的新变化

1. 市场规模

次贷危机后，全球证券化市场在经历了短暂萧条后又逐渐走向复苏。据统计，2010 年，美国资产证券化的市场发行规模为 18 611 亿美元，仅次于美国国债；欧洲资产证券化的市

---

① SPV 是指为融资需要而专门设立并单独持有某项特定资产的操作工具，多以公司或信托形式设立。

场发行规模为 5 149 亿美元，与 2009 年基本持平；美欧之外的国家和地区资产证券化的发行规模合计为 1 349 亿美元，同比增长 160. 19%。

2011 年上半年，美国资产证券化的市场发行规模为 10 095 亿美元，同比增长 26. 40%。同期欧洲资产证券化的市场发行规模为 2 526 亿美元，同比增长 71. 98%，均呈现明显增长。

2. 监管动态

次贷危机后，美国和欧洲监管机构对证券化市场采取了一系列改革措施，加强了对资产证券化的监管，各国相继出台了一系列法律法规，主要包括风险自留、会计处理、资本计提、信息披露和评级制度等方面。

（1）风险自留。风险自留的相关探讨最早见于 2009 年 9 月的 G20 匹兹堡峰会，当时各国监管机构就建议证券化发起人必须保留一定比例基础资产的信用风险，以缓解证券化发起人和投资者之间的利益冲突，从而促使发起人采取更严格的贷款审核政策。

2010 年 7 月，美国参众两院通过《多德—弗兰克法案》，该法案对风险自留的主要规定如下：首先，要求证券化机构自留不低于 5% 的信用风险，如果证券化机构满足一定的条件，风险自留程度可低于 5%；其次，《多德—弗兰克法案》只是一部基础性法案，它要求在法案实施后，美国证券交易委员会、联邦银行监管机构、美国联邦住房金融局以及住房和城市发展部联合制定规则，对证券化产品的风险自留进行规定。

欧洲议会于 2010 年 12 月 31 日颁布的资本管理办法Ⅱ对原有的 122（a）条款做出了修订，要求证券化机构和原始权益人持续（合计）自持 5% 以上的信用风险，发起人必须持续保留 5% 以上的风险，且这部分风险不能转移或对冲。对新发行的证券化产品，上述风险自留要求从 2011 年 1 月开始施行。对那些已发行的证券化产品，若对现有资产有替代或增加，则从 2014 年 12 月 31 日开始施行。

（2）会计处理。2008 年 12 月 18 日，国际会计准则委员会（IASB）发布了合并财务报表征求意见稿（ED10），这也是国际会计准则委员会应对金融危机解决表外项目报告问题的举措之一。2009 年 6 月 12 日，美国财务会计标准委员会（FASB）发布了新会计准则 FAS166 和 FAS167。FAS166 修订了原 FAS140 对终止确认的规定，修改了原会计准则中对 QSPV（Qualified SPV）的定义，修正了 SPV 法律独立性和发起人对 SPV 有效控制的条件。FAS166 和 FAS167 于 2010 年正式施行，因此许多 SPV 被纳入到银行合并报表的范围，美国资产证券化实现会计出表的难度有所增大。

（3）资本计提。美国和欧洲的银行主要依照巴塞尔协议的要求计提风险资本。2009 年 7 月，巴塞尔委员会吸取次贷危机的教训，提出了《新资本协议修正框架》。2010 年 6 月，巴塞尔委员会再次对资本框架进行修订，形成了巴塞尔新资本协议Ⅲ。巴塞尔协议Ⅲ对资产证券化资本计提的总体趋势是加强资本计提，可以概括为：第一，对再证券化产品提高风险计提要求；第二，提高了流动性便利的风险权重；第三，对表外结构化产品进行并表处理。

（4）信息披露。次贷危机后，各国监管层普遍要求加大对之前证券化的信息披露力度，投资者也对发起机构的信息披露提出更高的标准和要求。次贷危机后国外监管机构对证券化信息披露的最新要求可以概括为：第一，信息披露时间和频率的要求更严格。美国和欧洲都要求在证券化产品的存续期内，必须进行持续的信息披露，并提供定期的信息报告，欧盟资本管理办法Ⅱ也要求信息的披露必须是持续的。第二，信息披露的内容范围扩大。无论是美国还是欧洲，都要求披露主要基础资产的信息，而非仅仅披露整个资产池层面的信息。第三，公募与私募的信息披露要求趋于一致。

（5）评级制度。次贷危机后，国外评级机构监管政策的主要变化是加强对评级机构的监管，提高对证券化产品评级的客观性。

美国《多德—弗兰克法案》等法规对评级机构加强监管的措施主要体现为：第一，引入自我约束要求。《多德—弗兰克法案》要求国家认可的统计评级机构（NRSROs）引入新的自我约束要求。第二，授权美国证监会（SEC）修订相关条款。第三，对评级机构实施问责制度。美国证监会有权对获得评级资格的信用评级机构进行年检，将关键结果公布于众，有权撤销严重违规或多次出现重大评级失误的评级机构的注册资格。对评级机构故意或严重渎职所造成的评级失误，只要投资者能够证明被恶意误导，就可以提起司法诉讼。第四，评级信息共享。美国证监会要求发起人或承销商将提供给评级机构的信息上传至一个有密码保护的网站，没有参与评级的其他评级机构也有权要求浏览网站中的信息。第五，弱化评级功能。《多德—弗兰克法案》要求美国联邦政府机构删除“参考或依靠信用评级”的规定，即政府评估一组证券或货币市场工具不得依赖证券评级机构的评级。

欧洲议会2009年9月颁布了1060号规定（Regulation 1060/2009），该法规设立了一个强制评级注册的政府机构——外部评级评估机构，1060号规定对评级机构做出了如下要求：第一，在避免信息利益冲突方面，评级机构的董事会管理层必须有至少两名独立董事，评级机构必须专注于评级活动，不得变相开展咨询活动，必须确保评级公司雇员的专业素质不能受评级对象提供报酬的影响；第二，评级方法方面，评级公司必须使用那些在历史上被视为严密的、系统性的、前后一致的模型，而且必须向公众披露他们评估的方法和假设；第三，评级的信息披露方面，评级机构要区分不同的结构化产品和产品规模，如果评级机构怀疑信息的可靠性，应当及时披露，提供所有预评级的信息，无论本次评级是否是一个权威的评级；第四，在评级公司自身披露上，评级机构每年必须向原欧洲证券监管议会（ESMA）提供自身组织架构、内控机制、利润构成和评级结果的信息披露报告。在次贷危机之后，新的欧洲立法机构正在着手修订对欧盟地区的评级机构的中央监管，进一步落实上述政策。

总体而言，次贷危机后国外信用评级监管改革的核心思路如表6所示。

表6　后危机时代国外信用评级监管改革核心思路

核心思路	监管措施	典型规定
从评级行业管理角度加强监管	完善评级监管立法	制定完善基本法律
		出台具体规章
	成立专业监管机构	明确机构监管主体与业务监管主体
		建立高层次监管协调机制
	推行机构分类管理体制	加强注册机构管理
		明确非注册机构、认证机构的管理要求
	降低评级准入门槛	放宽市场准入
		减少评级机构依赖
		建立市场准入平等制度
	探讨评级监管收费	注册费用
		日常监管费用
		认证机构费用
从评级结果的产生角度减少利益冲突	改善内部治理	评级服务与咨询服务隔离
		建立内控系统和政策
		强化独立董事作用
	增加评级机构责任	强化评级机构民事责任
	提高信息披露透明度	评级结果披露
		评级收入集中度披露
		评级方法披露
		复杂产品单独符号披露
	探索收费模式多元化	探索投资人付费模式
从评级结果的使用角度减少评级依赖	减少监管框架依赖	消除监管政策的依赖
	减少内部风险管理依赖	金融机构建立内部评级体系
	减少投资政策依赖	利用替代手段制定投资政策
从评级结果的使用角度关注主权评级风险	加强主权评级透明度	发布级别前三天提前告知
	改善主权评级方法论	评级方法严格、稳健、可验证
	探索成立区域性评级机构	欧盟探索成立区域性机构

3. 产品设计

次贷危机后，海外资产证券化在产品设计方面的主要变化体现如下。

（1）合成型证券化产品几乎消失。合成型证券化（Synthetic CDO），是指将证券化技术和信用违约互换（CDS）结合起来，达到转移基础资产信用风险的目的，但并没有转移资产本身。合成型证券化在次贷危机中增加了证券化产品的复杂度，延长了产品链条，在一定程度上扩散了次贷的违约风险。2007年全球合成型证券化的发行规模高达888.42亿美元，而2010年发行规模却仅为0.42亿美元，2011年上半年发行规模甚至降到0，复杂证券化产品从市场上基本消失。

（2）产品分层结构有所简化。次贷危机后，美国证券化产品的分层结构比危机前变得简单，美国联邦存款保险公司（FDIC）要求商业银行支持的 RMBS 必须拥有不高于 6 层的简单结构。目前美国证券化产品的分层结构通常不超过 6 层（个别产品在 6 层以上），各层产品评级一般涵盖 AAA 级、AA 级、A 级、BBB 级、BB 级和 equity（或者比这种分层结构还简单）。

（3）内部信用增级方式逐渐成为市场主流。次贷危机后，外部信用增级措施开始不再受市场欢迎，主要原因是债券保险公司和第三方担保人在危机中普遍被降级，而内部信用增级方式逐渐成为市场主流，包括：优先/次级分层、超额利差、现金储备账户和超额抵押等。

（四）中国资产证券化的实践探索

我国对资产证券化的探索始于 20 世纪 90 年代，1996 年珠海市政府在开曼群岛注册了 SPV 珠海高速公路有限公司，以过路费为支撑在美国成功发行了总额 2 亿美元的债券，开启了我国资产证券化融资的先例。但直至 2005 年，国务院批准成立信贷资产证券化试点工作组，我国资产证券化才走上了真正的实践发展道路，并在银行系统和证券系统同时开始了探索，为扫清资产证券化的法律障碍和管理障碍寻找解决方案，从而逐步形成了目前我国资产证券化发展的两条主线：一条是银行系统的信贷资产证券化，另一条是证券系统开展的企业资产证券化，即证券公司专项资产管理计划。

1. 信贷资产证券化

（1）试点发展主要历程。我国人民银行、银监会框架下的信贷资产证券化可以分为三个发展阶段：2005—2006 年的试点起步期、2007—2008 年的试点探索期和 2008 年底至今的试点总结期，如表 7 所示。

表 7　　信贷资产证券化的发展阶段

时间	发展阶段	阶段性成果
2005—2006 年	试点起步期	2005 年 12 月，国家开发银行的“开元 2005－1”和建设银行的“建元 2005－1”两单信贷资产证券化项目成功发行，发行规模（含次级）合计为 71.94 亿元。在随后的 2006 年，又有 3 单项目成功发行，其中“东元 2006－1”和“信元 2006－1”是首批以不良贷款为基础资产的信贷资产证券化项目
2007—2008 年	试点探索期	在 2007 年到 2008 年间，共有 12 个信贷资产证券化项目成功发行，发行规模（含次级）合计达到约 480 亿元。其中，发起人的类型扩大到工行、浦发、兴业、中信、招商、浙商等商业银行，基础资产也从普通企业贷款和个人住房抵押贷款扩大到个人汽车抵押贷款及中小企业贷款
2008 年底至今	试点总结扩大期	2008 年底，试点期进入尾声，新项目暂时停止受理和发行，人民银行和银监会向国务院联合提交信贷资产证券化的试点总结报告。2011 年 8 月，国务院批准信贷资产证券化继续扩大试点，2012 年 6 月初，人民银行、银监会、财政部联合下发《关于进一步扩大信贷资产证券化试点有关事项的通知》，2012 年 9 月 7 日，国家开发银行发行“开元 2012－1”成为试点重启后的首单产品

（2）法律法规建设进程。自信贷资产证券化试点开始以来，人民银行、银监会、财政部、国家税务总局以及证监会出台了一系列办法、规定、公告和通知，对证券化参与机构和交易结构，会计及税务处理，证券投资、登记、托管和交易，信息披露以及资本计量等方面进行了较为细致的规定。但目前，有关投资者准入，如保险机构、社保基金、企业年金等能否投资于信贷资产证券化产品尚无明确规定。

（3）证券化试点项目主要情况。截至2008年底，已有4类共11家发起人进行了信贷资产证券化试点，发行规模合计667.82亿元，其中优先级规模582.69亿元，次级规模85.13亿元。直至2012年9月，信贷资产证券化重新启动，国家开发银行发行了101.66亿元的证券化产品。从发起人结构来看，试点项目涵盖了政策性银行、国有商业银行、股份制商业银行等银行类金融机构和资产管理公司、汽车金融公司等非银行类金融机构。从基础资产类型来看，试点项目涵盖了企业贷款、个人住房抵押贷款、个人汽车抵押贷款及不良贷款。从项目存续情况分析，与银行间债券市场的整体换手率相比，信贷资产支持证券的换手率处于很低水平，流动性相对较差。同时，绝大部分项目均未出现过资产池违约情况，很多项目都出现过早偿情况，但整体早偿率较低。2013年，我国资产证券化呈现提速态势，7月以来，银监会、人民银行先后表态支持资产证券化常态化发展，8月底国务院常务会议提出要进一步扩大信贷资产证券化试点，新增3 000亿元额度。

（4）信贷资产证券化基本模式。根据我国信贷资产证券化的基本模式，结合金融租赁公司情况，我国信贷资产证券化框架下的租赁资产证券化模式如图1所示。

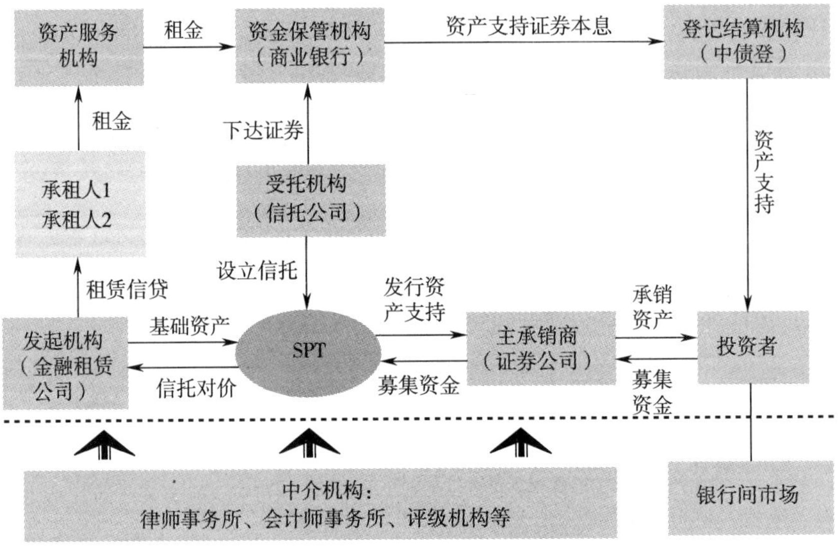

图1 我国信贷资产证券化模式图

（5）试点成功经验。通过三年多的试点，我国信贷资产证券化积累了很多成功经验，为今后该业务的深入发展奠定了良好基础。

一是“立法与试点并行”的发展路径。我国信贷资产证券化试点采取了“立法与试点并行”的思路，在试点顺利开展的同时，也对证券化参与机构和交易结构，会计及税务处理，证券投资、登记、托管和交易，信息披露，资本计量等方面进行了较为系统的规定，为信贷资产证券化构建了比较完善的法律与制度框架。

二是优质资产先行。试点阶段除不良贷款证券化外，信贷资产证券化的基础资产均为贷款五级分类中的正常类。截至目前，已发行项目中除建设银行 RMBS 和上汽通用汽车金融公司的汽车贷款 ABS 出现过微小违约（符合这两类基础资产的一般特点）外，其他项目的资产池均未出现过违约情况。

三是简化产品结构。试点阶段证券化产品证券化结构均较为简单，未引入信用衍生产品（合成资产证券化），也未进行过公募再证券化（CDO 平方），简单的产品结构提高了证券化产品的市场接受度，并保障风险扩散路径较为明晰。

四是 SPT 的法律模式。试点阶段我国信贷资产证券化均采用特殊目的信托（SPT）模式，实现了基础资产的“破产隔离”，实践证明，SPT 模式比较适合中国目前的国情。

五是产品结构的适度创新。试点阶段我国信贷资产证券化产品不断创新，除了基础资产类型的创新外，在产品结构方面也进行了很多创新，例如：优先 A 档的不同计息方式和还本方式、产品层级的丰富、“清仓回购”条款的设置、特别信托受益权的设计等，这些创新对资产证券化的发展起到了积极作用。

六是抵押权变更登记的批量处理方式。建设部在借鉴国外经验的基础上，对证券化中个人住房抵押贷款抵押权的变更登记采取了批量进行、公告通知的便捷方式，提高了抵押权变更登记的效率。

七是质押式回购交易的尝试。2007 年 9 月 13 日，人民银行正式发布公告，允许信贷资产支持证券进行质押式回购交易，对改善产品的流动性起到了积极作用。

（6）新一轮信贷资产证券化扩大试点的启示。2012 年 6 月初，人民银行、银监会、财政部联合下发《关于进一步扩大信贷资产证券化试点有关事项的通知》（以下简称《通知》），停滞 4 年之久的信贷资产证券化重新开闸，根据国务院的批复，本次试点额度共计 500 亿元。分析《通知》中对原有政策的调整及新规定的出台，有助于判断租赁资产证券化未来的发展趋势。

一是扩大基础资产种类。此轮试点基础资产种类进一步扩大，鼓励金融机构选择符合条件的国家重大基础设施项目贷款、涉农贷款、中小企业贷款、经清理合规的地方政府融资平台公司贷款、节能减排贷款、战略性新兴产业贷款、文化创意产业贷款、保障性安居工程贷款、汽车贷款等多元化信贷资产作为基础资产，开展信贷资产证券化，丰富信贷资产证券化基础资产种类。

二是强制发起机构风险自留。扩大试点阶段，信贷资产证券化各发起机构应持有由其发起的每一单资产证券化中的最低档次资产支持证券的一定比例，该比例原则上不得低于每一单全部资产支持证券发行规模的 5%，持有期限不得低于最低档次证券的存续期限。信贷资产证券化发起机构不得投资由其发起的资产支持证券，但发起机构持有最低档次资产支持证券的除外。

三是信贷资产证券必须进行“双评级”。采取多元化信用评级方式。资产支持证券在全国银行间债券市场发行与交易初始评级应当聘请两家具有评级资质的资信评级机构，进行持续信用评级，并按照有关政策规定在申请发行资产支持证券时，向金融监管部门提交两家评级机构的评级报告。

四是产品结构趋向简单。《通知》强调“信贷资产证券化产品结构要简单明晰，扩大试点阶段禁止进行再证券化、合成证券化产品试点”，则是吸取了美国次贷危机的教训。事实上，国际信贷资产证券化监管的趋势也是提倡简单明晰的证券化。

2. 企业资产证券化

（1）试点发展主要历程。企业资产证券化即专项资产管理计划，其发展得益于证监会的推动和支持，主要依据是《证券公司客户资产管理业务试行办法》。我国的企业资产证券化（在试点期间以“专项资产管理计划”形式出现）可以分为三个发展阶段：2005 年 8 月至 2006 年 8 月的第一批试点阶段、2006 年 9 月至 2009 年 5 月的试点总结与研讨阶段、2009 年 5 月至今的第二批试点阶段，如表 8 所示。

表 8　企业资产证券化的发展阶段

时间	发展阶段	阶段性成果
2005 年 8 月至 2006 年 8 月	第一批试点	2005 年 8 月，“中国联通 CDMA 网络租赁费收益计划”设立，第一单专项计划业务正式诞生。截至 2006 年 8 月末，专项计划模式的企业资产证券化共推出 9 单，募集资金总额达到 260 多亿元
2006 年 9 月至 2009 年 5 月	试点总结与研讨	2006 年 9 月以后，证监会暂停专项计划新项目的申报审批，进入总结阶段；2009 年 3 月，证监会组建专门的研究团队研究和制定相关制度和管理办法
2009 年 5 月至今	第二批试点	2009 年 5 月，证监会发布《证券公司企业资产证券化业务试点指引（试行）》、《关于通报证券公司企业资产证券化业务试点情况的函》，标志着企业资产证券化试点重新启动。2011 年 8 月 5 日，远东二期专项资产管理计划完成发行，成为试点重启后第一单专项计划项目

（2）已发行项目主要情况。自 2005 年 8 月至 2013 年 6 月，共有 10 个企业资产证券化项目顺利发行，发行规模合计 278.03 亿元，其中优先级 274.99 亿元，次级 3.04 亿元。企业资产证券化的项目主要通过上海证券交易所大宗交易系统和深圳证券交易所综合协议交易平台进行交易，其年成交量在 2006 年达到了 90.30 亿元的峰值，之后随着部分项目的到期，交易量逐渐萎缩，2011 年上半年成交单数仅为 4 单，成交量只有 2.62 亿元。全部项目中仅有浦东建设 BT 项目资产支持收益专项资产管理计划发生过一起信用风险事件，但经后期妥善处理，受益凭证本金和预期收益仍均按时、足额获得了支付。其中，远东一期和远东二期专项资产管理计划分别于 2006 年 5 月 10 日和 2011 年 8 月 5 日正式募集设立，并在证券交易所挂牌上市，成为我国目前仅有的两单租赁资产证券化试点产

品，目前项目运行情况良好。

（3）企业资产证券化基本模式。根据证监会监管框架下的企业资产证券化模式，结合金融租赁公司情况，其主要证券化基本模式如图 2 所示。

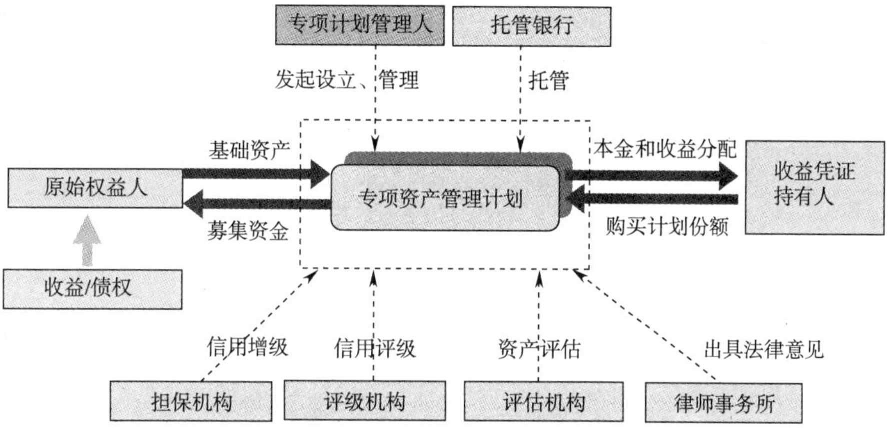

图 2　企业资产证券化模式图

（4）试点成功经验。一是“试点先行、个案推进”的推进思路。企业资产证券化的基础资产类型很多，不同类型基础资产在操作性上面临不同问题，由于相关配套法律制度缺失，企业资产证券化在我国的法律环境下面临一定的法律问题。尽管如此，证监会坚持试点先行，在第一期先后推出 9 单项目，覆盖了债权类和收益权类的典型基础资产，在此基础上继续积极推进，于 2011 年 8 月推出了远东二期专项资产管理计划，并正在酝酿推出其他较为成熟的项目，这种推进思路被实践证明是务实、稳妥、有效的。

二是基础资产选择恰当。就已发行的专项计划项目来看，无论是租金请求权等债权类资产，还是高速公路通行费收入收益权等收益权类资产，均为能够产生持续、稳定、真实、可预测的现金流的基础资产，符合资产证券化的一般原理，也有效确保了各专项计划产品的安全性。

三是更注重基础资产而非原始权益人。企业资产证券化有别于传统债券，投资人本金和预期收益的第一还款来源为基础资产产生的现金流。正因如此，专项计划并未一味强调原始权益人的主体资质。在前期试点项目中，部分项目的原始权益人资质低于 AA - 级，甚至属于中小企业，这在一定意义上体现了资产证券化这种融资工具对于企业融资的重要意义。

四是严密的信用增级措施。从已发行的专项计划项目来看，其信用增级措施均十分完备。2005—2006 年试点的各单项目，均引入银行或者 AAA 级央企作为担保人。远东二期专项计划项目则安排了优先/次级结构、交通银行流动性支持和原始权益人（AA + 级别）差额支付等多重信用增级措施。总体来看，各单项目通过引入外部、内部信用增级手段，其产品安全性得到极大提升，迄今为止也均未出现过实质违约情况。

表 9　　资产证券化试点框架与专项资产管理计划框架的比较

项目	信贷资产证券化试点框架	专项资产管理计划框架
监管机构	人民银行、银监会	证监会
产品名称	资产支持证券	专项资产管理计划
法律结构	特殊目的信托（信托关系）	资产管理计划（委托关系）
主要法律法规	《中华人民共和国信托法》 《中华人民共和国合同法》 《信贷资产证券化试点管理办法》 《金融机构信贷资产证券化试点监督管理办法》 《关于信托投资公司开展集合资金信托业务创新试点有关问题的通知》 《信贷资产证券化会计处理规定》 《财政部 国家税务总局关于信贷资产证券化有关税收政策问题的通知》 《关于个人住房抵押贷款证券化涉及的抵押权变更登记有关问题的试行通知》 《资产支持证券信息披露规则》 中国人民银行公告〔2007〕第16号 《资产支持证券交易操作规则》 《关于进一步加强信贷资产证券化业务管理工作的通知》等	《中华人民共和国民法通则》 《中华人民共和国合同法》 《中华人民共和国证券法》 《中华人民共和国担保法》 《证券公司监督管理条例》 《证券公司客户资产管理业务试行办法》 《关于证券投资基金投资资产支持证券有关事项的通知》 《关于通报证券公司企业资产证券化业务试点情况的函》 《证券公司企业资产证券化业务试点指引（试行）》等
合格发起人	金融机构	尚无明确规定，泛指企业
发行人/计划管理人	特殊目的信托的受托机构，目前均为信托投资公司	获得证监会创新业务试点资格的证券公司
是否形成破产隔离	是	未明确①
是否“出表”（终止确认有关资产）	是	未明确②
交易平台	银行间债券市场	证券交易所大宗交易平台
合格投资者	除保险公司外的参与银行间市场的金融机构，包括银行、财务公司、信托投资公司、信用社、证券投资基金、证券公司、国家邮政储汇局等	除银行、保险机构未获准投资外，尚无限定。主要有大型企业集团、财务公司、社保基金、企业年金、信托公司和证券投资基金等

① 从目前发布的信息看，现行的专项资产管理计划并未单独设立法人实体，而单以收益凭证形式设立并不能完全做到破产隔离，具有一定的法律模糊性。从远东二期发行安排看，为保证相关权益人利益，专项计划对破产情形作出了一些防范性约定。例如如果原始权益人远东租赁发生破产事件，专项计划相关资产所有权需按约定向计划管理人转移；租金等属于专项资产的款项直接向专项计划账户划付等的安排。来源：《远东二期专项资产管理计划资产支持受益凭证募集说明书》。

② 由于受到《企业会计准则第23号——金融资产转移》中关于企业是否已经将“金融资产所有权上几乎所有的风险和报酬转移给转入方，应当终止确认该金融资产；保留了金融资产所有权上几乎所有的风险和报酬的，不应当终止确认该金融资产”的约束，加上现行项目的次级收益凭证由原始权益人认购的情况，以及现金收集仍由原始权益人实施等的情况，相关资产的终止确认（“出表”）未明确。

通过表9我们可以看到，在政策法律相关配套方面，信贷资产管理计划更加完善，并且对于银行等金融机构来讲信贷资产证券化对加强资产管理，提高资产质量具有显著的意义。但在原始权益人的广度、发行的便捷性和操作的复杂程度方面，专项资产管理计划更具有相对优势。发行人将不再局限于银行等金融机构，投资人除银行和保险机构外其他资本市场机构投资者均可参与，有利于风险的分散以及发行成本的下降。

四、我国金融租赁公司发展资产证券化业务的操作分析

（一）发展租赁资产证券化可借鉴的制度建设

虽然对金融租赁公司来说目前只有企业资产证券化模式具备可行性，但就业务实质来说，两种渠道资产证券化产品的发行和操作基本类似，且相比信贷资产证券化，企业资产证券化的配套法律法规建设还不够全面和完善，在我国的法律环境下仍面临一定的法律问题。而信贷资产证券化在试点过程中，已由有关部门出台了一系列办法、规定、公告和通知。随着其试点范围的进一步扩大，金融租赁公司有望在未来被纳入试点行列，且无论从融资成本还是交易活跃性角度，银行间市场的证券化对金融租赁公司均更富吸引力。因此分析信贷资产证券化试点以来的制度建设，对金融租赁公司更好地开展证券化业务具有指导意义。

1. 基本规则

（1）基本原则。关于信贷资产证券化的主要法律关系在《信贷资产证券化试点管理办法》（以下简称《管理办法》）中规定如下：银行业金融机构作为发起机构，将信贷资产信托给受托机构，由受托机构以资产支持证券的形式向投资机构发行受益证券，以该财产所产生的现金支付资产证券收益。这一规定，明确了信贷资产证券化的主要关系是一种信托法律关系。《管理办法》对证券化信托关系的规定，严格区分了信托财产与相关机构财产的关系。信托财产独立于发起机构和其他所有相关机构，所有相关机构破产清偿时，不涉及信托财产。同时，这些财产所产生的收益也只归入信托财产。资产支持证券作为信托受益权份额的代表，与一般信托产品的受益凭证的区别在于，后者并不公开发行并交易流通，因此不能算是一种证券，而前者公开发行并交易流通，因此成为继债券、股票之外的第三种证券。

关于信贷资产证券化活动中各机构职责及相互关系：证券化发起机构做的信贷资产转让必须通过设立特殊目的信托，采取发行证券的方式。在我国的信贷资产证券化交易结构中，特殊目的载体（SPV）不是以信托关系外壳进行运作，也不专设SPV运作公司（Special Purpose Company，SPC）来运作，而由专门的信托机构来承担受托机构的功能。有明确规定指出，信托机构作为受托机构，处于交易结构中的核心地位：一方面，接受发起机构的信托，运用证券化资产，成为SPV的运作机构；另一方面，又委托各相关机构，履行贷款管理、资金保管、证券托管、证券承销的职能。所有相关机构相互之间都通过合同来约定各自的权利和义务，都是平等的民事行为主体。

（2）特定目的信托受托机构。《管理办法》第十六条规定："受托机构由依法设立的信托投资公司或银监会批准的其他机构担任。"目前，我国有六十多家信托投资机构，这些机

构从其性质上说，都是可以成为特殊目的信托受托机构的。但是，《中华人民共和国信托法》（以下简称《信托法》）并没规定能够开展信托业务的机构是什么机构，信托投资公司开展信托业务，依据的是部门规章。换言之，如果银监会确定其他机构也可以从事信托业务，那么信托投资机构以外的机构也可以充当特殊目的信托的受托机构。上述第十六条的规定也为这种可能性预留了空间。

（3）贷款管理机构。贷款管理机构是接受受托机构委托，负责管理贷款的机构，通常发起机构是首选。由于贷款管理机构受托管理的贷款都非本机构的贷款，所以在管理时须单独设账，单独管理。

（4）资金保管机构。资金保管机构的作用在于保证信托财产资金的安全。一方面是避免由资产池基础资产产生的属于特殊目的信托的收入与贷款管理机构、受托机构自有资金的混同；另一方面，由于贷款资产收益的回收时间和向投资人配送收益的时间并不完全一致，在发生早偿或拖欠时尤其如此。因此，需要有一个机构在保管资金的同时，进行某些理财业务，以免增大投资人应收资金机会收益的损失。

（5）投资人权益。《管理办法》对投资人权利作出了明确规定，共包括七项，最核心的是对资产的收益权以及对信托财产运作情况的知情权。《管理办法》还规定，投资人可以通过召开持有人大会来行使自己的权利，包括现场及通信两种方式。

（6）资产支持证券的发行与交易。信贷资产支持证券的发行实行审核制度，需要经过银监会和人民银行的批准。在发行方式上，发行人应当组织由金融机构构成的承销团。在销售方式上，包括招标销售及协议销售，从实践经验看，两种方式各有利弊。招标销售，即发行人在专用系统上招标发行，成本较低，但发行人与承销人难以在发行中协商，有一定流标风险。协议承销，即通过簿记建档方式销售，发行人和承销人之间有较多的协商空间，有利于发行成功，但成本相对较高。资产支持证券发行成功后，就要在证券登记托管结算机构登记托管，随后进入二级市场交易。受托机构在资产支持证券存续期间负有信息披露的主要责任，有关信息均通过全国银行间同业拆借中心和中央国债登记结算有限公司的信息发布平台发布。

2. 信息披露

信息披露是加强市场对资产证券化业务监督的一项重要任务，也是保护投资人的一项基本措施。

3. 信用评级

信用评级是对资产支持证券信用风险的评估。

（1）证券化信用评级的特殊性。资产支持证券不同于债券，它不是以发行主体的信用作基础，而是以资产池资产产生的现金流作发行基础，所以它不需要对发行主体进行信用评级，而只需要对资产支持证券本身的信用进行评级。它的信用等级取决于基础资产池的信用等级和证券化产品的分层结构，而与发行主体的信用等级无关。

（2）证券化信用评级的基本方法。资产证券化信用评级的大体思路是：首先对资产池的信用进行分析，然后根据资产池贷款的数量、信用等级测算出资产池未来的现金流，接着对资产支持证券预期损失率进行测算，随后对重要参与方进行分析，最后根据现金流、违约率和损失率，计算出每层的信用等级。

在资产证券化这种结构性融资方案中，在一个基础资产池支持下的资产支持证券可以分为若干个层次，资产池的现金流首先满足上一层次资产支持证券的还本付息需要。这实际上是由下一层资产支持证券为上一层资产支持证券提供信用增级。在这种交易结构的安排下，每一档次的资产支持证券有着不同的信用等级。由于划分的层次不是唯一的，因此，即使基础资产池的信用等级不变，每一层资产支持证券的信用等级也不是唯一的，它随着层次的多少、每层厚度的不同而变化。在充分考虑上述情况的基础上，形成最终的信用评级结果。在实际操作过程中，因评级机构的不同，采用的评级办法也不尽相同。

4. 会计处理

（1）资产“出表”的会计标准。资产证券化会计处理的重点，是规范发起机构证券化资产终止确认的条件及其会计核算。所谓资产终止确认，是指把已经证券化的资产从发起机构的账上和资产负债表内转出，即通常说的“出表”。关于这个问题，《会计处理规定》从三个方面进行了规定。第一，规定了完全“出表”的条件，即发起机构已将资产所有权上几乎所有（通常指95%或者以上的情形）的风险和报酬转移时，应当终止确认该信贷资产，并将该信贷资产的账面价值与因转让而收到的对价之间的差额，确认为当期损益。第二，规定了完全不“出表”的条件，即发起机构保留了几乎所有的风险和报酬，不应当终止确认该资产，在这种情况下，转让资产收到的对价，应当确认为一项负债。第三，规定了“部分出表”的条件，介于上述两者之间，视情况允许部分“出表”。但问题在于，这个程度的判断只能建立在估计上，因为资产价值变动使发起机构面临的风险水平在事前只能是一个预估值，为实际认定带来困难。

（2）特定目的信托的会计处理。特殊目的信托以资产池作为经营管理的对象，并将资产池资产产生的收益分配给资产支持证券的持有人。因此，特定目的信托虽然不是一个机构，但它是一个独立的会计主体，需要单独设置会计科目、单独核算资产证券化信贷资产的管理、运用和处分情况，并单独编制财务报告。

5. 税收处理

从实际情况看，降低资产证券化过程中的交易费用，是资产证券化业务顺利开展的重要保证。该业务的全部收益来自证券化资产的本金和利息收入，所有为证券化服务的交易活动，其费用均是对证券化资产收益的一种扣除，为了保证资产支持证券投资者的投资回报不低于同类固定收益证券，必须尽可能降低各交易环节的税费开支。在我国信贷资产证券化试点中，按照税收中性的原则，采取了不同于一般经济活动的税收政策。

（1）关于印花税的免征。在信贷资产证券化试点过程中，对交易活动涉及的印花税问题，财政部和税务总局明确表示暂时都不予征收。

（2）关于营业税的区别对待。第一，受托机构从其受托管理的信贷资产信托项目中取得的贷款利息收入需缴纳营业税，并记入独立核算的资产池账簿。第二，在信贷资产证券化过程中，一系列中介机构为证券化项目提供服务取得的收入（服务费）需缴纳营业税。第三，交易差价收入视机构性质缴纳营业税。资产支持证券是一种可交易的证券，在交易过程中会出现差价，对此财政部和税务总局作出规定：从事资产证券交易的机构如果是金融机构，其差价收入要缴纳营业税；如果从事资产支持证券交易活动的机构是非金融机构，则其差价收入不需要缴纳营业税。其中合理性，仍有待进一步论证。

（3）关于所得税的征管。所得税是对经营者的盈利进行征税。有规定明确，发起机构转让信贷资产取得的收益应缴纳企业所得税。需要注意的是，这里所说的转让收益，是发起机构出售信贷资产的溢价收益，该过程有可能发生亏损，此情况下要把亏损的部分从发起机构的企业所得税中扣除。在证券化过程中，如果发现已转让出去的资产不符合规定的标准，发起机构应当赎回或置换不符合标准的那部分资产，但如果原先转让时已经对其收益缴纳过企业所得税，则该退回的应退回，该减征的应减征。

信托环节是否征收所得税，是信贷资产证券化试点过程中讨论最多的问题。我国目前的规定是，对信托项目所得收益中当年向资产支持证券的机构投资者分配的部分，在信托环节暂不征收企业所得税。但是对信托项目所得收益中当年未向投资者分配的部分，则在信托环节由受托机构按有关规定申报缴纳企业所得税。

（二）租赁资产证券化过程中的风险管理

1. 租赁资产证券化项目可能面临的风险种类

第一，信用风险。这是由于承租人不能还本付息所引发的风险。当一部分承租人不能如期还本付息时，资产池里的资产就不能带来预期数量的现金流，有一部分资产支持证券的持有人就不能如期得到本息的偿还，甚至蒙受损失。

第二，混同风险。这是贷款服务机构在代理信托机构管理证券化资产时，把回收的资金和自己的资金混同起来，在自身破产或遇到其他不测事件时，影响证券化资产正常收益的一种风险。

第三，流动性风险。这是由于承租人不能按时还本付息或其他原因使现金流短时间中断，导致不能及时对资产支持证券的持有人支付本息的一种风险。这种风险是由临时性资金不足造成的，但如不及时解决，就可能造成市场动荡。

第四，早偿风险。这是由于承租人提前还款，使投资人原来的用款安排不能实现，从而减少投资机会收益的一种风险。

2. 发起租赁证券化项目需要进行的内部风险管理

对于金融租赁公司来说，要防范租赁资产证券化过程中的风险，至少需要从以下几方面入手进行管理。第一，必须对本机构进行资产证券化可能出现的风险进行全面分析，主要包括信用风险、利率风险、流动性风险、操作风险、法律风险和声誉风险等，在此基础上制定相应的防范措施，确定责任部门，将其规范化、制度化。第二，必须选好受托机构和其他参与机构。从其他机构的证券化实践经验看，尤其要选好财务顾问、信用评级机构、会计师事务所、主承销商等机构。第三，必须选好资产池的资产。资产证券化项目能否成功，首先取决于资产池能否提供稳定的现金流。而资产池能否提供稳定的现金流，则取决于池里的资产。在同一资产池里，资产的行业集中度、地区集中度、单笔资产的金额占比都是需要重点考虑的指标。第四，尽量做好信用增级安排。信用增级一般采取内部增级和外部增级两种方式，内部增级通过超额抵押、分层交易结构等方式来实现，外部信用增级通过第三方担保、保险等方式实现。

3. 对参与租赁资产证券化活动金融机构的风险监管

第一，金融租赁公司的风险防范，必须对所保留的风险计提资本。参照现有证券化案例，发起机构为了表明对所发资产支持证券的信心，保证顺利发行，往往主动保留次级档资产支持证券。而次级档资产支持证券承担着为优先档资产支持证券提供信用增级的责任，当资产池的现金流只能支付优先档资产支持证券本息时，次级档资产支持证券不能获得偿付，当资产池内资产的借款人破产时，损失首先就发生在持有次级档资产支持证券的金融机构中，如金融租赁公司。为防范上述风险，金融租赁公司在计算风险加权资产时，应对保留的风险足额计提资本。

第二，信用增级机构的风险防范。前面已经指出，资产证券化过程中，信用增级包括内部增级和外部增级。信用增级机构在资产证券化过程中也存在风险，当其提供信用增级的证券化项目未能顺利进行时，该机构会发生损失。通常，当一部分承租人不能如期偿还本息时，信用增级机构就要按合同约定对该证券化项目提供补偿，如果超出原定的金额，信用增级机构就要付出额外的代价。因此，信用增级机构的风险防范，一是必须明确规定信用增级的条件、保护程度和期限，不能超越自己的赔付能力签订信用增级合同。二是信用增级机构必须按规定提取必要的赔付资金。如果提供信用增级的机构是商业银行，必须按规定计提资本。

第三，投资机构的风险防范。如果金融租赁公司被允许作为投资机构持有资产支持证券，则其公司内部应实行限额管理，根据本机构的风险偏好、资本实力、风险管理能力，确定对资产支持证券的投资限额、风险限额、止损限额等，并严格规定计提资本。

（三）租赁资产证券化实践中的模型案例

由于我国金融租赁行业刚刚起步，租赁公司在银行间市场尚无发行资产证券化的先例，在企业证券化市场上，远东租赁成功发行过资产证券化产品，考虑到资产证券化产品的发行和操作基本类似，几乎不受发行渠道的影响，因此下面将基于已披露的信息等公开资料，对已经完成的租赁资产证券化的实务操作案例进行分析。据悉，工银租赁企业资产证券化产品刚通过证监会批准，在此一并进行分析，以供借鉴。

1. 远东租赁资产证券化产品情况

（1）优先受益凭证产品要素及概要。“远东首期”在基础资产无提前退租、年损失率为3.5%的前提下，该期专项计划优先级受益凭证的票面收益率和预期加权本金回收期为3.10%和0.83年，次级受益凭证为7%和2.40年。“远东二期”则是将优先受益凭证细分为01、02、03、04、05五个系列产品，各个系列产品的期限、本息现金流特征各不相同（见表10）。这样丰富的品种设计可以在收益率上体现出一定的比较优势，满足投资者多样化的需求。

表 10　　远东二期证券化产品明细表

发行总额（元）	1 278 873 809					
证券分档	优先 01	优先 02	优先 03	优先 04	优先 05	次级
金额（元）	430 000 000	270 000 000	180 000 000	120 000 000	89 000 000	189 873 800
占比（%）	33. 62	21. 11	14. 07	9. 38	6. 96	14. 85
信用等级	AAA	AAA	AAA	AAA	AAA	不评级
预期到期日	2011. 12. 29	2012. 06. 28	2012. 12. 28	2013. 06. 27	2013. 06. 27	2013. 06. 27
预期加权平均期限（年）	0. 33	0. 84	1. 35	1. 84	1. 17	—
利率类型	固定利率	固定利率	固定利率	固定利率	固定利率	无票面利率
付息频率	按季付息	按季付息	按季付息	按季付息	按季付息	不付息
偿还方式	到期前两个季度摊还本金	到期前两个季度摊还本金	到期前两个季度摊还本金	到期前两个季度摊还本金	按季过手摊还	期间不分配，最后一次获得剩余收益

（2）基础资产概况。从基础资产的结构特征看，承租人的集中度、地区集中度、行业集中度以及单笔租赁资产的规模大小是证券化产品发行需要考虑的基本点。①资产池结构。首先，基础资产两期的分散程度均较高。“远东首期”基础资产为 31 份融资租赁合约。“远东二期”资产池涉及 237 位承租人和 282 笔租赁合同。资产池均没有个别超级大户租赁资产占比较高的现象，有助于降低单笔合同逾期或违约对资产池现金流的波动影响。其次，资产池两期的行业分散性均较好。最后，地区分散性较好，租赁资产大部分分布在东部经济发达省份。②单笔租赁合同及承租人状况。在客户定位上，远东租赁的客户主要定位于各行业内中等规模的承租方。这主要基于以下两方面考虑：一是大型企业的单笔融资规模可能超出公司的承接能力，不利于整体资产风险把控；二是规模较小的承租方通常业务承接能力和抗市场风险能力均有限，不利于控制违约风险。从入池资产的账龄来看，“远东首期”基础资产的租赁合同中绝大部分剩余期限在一年以上，“远东二期”资金池中租赁资产池加权平均账龄为 15. 90 个月，表明承租人已经正常支付了若干期，体现了较好的信用水平。

（3）信用增级。①优先/次级分层结构。“远东二期”对受益凭证进行了优先/次级分层。次级受益凭证受偿顺序劣后于优先级受益凭证（优先 01 ~05 本身没有偿付先后顺序），在所有优先级受益凭证本息偿付完毕前，次级受益凭证不参与分配，从而起到对优先级受益凭证的信用支撑作用。次级受益凭证全部由远东租赁认购且一般情况下不得转让。②流动性支持。“远东二期”在当期优先级受益凭证预期收益的兑付出现困难时，交通银行同意在 1 亿元的承诺额度内向远东租赁提供短期流动性贷款。贷款本息由远东租赁负责向交通银行偿付。③差额支付机制。远东租赁作为差额支付承诺人，对专项计划资金不足以支付优先级受益凭证的各期预期收益和未偿本金的差额部分承担补足义务。

（4）募集资金的管理。“远东首期”专项计划资金管理涉及三个账户：资金募集账户、远东收款账户和专项计划账户。资金管理的具体流程如图 3 所示。

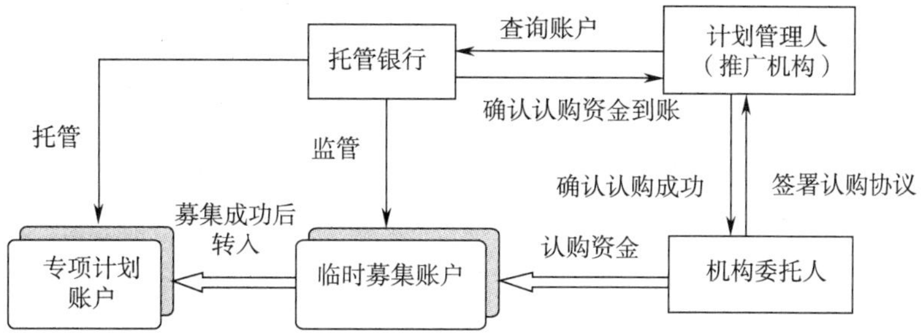

图3　远东首期资金流程图

“远东二期”专项计划的基础资产产生的现金流是从承租人划付至远东收款账户并最终转至专项计划账户，过程中始终处在交通银行和中信证券的有效监管下。此外，现金归集频率与资产服务机构（由原始权益人兼任）的主体信用级别挂钩。计划存续期内，若主体级别下调，归集频率相应提高，且不可逆转，即使将来主体级别上调，现金归集频率也不会相应降低。

（5）收入分配顺序。收入分配顺序如图4所示。

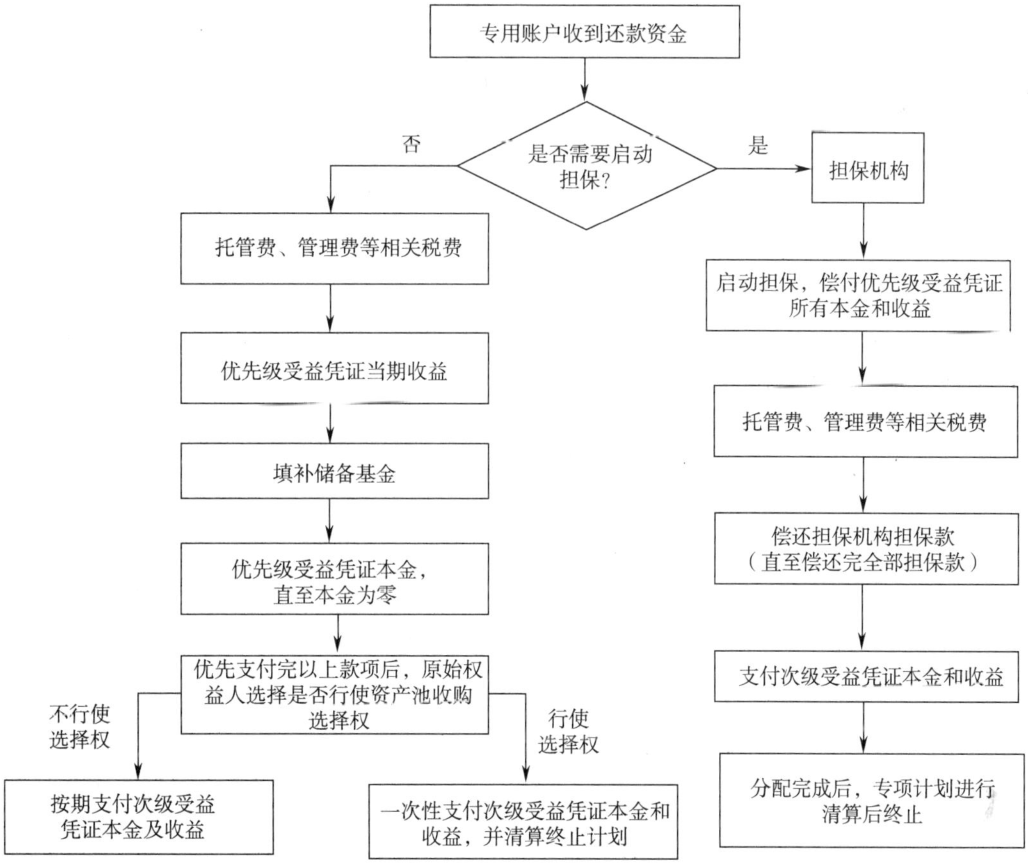

图4　远东二期收入分配顺序图

（6）“出表”问题。远东首期已经实现“出表”，远东二期由于采用了差额补充和接近优先级10%的次级作为增信措施，导致风险未能转移，不能“出表”。远东首期“出表”的条件比较特殊，通过母公司中化集团提供担保的方式进行外部增级，如果通过独立第三方进行担保，有可能增加成本，但目前也有担保公司开始发展此项业务。

2. 工银租赁证券化产品情况

“工银租赁专项资产管理计划”于2012年11月12日通过证监会审批获准发行，该计划是在交易所大宗交易平台公开发行并流通的固定收益产品，现仅分析该产品的基本情况。

表11　“工银租赁专项资产管理计划”基本要素表

证券分层项目	优先级	次级
规模（万元）	159 000	4 000
规模占比（%）	97.55	2.45
信用等级	AAA	无评级
预期到期日	2015.03.30	2015.03.30
加权期限（年）	1.36	2.33
收益率类型	固定预期收益率	不适用
证券类型	过手摊还	不适用
付息频率	每半年付息	在优先级本金未清偿前不付息
法定到期日	2017.06.20	

（1）基础资产概况。①基础资产入池标准。通过以下标准筛选入池资产：融资租赁合同适用中国（不含香港特别行政区、澳门特别行政区和台湾地区）法律，且在中国法律项下合法有效；相关租赁物件均已起租；工银租赁合法享有租金请求权及其附属担保权益，租金请求权及其附属担保权益上未被设定抵押权、质权或其他担保物权；工银租赁是租赁物的唯一合法所有权人，且租赁物上未被设定抵押权、质权或其他担保物权；租赁物或基础资产不涉及诉讼、仲裁、执行或破产程序；工银租赁已经履行并遵守了基础资产所对应的任一笔融资租赁合同；基础资产可以进行合法有效的转让，且无须取得承租人或其他主体的同意；基础资产不涉及国防、军工或其他国家机密；承租人在基础资产所对应的任一笔融资租赁合同项下不享有任何主张扣减或减免应付款项的权利；基础资产为工银租赁“正常、关注、次级、可疑、损失”五级分类体系中的正常类；基础资产对应的任一笔融资租赁合同项下的租金获得按时（含7天宽限期）足额支付，无违约情况。②基础资产信息。资产池共有9名承租人，人均租金余额约20 706.69万元，租金余额最高的前三名承租人应付租金余额占资产池余额的70.22%。在地区分布上，入池资产共来自七大地区，大部分来自经济较为发达的地区，入池租金余额居前三位的地区是重庆、北京和上海，分别占资产池余额的31.65%、24.81%和19.13%。从行业分布看，入池资产分布在7个行业，分布较为均匀。其中排名前三位的行业为城市公共交通业、道路运输业和装卸搬运和其他运输服务业，分别占资产池余额的31.65%、19.87%和18.69%。

（2）信用增级。①优先次级分层：该专项计划对受益凭证进行了优先/次级分层，次级受益凭证能够为优先级受益凭证提供2.45%的信用支持。次级受益凭证全部由工银租赁认购，除非根据生效判决或裁定或计划管理人事先的书面同意，工银租赁认购次级受益凭证后，不得转让其所持任何部分或全部次级受益凭证。②差额支付承诺：工银租赁作为差额支付承诺人，将按照《差额支付承诺函》的条款与条件，对专项计划资金不足以支付优先级受益凭证的各期预期收益和未偿本金的差额部分承担补足义务。中诚信国际信用评级有限公司给予工银租赁的主体信用评级为 AAA 级，其对优先级受益凭证的担保力度极强。③超额利差：本专项计划资产池应收租赁款总和为 18.64 亿元，优先级受益凭证本金仅为 15.9 亿元，在降息 100bp 的压力测试下，仍能够覆盖优先级的本息，资产池能够为优先级受益凭证的本息偿付提供超额利差支持。④严格的资产选择标准：计划管理人为资产池制定了严格的资产选择标准，在专项计划期限内，如计划管理人或者资产服务机构发现不合格基础资产，计划管理人将按照《资产买卖协议》的规定通知原始权益人对不合格基础资产予以赎回。⑤权利完善措施：当评级机构给予工银租赁的长期主体信用评级低于 A－级时，将触发权利完善事件，此时将采取向承租人、保证人、保险人、物权担保人等相关方发送通知，并向计划管理人转移租赁物件所有权等权利完善措施，将有效降低不利因素发生时优先级受益凭证遭受损失的风险。

（3）“出表”问题。在该计划中，约定工银租赁作为差额支付承诺人，对预期收益和未偿本金的差额承担补足义务，以及对可能发生的不合格基础资产进行赎回的责任等，可见工银租赁仍承担着基础资产的相关风险，故未能“出表”。

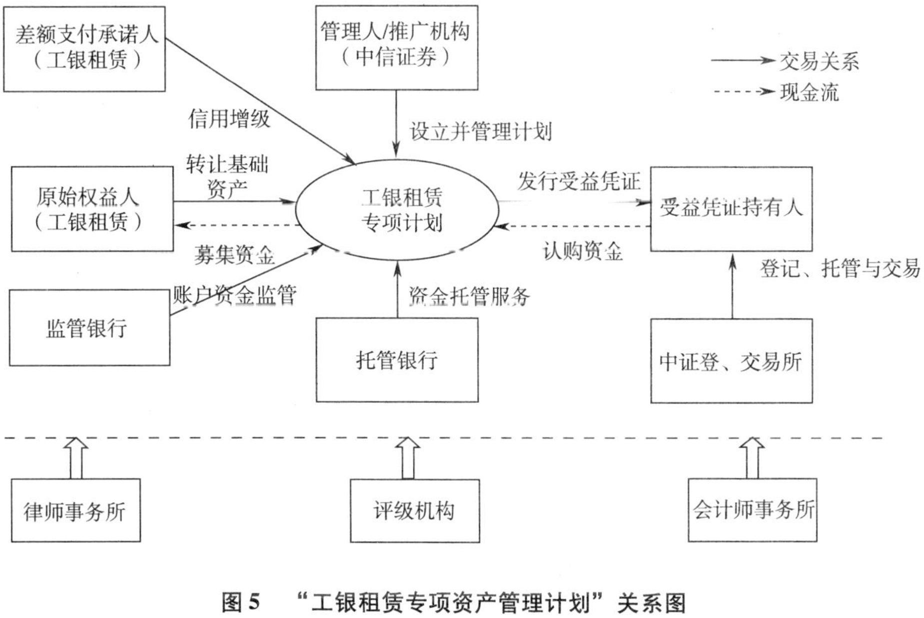

图 5 “工银租赁专项资产管理计划”关系图

3. 华融租赁证券化产品情况

华融金融租赁股份有限公司（以下简称华融租赁）成功实现一笔 5.33 亿元资产证券化交易，这款产品 2013 年 7 月启动募资，目标规模为 5.33 亿元，分成 1 年、2 年、3 年三种存续期，对应的年化收益率分别是 5.4%、5.5%、5.8%，并在同年 11 月成功登陆深圳证券交易所挂牌交易。

（1）双“SPV”交易结构。主要是先由广发证券募资设立集合计划，再通过一家基金子公司设立优先/劣后级的专项计划，优先级由恒进1号认购，次级由华融租赁持有，最后，该基金子公司发行优先级份额募集资金，买入华融租赁一笔租赁资产3年的收益权，先募集资金、后挂牌交易，全程只需备案。

（2）信用增级。为了增加该产品增信级别，广发证券与华融租赁还设立两项差额补足安排：一是集合计划设有流动性准备金，在产品现金流不足以兑付本金和预期收益时补足差额；二是华融租赁在资产收益权转让合同约定，若资产承租人未按时足额支付租金，华融租赁承诺补足应付租金的差额部分。

（3）“出表”问题。由于资产“出表”的条件是“绝大部分风险和收益均转移出去”，这在操作过程如何界定，一直存在争议。华融租赁即使提供次级份额保障与差额补足承诺，但出于审慎角度，相关部门还是认为这笔资产的风险收益仍与华融租赁相关联，不能视为“真实出售”。

（4）业务模式比较。银行系的信贷资产证券化（以信托计划为载体），券商系的企业资产证券化，按照《证券公司资产证券化业务管理规定》采用“专项资产管理计划”或“中国证监会认可的其他特殊目的载体”等SPV载体，但这两项证券资产化产品都需相关部门审批。此前，工银租赁、民生租赁申报的资产证券化项目虽获得证监会批复，却没能得到其他监管部门审批通过。

与上述两种模式相比，广发恒进1号采用的“集合计划”与“基金专项计划”两个载体，全部实行备案制，得以令该产品避开审批流程，快速实现募资与挂牌交易。对于上述“双SPV”载体，广发证券称之为MABS，就是基于市场的资产证券化。

4. 案例小结

在当前中国的政策环境下，无论是由商务部监管的融资租赁公司，还是由银监会监管的金融租赁公司，开展融资租赁资产证券化业务，都需通过证监会监管的证券公司专项资产管理计划的渠道实现，且能够达到融资和“出表”的目的。

若单纯以融资为目的，为了降低融资成本，租赁公司可以在交易结构中提供流动性支持、差额支付承诺甚至担保，以提高信用级别。若还要实现“出表”目标，首先基础资产要与租赁公司实现破产隔离，这要求租赁公司在转让基础资产时以公允价格转让，且租赁物的所有权一并转让。其次租赁公司在转让基础资产时要达到会计上终止确认金融资产的要求，在实际操作过程中，租赁公司要避免由自身提供流动性支持、差额支付承诺和担保，通过外部增级来提供信用级别。在“出表”模式下，将会提高融资成本。

五、发展租赁资产证券化面临的问题

（一）券商渠道成本高，信托渠道准入难

我国的资产证券化从信贷资产开始起步，目前在券商渠道（证监会推进的企业资产证

券化）和信托渠道（人民银行和银监会推进的信贷资产证券化）均有发展。但2013年6月信贷资产证券化第三轮扩大试点的启动仍未将租赁资产纳入基础资产范围。相比之下，同是非银行金融机构的汽车金融公司和资产管理公司却早已获准并成功在银行间市场发行资产支持证券。金融租赁公司若要开展证券化业务只能通过券商渠道，也因此要面临发行成本高、流动性不足的问题，实施效率较低。

（二）法律制度不完善，配套政策仍欠缺

资产证券化过程中所涉及的会计、税收、法律等方面的问题，是资产证券化能否成功的关键所在，直接关系到证券化资产的合法性、盈利性和流动性，也关系到参与者的切身利益。而我国目前还没有建立资产证券化所需要的独立法律法规，且资产证券化作为一项系统工程，需要多方面的政策法规相配套，而现行的公司法、银行法等法律法规都对证券化的发展存在众多阻碍。此外，没有针对证券化过程制定专门的税收政策，使得证券化的成本大大提高。

（三）投资主体缺乏，一级市场销售不畅

一是市场投资者结构不合理，投资者层次不完备，部分机构投资者被限制在合格投资者范围之外。出于安全性方面的考虑，目前资产支持证券不允许个人投资者加入，投资者的范围主要集中为商业银行、证券投资基金和全国社保基金，投资受到严格的比例限制。保险公司作为债券类产品最大的需求者，目前尚无法购买资产证券化产品。二是资产证券化产品技术含量较高，投资需要较高定价能力和专业知识，而目前国内机构投资者往往不熟悉证券化产品，对资产包的投资授信机制尚未建立，投资者多处于观望状态。三是从过往信贷资产证券化试点情况看，投资者过于集中，少量资金充裕的大型银行交互持有现象突出。

（四）流通平台不统一，二级市场发育滞后

目前，中国人民银行主管的以机构投资者为主的银行间债券市场和证监会主管的证券交易所市场，是资产证券化产品上市交易的两大平台。但由于两个市场不能够有效连通，目前交易机制嫁接在其他交易系统之中，中介断续报价而不做市，无法提供发现价格、确定价格和活跃交易的服务，难免会导致该市场上投资者的缺乏和产品流动性的不足。此外，尽管基础资产类型较为丰富，但每种往往只有规模不大的一两单，有限的交易量和交易笔数难以满足需求，大部分机构选择持有到期，二级市场流动性欠缺。而反过来，二级市场效率的低下又会影响一级市场的进一步发展。

（五）信用评级不乐观，中介服务不成熟

信用评级是资产证券化产品的重要特征之一，评级报告是产品信息披露重要组成部分，资产支持证券必须建立在完善的信用评级制度上。然而，我国信用评级业务与市场尚不完善，违约历史资料匮乏，评级技术和方法处于探索阶段，信用评级标准不明确，评级机构信息透明度低，规模不大，运作不规范，评级公允性与商业利益冲突，评级方法及采用参数不透明，评级报告往往都对产品予以最高评级，分析内容大同小异，无法真实反映基础资产收益与风险等，这些都造成评级结果难以得到认同，公信力不足。此外，目前我国信用增级机构、信托机构、承销机构等中介服务机构还很不成熟，离专业的金融服务还有很大一段差距。

（六）公司要练好内功，为证券化业务做好全面准备

开展租赁资产证券化业务对金融租赁公司提出了全面的要求，公司要练好内功，为以后批量化开展证券化业务打好基础。一是要求公司及时建立相关制度，对资产证券化业务进行内部规范和管理。二是对公司在资金投向和租赁物管理提出了挑战。因为对租赁资产只有“选好”、“管好”，才能“卖好”，进一步增加了公司选择合格租赁物的动力和压力，同时也对公司加强租赁物的管理提出更为专业化的要求。三是内外部监督和市场披露要求，也对公司内部操作的标准化、规范化、专业化提出了挑战，对公司市场形象维护提出了更高要求。四是对公司的专业人才培养和储备提出了迫切需求。总之，只有规范经营的公司才能经得起市场的考验，公司需为此做好全面、扎实的准备工作。

六、发展租赁资产证券化的政策建议

（一）将融资租赁纳入证券化资产的选择范围

证券化对基础资产有如下关键要求：质量可控、结构简单、尽量标准化。融资租赁本身是一项中长期业务，有固定的租金收入，到期还可以变现资产，确保了证券化资产未来持续稳定的现金流。而且，租赁资产几乎都是大型固定资产，损失率与违约率都保持在低水平。因此，融资租赁合约应纳入证券化资产的选择范围，准确地说是把租赁合约证券化。

（二）引导建立资产证券化定向、私募发行市场

鉴于我国银行间资产证券化市场的发展环境和现状，短期内大规模公开发行的条件并不具备。可考虑允许金融租赁公司在天津进行试点，充分发挥滨海新区先行先试的政策优势，先初步放开对特定投资者进行定向、非公开发行，为公开、大规模发行探索经验。

（三）促进融资租赁资产证券化产品的投资者多元化

目前，融资租赁公司通过证券公司专项资产管理计划发行证券化产品，只能在交易所的大宗交易平台进行交易，投资者门槛较高，流动性较差，建议设立更加灵活的交易机制，增强流动性，吸引更多合格投资者参与。

另外，目前保险资金能否投资融资租赁证券化产品没有明确规定，国内也没有保险资金投资融资租赁资产证券化产品的先例，建议保监会尝试允许保险公司投资融资租赁资产证券化产品及其他形式的融资租赁资产。

（四）促进融资租赁资产证券化产品交易平台建设

除了沪深证券交易所两个场内市场，建议探索以天津产权交易中心或金融资产交易所为试点，建立融资租赁资产证券化产品柜台交易市场，将市场集中进行管理。不仅有利于监管机构对试点产品、试点交易平台进行监管，同时又不乏市场竞争机制，使融资租赁资产证券

化产品在合理监管下健康发展。

（五）完善融资租赁登记系统

在当前的法律环境下，由于融资租赁登记系统不完善，租赁公司不能对抗善意第三人。在证券化过程中，这一风险可能转移到证券化产品持有人身上，增加了风险，会提高发行的难度和融资成本。建议最高人民法院通过司法解释，认可中国人民银行征信中心建立的融资租赁登记系统的法律效力，保护租赁公司的合法权益。

（六）加强资产证券化的信息披露

鉴于证券化产品的结构相对复杂，严谨、合理的信息披露制度是简化审批方式、提高投资者风险判断能力的基础条件，建议制定更加完善的披露标准和标准化的披露模板，增加信息披露的可获取性，尤其是要加强基础资产的信息披露。越透明的信息披露，越有助于该产品为市场所接受，增强流动性。

另外证券化的后续管理也很重要，后续管理中涉及了包括管理人、服务机构、监管方等多方的协调以及职责分工，更需要严密的督查管理制度来落实各方的责任义务，从而推进证券化市场的健康发展。

（七）加快建立资产证券化的法规体系

中国资产证券化采取的是立法和试点并行的办法，目前对资产证券化的规范，以部门规章为主，差异较大。建议随着资产证券化的发展，相关部门加强沟通交流，总结经验，逐步建立较为系统的法规，促进资产证券市场规范有序地发展。建议在立法中规定对资产证券化实施相应的税收优惠措施，降低交易成本。

专题四 构建天津市中小科技型企业的立体融资体系

课题组①

一、导论

（一）研究的背景与意义

科技型中小企业越来越受到社会各界的关注，不仅是由于其发展前景好，收益率高，更因为其对发展地方经济、促进社会进步有巨大的促进作用。加快天津市科技型中小企业发展，是加快本市经济发展方式转变的重要举措，对于增强自主创新能力、培育发展战略性产业、提高人民收入具有战略性意义。

目前制约天津市科技型中小企业快速发展的一个关键因素仍然是融资问题。由政府直接资助资金、金融机构、金融市场提供的资金与科技中小企业的融资需求存在着较大的缺口。由于科技型中小企业的轻资产、高风险等特点，当前对科技型中小企业的金融支持仍存在着点、散的特点，缺乏有效的、系统的融资体系。加大金融创新力度，构建针对科技型中小企业的立体型融资体系，满足处于不同发展阶段的科技型中小企业的融资需求，充分发挥金融资源配置在促进科技型中小企业发展的作用，具有重要的现实意义。

本课题基于对天津市不同科技园区、不同行业科技型中小企业的调查，分析处于不同生命周期阶段的中小企业的特征、融资现状、融资困难，研究政府直接资助对科技型中小企业的促进效应以及相应的调整建议。同时，基于不同生命周期阶段科技型中小企业的发展特征，结合国内支持科技型中小企业融资的金融创新，构建金融机构创新、融资方式创新和政策支持创新的立体融资构架。

（二）国内外研究综述

科技型中小企业是指拥有一定科技人员，掌握自主知识产权、专有技术或先进知识，主要从事高新技术产品的科学研究、研制、生产、销售，以科技成果商品化以及开发、技术服务、技术咨询和高新产品为主要内容，通过科技投入开展创新活动，提供产品或服务的中小

---

① 课题成员：李向前、诸葛瑞英、刘泽涵、王筱依、黄玉、黄盼盼、张倩倩。基金项目：加快天津市科技型中小企业发展的立体融资体系研究，天津市科委，项目编号：12ZLZLZF03400。

企业。科技型中小企业是我国高新技术产业发展的主力军，是未来经济发展的增长点，不仅能够带动经济增长与增加就业，而且还有力地推动了国家产业的升级、经济结构的优化以及综合竞争力的提高。

1. 企业生命周期理论文献综述

Haire（1959）在20世纪50年代首次将企业的生命周期理论应用于企业问题的研究领域。他指出企业的发展符合生物学的规律，企业也要经历诞生、成长、成熟、衰退和死亡的过程，具有周期性，因而企业在发展过程中是受其生命周期的制约与影响的。Chandler（1962）认为公司的发展阶段具有连续性，公司在发展过程中会出现四个连续的阶段，这四个阶段为企业的初始扩张和资源积累阶段、集权化的职能结构阶段、多元化阶段和多分部结构阶段。Greiner（1972）对企业组织的演化过程进行了研究，他认为企业生命的周期是由不同阶段组成的，每一个阶段的开始就是上一个的阶段的结束。企业成立后要经历五个发展阶段，分别是通过创造性获得增长阶段、通过指导与控制获得增长阶段、通过授权获得增长阶段、通过协调获得增长阶段和通过合作获得增长阶段。

范从来（2002）等运用产业增长率法大致将上市公司划分为三个阶段，即成长阶段、成熟阶段和衰退阶段。张庆（2009）根据风险导向原则，针对企业各个发展阶段所面临的不同风险特点，把企业生命周期划分为四个阶段，分别为创业期、成长期、成熟期和衰退期。苗泽华和杨琛子（2012）认为影响企业生命周期的主要因素是生态势，所谓生态势就是生态因子相互作用所形成的趋势。他从生态势的角度将企业生命周期划分为六个阶段，分别为因势而生、顺势而长、乘势而起、势力威盛、势力衰退和失势而亡。

2. 科技型中小企业生命周期及划分研究综述

Galbraith（1982）对科技型企业的创立过程进行研究，将科技型企业的生命周期划分为五个阶段，分别为原理证明阶段、原型阶段、模型工厂阶段、启动阶段和自然成长阶段。Kazanjian（1988）在Galbraith的模型基础上将科技型企业的生命周期划分为四个阶段，这四个阶段为发展阶段、商品化阶段、成长阶段和稳定阶段。

余全国（2001）对我国科技型中小企业的现状、特点进行了系统的分析，最终把科技型中小企业的生命周期划分为四个阶段，即初创阶段、学习和稳定阶段、快速发展阶段和成熟阶段。陈洋和杨隽萍（2005）对科技型中小企业不同阶段的技术特征、市场特征、管理特征和风险性质进行分析，将科技型企业划分为种子期、初创期、成熟期、衰退期和死亡期。马永红（2006）运用中小型高科技企业成长潜力评价模型、企业竞争力评价模型和环境支持力评价模型，构建了中小型高科技企业成长性综合评价模型，最后利用中小型高科技企业成长性综合评价模型把中小型高科技企业划分成种子期、初创期、成长期和成熟期四个阶段。章卫民等（2008）在对我国科技型中小企业成长阶段的特征进行定性的分析基础上，又根据调研情况对科技型中小企业生命周期的划分给出了一个定量划分标准，及以销售收入为量纲的划分标准，最终把生命周期划分为五个阶段，分别为种子期、初创期、发展期、成熟期和蜕化期。高松等（2011）把科技型中小企业生命周期划分为种子期、初创期、发展期和成熟期，又对生命周期划分标准进行定量研究，以调查问卷的形式对上海265家科技型中小企业进行调研，最终得出了科技型中小企业生命周期的定量划分标准，该标准包括三个指标，分别为企业注册年限、销售额增长率和产品结构。左俊红和李军训（2011）在对科技型中小企业生命周期进行划分时，运用现金流组合法，将2009年至2010年在创业板上市的科技型中小企业划分为导入期、增长期、成熟期和衰退期四个阶段。

综合国内外文献可知，国外对企业生命周期的划分具有多样性，主要是从不同角度对其进行定性划分，而且阶段数为四阶段或五阶段，如表1所示。而国内对企业生命周期的划分具有相似性，主张划分为四阶段的学者较多，主流思潮是将企业生命周期划分为种子期、初创期、发展期和成熟期。从划分标准和方法来看，采用定性分析和定量分析的数目相当，在定量分析中，也并未采用统一标准，包括产业增长率法、中小型高科技企业成长性综合评价模型和现金流组合法等，详见表2。在企业生命周期划分方法选择综述中，也没有得出一致的结论，没有一个方法是公认的划分企业生命周期的理想方法，可见，对企业生命周期的划分还需要进一步研究。本文在研究方法上采用专家判定法，即根据专家对科技型中小企业不同生命周期阶段的定义对企业进行分类，将企业分为种子期、初创期、成长期和成熟期。在对划分标准的确定上，不仅采用前人总结出来的指标，而且在此基础上又选取若干相关指标进行统计分析，包括企业规模、产品、销售、利润、风险、行政结构等内容，从定性和定量两个方面进行综合研究，即对不同生命周期企业的规模、产品等指标进行数据统计分析，针对每个指标在不同生命周期的企业分布是否具有较大差异，以此来确定该指标是否适合作为划分天津市科技型中小企业生命周期的标准。

表1　国外企业生命周期划分

作者	阶段数	划分结果
Haire	5	诞生、成长、成熟、衰退和死亡
Chandler	4	初始扩张和资源积累阶段、集权化的职能结构阶段、多元化阶段和多分部结构阶段
Greiner	5	通过创造性获得增长阶段、通过指导与控制获得增长阶段、通过授权获得增长阶段、通过协调获得增长阶段和通过合作获得增长阶段
Galbraith	5	原理证明阶段、原型阶段、模型工厂阶段、启动阶段和自然成长阶段
Kazanjian	4	发展阶段、商品化阶段、成长阶段和稳定阶段

表2　国内企业生命周期划分

作者	阶段数	划分结果	划分标准和方法
余全国	4	初创阶段、学习和稳定阶段、快速发展阶段和成熟阶段	企业现状和特点
陈洋和杨隽萍	5	种子期、初创期、成熟期、衰退期和死亡期	技术特征、市场特征、管理特征和风险性质
马永红	4	种子期、初创期、成长期和成熟期	中小型高科技企业成长性综合评价模型
章卫民	5	种子期、初创期、发展期、成熟期和蜕化期	销售收入
高松	4	种子期、初创期、发展期和成熟期	企业注册年限、销售额增长率和产品结构
左俊红和李军训	4	导入期、增长期、成熟期和衰退期	现金流组合法

3. 科技型中小企业政府资助效应研究综述

科技型中小企业政府资助效应方面，万立全（2010）认为我国科技型中小企业在发展过程中面临着权益融资缺口和债务融资缺口的双重融资困境，而我国现行的融资制度呈现出政府主导的强制性制度变迁的特点，因此应该积极发挥政府在缓解科技型中小企业融资困境中的作用，扶持科技型中小企业发展。高松、庄晖、叶青等（2012）以上海264家接受政府创新基金资助的科技型中小企业为研究对象，从偿债能力、营运能力、盈利能力、发展能力、成长能力五个方面对不同生命周期的科技型中小企业的资助效用进行了测量。研究发现，在企业生命周期发展的不同阶段中，由于政府直接资助金额与科技型中小企业所需要的资金额之间存在着不同程度的缺口，导致政府资助效应在不同企业生命周期的差异。王少珺（2012）以天津市东丽区为例，采用实地调研、案例分析等研究方法，肯定了政府在科技企业孵化器建设中的重要作用，并从制度构建、环境建设、评价体系建设和公共服务平台构建方面，对我国政府促进科技企业孵化器提出建议和对策。

（三）天津科技型中小企业发展现状及问题

1. 天津科技型中小企业发展现状

“十二五”期间，天津市计划培育科技小巨人企业总数达到1 500家，建设完善科技企业孵化器100家、生产力促进中心100家、科技特派员队伍1 000人、创业导师1 000人，重点扶持国家级、市级园区50个，园区聚集的科技型中小企业数量达到全市总量的80%。2012年，天津科技型中小企业累计达到3.5万家，比2010年增加2.25万家，年销售收入超亿元的科技小巨人企业1 800家，比2010年增加1 073家。科技型中小企业占全市企业总数的比重从9%增加到16%，在全市规模以上工业企业中科技型中小企业占到70%，总产值占全市工业的比重超过30%。

天津市科技型中小企业所有制形式多样，但绝大部分是有限责任公司和股份有限公司。企业分布区域广泛，且在部分政策区域中汇集程度较高，其中，滨海新区、科技园区和开发区是本市科技型中小企业密集度最高的政策区。另外，行业分类齐全，分布较为均匀，主要集中在机电设备、电子信息、新材料、新能源与节能、生物医药等行业。总体发展势头良好，自2008年启动“小巨人企业成长计划”以来，一批科技小巨人正在滨海高新区快速成长，成为带动滨海高新区经济发展的主力军。技术创新能力快速上升，技术创新主体作用显现，带动新兴产业发展，引领社会整体进步。培养了一批科技型企业家队伍，扩大了社会就业。

2. 天津科技型中小企业融资渠道及存在问题

目前，天津科技型中小企业融资渠道主要有三个方面（见表3），即市政府扶持资金、政策性或商业性银行等金融机构的贷款和股权投资。其中，政府扶持资金包括财政拨款、减免税收、贷款贴息、科技经费支出等；金融机构的贷款主要以商业性银行的抵押贷款为主；股权投资主要是指各类风险投资基金。

表3　　科技型中小企业主要融资渠道及特点

融资渠道		融资方式	特点
内源融资		创业者自有资金	成本低、自主性、抗风险
		留存收益	
		折旧资金	
外源融资	直接融资	天使投资	天使投资的金额一般较小，而且是一次性投入
		风险投资基金	一般为股权投资，通常不要求控股权，无须担保或抵押
		创业板上市	门槛较高，一般针对已经具备一定规模的中小企业
		发行债券	发债基础条件高，单一科技型中小企业难具备发行条件
		企业间信用融资	灵活、方便，加深企业间联系，但数额往往较小，周期短
	间接融资	银行贷款	门槛高、审批严格、程序繁杂、资金到位不及时
		民间贷款	灵活、手续简单，审批较松，但利率较高、风险大
		金融租赁	不占用企业的银行信用额度，适合需要购买设备的初创期企业
	政府扶持	专项资助基金	成本低、无风险，但审批周期较长，条件限制多
		政策性融资	利率较低，还款期可长可短，但对财政压力较大

（1）自身积累能力差，内源融资能力较低。天津市很多初创期的科技型中小企业产权不够清晰，责任不够明确，在内部利润分配中，管理者常常存在短期利润最大化倾向，不能从企业未来发展的角度，考虑用自留资金来补充经营资金的不足。另外，在低折旧制度下，折旧率的计算上只考虑设备使用中的有形损耗，忽略了由技术进步和生产力提高所带来的无形损耗，这使得不少企业没有足够资金扩大再生产，企业技术改造和科技进步的动力不足。

（2）直接融资渠道不够通畅。风险投资基金又称为创业投资基金，是一种操作程序较为简单的融资渠道。近年来，通过风险投资基金来扶持科技型中小企业发展，已成为天津科技型中小企业融资的重要渠道。天津的风险投资行业还处于加速发展阶段，用于科技型中小企业发展的风险投资数量相对较少，整体实力不强，且部分运作不规范。而大多风险投资机构的资金主要面向发展较为成熟的中小企业，而对于刚起步的科技型中小企业关注度较低。另外，场外交易市场又尚未建成，导致风险投资难以顺利退出，阻碍了风险投资的良性循环。

由于我国实行“规模控制、集中管理、分级审批”的债券发行管理模式，受发行规模的严格控制，中小企业很难达到债券融资的最小发行额要求。在一些地方，民间融资成为中小企业融资的重要渠道。民间融资在缓解小企业“融资难”发挥作用的同时，也给金融秩序和经济活动带来很多负面影响，需要进一步规范引导。

（3）商业银行加强风险防控，间接融资渠道存在限制。目前，天津科技型中小企业在融资时，首先想到的仍然是向商业性银行贷款。由于科技型中小企业在其发展过程中对资金的总需求量较大，资金使用周期较长，未来不确定，企业经营风险也比一般企业高，银行对其惜贷、拒贷的情况较为普遍。企业规模小、成立时间短，财务体系不健全、经营风险较高，信用意识差、信用程度地是制约银行对其贷款的主要影响因素。在“十二五”期间，天津市通过多种手段大力支持商业银行向科技型中小企业贷款，取得了一定成果。另外，民间贷款和金融租赁都得到迅速发展，但民间贷款利率较高、时间较短，金融租赁等针对的多是大型设备，对天津市的科技型中小企业的融资还是有一些限制。

（4）财政补贴无法形成良性循环，政策落实力度不够。科技型中小企业的发展不是一朝一夕的事情，企业对资金的需求是长时间往复的融资过程，政府的一次性投入只能解决很少一部分企业一时的资金短缺问题，而不能彻底解决企业融资难题。政府财政补贴资金有限，同一时间内，政府的财政补贴只能越用越少，无法形成良性循环。此外，在政策操作和执行层面，由于牵涉部门多、行业广，各种问题交错复杂，操作难、执行难、组织推动难的情况大量存在，政策执行效果并不理想。另外，一些政策的含金量在新形势下也显得不够高，申请和批准的条件、程序让广大中小企业望而却步，政策效能没有充分释放。总的来看，融资难问题始终是制约天津科技型中小企业发展的一个瓶颈。

二、天津市科技型中小企业调研情况

（一）研究方法

1. 调研样本

为了解天津市企业科技型中小企业所处的成长阶段以及政府资助对科技新中小企业的提升效应，本文选取天津市各区县及主要产业园区中的部分科技型中小企业作为调研样本。项目小组围绕企业成长阶段测量、政府资助对科技型中小企业发展的效应测量两部分主要内容，通过实地调研以及电话、电子邮件等方式，对天津部分科技型中小企业的状况进行了调研和问卷调查。

2. 问卷设计

我们的问卷主要分为两大部分：

第一部分，首先，企业生命周期（种子期、初创期、成长期、成熟期）的划分，主要包括企业的基本情况及生产经营状况，在结合前人研究成果和被调查者对符合企业现状描述的选择的基础上，对企业所属的生命周期进行划分；其次，各生命周期企业的成长特征描述，由第一部分的定性描述提取并设置了 13 个单选题，涉及企业规模、产品、销售、利润、风险、行政结构、现阶段主要任务等十个方面；最后，各生命周期融资需求特征，针对企业的资金需求特点、用途、来源等，设置了 8 个问题。

第二部分，政府资助效应测度，具体从天津市科技型中小企业资助情况、政府资助效应测度、企业对政府资助评价三个方面考察。我们为这些问题分别设置了若干个定量或定性描述的选项，企业只需要根据自身实际情况选择合适的选项即可。另外，为更准确地测度政府资助对科技新中小企业的提升效应，我们在问卷中设置了一个企业获得政府资助后的成长数据表。

（二）调研企业分布描述

本次调研中共发放问卷 700 份，回收 252 份，有效问卷为 185 份，问卷回收率为 38.43%，通过对调查问卷进行分析，样本企业的所有制情况是：国有企业 5 家，占比 2.7%；私营企业 7 家，占比 3.78%；有限责任公司 148 家，占比 80%；股份有限公司 16

家，占比 8.65%；股份合作企业 2 家，占比 1.08%；港、澳、台商投资企业 1 家，占比 0.54%；外商投资企业 6 家，占比 3.24%（见图 1）。

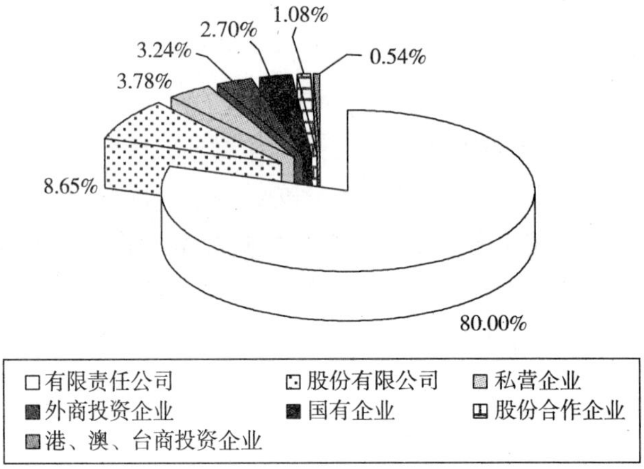

图 1 企业所有制情况

另外，样本企业所处行业、区县情况如表 4、表 5，图 2、图 3 所示。

表 4 **企业行业分布情况** 单位：家

行业分类	家数	行业分类	家数
制造业	48	新能源与节能	12
电子与信息	25	农业	10
其他	24	资源与环境	9
光机电一体化	23	生物、医药	9
新材料	21	科技服务业	4
合计	185		

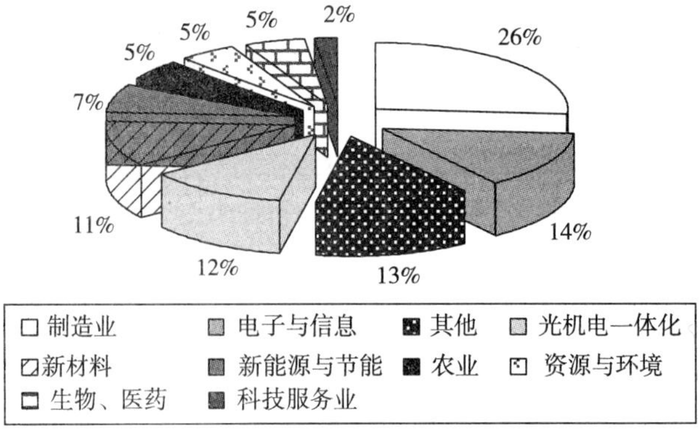

图 2 企业行业分布情况

表5 企业地区分布情况 单位：家

地区	家数	地区	家数
东丽	27	宁河	8
武清	23	南开	6
西青	21	大港	6
开发区	16	保税区	5
高新区	15	蓟县	5
静海	12	河西	4
北辰	11	红桥	3
宝坻	10	汉沽	3
津南	8	河北	2

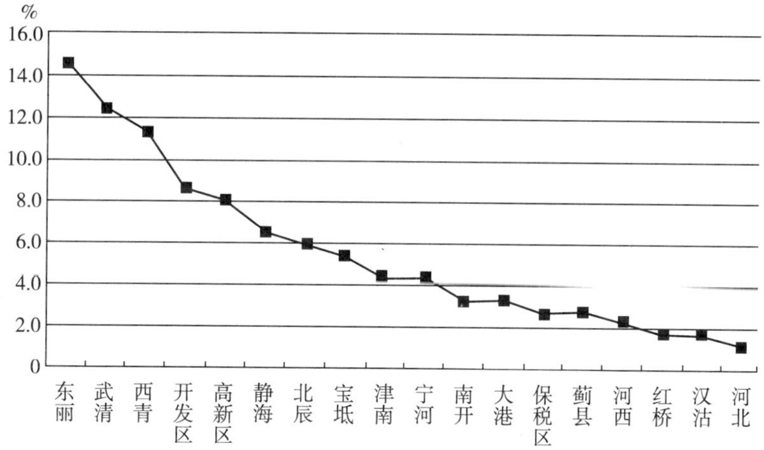

图4-3 企业地区分布情况

由上文可以看出，本文调研的科技型中小企业样本中，企业所有制种类多样、行业领域广、地区分布较为全面，且具有科技型特点的企业比例较高（见表6），覆盖的企业全面、多样，保证了调研结果的质量和数据的有效性。

表6 企业特点 单位：家，%

企业特点	家数	占比
认定的高新技术企业	82	44.32
留学人员办的企业	2	1.08
科研院所整体转制企业	2	1.08
高新园区（开发区）内的企业	34	18.38
创业服务中心内的企业	6	3.24
其他	73	39.46

（三）企业生命周期分布

通过调查问卷中第一部分——企业成长阶段的测量，判断出样本企业所处的生命周期，其中，有18家处于种子期，占比为9.68%；84家处于初创期，占比为45.16%；68家处于成长期，占比37.10%；15家处于成熟期，占比8.06%。可见，科技型中小企业绝大部分处于初创期或者成长期（见图4）。

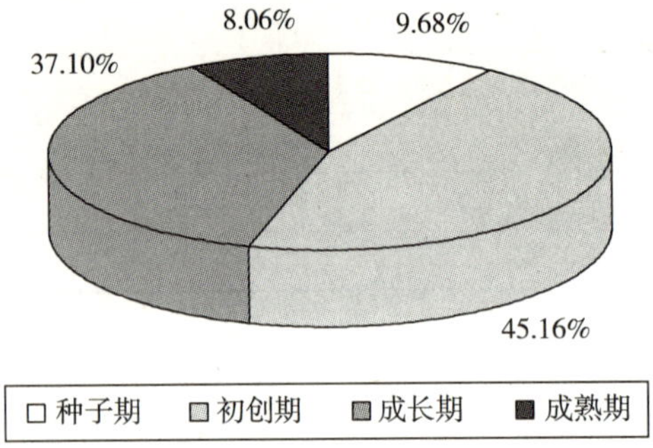

图4 调研样本企业生命周期分布

三、天津市科技型中小企业生命周期划分研究

（一）调研数据统计结果分析

1. 注册年限

根据实际情况，我们在调查问卷中设置了五个时间段：0～2年、3～5年、5～8年、8～10年、10年以上。各个生命周期注册年限的分布如表7所示。

表7 各生命周期注册年限 单位：%

发展阶段	0～2年	3～5年	5～8年	8～10年	10年以上
种子期	63.4	22.2	9.3	5.1	0.0
初创期	11.8	46.2	25.6	10.0	6.5
成长期	0.0	12.7	46.5	27.3	13.5
成熟期	0.0	4.8	9.0	20.0	66.2

由表7的统计结果可知，种子期企业的注册年限的绝大部分为0～2年，比例达到63.4%；初创期中有46.2%的企业注册年限为3～5年，而有11.8%的企业在注册2年之内就进入了初创期；成长期企业的注册年限大多集中在5～8年，有27.3%的企业注册年限为8～10年；成熟期企业的注册年限基本是10年以上，但也有将近10%的企业在5～8年就进入了成熟期。因此，从注册年限来讲，各生命周期的企业可识别性较大。

2. 企业人员数量以及研发与管理人员所占比例

根据实际情况，对于企业人员数量，我们在调查问卷中设置了5个选项：50人以下、

50～100 人、100～200 人、200～500 人、500 人以上；对于企业人数中研发与管理人员所占比例这个问题，我们给出了 4 个选项：10%以下、10%～30%、30%～50%、50%以上。各生命周期的数据结果如表 8 和表 9 所示。

表 8　　各生命周期企业人员数量　　单位：%

发展阶段	50 人以下	50～100 人	100～200 人	200～500 人	500 人以上
种子期	53.3	11.1	23.3	12.2	0.0
初创期	33.3	30.3	12.1	18.2	6.1
成长期	25.9	32.8	15.5	17.2	8.6
成熟期	26.1	26.1	17.4	13.0	17.4

表 9　　各生命周期研发与管理人员所占比例　　单位：%

发展阶段	10%以下	10%～30%	30%～50%	50%以上
种子期	14.4	33.3	30.0	22.2
初创期	14.7	52.9	11.8	20.6
成长期	17.3	51.9	19.2	11.5
成熟期	33.3	19.0	38.1	9.5

由表 8 可知，种子期有 53.3%的企业人数在 50 人以下，初创期企业的人数基本集中在 100 人以内，成长期和成熟期企业的人数各个区间均有分布，差异较小。可见，从企业人员数量方面来进行企业生命周期的划分标准，识别度较差。由表 9 统计结果可知，四个生命周期的研发与管理人员所占比例在四个区间段均有分布，且初创期和成长期的企业比例分布较为接近，难以区分。由此我们可以得到以下结论：在划分科技型中小企业生命周期时，企业人员数量以及研发与管理人员所占比例均不能作为适用的衡量标准。

3. 组织、职能结构

针对组织、职能结构这个问题，我们在调查问卷中设置了 4 个选项：高度集权制、直线组织制、矩阵制组织结构、网络化的组织结构。具体解释如下：高度集权制，由企业所有者主导经营过程，公司更像一个任务团队而不是一个组织；直线组织制，按职能分工，组织结构较简单；矩阵组织结构，按部门和按产品细化组织结构，企业开始由经营者导向转向制度导向；网络化的组织结构，组织结构发展成熟。具体统计结果如表 10 所示。

表 10　　各生命周期组织、职能结构　　单位：%

发展阶段	高度集权制	直线组织制	矩阵制组织结构	网络化的组织结构
种子期	53.3	11.1	24.4	11.1
初创期	18.2	39.4	30.3	12.1
成长期	13.0	16.7	48.1	22.2
成熟期	0.0	13.0	47.8	39.1

对于生命周期的组织、职能结构，种子期有 53.3%的企业属于高度集权制，而其他三

个生命周期的企业之间的差别不是很大，且各生命周期的企业在组织、职能结构方面有很大的重叠。由此可知，企业组织、职能结构不能成为判别生命周期阶段的标准之一。

4. 产品结构

对于企业的产品结构，问卷中设置了5个选项：单一产品、单一的产品系列、已形成主导产品、相关产品多元化、跨行业产品多元化。各生命周期的统计结果如表11所示。

表11 各生命周期产品结构 单位：%

发展阶段	单一产品	单一的产品系列	已形成主导产品	相关产品多元化	跨行业产品多元化
种子期	55.6	32.2	11.1	0.0	0.0
初创期	10.0	52.9	26.5	10.6	0.0
成长期	1.9	13.0	39.9	37.9	7.4
成熟期	0.0	9.0	13.0	17.4	60.6

由表11可知，各生命周期的企业产品结构分布差异较大：种子期企业大约有90%的企业是单一产品或单一产品系列，初创期中接近80%的企业属于单一产品系列或已形成主导产品，成长期中接近80%的企业已形成主导产品或相关产品的多元化，而成熟期中绝大部分企业的产品结构是跨行业的产品多元化。随着企业生命周期的发展，其产品结构不断发展。因此，产品结构可以作为生命周期划分的标准之一。

5. 2012年公司主导产品市场占有率

在调查问卷中，我们针对此问题设置了5个选项：市场占有率为5%以下、6%～10%、10%～20%、20%～30%、30%以上。各生命周期的统计结果如表12所示。

表12 各生命周期主导产品市场占有率 单位：%

发展阶段	市场占有率5%以下	市场占有率6%～10%	市场占有率10%～20%	市场占有率20%～30%	市场占有率30%以上
种子期	65.6	22.2	12.2	0.0	0.0
初创期	47.1	25.7	8.6	17.1	1.4
成长期	17.3	11.5	11.5	32.7	26.9
成熟期	4.1	10.5	31.6	17.0	36.8

由表12的统计结果可知，各生命周期企业主导产品市场占有率存在较大重叠，尤其是种子期和初创期的绝大部分企业市场占有率均在10%以下，而成长期和成熟期市场占有率分布较为均匀，难以具体辨识。因此，企业主导产品市场占有率不适合作为企业划分生命周期的标准。

6. 2012年销售额增长率

对于企业销售增长率，我们设置了6个选项：2012年销售增长率为0以下、0～10%、10%～30%、30%～50%、50%～100%、100%以上。各生命周期针对此问题的统计结果如表13所示。

表 13 各生命周期 2012 年销售额增长率 单位：%

发展阶段	销售增长率 0 以下	销售增长率 0～10%	销售增长率 10%～30%	销售增长率 30%～50%	销售增长率 50%～100%	销售增长率 100%以上
种子期	46.3	25.2	12.2	11.1	5.1	0.0
初创期	5.9	39.6	23.5	10.4	8.8	11.8
成长期	7.7	10.2	21.5	34.2	13.5	12.8
成熟期	5.6	24.2	30.8	39.4	0.0	0.0

种子期企业 2012 年的销售额增长率大多在 0 以下，这与其处于研发和试生产阶段的情况相符，初创期的企业则集中于 0～30%，成长期的企业销售额增长率跨度比较大，分布相对均匀，而成熟期约有 95% 的企业销售额增长率处于 0～50%。销售额增长率较好地反映了企业的发展状况，因此可以作为划分生命周期的标准。

7. 净利润增长率

企业的净利润增长率可以真实地反映企业的盈利能力，有必要对其进行研究，对于此问题，我们设置了 5 个备选项：利润增长率小于 0、0～25%、25%～50%、50%～100%、大于 100%。最终统计结果如表 14 所示。

表 14 各生命周期 2012 年净利润增长率 单位：%

发展阶段	净利润增长率 0 以下	净利润增长率 0～25%	净利润增长率 25%～50%	净利润增长率 50%～100%	净利润增长率 100%以上
种子期	62.5	22.5	12.5	2.5	0.0
初创期	8.8	44.1	23.5	17.6	5.9
成长期	4.5	25.5	25.0	38.2	6.8
成熟期	11.8	76.5	6.0	5.8	0.0

种子期中有 62.5% 的企业净利润增长率小于 0，初创期企业的净利润增长率集中于 0～50%，成长期企业的净利润增长率跨度较广，集中于 0～100%，成熟期的则绝大部分处于 0～25%，这与其产品市场发展饱和销售增长率较低有关。由此，可以将净利润增长率与销售额增长率相互补充作为企业生命周期的划分标准。

8. 企业目前面临的主要风险

针对此问题，调查问卷中设置了 4 个选项：技术风险、创业风险、管理和市场风险、转型风险。其中，技术风险是指在产品研究和开发过程中由于技术失败而引致的损失；创业风险是把科技成果转化为工业化生产过程中所产生的各种经营、技术、产品风险等。各生命周期企业所面临主要风险统计结果如表 15 所示。

表 15　各生命周期企业所面临主要风险　单位：%

发展阶段	技术风险	创业风险	管理和市场风险	转型风险
种子期	44.4	43.3	12.2	0.0
初创期	2.8	43.3	36.1	17.8
成长期	10.0	6.7	61.7	21.7
成熟期	14.3	9.5	23.8	52.4

由表 15 可以看出，种子期企业的风险主要是技术风险和创业风险，分别为 44.4%、43.3%；初创期企业的主要风险在于创业风险、管理和市场风险；成长期有 61.7% 企业的风险集中于管理和市场风险；成熟期企业绝大部分是转型风险。我们可知，从企业所面临主要风险来讲，各生命周期可识别性较强。

9. 现阶段公司资金需求及途径

为研究企业资金需求的特点，我们设置了两个问题，分别是企业未来一年内融资需求额以及其用途。对于未来一年内融资需求额，有 5 个备选项：10 万元以下、10 万～100 万元、100 万～500 万元、500 万～2 000 万元、2 000 万元以上；而对于资金用途有 5 个代表性的选项：技术研发、科技成果转化、扩大生产规模、技术改造、其他。其中，技术研发包括研发、技术及相关人才的引进，科技成果转化包括设备、专利及维护等，其他包括了维持企业生存及创新能力的其他经济活动。最终的统计结果如表 16 和表 17 所示。

表 16　各生命周期未来一年内融资需求额　单位：%

	10 万元以下	10 万～100 万元	100 万～500 万元	500 万～2 000 万元	2 000 万元以上
种子期	0.0	42.9	16.3	28.6	12.3
初创期	0.0	18.5	40.7	37.0	3.7
成长期	4.8	12.4	40.4	30.4	11.9
成熟期	0.0	6.6	56.70	30.0	6.7

表 17　各生命周期融资资金用途　单位：%

	技术研发	科技成果转化	扩大生产规模	技术改造	其他
种子期	50.0	14.3	7.1	7.1	21.4
初创期	13.1	35.4	15.4	9.2	26.9
成长期	26.2	13.3	31.9	16.7	11.9
成熟期	33.3	16.6	14.8	24.1	11.1

通过表 16、表 17 可以看出，各生命周期的企业融资需求及用途均不能很好地辨识。表 16 中，初创期、成长期和成熟期的融资需求额存在较大程度的重合，这可能与企业所处的行业有关，表 17 中成长期和成熟期的资金用途跨度均较广，难以具体区分。因此，未来一年内融资需求额及用途均不能作为生命周期的划分标准。

10. 企业可选择且可能获得融资的途径

在问及企业可选择且可能获得融资的途径时，我们设置了 5 个备选项：自有资金、银行贷款、政府扶持资金、风险投资、其他融资。并且注明其他融资具体包括股权融资、私募基金、供应链融资、商业信用、民间融资等。统计结果如表 18 所示。

表 18　各生命周期企业可选择且可能获得融资的途径　单位：%

	自有资金	银行贷款	政府扶持资金	风险投资	其他融资
种子期	61.0	9.3	23.4	0.0	6.3
初创期	33.5	21.2	23.5	12.0	9.8
成长期	21.0	51.4	14.1	10.1	3.4
成熟期	13.0	48.3	6.7	3.7	28.3

种子期的融资途径中大部分是自有资金，而部分企业会选择政府扶持资金途径；初创期的融资途径较广，主要集中于自有资金、银行贷款、政府扶持，风险投资会介入；成熟期企业融资则集中于银行贷款和自有资金；成熟期企业的融资选择较多，会倾向于银行贷款或其他融资中的股权融资等。企业可选择且可能获得融资的途径的发展，符合企业的生命周期发展规律，是一个很好的生命周期判别标准。

（二）天津市科技型中小企业生命周期评判标准

综上所述，本文总结出 6 个指标作为企业生命周期的划分标准，分别是：注册年限、产品结构、销售额增长率、净利润增长率、面临主要风险、可选择的融资途径。单独使用一个指标来判别企业的生命周期是片面性的，要全面的判别企业所处的生命周期，需要与其他的指标综合起来加以衡量，本文最终的天津科技型中小企业生命周期评判标准就是由这 6 个指标共同构成的一个指标体系，以得出更为全面准确的结论。

本文所总结出的关于天津市科技型中小企业生命周期的划分标准是一个定量指标结合定性指标的指标体系，具体见表 19。

表 19　天津市科技型中小企业划分标准的指标体系

指标体系	种子期	初创期	成长期	成熟期
注册年限	0～2 年	3～5 年	5～8 年	10 年以上，也有发展较快的企业是 8～10 年
产品结构	单一产品	单一的产品系列	已形成主导产品，有的企业已实现相关产品的多元化	跨行业的产品多元化
销售额增长率	0 以下，部分企业发展较快达到 0～10%	0～30%	10%～100%	0～50%
净利润增长率	0 以下，部分企业发展较快达到 0～25%	0～50%	25%～100% 以上	0～25%
面临的主要风险	技术风险 创业风险	创业风险 管理及市场风险	管理及市场风险	转性风险
可能的融资途径	自有资金 政府扶持资金	自有资金为主，银行贷款和风险投资开始介入	银行贷款和自有资金为主	银行贷款为主，其他融资方式比重增大

本文得到的天津科技型中小生命周期划分指标体系，为今后促进天津科技型中小企业发展提出了一个更加实际、科学的衡量标准。

四、各生命周期科技型中小企业的特征

（一）各生命周期企业发展特征

结合企业生命周期以及天津市科技型中小企业的实际情况，本文对天津市科技型中小企业各生命周期的发展特征进行了更有针对性和更符合实际的分析。

1. 种子期

种子期也称创意期，即创业前期，是科技人员提出高新技术设想或创意，通过其创造性地探索研究，形成新理论、方法、技术、发明或进一步开发的阶段。在种子期阶段，需要开展高新技术的研究与开发。此阶段具有强烈的知识创新特征，核心的投入要素是科技人员的智力和技能。在这一阶段，企业的研发投入大，技术不成熟，技术人员缺乏经验，产品性能不稳定，市场前景不明朗，缺乏管理经验。由于开发高新技术并将其转化为现实产品具有不确定性，所以这一阶段的主要风险是技术风险，风险指数较高。

2. 初创期

创建期也称孵化期，此时企业已经完成产品设计、样品生产，开始进行产品试销、市场导入，通过投入时间和资金向消费者介绍新产品的特点和用途。这个阶段是把原来较为松散自由的科研团体转化为具有生产经营职能和严密组织结构的经济实体，是取得、整合、运用技术、人才和资金等各种经济资源并创立企业的过程。这一阶段的风险更多地表现为创业风险，即科技成果实现工业化生产的过程中所产生的各种经营风险、技术风险、产品风险、市场风险等。

3. 成长期

成长期，企业的技术项目已经具备可行性，通过技术手段形成产品，且产品市场初步形成。企业由从关注技术的创新到技术与市场并重，增强了市场的营销能力，并打开分销渠道，使产品获得市场的认可。在成长期，企业开始由经营者导向转向制度导向，这时企业的各种管理制度逐渐完善，控制力也得到加强。由于科技型中小企业主营业务的高新技术特征，其经营风险比普通企业高。

4. 成熟期

成熟期是科技型中小企业的规模化阶段，该阶段企业生产的产品在市场上已占有较大份额，经营业绩良好，可抵押资产增多，风险也逐步降低。进入这一阶段的科技型中小企业基本上排除技术风险，经营风险与市场风险逐渐降低，形成自身的核心竞争能力。企业初具规模，企业形象、产品品牌在社会上已有一定的知名度和良好信誉，已对社会各界投资者产生诱惑力。

（二）各生命周期企业融资特征

上文对企业的生命周期理论进行了阐述，下面将通过天津市科技型中小企业的具体情况

来分析各生命周期企业的融资特点（见表20）。

表20　　各生命周期企业融资特点

时期	融资需求特点	主要融资途径	市场化融资途径	资金具体应用
种子期	能够长期使用资金	自有资金	母公司或其他公司	研究开发、增强企业创新能力
初创期	能够长期使用资金	自有资金、银行	银行、母公司或其他公司	研究开发、增强企业创新能力
成长期	短时间内获得大量资金	自有资金、银行、政府扶持	银行、小额贷款公司	研究开发、技术改造、引进人才设备
成熟期	资金需求数量大、投入密度强	自有资金、银行、风险投资	银行	研究开发、引进技术、提高企业知名度

在种子期，企业的主要任务是进行技术研究、商业与技术开发、市场研究。这一时期，企业投入较大，需要能够长期使用的资金，融资的途径主要是自有资金、母公司。在初创期，企业的主要任务是市场导入（产品试销）、创立企业和进行规模化生产。这一时期企业需要能够长期使用的资金，融资的途径主要是自有资金、银行、母公司。种子期和初创期的资金主要运用于研究开发、增强企业的创新能力。在成长期，企业的主要任务是迅速扩大生产规模，尽快抢占市场、稳定客户。这一时期，企业需要短时间内即可获得大量资金，融资途径主要有自有资金、银行、政府扶持、小额贷款公司等。融资所得资金主要运用于研究开发、技术改造、引进人才及设备等。在成熟期，企业的主要任务是持续发展企业的核心竞争力，巩固市场。这一时期，企业资金需求数量大、投入密度强，融资的途径主要是自有资金、银行和风险投资等。融资所得资金主要运用于研究开发、引进技术和提高企业的知名度。

根据调研结果显示天津市科技型中小企业在其发展各个阶段有着不同的融资需求及融资渠道，但总体来讲有下面几个特点。

1. 自有资金为主。根据对天津市科技型中小企业抽样调查发现，企业自有资金由于自身成本低、抗风险等好处，是天津市科技型中小企业融资的首选渠道，但自有资金往往与企业规模及留存收益的积累有关，很多情况下不能满足企业大规模的资金需求。因此，在这种情况下，天津市科技型中小企业往往需要另辟蹊径，寻找其他的融资渠道。

2. 风险投资融资规模低。风险投资促进了技术创新与金融市场的结合，对中小科技型企业的发展起到了积极的推动作用。目前我国风险投资尚处于发展初期，投资主体单一，风险投资资金总量小，不能完全满足企业在不同发展阶段的需求。调研结果显示，天津市科技型中小企业往往在成长阶段后期才能取得风险投资，其他几个时期获得风险投资较少。

3. 政府扶持力度较大。天津市政府对科技创新产业的发展极其重视，如2010年，天津市实行了科技小巨人成长计划，截至2011年底，已打造主营业务收入超亿元的科技小巨人企业977家。在2012年，天津市实行了天津市科技型中小企业技术创新资金，有效地推动了天津市科技型中小企业的发展。

五、天津市科技型中小企业政府资助效应研究

（一）提升天津市科技型企业政府资助效应意义

近年来，天津市通过建立天使基金、政府资助周转基金、科技创新专项资金、技术创新资金、科技小巨人项目，发放各类补贴、优惠等一系列扶持政策，全力扶持科技型中小企业发展。“十二五”期间，为使科技型中小企业实现突破性发展，天津市共筹集财政资金200亿元，专项用于支持科技型中小企业发展，然而政府对科技型中小企业的资助存在阶段性特征。不同成长阶段的科技型中小企业的资产结构、经营特征存在差异，其融资需求必然会存在差异。从政府资助方面来看，当前最突出的问题是科技型中小企业对资金需求的不断增长以及政府扶持金额的有限性。因此，将政府资助科技型中小企业的效应纳入调查问卷并进行实证分析具有重要意义。

（二）天津市政府资助科技型中小企业的效应分析

1. 天津市科技型中小企业政府资助情况

在科技型中小企业政府资助情况方面，我们的考察主要集中于企业对天津市科技型中小企业的政府资助项目的了解、近年申请状况，并考察其在某一年所获得过的资助项目信息，企业融资需求及获得政府资助情况。

（1）科技型中小企业政府资助项目。对于这方面的问题，我们采用百分比的形式将最终统计结果数据化，即统计了在某一生命周期阶段，每个问题各个选项的选择率，以此来阐述天津科技型中小企业政府资助情况。通过对185家企业有效调查问卷的统计分析，得出天津科技型中小企业政府资助情况，具体统计信息见表4－21。其中，绝大部分企业获得政府资助的年份集中于2010—2012年。

从政府扶持项目来看，在企业了解的政府资助项目中，政府资助周转金、科技小巨人项目、天津市科技型中小企业技术创新资金的知晓度以及申请比例较高，天使资金、天津市科技创新专项资金的各项指标相对较低，国家科技型中小企业技术创新基金指标表现最差。其中，除种子期外，各生命周期均有50%以上的企业对政府周转资金和小巨人项目信息很了解，且申请比例也在40%左右。这与近年天津市政府政策“聚集”营造的科技金融氛围有很大关系。但各资助项目中，能够获得政府资助项目的企业所占比重均较低，大多在10%以下。可见，政府资助范围不能满足大部分企业的资金需求。

从企业成长阶段来看，种子期企业多数处于产品研发、市场开拓阶段，资产少，尤为注重天使资金的资助项目，在天使资金和政府资助周转金方面表现较好。初创期与成长期企业随着规模的不断扩大，企业的资金需求量呈现爆炸性增长，积极寻求资金扶持，绝大部分指标都高于种子期和成熟期企业。二者指标表现较为类似，在政府资助周转金、小巨人和科技型中小企业科技创新资金项目的申请以及获得资助方面的比例较高，约有10%～20%的企业能够获得政府扶持。成熟期企业资金需求规模较大、融资渠道相对较多，对中小企业政策的了解程度相对较低，申请的比例也有所降低，需要注意的是其获得政府资助的比例很高，

尤其是政府周转资金和小巨人项目，均在20%以上，高于其他三个生命周期企业的相应比例。

表21　　天津科技型中小企业政府资助情况　　单位：%

资助项目		种子期	初创期	成长期	成熟期
天使资金	了解	34.76	24.29	26.02	14.76
	申请过	38.77	23.10	3.05	0
	获得资助	5.56	6.10	0	0
政府资助周转金	了解	23.81	52.43	60.30	49.05
	申请过	35.56	32.73	46.09	24.58
	获得资助	0	17.86	20.95	21.50
科技小巨人项目	了解	39.05	62.62	74.06	56.67
	申请过	44.44	39.47	66.43	36.32
	获得资助	0	13.45	18.29	29.00
天津市科技创新专项资金	了解	29.05	35.48	30.30	49.05
	申请过	14.78	13.10	15.79	21.05
	获得资助	5.56	5.47	10.22	7.00
天津市科技型中小企业技术创新资金	了解	38.57	43.10	48.05	23.81
	申请过	23.29	24.55	23.91	18.53
	获得资助	0	10.71	13.16	0
国家科技型中小企业技术创新基金	了解	4.76	13.10	18.27	46.67
	申请过	0	0	4.35	10.53
	获得资助	0	0	1.63	0

注：部分企业在成长过程中可能申请、获得过多个政府资助项目。

（2）科技型中小企业融资缺口分析。关于各生命周期企业融资缺口问题，具体统计结果如图5、图6所示。种子期企业2012年度融资需求大多分布在50万~100万元以内，而获得政府资助的企业实际得到的资助额大多为50万元以下。初创期约有60%的企业融资需求在50万~200万元，而约有40%的企业得到的资助额度小于100万元。成长期企业融资需求分布较为均匀，其所获得的政府资助分布范围也较广，普遍存在资助大幅小于需求的现象。成熟期中绝大部分企业融资需求为500万元及以上，但政府资助额80%以内小于500万元，一般为200万左右元，远远不能满足其资金需求。另外，种子期、初创期企业的融资缺口相对较小，成长期和成熟期企业的融资缺口较大。

由以上分析可知，天津市科技型中小企业对政府资助项目了解程度较高，申请较为积极，但是资助资金未能覆盖绝大部分企业，能够最终获得资助资金的企业所占比例较低，且政府扶持资金的发放较为倾向成长、成熟期的企业。在企业生命周期发展的不同阶段中，政府资助与科技型中小企业融资需求之间存在着不同程度的缺口，一般来说，随着企业所处成长阶段的发展，融资缺口变大。

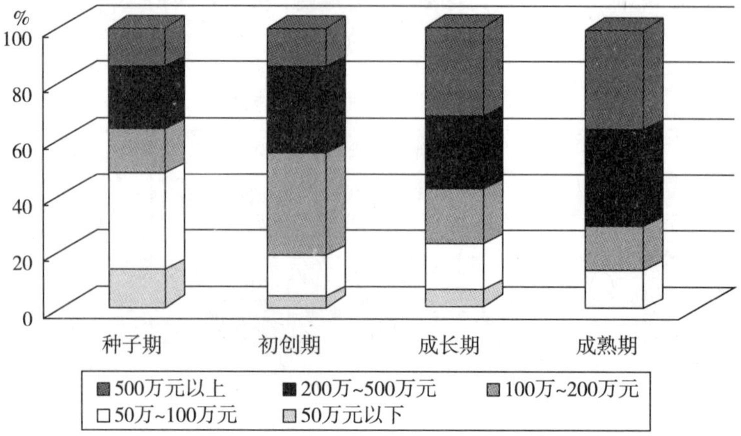

图 5　不同成长阶段企业的资金需求

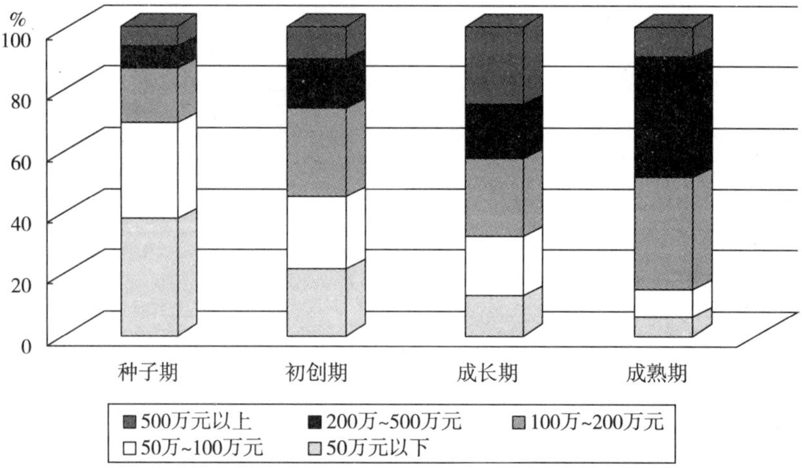

图 6　企业实际获得的政府资助额度

2. 各生命周期企业政府资助效应研究

对于各生命周期企业政府资助效应测度方面，我们在问卷中设置了两个定性问题和企业获得政府资助后成长数据表，主要考察企业获得政府资助资金的用途以及政府资助对企业发展的提升效应。

（1）企业对政府资助资金的利用。通过考察企业对资助资金用途的分析，我们发现种子期企业获得政府资助项目主要用于技术研发及开拓市场，分别达到 33. 33% 和 38. 25% 。初创期企业资金用途主要是技术创新 25. 86% 、开拓市场 29. 31% 、降低资金成本及吸引社会融资 27. 59% 。成长期企业资金用途范围较广，比例分布较为均匀。成熟期企业则主要用于技术改造或创新、吸引人才、（创业者）管理团队鼓励，分别为 39. 13% 、17. 39% 、17. 39% 。

（2）政府资助对企业发展的提升效应。我们通过统计分析问卷中的企业成长数据表，分别从成长效应、盈利效应、创新效应三个方面来考察政府资助对企业发展的提升效应。选取销售收入、市场占有率作为成长效应指标，净利润、缴税额作为盈利效应指标，就业人数、项目完成后授权专利数作为企业创新效应指标。为更好地测度提升效应，我们的统计采用各指标增长率的平均值测度某一企业相应的效用，并分别将各自生命周期内所有企业效应的平均值作为最终的效应统计结果（见表22）。

表22　政府资助对科技型企业发展的提升效应　单位：%

	种子期			初创期			成长期			成熟期		
	资助当年（t）	$t+1$	$t+2$	资助当年（t）	$t+1$	$t+2$	资助当年（t）	$t+1$	$t+2$	资助当年（t）	$t+1$	$t+2$
成长效应	0	5	8.5	6.3	13.6	16	2	15.2	12.33	0	7.3	4.7
盈利效应	-2.5	12	16.5	4.5	10.3	13.3	10	17.9	15	3.2	15.2	9.8
创新效应	6.3	14	12	9.1	10	11.1	7%	12.5	10	4.5	10.2	8

从企业成长阶段角度来看，种子期企业主要任务是技术研发、市场开拓，政府资助对企业盈利效应和创新效应影响很大，在 $t+2$ 年其平均增长率分别达到16.5%和12%，其成长能力也有大幅增长。初创期企业产品开始批量投入市场，政府资助对其成长效应和盈利效应提升较大，创新效应作用较少。成长期企业销售快速增长，市场占有率提升，政府资助在资助当年及 $t+1$ 年对企业具有较高的成长效应和盈利效应，但在 $t+2$ 年其各项效应均略有下降。成熟期企业技术较为成熟、市场达到饱和，政府资助短期内使得各项效应有较大提升，但随时间增加，其产生的效应大幅下降。总体来看，政府资助对种子期企业发展的效应最大，初创期和成长期次之，成熟期的效应提升较低。

从政府资助对企业的各项效应角度来看，成长效应方面，初创期和成长期企业由于自身所处的生命阶段潜力，其增长一直处于较高水平，政府资助对各生命周期企业成长均有提升，成长期和成熟期企业的短期内作用明显，之后则呈现回落趋势，而对种子期企业的效应呈递增趋势，效应显著（见图7）。盈利效应方面，政府资助普遍提升了各成长阶段企业的

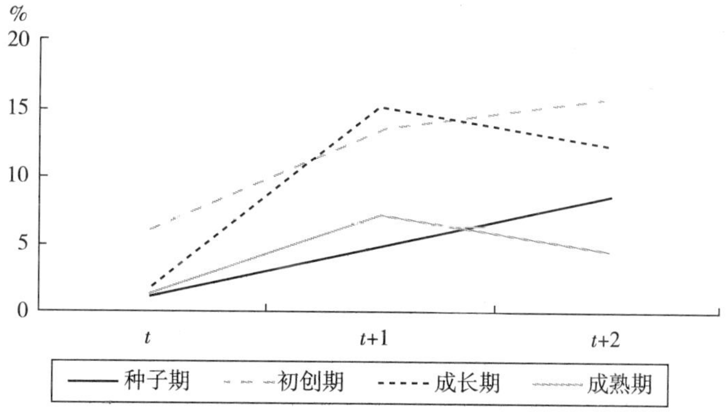

图7　各生命周期企业成长效应

盈利能力，对种子期和初创期企业盈利的提升更为显著，而成长期和成熟期企业在 t+2 年平均盈利增长率出现回落（见图8）。创新效应方面，政府资助使得企业创新能力有所提高，但较低于其他方面效应的提升，短期内对种子期和成长期企业较为有效（见图9）。因此，政府资助对科技型企业的发展存在正的效应，但对不同生命周期企业的效应存在差异。

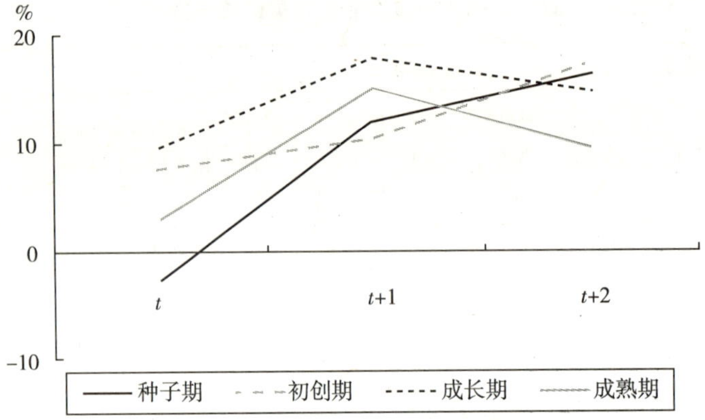

图8　各生命周期企业盈利效应

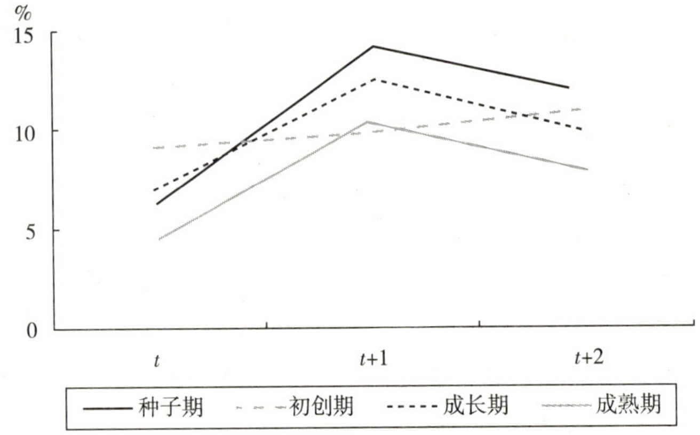

图9　各生命周期企业创新效应

3. 政府资助效应总结

综上所述，我们得出以下结论：

（1）天津市科技型中小企业对政府资助项目了解、申请较为积极，但能够最终获得资助资金的企业所占比例较低。

（2）政府扶持资金的发放较为倾向成长期、成熟期的企业。

（3）在企业生命周期发展的不同阶段中，政府资助与科技型中小企业融资需求之间存在着不同程度的缺口。一般来说，随着企业所处成长阶段的发展，融资缺口变大。

（4）政府资助对科技型企业的发展存在正的效应，但对不同生命周期企业的效应存在差异。政府资助对种子期企业发展的综合效应最大，初创期和成长期次之，成熟期的效应提升较低。

4. 企业对政府资助的期望与评价

对于本部分，我们在调查问卷中设置了5个单项或多项选择题，供企业选择与其企业实际情况相匹配的选项。问题涉及企业获得政府资助状况、资助方式、政府资助存在的局限、改进方向及建议等。

表23　企业希望采用何种资助方式　单位：%

发展阶段	直接资助	政府以资助基金进行担保获得其他融资	资金资助和政府基金担保相结合	政府对企业的荣誉担保以吸引其他融资
种子期	34.2	14.28	40.20	11.23
初创期	48.27	6.90	37.93	6.90
成长期	30.00	18.75	28.75	22.50
成熟期	16.00	16.00	32.00	36.00

由表23可以看出，各生命周期企业中存在30%左右的企业希望政府采取资金资助和政府基金担保相结合的资助方式。除此之外，种子期和初创期的大部分企业希望得到政府的直接资助，成长期企业期望的资助方式多样，较为灵活，而成熟期有36%的企业认为采取政府对企业的荣誉担保以吸引其他融资的资助方式对其效用最大。

表24　政府对科技型中小企业资助的局限性　单位：%

	资助额度不够	资助周期较长	评审过程时间太长	资助形式单一	评审标准不够科学	资助面狭窄	申报条件和评审条件不一致	申报条件不合理或其他
比例	15.14	20	35.68	9.19	3.24	8.11	9.73	7.57

政府对科技型中小企业资助的局限性主要集中在几个方面，具体如表24所示。评审时间过长是申请资助的企业普遍反映的问题，达到35.68%，20%的企业认为从提出项目资助申请到得出最终审批结果周期较长。另外，政府资助的额度、形式、范围、申报条件等也存在一定局限，亟待改进。

最后，调研问卷中企业对政府的工作建议主要集中于以下几点：提高资助额度，加大扶持力度，为中小企业提供相关政策平台，简化工作流程、缩短资助资金周期，政府资助信息传达广泛到位，希望政府资助工作不断完善，更好地服务于科技型中小企业，拓宽科技型中小企业的发展空间等。

六、支持科技型中小企业融资的金融创新

科技型企业具有知识密集型、资本密集型的特征，符合国家产业政策发展导向，市场空间广阔，发展潜力巨大，但由于科技型中小企业高风险、信用级别低的特点，使它目前面临融资难的问题尤其突出。所以，科技型中小企业需要融资方式的创新，才能解决融资难的问题。

（一）发展科技金融支行

1. 发展现状

国内重要科技金融支行的成立时间表如表 25 所示，这些科技支行为缓解当地科技型中小企业融资难带来了“源头活水”，自身的发展也渐入佳境。

表 25　国内商业银行成立科技金融支行状况

时间（年）	科技金融支行名称
2000	建行深圳科苑支行（首家）
2002	南宁银行科技支行
2009	成都银行高新支行、汉口银行光谷支行
2010	平安银行深圳科技支行、农行苏州科技支行
2011	浦发硅谷银行（第一家拥有独立法人地位支行）
2012	北京银行南京江宁支行
2013	兴业银行武汉东湖高新科技支行

2. 业务机制

客户定位明确。目前，各科技支行大都拥有了比较明确的客户定位，“只做科技型中小企业，不做大型企业和传统企业”成为业内共识。各科技支行针对科技型中小企业“轻资产、高成长”的特点，不断探索扩大抵质押物的范围，创新了大量“弱担保、弱抵押”的信贷产品，主要包括知识产权质押贷款、股权质押贷款、应收账款质押贷款、订单质押贷款、出口退税质押贷款、存货抵押贷款等，较好地满足了高新技术企业流动资金的需求。

业务模式独特。科技支行建立了有别于传统企业的评审标准，降低了对企业当前资产、销售、利润等财务指标的要求，增加了产品、团队、商业模式等非财务因素的权重，还建立了“资源整合型”信贷评审机制，对于重大信贷项目由技术专家、产业专家、信贷专家、投资专家组成联合信贷评审委员会，有效突破了银行在科技领域专业知识方面的局限。在构建业务平台方面，各科技支行普遍比较重视与创投机构建立战略合作关系。

风险控制方式多样化。科技支行通过与其他机构的合作，降低了银行对科技型中小企业贷款的风险，“政府推荐 + 担保公司担保 + 银行贷款”、“创投股权投资 + 担保公司担保 + 银行贷款”成为主流的贷款模式。我国科技支行也采取了与政府、风险投资公司、担保公司多方合作的方式来转移与控制风险。

3. 存在的问题

首先，科技银行复合型专业人才缺失。我国科技金融支行复合型专业人才的短缺比较明显，员工大都对战略性新兴产业的形态、发展趋势、商业模式等缺乏清晰的了解，缺乏主动发掘目标客户的能力与手段，不利于科技银行业务的开展。其次，风险控制能力差。我国科技支行普遍与当地政府、担保机构等共同建立风险补偿机制，注重风险“后期分担”，反映出目前我国科技银行本身对科技企业风险的把控能力较弱。最后，商业可持续性不足。我国现阶段的科技银行采取“优惠”的低利率，不以盈利为目的的低息贷款不适合由商业银行性质的科技银行实施，如果当地政府的政策性补偿取消，则很多业务模式很难实现商业可持续，因此科技支行的成功模式很难在全行各分行进行推广，从长期来看，将阻碍银行科技金融业务向更专业的方向发展。

（二）开发适用的抵押担保金融产品和服务

对帮助中小企业融资，传统的银行贷款方式是担保贷款。科技型中小企业除了担保公司以外一般找不到实力达得到银行要求的公司为它担保且不能满足银行对抵押物的严格要求。为了帮助科技型中小企业融资，在国家政策的支持下，金融机构致力于金融创新，加大创新力度，开发出多种融资产品和方案。

1. 发展现状

知识产权抵押贷款。科技中小企业在发展过程中，尤其是在发展初期，缺乏可用来进行担保融资的固定资产，拥有的是知识、技术和专利等无形资产。而这些资产正可以用来抵押，来获取企业发展资金。2006 年中关村率先开展中小科技型企业知识产权质押贷款试点，在缓解中小科技企业融资难方面取得了良好的效果，之后，2007 年南京银行、2009 年招商银行等揭开了广东中小企业以商标和专利等无形资产抵押贷款的序幕。现阶段我国知识产权质押贷款业务大部分在北京、天津、上海、南京、成都等大型城市开展，其他地区开展此业务的极少，有待进一步推广。

担保贷款。担保贷款是政府促进高科技中小企业融资的主要方式，也是最有效的债务融资方式之一，具体方式是政府出资，或与高科技中小企业协作组织出资，建立专为高科技中小企业融资提供担保的融资担保公司，在政府融资担保机构的担保下，商业银行向高科技中小企业提供贷款。2009 年海南省 12 家担保机构为中小企业提供新增担保贷款 8.84 亿元。2010 年杭州市改革科技财政投入使用方式，针对初创型科技企业，设立了“天使担保资金”，联合建立杭州市科技型初创企业“联合担保”风险池基金。通过这种联合担保形成的“杠杆效应”，真正起到政府资金“四两拨千斤”的作用。

2. 业务机制

科技型企业的知识产权是一种特殊的财产权利，贷款机构要了解知识产权能否转化为商业化的生产力在加强与企业之间的沟通的同时，需要聘请专业的机构对其评估，其贷款创新业务流程可参照图 10。

新型担保抵押贷款主要有以下几种模式：

（1）无担保、无抵押的纯粹的知识产权质押。在这种模式下，由于知识产权风险大、流动性差、处置难等一系列原因，银行要承担全部的风险，放贷非常谨慎，对这种新型的金融产品投入的积极性也不高。

（2）政府专项基金担保 + 专利质押反担保。政府专项基金作为担保基金拨入质押贷款银行的专用账户企业以其拥有的专利作为反担保质押给政府，然后由银行向企业提供贷款。企业若按期偿还银行贷款，则该笔担保金将继续作为担保金以供下次使用。

（3）科技型中小企业政策性担保模式。首先政府设立具有法人实体资格、非营利性质

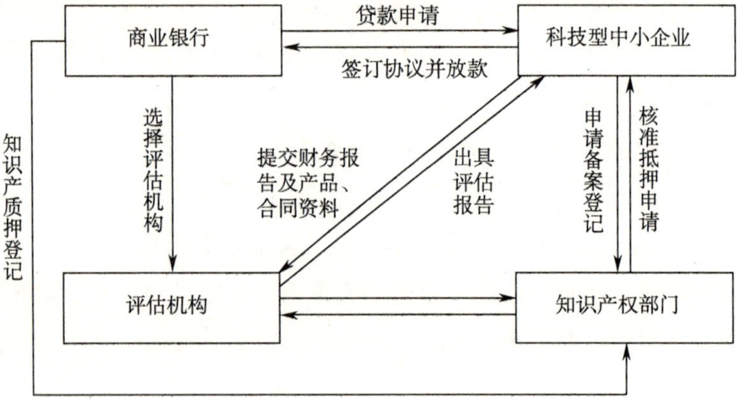

图10 知识产权抵押担保流程

的独立担保机构，由中央政府和地方政府财政出资作为该机构的信用担保基金，并定期对基金进行一定的补充，担保机构利用这些资金为科技型中小企业融资担保服务，政府相关部门同时对担保机构进行严格的监管。

（4）科技型中小企业互助式担保模式。由许多审定合格的科技型中小企业组成一个企业互助的团体，并与政府、银行组成三方联合担保体，共同出资设立担保基金以从事服务于企业的融资担保业务。

（5）科技型中小企业联合担保模式。由若干科技型中小企业自愿形成一个贷款担保联合体，并承担每个企业的借贷风险。

3. 存在的问题

首先，知识产权风险大，且价值难确定。知识产权主要包括法律风险和经济风险。知识产权的价值要与企业的生产经营状况、信誉等联系，这就导致不同的评估机构对知识产权价值评估的偏差较大，一般的金融中介机构无法逾越。其次，信息不对称。科技型中小企业、担保方和银行三者存在着信息不对称，这种信息不对称很难使企业与银行和担保机构合作，增加了企业的融资成本。最后，企业信用体系有待建立。我国没有形成统一的、共享的以科技型中小企业的信用征集、登记、评估和发布为主要内容的信用体系，没有建立专门的科技型中小企业信用评级制度。

（三）创业投资基金

所谓创业投资引导基金是指由政府设立并按市场化方式运作的政策性基金，主要通过扶持创投企业发展，引导社会资金进入创投领域。风险投资是实现创新驱动战略转变的重要新兴力量。为促进中国科技型中小企业的高速发展，国务院设立政府创业投资引导基金引导商业创业投资基金，全面深化金融创新。

1. 发展现状

2005 年 11 月 15 日，《创业投资企业管理暂行办法》出台，正式提出创业投资引导基金，使其开始步入快速发展轨道。一些地方政府、科学园区和经济开发区先后设立了引导基金促进本地创业投资发展，如北京海淀区创业投资引导基金、上海浦东新区创业投资引导基金、山西省创业投资引导基金、天津滨海新区创业投资引导基金、苏州工业园区创业投资引导基金等。据统计，目前国内已有不少于 20 个省市建立了引导基金，总规模已达 88.5 亿元。总体而言，国内创业投资引导基金的发展还处于初级阶段，在后续发展中可以得到更大的价值。

2. 业务机制

创业投资引导基金是一种不以盈利为目的的政策性基金，设立目的是为了引导社会资金更多地投资于处在种子期和起步期的创业早期项目。商业性的创投企业往往会避开尚未体现盈利前景和风险不可控的项目而主要投资于已经体现盈利前景和风险基本可控的扩张期项目，而创业投资引导基金更多地投资于处在种子期和起步期的创业早期项目，风险更高，通过风险补偿机制，引导社会资本更多地投向创业早期项目。

引导基金的运作模式主要有：

（1）参股模式。这是目前我国创投基金最基本的运作模式。在参股模式下，政府引导基金通过“母基金”的技术投资于不同的商业性创投基金，利用政府资金的示范效应，吸引多于政府资金数倍的民间资金也参股到这些子基金中，然后由子基金投资于创业企业。引导基金不参与子基金的日常管理。

（2）融资担保。一种是根据信贷征信机构提供的信用报告，对信用记录良好的企业通过补偿基金直接提供融资担保方式；另一种是引入担保机构，对担保机构进行补贴。政府通过补偿基金放大担保公司给创投公司担保的贷款规模，引导贷款投向。这也是当前政府通过政策性担保解决中小企业融资问题最常见的做法。

（3）跟进投资。引导基金以同等条件对创业投资企业的投资项目进行跟进投资，以引导创业投资企业的投资方向。这是引导基金业务模式中唯一一种直接投资方式，其只占整个基金总额的很小的比例。

（4）风险补助。风险补助是创业投资引导基金对投资于初创期科技中小企业的创业投资机构予以一定的补助，增强创业投资机构抵御风险的能力，一般适用于规模较小的区域型引导基金。

（5）投资保障。投资保障是指由专业性商业创业投资机构负责选出具有投资潜力、未来发展前景良好的现正处于创业早期的高科技中小企业，然后由创业投资引导资金直接对这些企业投资。这是引导基金运作模式中唯一一种直接补助创业企业的模式。

3. 存在的问题

首先，对社会资本的利益分配和激励机制不够。创业投资引导基金所设立的子基金中，由于政府目标与私人目标的冲突，社会资本将面临着更大的风险，而各地在实际操作中，由于对社会资本的利益分配和激励机制不够，导致社会资金参与积极性不高。其次，操作主体能力不足。基金投资决策具有明显的行政色彩，从目前已成立的几家引导基金来看，大多是由政府委托给国有公司或事业单位，负责引导基金的日常管理，大部分操作主体不具备专业投资能力，难以识别合适的基金管理人和监管子基金运作，给引导基金的运作带来很大的风险。最后，引导基金的退出机制不完善。退出机制是创业投资的“变现器”，是引导基金持续正常运转的必要条件，但目前我国大部分引导基金没有建立起完善的退出机制和严格的退出程序。当前，我国创业资本的退出渠道包括证券市场上市、由创业投资企业回购、在产权交易市场出售所持有的股份等。但由于中小企业板市场容量有限，远不能满足创业投资业日益发展的需要。

（四）利用互联网金融促进科技型中小企业融资

随着IT的发展特别是互联网技术的发展，社会各行业掀起了一场前所未有的管理模式与思想观念的变革。面对中小企业求贷无门资金难的窘境，借助互联网孕育而生的一种新的金融服务模式正在兴起，企业通过P2P网络借贷平台，能获得金融第三方技术服务，吸纳银行、小企业主、担保公司等多方的资源，让企业主能够得到及时、满意的金融服务。

1. 发展现状

P2P网络借贷平台是P2P技术与民间借贷相结合的金融服务网站。网络借贷指的是借贷过程中，资料与资金、合同、手续等全部通过网络实现，它是随着互联网的发展和民间借贷的兴起而发展起来的一种新的金融服务模式，借助信息技术的发展，将过去分散的民间借贷搬到了互联网上，从而让出借人与借款人在网络上实现点对点的对接。国内于2007年8月在上海成立首家P2P网络借贷平台，当前国内的借贷平台数量已过百家，2007年至2011年上半年，网络融资整体规模由2 000万元升至60亿元。

2. 作用机制

网贷公司利用网络借贷平台，一方面对出借人的资金提供担保，另一方面进行贷后资金的管理，扮演了担保人、联合追款人的复合中介角色，在借贷成交以后根据借款期限的不同，对借钱的人征收不同额度的手续费。融360就是一个典型网络借贷平台。2011年10月，融360由一批成功的互联网和金融专业人士组建成立，目前每月流量过千万，在线贷款申请额已累计超过千亿元。它能为中小企业提供融资贷款搜索和推荐，目前已经与近2 000家银行、担保公司、典当行等金融机构合作，聚合4 000多款贷款产品，助力中小企业贷款。它定位于融资贷款产品的垂直搜索平台，利用互联网的效率来提高贷款过程中信息获取和申请决策的质量。

3. 存在的问题

首先，法律风险。由于法律规定不够完善，监管不到位，P2P网贷平台发生的纠纷事故远大于正规金融机构，到现在为止没有一部法律可以为P2P平台成为金融机构提供支持。监管当局目前对P2P还处于观察状态，由于缺乏行业标准和准入资格，一些P2P网络借贷平台的运营存在非法集资的影子。其次，网贷参与者的信用风险。目前我国的信用体系仍处于初建阶段，而人民银行的征信管理系统目前也并不允许网贷平台调用个人征信信息，因此，目前国内P2P网贷缺乏有效的外部监管和信用记录信息，风险控制几乎不得不完全依赖平台内部机制，从而大大提高了国内P2P网贷的运营成本和坏账风险。最后，资金来源和贷后管理混乱。P2P 网络借贷的资金来源不能排除其来源的非法性，而 P2P 网络贷款平台往往缺乏对资金来源审查的手段，另外，资金贷出后，如何保障借款人按照承诺的用途使用资金，而不是进行违法犯罪活动等贷后资金追踪问题也没有完善的法律法规来规定。

七、构建天津市科技型中小企业立体融资体系的建议

（一）科技型中小企业生命周期融资需求角度

科技型中小企业在生命周期的不同阶段具有不同性质的融资需求，应顺应其融资规律对其进行相应的针对性培育。综上所述，科技型中小企业应该根据不同发展阶段的经营特征、风险特点和融资需求，在企业的不同阶段构建有效的融资体系（见图 11），尽可能地解决科技型中小企业融资难问题。

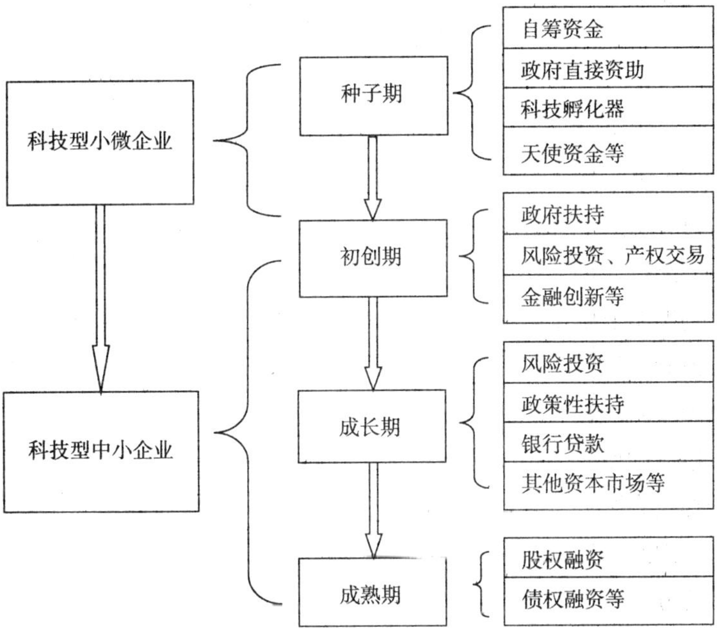

图 11　科技型中小企业不同成长阶段的融资模式

1. 种子期在政府资助的基础上吸收创业投资引导基金及天使基金

种子期企业 2012 年度融资需求大多分布在 50 万～100 万元以内，而获得政府资助的企业实际得到的资助额大多为 50 万元以下，企业融资缺口比较小。从政府资助对种子期企业的效应来看，成长效应和盈利效应都比较显著。

（1）增加种子期政府直接资助的力度和覆盖范围。种子期的科技型中小企业多数处于产品研发阶段，在市场开拓和人才引进方面刚刚起步，企业资金总需求量小。政府直接资助的金额与企业发展所需的资金之间的缺口较小，且政府资助的成长效应和盈利效应比较显著，政府直接资助能够帮助中小企业弥补资金缺口，获得企业生存和发展所需的资金。在增加政府资助额度的同时，加大政策宣传力度，增强政府和中小企业之间的沟通，提升政府资

助程序的工作效率，缩短评审周期，设定实际合理的申报条件、范围等。另外，扶持资金的评审发放要注意向种子期和初创期企业倾斜。

（2）完善种子期政府扶持机制。在企业成长阶段的种子期，当自有资金用尽之后、风险投资介入之前，企业普遍面临资金链断裂的“死亡谷”。政府资助效应显著，但覆盖的企业较少，不能弥补大部分企业资金缺口，因此这一时期政府需要积极介入。政府可以通过建立完善科技企业孵化器、科技园，引导科技型中小企业与大型企业、科研院所、高校建立合作关系等方式向企业投入财政资金、技术支持企业创新成果转化，科技转化为经济生产力，维持企业生存和经济发展。

（3）引导天使资金介入。天使投资通常是指富有的个人投资于有发展前途的原创项目或小型初创企业，作为创业的第一批投资来帮助这些企业迅速启动。积极发展天使资金为种子期的科技型中小企业注入有利资本十分必要。政府可通过设立风险担保基金，给企业创造良好的融资环境，以吸引天使投资、风险投资等介入种子期企业，并给予部分风险补贴。天津市天使投资处于初始阶段，应该注重完善天津天使投资、风险投资的来源渠道，建立有效的信息服务平台，建立完善的投资退出机制。

2. 初创期以政府引导基金杠杆作用吸引风险资本

初创期约有60%的企业融资需求在50万~200万元，而约有40%的企业得到的资助额度小于100万元，总体来说，这一时期企业融资缺口相对较小。从政府资助对企业发展的提升效应来看，初创期企业由于自身所处的生命阶段潜力，其增长处于较高的水平，而政府资助对初创期企业盈利的提升也比较显著。

（1）适当调整政府资助方式。在初创期，企业的主要任务是市场导入、创立企业和进行规模化生产，这一时期企业需要大量能够长期使用的资金。政府资助对于企业的成长效应和盈利效应提升都较为明显，但不同行业、规模企业融资需求多样化，且直接资助额度不能满足其长远需求，因此，约有90%的初创期企业希望政府能够通过资金资助、政府基金担保或二者相结合的方式进行扶持。这就需要政府和各种行业、规模类型的企业进行有效的沟通交流，据其意愿，适当调整政府资助方式。

（2）充分发挥政府创业引导基金的杠杆作用促进风险投资和产权交易。进入创业期的科技型企业，财政资金的作用更加明显，充分发挥政府创业引导基金的杠杆作用，吸引风险投资扩大供应资本，积极发挥产权交易市场的各方优势，可为企业顺利过渡到扩张期提供保障。以滨海新区为龙头的天津市发挥政府创业投资对引导基金的杠杆作用有着得天独厚的政策优势，应积极利用政策的有利条件，全方位、多角度地吸引社会资本。另外，产权交易市场的发展也为科技型中小企业技术成果的转移提供了相应的平台，天津股权交易所等产权交易市场已初具规模。

（3）鼓励科技型中小企业融资的金融创新。目前，国内较为可行的支持初创期科技型中小企业融资的金融创新形式主要有开发适用的抵押担保金融产品和服务、利用互联网金融促进科技型中小企业融资等。2006年中关村率先开展中小科技型企业知识产权质押贷款试点，在缓解科技型中小企业融资难方面取得了良好的效果，天津市也在知识产权融资方面有所发展，但仍需进一步完善。互联网金融方面，企业通过 P2P 网络借贷平台，能获得金融第三方技术服务，吸纳银行、小企业主、担保公司等多方的资源，让企业主能够得到及时、满意的金融服务，也是值得借鉴的融资方式。

3. 成长期以信贷资金引导商业资本择机介入

成长期企业融资需求分布较为均匀，其所获得的政府资助分布范围也较广，普遍存在资助大幅小于需求的现象，企业融资缺口相对比较大。政府资助对成长期企业的成长效应和盈利效应方面的提升不如对种子期和初创期企业提升明显。这一时期的科技型中小企业随着规模的不断扩大，企业资金需求呈爆炸性增长的态势，此时，政府资助不应仅限于单一的直接资金资助的方式，而应建立一个多元化、良性循环的融资体系。

（1）转变政府资助为政策性扶持。成长期的科技型中小企业随着规模的不断扩大，企业的资金需求量呈现爆炸性增长的态势。虽然政府资助的单笔数额不低，但是，与企业爆炸性增长的资金需求相比，二者之间产生了巨大的缺口，政府资助效应有限。此时政府资助可以采用贴息贷款、政府采购和税收激励等方式，以提升政府扶持效应。

（2）鼓励商业银行等金融机构建立科技金融支行。进入成长期企业呈现出规模扩张的发展形势，基本形成一定的固定资产和无形资产，抵押贷款条件不断满足，商业资本的选择性明显增强，企业可以从商业银行及其他开展贷款业务的金融机构获得信贷支持。同时，天津市应鼓励商业银行等金融机构开展专业的科技金融业务，使借贷双方实现双赢。自 2000 年建行深圳科苑支行成立首家科技金融支行后，多家城市商业银行相继建立科技支行，这些科技金融支行为缓解当地科技型中小企业融资难带来了“源头活水”，自身的发展也渐入佳境。

（3）健全完善风险投资市场。这一时期的企业还可以通过风险投资来获得所需资金。许多风险投资也倾向于在这个时期投资企业。风险投资是科技型企业的助推器，不但能给其带来资金，还能带来先进的管理经验，促进其快速发展。就天津市风险投资市场发展来看，应重点拓宽风险资本来源，开辟多元化的融资渠道，积极将民间资本及大公司资本培育成风险资本，完善风险投资服务体系，健全风险资本的退出机制。

（4）通过多层次、全方位的资本市场为中小企业提供更多的融资渠道。首先，促进中小企业板资本市场的发展，为中小企业开辟直接融资的通道。其次，加大对信用担保机构的支持力度，给予风险补偿，鼓励其向科技型中小企业提供担保。最后，进一步发展面向中小型企业的小额贷款公司和各类低端资本市场，鼓励信托投资公司、融资租赁公司等金融机构发展。通过多层次、全方位的资本市场为中小企业提供更多的融资渠道，进一步解决中小企业融资难题。

4. 成熟期充分利用多层次资本市场广泛融资

成熟期中绝大部分企业融资需求为 500 万元及以上，但政府资助额 80% 以内小于 500 万元，一般为 200 万元左右，远远不能满足其资金需求，企业融资缺口比较大，政府资助对成熟期企业的综合效应最低。

进入成熟期，多层次资本市场作用凸显，从债权融资到股权融资，无论是场外转让市场，还是交易所市场，都将更大限度地满足企业的融资需求。由上文分析可知，成熟期的企业政府资助效应最小，因此，政府政策性资助应退出。但仍需要政府积极发挥其在金融制度中的主导作用，建立和完善科技金融政策指引。

（二）创新科技型中小企业融资手段角度

1. 加强财政融资孵化力度培育科技小巨人企业

政府应注重将财政资金重点投入到种子期与初创期的科技型中小企业孵化阶段，发挥财政资金的杠杆作用，对银行贷款贴息，重点培育科技小巨人企业，为市场培育优秀的项目源企业。财政资金可以通过对银行贷款进行贴息降低企业的融资成本，也可以无偿支付给科技型中小企业，还可以选择相对操作难度较大、风险较高的股权投资方式进入到科技型中小企业，尤其是需要剥离债务资产的企业，财政资金的投入能助推其重大的创新科研。

2. 大力发展科技型中小企业集合债券

科技型中小企业由于资产规模、发行成本的限制，很难以独立的主体发行企业债券，但是可以采取将若干经营状况良好、成长能力较强的一批科技型中小企业捆绑起来申请集合发债，统一发行，费用分摊，这就是科技型中小企业集合债券。集合债券的发行优化了科技型中小企业的融资结构，有效地拓展了科技型中小企业的直接融资渠道，有利于科技型中小企业借助资本市场平台做大做强。科技型中小企业集合债券的发行，需要政府的大力支持，既要协调各家企业及承销商，还必须使有政府背景的担保公司出面担保和反担保，因为这将能提高集合债的信用等级，增加融资规模，降低债券利率。

3. 允许商业银行对科技型中小企业参股

放宽商业银行参股企业的限制，允许商业银行投资参股创投，这是解决科技型中小企业融资的一个有效方法。银行对科技型中小企业采取投贷相结合的投资方式，提高银行参与科技型中小企业融资的积极性。借鉴美国硅谷银行集团的经验，将资金借给科技型中小企业，收取高于一般借贷的利息，同时与企业达成协议，获得部分股权或认股权或期权，以提高收益、降低风险。

（三）科技型中小企业融资政府政策支持角度

1. 积极发挥政府在金融制度中的主导作用，建立和完善科技金融体系

需要政府引导，多方面拓宽中小企业的融资渠道，建立一个具有灵活性的多层次资本市场有利于创造条件让更多的中小型科技企业上市融资。首先，积极探索支持中小企业融资的金融创新在本市的实用性，如科技银行（硅谷银行、科技金融支行）、知识产权抵押、PE/VC、互联网金融等。其次，要拓展资本市场，尽快建立适应市场需求的多层次资本市场体系，重点解决中小企业的资本融资问题，降低企业直接融资的条件，扩大企业直接融资的比例。促进中小企业板资本市场的发展，为中小企业开辟直接融资的通道。再次，加大对信用担保机构的支持力度，给予风险补偿，鼓励其向科技型中小企业提供担保。最后，通过多层

次、全方位的资本市场为中小企业提供更多的融资渠道，进一步解决中小企业融资难题。

2. 建立和完善科技金融服务

加强政府与企业的沟通，应企业之所需，培养各类金融服务机构。一般包括：建立和完善统一的企业征信体系、建设科技型中小企业服务网络平台、加大金融服务支持力度（为科技型中小企业量身定制金融服务方案，研发适用产品，简化审批程序，发挥银行间接融资主渠道作用）、加强企业培训服务、加强知识产权服务、加强创业引导和指导、建设企业公共技术服务平台、建立高效协调工作机制。另外，政府要关注对金融市场的监管。财税政策的设计要体现对企业科技创新的全过程给予系统完整的支持。天津市在执行国家财税政策时，应将税收优惠政策体现在每一个环节，不仅要对高新技术产品生产与销售环节给予税收优惠，而且在科研开发和中试阶段也给予税收优惠。

3. 集中优势力量培育具有核心竞争力的高新企业

政策的主导型是科技型中小企业发展必不可少的外部力量。一方面，天津市应该贯彻执行科技小巨人计划，加强高新技术园区建设，孵化源头企业，切实培育出具有核心竞争力的高新企业，促进高科技企业集群，降低融资成本；另一方面，充分发挥各功能区的联动优势，有效连接功能区内外的企业与各金融机构，鼓励经济技术交流，培育具有核心竞争力的科技企业。

参考文献

[1] 崔津渡．推进金融改革创新基地建设［J］．中国金融，2013（9）：26－28.

[2] 王爱俭等．滨海新区金融创新理论与实践［M］．天津：天津教育出版社，2009：189－192.

[3] 天津市人民政府金融服务办公室．2012 年天津金融白皮书［M］．2013.

[4] 陈祎凡．对继续深入推进天津金融创新实践的思考［J］．对策研究，2012（7）：35－37.

[5] 邵四华．加快推进滨海新区金融改革创新［J］．天津经济，2013（7）：33－35.

[6] 林铁钢．深入贯彻落实十八大精神推动天津金融业又好又快发展［J］．华北金融，2013（1）：4－7.

[7] 刘通午，阴宝荣，罗安邦．滨海新区融资租赁及其宏观经济效应分析［J］．华北金融，2012（9）：16－21.

[8] 张高丽．加快滨海新区开发开放，当好科学发展的排头兵［J］．求是，2012（14）：3－5.

[9] 李敏强，刘子利．天津滨海新区航运金融市场建设政策研究——基于航运金融市场特征的分析［J］．天津师范大学学报（社会科学版）．2012（6）：24－27.

[10] 张再生，田海嵩，李祥飞．滨海新区人才自由港建设政策支持体系研究［J］．科技进步与对策，2012（11）：99－102.

[11] 李文增．关于天津科技金融发展几个重要问题的研究［J］．产权导刊，2012（3）：28－31.

[12] 刘建军．天津滨海新区金融改革创新能力评价研究［J］．华北金融，2013（1）：11－17.

[13] 尹继志．跨境贸易人民币结算与人民币离岸市场发展研究［J］．理论研究，2012（5）：20－25.

[14] 张海林．滨海新区金融支付创新现状及发展探讨［J］．财经界，2012（9）：11－12.

[15] 边俊利．滨海新区金融产品创新：实践与思考［J］．南方金融，2010（1）：83－86.

[16] 王学信，马嘉成．天津金融发展状况分析［J］．区域金融研究，2012（7）：32－37.

[17] 王俊．以科技与金融结合为切入点推动天津科技型中小企业成长壮大［J］．求知，2011（7）：35－36.

[18] 盛长琳．金融资产交易所试水创新金融［N］．新金融观察，2012－03－05.

[19] 杜斌，李庶民．天津：金融创新坚持服务实体经济［N］．金融时报，2012－02－07.

[20] 杨燕青，柏亮．崔津渡：在改革开放时空序列中寻找契合点［N］．金融研究，2012－07－06.

[21] 天津市人民政府．天津金融改革创新“十二五”规划的通知．人民网天津视窗．http：//www.022net.com/2012/5－10/516036202629288.html，2012－05－10.

[22] 王爱俭．发展我国社区银行的模式选择［J］．金融研究，2005（11）：130－132.

[23] 黄达．金融学［M］．北京：中国人民大学出版社，2003：81－92.

[24] 徐良平．中小企业创新融资与创业板市场［M］．上海：上海交通大学出版 社，2006：67－69.

[25] 王胜邦，陈歆．监管工具改革对银行资本结构的影响［J］．中国金融，2012（3）：33－35.

[26] 刘沛等．金融安全的概念及金融安全网的建立［J］．国际金融研究，2001（11）：43－45.

[27] 吕剑．人民币汇率变动对国内物价传递效应的实证分析［J］．国际金融，2007（8）：36－39.

[28] 刘亚琳．金融创新与经济增长的互动机理及其实证研究［J］．金融经济，2009（9）：12－14.

[29] 皮天雷．中国改革开放三十年来金融制度变迁探析——基于制度变迁的路径依赖视角［J］．中国经济问题，2011（2）：22－25.

[30] 殷剑峰．金融结构与经济增长［M］．北京：人民出版社，2006：44－52.

[31] 王志平．金融发展和贸易结构优化［J］．科技创业月刊，2007（1）：22－31.

[32] 陈祎凡．对继续深入推进天津金融创新实践的思考［J］．环渤海经济瞭望，2012（7）：58－62.

[33] 于莹．浅析天津滨海新区金融改革创新［J］．天津经济，2010（9）：34－36.

[34] 欧阳．天津滨海新区金融改革凸显聚集效应［J］．中国金融家，2010（10）：3－5.

[35] 杜强．发挥滨海新区金融改革创新示范作用——推动环渤海区域金融合作取得新成效［J］．港口经济，2010（10）：43－46.

[36] 张建军．深圳金融改革创新的经验与启示——写在深圳经济特区建立30周年之际［J］．中国金融，2010（8）：46－48.

[37] 马时雍．浙江省城市金融生态可持续发展探析［J］．浙江金融．2007（7）：12－13.

[38] 谢太峰，王子博．京沪金融生态环境综合评价及相关建议［J］．经济与管理研究．2010（3）：77－81.

[39] 王燕．上海金融生态现状分析——加快建设上海国际金融中心［J］．技术与市场．2007（4）：56－57.

[40] 吕美，国亮，姬浩．城市金融可持续发展研究综述［J］．价值工程．2012（18）：167－168.

[41] 李云凤．我国会计改革的措施浅议［J］．技术与市场．2007（4）：55－56.

[42] 胡日东，颜秀春．论区域金融生态环境与民营经济可持续发展［J］．商业时代．2006（34）：89－90.

[43] 贾秀娥，牟卫康，袁萌萌．论地方政府在构建金融增长极中的作用及启示［J］．工业技术经济．2009（3）：159－163.

[44] 吕美，国亮，姬浩．城市金融可持续发展研究综述［J］．价值工程．2012（18）：167－168.

[45] 徐诺金．如何理解“金融生态”［J］．南方金融．2006（10）：25－28.

[46] 毛泓，金道政．安徽省城市金融生态环境的研究［J］．安徽工业大学学报：社会科学版．2007（6）：30－32.

[47] 陈仕杰．我国中小商业银行发展研究［J］．全国商情：经济理论研究．2007（4）：67－70.

[48] 郭翠荣，吕超群．金融发展理论中“金融发展”涵义的演进［J］．山东财政学院学报．2007（4）：24－28.

[49] 金守恒．对齐齐哈尔市金融生态环境建设的思考——以金融生态的理念考察我市金融与经济可持续和谐发展问题［J］．理论观察．2006（1）：153－155.

[50] 刘煜辉．银行改革论争中需要澄清的几个基本问题［J］．上海大学学报（社会科学版）．2006（6）：86－91.

[51] 李强．重庆市金融生态环境评价及对策研究［D］．西南大学，2007.

[52] 张冰．江苏省金融生态环境评价指标体系构建及实证研究［D］．南京财经大学，2009.

[53] 徐鼎．上海金融生态研究——从商业银行视角探讨［D］．同济大学，2006.

[54] 苗丽娜．基于系统动力学的金融生态环境评价研究［D］．武汉理工大学，2007.

[55] 张克超．金融生态系统与区域经济差异研究——基于浙江与四川两省的实证分析［D］．浙江工商大学，2008.

[56] 解晓丹．中国区域金融生态环境质量评价研究［D］．东北大学，2007.

[57] 蒋玉洁．金融集聚下的金融人才培养［J］．企业管理，2013（7）：70－73.

[58] 李延喜，刘井建．复合型金融人才的创新实践互动培养模式研究［J］．大学教育，2012（10）：75－78.

[59] 廖宜静．高等院校金融专业人才培养模式研究［J］．安徽农业大学学报（社会科学版），2010（11）：113－117.

[60] 刘鸿儒．中国资本市场的战略地位与前景展望——中国金融体制改革新阶段的重大课题［J］．西南金融，2007（9）：22－29.

[61] 罗刚，李华．美国金融研究生的商学院培养模式及启示［J］．学位与研究生教育，2006（9）：73－76.

[62] 彭建刚，周鸿卫，周行健．金融学专业硕士研究生培养模式改革探索［J］．学位与研究生教育，2006（2）：26－28.

[63] 石曦．区域金融中心建设与高职金融专业人才培养模式创新研究［J］．金融教育研究，2013（2）：75－79.

[64] 王爱俭．加快天津现代金融服务体系建设的思路与方略［J］．现代财经，2009（9）：3－9.

[65] 王大伟，李兴志．浅析我国金融人才培养存在的问题及其对策［J］．时代金融，2013（1）：44－45.

[66] 王东升．基层复合型金融人才需求与培养探析［J］．黑龙江高教研究，2009（1）：150－152.

[67] 王广谦．正确定位加速金融人才培养模式改革［J］．中国高等教育，2001（22）：33－38.

[68] 吴庆田．融学高等教育需要培养高层次复合型金融人才［J］．成功（教育），2011（12）：4－10.

[69] 徐学锋，马欣．我国高校金融专业人才培养发展的建议［J］．高等教育研究，2010（5）：87－88.

[70] 曾康霖．试论当代金融学科发展及与其他学科的交叉融合［J］．金融研究，2005（10）：1－8.

[71] 詹小颖．区域合作背景下微观金融人才培养模式探索［J］．高教论坛，2012（10）：30－33.

[72] 赵家敏．从金融学科发展趋势看我国的金融人才培养——对金融学课程实验教学的思考［J］．高教探索，2003（4）：51－56.

[73] 王凡．“资金池”风险拷问理财产品［N］．新金融观察，2012－12－10.

[74] 刘玉海，宋斌．专访天津市政府副秘书长陈宗胜：“天津要强化发展草根金融”［N］．21 实际经济报道，2012－06－19.

[75] 黄兴国．大开放 小巨人 新金融 塑造未来经济——答有关天津与夏季达沃斯论坛的几个问题［N］．人民日报，2012－09－10.

[76] 夏萨沙．发展多层次金融市场 促进金融产品合理定价［N］．人民政协报，2013－09－03.

[77] 汤亚平．金融创新重在渠道创新［N］．证券时报，2012－08－18.

[78] 赵贤钰．金融改革创新走出新天地［N］．滨海时报，2012－05－03.

[79] 黄少安，刘达，郭冬梅．我国金融产品创新的机制选择和政策建议［J］．理论学刊，2011（1），29－32.

[80] 王凡．天津离岸金融起程［N］．新金融观察，2012－04－09.

[81] 张璐．专利变贷款 年贷超三亿［N］．天津日报，2012－01－16.

[82] 岳付玉．银行金融绣球抛向小微企业［N］．天津日报，2013－02－25.

[83] 孙刚，万红，刘昕．为企业融资铺设“快车道”［N］．天津日报，2012－08－17.

[84] 陈皓．天津农商银行成就蓝海战略［N］．新金融观察，2012－07－02.

[85] 王凡．“资金池”风险拷问理财产品［N］．新金融观察，2012－12－10.

[86] 李高阳．天津金融办回应文交所投资者：督促整改 未提赔偿方案［N］．第一财经日报，2012－08－16.

[87] 陈璠．天津创投之家昨日开业运营［N］．天津日报，2012－01－20.

[88] 王森，黄硕．天津“试水”矿业金融改革［N］．滨海时报，2012－11－05.

[89] 韩启．天津“发力”银行间市场［N］．新金融观察，2012－05－28.

[90] 姜欣欣．贸易金融：商业银行金融创新的重要内容［N］．金融时报，2012－07－02.

[91] 王森．新区政策优势和服务优势获金融企业青睐 开发区成金融创新项目发展平台［N］．滨海时报，2013－07－23.

[92] 爱德华·肖．经济发展中的金融深化［M］．上海：上海三联书店，1988：134－135.

[93] 戴相龙．中国金融业改革开放30年的思考［J］．中国金融，2009（1）：9－11.

[94] 杜斌，李庶民．天津金融机构存款余额破2万亿元［N］．金融时报，2013－01－17（003）．

[95] 梁颖．金融产业集聚的宏观动因［J］．经济学研究，2006（3）：83－94.

[96] 天津市人民政府．关于印发天津金融改革创新“十二五”规划的通知［Z］．2012－07－20.

[97] 天津市滨海新区人民政府．关于加快滨海新区金融改革创新的意见［Z］．2011－09－27.

[98] 天津财经大学课题组．完善多层次资本市场建设，加快天津金融改革创新研究［J］．华北金融，2009（10）：20－23.

[99] 天津市委金融工委等联合课题组．加快发展天津金融市场的思路［J］．天津经济，2004（2）：40－41.

[100] 岳付玉．加大金融服务实体经济力度［N］．天津日报，2012－01－22.

[101] 王荫乔．关于发展天津金融市场的若干思考［J］．现代财经，1997（4）：7－9.

[102] 王宇昕．天津金融集聚持续发展的影响因素研究［D］．江西：南昌大学，2012：57－59.

[103] 杨洋．天津金融改革指标体系构建研究［D］．天津：天津财经大学，2012：20－21.

[104] 杨红员，尹恕好．关于进一步完善天津金融市场的探讨［J］．华北金融，2007（3）：24－26.

[105] 赵园园．天津碳金融市场体系构建问题研究［D］．天津：天津财经大学，2012：33－47.

[106] 中国人民银行天津分行．2012年天津市金融运行报告．中国人民银行天津分行网．http：//tianjin. pbc. gov. cn/publish/fzh_tianjin/1345/2013/20130808091518819398919/20130808091518819398919_ . html，2013－05－06.

［107］中国人民银行天津分行．2013 年天津市金融稳定报告．中国人民银行天津分行网．http：//tianjin. pbc. gov. cn/publish/fzh_tianjin/1345/2013/20130520102046751200838/20130520102046751200838_ . html.

［108］天津市统计局．2013 年天津统计年鉴［M］．北京：中国统计出版社，2013：60－62.

［109］构建现代金融服务体系联合课题组．加快构建现代金融服务体系促进天津经济又好又快发展［J］．华北金融．2008（2）：25－33.

［110］鲁宁．天津发展战略性新兴产业的思考［J］．中国国情国力，2013（7）：48－49.

［111］李西江．天津航运金融业务发展探讨［J］．天津经济，2012（11）：27－31.

［112］吴松涛．天津金融发展与产业升级的互动关系研究［J］．天津经济，2013（3）：47－48.

［113］王维红．金融支持天津小微企业发展的对策建议［J］．环渤海经济瞭望，2012（4）：35－37.

［114］天津市统计局，国家统计局天津调查总队．2012 年天津市国民经济和社会发展统计公报．天津统计信息网，http：//www. stats－tj. gov. cn/Article/figb/stjgb/201304/23191. html，2013－05－08.

［115］国务院．国务院关于推进天津滨海新区开发开放有关问题的意见．中央政府门户网．2006－06－05，http：//www. gov. cn/zwgk/2006－06/05/content_300640. htm.

［116］Kindleberger. The Formation of Finance Centers：A Study of Comparative Economic History［M］. Priceton：Priceton University Press，1991：125－130.

［117］King R. G.，Levine R.. Finance and Growth：Schumpeter Might be Right［J］. The Quarterly Journal of Economics，1993：110－115.

［118］Levine Ross. Financial Development and Economic Growth：Views and Agenda［J］. Journal of Econometrics，1997：45－48.

［119］Bernanke，B. and F. Mishkin. Inflation Targeting：A New Framework for Monetary Policy?［J］. Journal of Economic Perspectives，1997（3）：183－192.

［120］Greenbanm S.，Haywood C.. Secular Change in the Financial Services Industry［J］. Journal of Money Credit and Banking，1973：78－81.

［121］Hannan，Mcdowell. The Determinants of Technology Adoption：The Case of the Banking Firm［J］. Rand Journal of Eeonomies，1984：23－32.

［122］Conrad Schmidt. The Battle for China's Talent［J］. Harvard Business Review，2011（5）：25－27.

［123］Kevin Daly. Australia as an International Financial Services Management Centre：An Assessment［J］. International Journal of Management，2011（9）：880－892.

［124］Naresh R. Pandit，Gary A. S. Cook，Jonathan V. Beaverstock，Pervez N. Ghauri. An Empirical Study of Service Sector Clustering and Multinational Enterprises［J］. Journal of Services Research，2008（2）：23－39.

［125］Shaozhuang Ma and Virginia Trigo，"Winning the War for Managerial Talent in China"［J］. The Chinese Economy，2008（3）：34－57.